EXTRAITS DES ŒUVRES POÉTIQUES

DE

BOILEAU-DESPRÉAUX

6928-87. — Corbeil. Imprimerie Crété.

EXTRAITS DES ŒUVRES POÉTIQUES

DE

BOILEAU-DESPRÉAUX

NOUVELLE ÉDITION CLASSIQUE

AVEC UNE NOTICE SUR BOILEAU

ET ANNOTÉE

A L'USAGE DE L'ENSEIGNEMENT SECONDAIRE SPÉCIAL

PAR

CH. GIDEL

Proviseur du Lycée Louis-le-Grand,
Lauréat de l'Académie française et de l'Académie
des Inscriptions et Belles-Lettres.

PARIS

GARNIER FRÈRES, LIBRAIRES-ÉDITEURS

6, RUE DES SAINTS-PÈRES, 6

PRÉFACE

Cette édition des œuvres de Boileau est destinée aux élèves de l'Enseignement secondaire spécial. J'en ai fait disparaître toutes les notes qui seraient inutiles à ceux qui n'ont fait ni grec ni latin. Les lecteurs n'y perdront que des rapprochements littéraires, des imitations ingénieuses d'Homère, de Virgile, d'Horace et de Juvénal. Encore ai-je laissé les indications des passages empruntés ou traduits par Boileau. Rien n'empêchera les élèves studieux de recourir à des traductions françaises et d'y trouver la source des idées que Despréaux a tirées de ses modèles. La comparaison leur servira à aiguiser leur goût et à développer leur intelligence. J'espère bien qu'ils n'en seront pas incapables.

L'Enseignement secondaire spécial, au point de vue littéraire, est conçu de manière à produire d'excellents effets chez les jeunes gens qui s'y destineront. Le fonder en France a été une des meilleures pensées que l'administration supérieure ait eues dans ces dernières années. Il était devenu indispensable. Sa place était marquée par la force des choses entre l'enseignement primaire supérieur et l'enseignement secondaire classique. Il conduit à un grade qui n'est point à mépriser. Ce grade donne accès à des carrières honorables et utiles. C'est une sanction de grande valeur; elle doit attirer à l'Enseignement secondaire spécial tous les enfants des familles qui n'ont pas besoin, pour assurer l'avenir de ces enfants, d'une culture intellectuelle plus difficile et poussée plus loin.

On a paru craindre que cet enseignement ne fût institué que pour battre en brèche l'enseignement classique. Dans ce cas, ses protecteurs l'auraient produit pour en faire le successeur d'un aîné qui aurait cessé de plaire. Je ne crois pas, pour ma part, à tant de machiavélisme. L'Enseignement classique ne sera pas tué par son mauvais frère. Il n'en sera même pas atteint dans sa vitalité. Au contraire, il y gagnera un surcroît de vigueur s'il se décharge de la partie des élèves qui ne le suivaient qu'à regret en épiloguant sur les exercices qu'il imposait à ses adeptes. On peut ignorer le grec et le latin et n'en être pas moins apte à remplir des fonctions d'une urgente nécessité dans la vie sociale.

Nombre de jeunes gens pourront sortir de l'Enseignement secondaire spécial pourvus des lumières que ces fonctions exigent. Ils auront franchi un degré de plus dans le plan des études générales; mais ils sauront bien qu'il y en a d'autres encore à franchir. Ces degrés, l'enseignement classique seul permet de les atteindre.

Les deux catégories d'élèves qui reçoivent l'un et l'autre de ces enseignements ne doivent pas se regarder de travers avec des yeux jaloux, l'une sera toujours subordonnée à l'autre. Mais les élèves de l'Enseignement secondaire spécial auront gagné dans l'étude des programmes qui le composent l'avantage de se sentir plus rapprochés, par le développement de l'esprit, de ceux qu'ils ne pouvaient que regarder d'un peu loin avant l'institution de ce plan d'études. Ayons la confiance que de cet état de choses naîtra une émulation conforme aux vrais intérêts de la patrie. Encourageons donc l'enseignement secondaire spécial sans arrière-pensée et souhaitons-lui d'accomplir son œuvre avec cette énergie qui ravit le succès.

Ch. Gidel.

NOTICE SUR BOILEAU[1]

Depuis vingt-cinq et trente ans, le point de vue en ce qui regarde Boileau a fort changé. Lorsque sous la Restauration, à cette heure brillante des tentatives valeureuses et des espérances, de jeunes générations arrivèrent et essayèrent de renouveler les genres et les formes, d'étendre le cercle des idées et des comparaisons littéraires, elles trouvèrent de la résistance dans leurs devanciers; des écrivains estimables, mais arrêtés, d'autres écrivains bien moins recommandables et qui eussent été de ceux que Boileau en son temps eût commencé par fustiger, mirent en avant le nom de ce législateur du Parnasse, et, sans entrer dans les différences des siècles, citèrent à tout propos ses vers comme les articles d'un code. Nous fîmes alors, nous qui étions jeunes (et je ne me repens de ce temps-là qu'à demi), ce qu'il était naturel de faire; nous prîmes les Œuvres de Boileau en elles-mêmes : quoique peu nombreuses, elles sont de force inégale; il en est qui sentent la jeunesse et la vieillesse de l'auteur. Tout en rendant justice à ses belles et saines parties, nous ne le fîmes point avec plénitude ni en nous associant de cœur à l'esprit même de l'homme : Boileau, personnage et autorité, est bien plus considérable que son œuvre, et il faut de loin un certain effort pour le ressaisir tout entier. En un mot, nous ne fîmes point alors sur son compte le travail historique complet, et nous restâmes un pied dans la polémique.

Aujourd'hui, le cercle des expériences accompli et les discussions épuisées, nous revenons à lui avec plaisir. S'il m'est permis de parler pour moi-même, Boileau est un des hommes qui m'ont le plus occupé depuis que je fais de la critique, et avec qui j'ai le plus vécu en idée. J'ai souvent pensé à ce qu'il était, en me reportant à ce qui nous avait manqué à l'heure propice, et j'en puis aujourd'hui parler, j'ose le dire, dans un sentiment très vif et très présent.

Né le 1ᵉʳ novembre 1636, à Paris, et, comme il est prouvé aujourd'hui, rue de Jérusalem, en face de la maison qui fut le berceau de Voltaire[2], Nicolas Boileau était le quinzième enfant d'un père

---

[1]. Cette Notice est tirée du tome VI des *Causeries du Lundi*.
[2]. Voir les *Recherches historiques sur l'Hôtel de la Préfecture de police*, par M. Labat (1844), p. 24.

greffier de grand'chambre au Parlement de Paris. Orphelin de sa mère en bas âge, il manqua des tendres soins qui embellissent l'enfance. Ses premières études, ses classes, furent traversées, dès la quatrième, par l'opération de la pierre qu'il eut à subir. Sa famille le destinait à l'état ecclésiastique, et il fut d'abord tonsuré. Il fit sa théologie en Sorbonne, mais il s'en dégoûta, et, après avoir suivi ses cours de droit, il se fit recevoir avocat. Il était dans sa vingt et unième année quand il perdit son père, qui lui laissa quelque fortune, assez pour être indépendant des clients ou des libraires, et, son génie dès lors l'emportant, il se donna tout entier aux lettres, à la poésie, et, entre tous les genres de poésie, à la satire.

Dans cette famille de greffiers et d'avocats dont il était sorti, un génie satirique circulait en effet. Nous connaissons deux frères de Boileau, Gilles et Jacques Boileau, et tous deux sont marqués du même caractère, avec des différences qu'il est piquant de relever et qui serviront mieux à définir leur cadet illustre.

Gilles Boileau, avocat et rimeur, qui fut de l'Académie française vingt-cinq ans avant Despréaux, était de ces beaux esprits bourgeois et malins, visant au beau monde à la suite de Boisrobert, race frelone éclose de la Fronde et qui s'égayait librement pendant le ministère de Mazarin. Scarron, contre qui il avait fait une épigramme assez spirituelle, dans laquelle il compromettait madame Scarron, le définissait ainsi dans une lettre adressée au surintendant Fouquet : « Boileau, si connu aujourd'hui par sa médisance, par la perfidie qu'il a faite à M. Ménage, et par la guerre civile qu'il a causée dans l'Académie, est un jeune homme qui a commencé de bonne heure à se gâter soi-même, et que, depuis, ont achevé de gâter quelques approbateurs... » Gilles Boileau, quand il était en voyage, portait dans son sac de nuit les satires de Régnier, et, d'ordinaire, il présidait au troisième pilier de la grand'salle du Palais, donnant le ton aux clercs beaux-esprits. On l'appelait *le grammairien Boileau*, *Boileau le critique*. C'est assez pour montrer qu'il ne lui manquait que plus de solidité et de goût pour essayer à l'avance le rôle de son frère ; mais l'humeur et l'intention satiriques ne lui manquaient pas.

Jacques Boileau, autrement dit l'abbé Boileau, docteur en Sorbonne, longtemps doyen de l'église de Sens, puis chanoine de la Sainte-Chapelle, était encore de la même humeur, mais avec des traits plus francs et plus imprévus. Il avait le don des bons mots et des reparties. C'est lui qui, entendant dire un jour à un jésuite que Pascal, retiré à Port-Royal-des-Champs, y faisait des souliers comme ces Messieurs, par pénitence, répliqua à l'instant : « Je ne sais s'il faisait des souliers, mais convenez, mon révérend Père, qu'il vous a porté une fameuse botte. » Ce Jacques Boileau, par ses calembours et ses gaietés, me fait assez l'effet d'un Despréaux en facétie et en belle humeur. Quand il était au chœur de la Sainte-Chapelle, il chantait, dit-on, des deux côtés, et toujours hors de ton et de mesure. Il affectionnait les sujets et les titres d'ouvrages singuliers, l'*Histoire des Flagellants*, de l'*Habit court des Ecclésiastiques* : son latin, car il écrivait généralement en latin, était dur, bizarre, hétéroclite. Pour les traits du visage comme en tout, il avait de son frère cadet, mais avec exagération et en charge. Sinon pour la raison, il était digne de lui pour l'esprit. Un jour le grand Condé, passant dans la ville de Sens qui était de son gouvernement de Bourgogne, fut complimenté par les Corps et les Compagnies de la ville, et, caustique comme il était, il se moqua de tous ceux qui lui firent des compliments : « Son plus grand plaisir, dit un contemporain, était de faire quelque malice aux complimenteurs en ces rencontres. L'abbé Boileau, qui était alors doyen de l'église cathédrale de Sens, fut obligé de porter la parole à la tête de son chapitre. M. le Prince, voulant déconcerter l'orateur, qu'il ne connaissait pas, affecta d'avancer sa tête et son grand nez du côté du doyen pour faire semblant de le mieux écouter, mais en effet pour le faire manquer s'il pouvait. Mais l'abbé Boileau, qui s'aperçut de la malice, fit semblant d'être interdit et étonné, et commença ainsi son compliment avec une crainte affectée : *Monseigneur, Votre Altesse ne doit pas être surprise de me voir trembler en paraissant devant Elle à la tête d'une compagnie d'ecclésiastiques, car, si j'étais à la tête d'une armée de trente mille hommes, je tremblerais bien davantage.* M. le Prince, charmé de ce début, embrassa l'orateur sans le laisser achever ; il demanda son nom, et quand on lui eut dit que c'était le frère de M. Despréaux, il redoubla ses caresses et le retint à dîner[1]. » Le grand Condé l'avait reconnu au premier mot pour être de la famille. Cet abbé Boileau me paraît offrir la brusquerie, le trait, le coup de boutoir satirique de son frère, sans la finesse toutefois et sans l'application toute judicieuse et sérieuse. Le mérite original de Nicolas Boileau, étant de cette famille gaie, moqueuse et satirique, fut de joindre à la malice héréditaire le coin du bon sens, de manière à faire dire à ceux qui sortaient d'auprès de lui ce que disait l'avocat Mathieu Marais : » Il y a plaisir à entendre cet homme-là, c'est la *raison incarnée.* »

Le dirai-je ? en considérant cette lignée de frères ressemblants et inégaux, il me semble que la Nature, cette grande génératrice des talents, essayait déjà un premier crayon de Nicolas quand elle créa Gilles ; elle resta en deçà et se repentit; elle reprit le crayon, et elle appuya quand elle fit Jacques ; mais cette fois elle avait trop marqué. Elle se remit à l'œuvre une troisième fois, et cette fois fut la bonne. Gilles est l'*ébauche,* Jacques est la *charge,* Nicolas est le *portrait.*

Par ses premières Satires, composées en 1660 et qui commençaient à courir (*Damon, ce grand auteur,* etc. ; *les embarras de Paris*), par celles qui suivirent immédiatement : *Muse, changeons de style* (1663), et la Satire dédiée à Molière (1664), Boileau se montrait un versificateur déjà habile, exact et scrupuleux entre tous ceux du jour, très préoccupé d'exprimer élégamment certains détails particuliers de

---

1. J'emprunte ce détail, ainsi que plusieurs autres qui trouveront place dans cet article, à un manuscrit de Brossette, dont j'ai dû autrefois communication à l'obligeance de M. Feuillet de Conches.

citadin et de rimeur, n'abordant l'homme et la vie ni par le côté de la sensibilité comme Racine et comme La Fontaine, ni par le côté de l'observation moralement railleuse et philosophique comme La Fontaine encore et Molière, mais par un aspect moins étendu, moins fertile, pourtant agréable déjà et piquant. C'était l'auteur de profession, le poète de la Cité et de la place Dauphine, qui se posait comme juge en face des illustres qu'étalaient en vente les Barbin de la Galerie du palais. Dans sa satire adressée à Molière, à qui il demande comment il fait pour trouver si aisément la rime, méfiez-vous, et ne prenez pas trop à la lettre cette question de métier. C'est surtout un prétexte, un moyen ingénieux d'amener au bout du vers l'abbé de *Pure* ou *Quinault*. Boileau ne fait semblant d'être si fort dans l'embarras que pour demander malignement pardon aux gens en leur marchant sur le pied. Toutefois il parle trop souvent de cet embarras pour ne pas l'éprouver réellement un peu. Boileau, dans ses Satires, dans ses Épîtres, nous fait assister sans cesse au travail et aux délibérations de son esprit. Dès sa jeunesse il était ainsi : il y a dans la muse la plus jeune de Boileau quelque chose de quinteux, de difficultueux et de chagrin. Elle n'a jamais eu le premier timbre ému de la jeunesse ; elle a de bonne heure les cheveux gris, le sourcil gris ; en mûrissant, cela lui sied, et à ce second âge elle paraîtra plus jeune que d'abord, car tout en elle s'accordera. Ce moment de maturité chez Boileau est aussi l'époque de son plus vif agrément. S'il a quelque *charme* à proprement parler, c'est alors seulement, à cette époque des quatre premiers chants du *Lutrin* et de l'Épître à Racine.

La muse de Boileau, à le bien voir, n'a jamais eu de la jeunesse que le courage et l'audace.

Il en fallait beaucoup pour tenter son entreprise. Il ne s'agissait de rien moins que de dire aux littérateurs les plus en vogue, aux académiciens les plus en possession du crédit : « Vous êtes de mauvais auteurs, ou du moins des auteurs très mélangés. Vous écrivez au hasard ; sur dix vers, sur vingt et sur cent, vous n'en avez quelquefois qu'un ou deux de bons, et qui se noient dans le mauvais goût, dans le style relâché et dans les fadeurs. » L'œuvre de Boileau, ce fut, non pas de revenir à Malherbe déjà bien lointain, mais de faire subir à la poésie française une réforme du même genre que celle que Pascal avait faite dans la prose. C'est de Pascal surtout et avant tout que me paraît relever Boileau ; on peut dire qu'il est né littérairement des *Provinciales*. Le dessein critique et poétique de Boileau se définirait très bien en ces termes : Amener et élever la poésie françaises qui, sauf deux ou trois noms, allait à l'aventure et était en décadence, l'amener à ce niveau où les *Provinciales* avaient fixé la prose, et maintenir pourtant les limites exactes et les distinctions des deux genres. Pascal s'était moqué de la poésie et de ces oripeaux convenus, *siècle d'or, merveille de nos jours, fatal laurier, bel astre :* « Et on appelle ce jargon, disait-il, beauté poétique ! » Il s'agissait pour Boileau de rendre désormais la poésie respectable aux Pascals eux-mêmes, et de n'y rien souffrir qu'un bon jugement réprouvât.

Qu'on se représente l'état précis de la poésie française au moment où il parut, et qu'on la prenne chez les meilleurs et chez les plus grands. Molière, avec son génie, rime à bride abattue; La Fontaine, avec son nonchaloir, laisse souvent flotter les rênes, surtout dans sa première manière; le grand Corneille emporte son vers comme il peut, et ne retouche guère. Voilà donc Boileau le premier qui applique au style de la poésie la méthode de Pascal :

> Si j'écris quatre mots, j'en effacerai trois.

Il reprend la loi de Malherbe et la remet en vigueur; il l'étend et l'approprie à son siècle; il l'apprend à son jeune ami Racine, qui s'en passerait quelquefois sans cela ; il la rappelle et l'inculque à La Fontaine déjà mûr[1]; il obtient même que Molière, en ses plus accomplis ouvrages en vers, y pense désormais à deux fois. Boileau comprit et fit comprendre à ses amis que « des vers admirables n'autorisaient point à négliger ceux qui les devaient environner. » Telle est son œuvre littéraire dans sa vraie définition.

Mais cette seule pensée tuait cette foule de beaux-esprits et de rimeurs à la mode qui ne devaient qu'au hasard et à la multitude des coups de plume quelques traits heureux, et qui ne vivaient que du relâchement et de la tolérance. Elle ne frappait pas moins directement ces oracles cérémonieux et empesés, qui s'étaient fait un crédit imposant en cour, à l'aide d'une érudition sans finesse de jugement et sans goût. Chapelain était le chef de ce vieux parti encore régnant. Un des premiers soins de Boileau fut de le déloger de l'estime de Colbert, sous qui Chapelain était comme le premier commis des lettres, et de le rendre ridicule aux yeux de tous comme écrivain.

Dieu sait quel scandale causa cette audace du jeune homme ! Les Montausier, les Huet, les Pellisson, les Scudéry en frémirent ; mais il suffit que Colbert comprît, qu'il distinguât entre tous le judicieux téméraire, qu'il se décidât à le lire et à l'entendre, et qu'au milieu de ses graves labeurs la seule vue de Despréaux lui inspirât jusqu'à la fin de l'allégresse. Boileau était un des rares et justes divertissements de Colbert. On nous a tant fait Boileau sévère et sourcilleux dans notre jeunesse, que nous avons peine à nous le figurer ce qu'il était en réalité, le plus vif des esprits sérieux et le plus agréable des censeurs.

Pour mieux me remettre en sa présence, j'ai voulu revoir, au Musée de sculpture, le beau buste qu'a fait de lui Girardon. Il y est traité dans une libre et large manière : l'ample perruque de rigueur

---

1. Ce fut Boileau, savez-vous bien ? qui procura un libraire à La Fontaine pour ses meilleurs ouvrages. La première édition des *Fables*, contenant les six premiers livres, fut publiée en 1668, chez le libraire Denys Thierry. Ce Thierry d'abord ne voulait point imprimer les ouvrages de La Fontaine : « Je l'en pressai, dit Boileau, et ce fut à ma considération qu'il lui donna quelque argent. Il y a gagné des sommes infinies. » (Conversation de Boileau du 12 décembre 1703, recueillie et notée par Mathieu Marais.)

est noblement jetée sur son front et ne le surcharge pas ; il a l'attitude ferme et même fière, le port de tête assuré ; un demi-sourire moqueur erre sur ses lèvres ; le pli du nez un peu relevé, et celui de la bouche, indiquent l'habitude railleuse, rieuse et même mordante ; la lèvre pourtant est bonne et franche, entr'ouverte et parlante ; elle ne sait pas retenir le trait. Le cou nu laisse voir un double menton plus voisin pourtant de la maigreur que de l'embonpoint ; ce cou un peu creusé est bien d'accord avec la fatigue de la voix qu'il éprouvera de bonne heure. Mais à voir l'ensemble, comme on sent bien que ce personnage vivant était le contraire du triste et du sombre, et point du tout ennuyeux !

Avant de prendre lui-même cette perruque un peu solennelle, Boileau jeune en avait arraché plus d'une à autrui. Je ne répéterai pas ce que chacun sait, mais voici une historiette qui n'est pas encore entrée, je crois, dans les livres imprimés. Un jour, Racine, qui était aisément malin quand il s'en mêlait, eut l'idée de faire l'excellente niche de mener Boileau en visite chez Chapelain, logé rue des Cinq-Diamants, quartier des Lombards. Racine avait eu à se louer d'abord de Chapelain pour ses premières Odes, et avait reçu de lui des encouragements. Usant donc de l'accès qu'il avait auprès du docte personnage, il lui conduisit le Satirique qui déjà l'avait pris à partie sur ses vers, et il le présenta sous le titre et en qualité de M. *le bailli* de Chevreuse, lequel, se trouvant à Paris, avait voulu connaître un homme de cette importance. Chapelain ne soupçonne rien du déguisement ; mais, à un moment de la visite, le bailli, qu'on avait donné comme un amateur de littérature, ayant amené la conversation sur la comédie, Chapelain, en véritable érudit qu'il était, se déclara pour les comédies italiennes et se mit à les exalter au préjudice de Molière. Boileau ne se tint pas. Racine avait beau lui faire des signes, le prétendu bailli prenait feu et allait se déceler dans sa candeur. Il fallut que son introducteur se hâtât de lever la séance. En sortant, ils rencontrèrent l'abbé Cotin sur l'escalier, mais qui ne reconnut pas le bailli. Telles furent les premières espiègleries de Despréaux et ses premières irrévérences. Le tout, quand on en fait, est de les bien placer.

Les Satires de Boileau ne sont pas aujourd'hui ce qui plaît le plus dans ses ouvrages. Les sujets en sont assez petits, ou, quand l'auteur les prend dans l'ordre moral, ils tournent au lieu commun : ainsi la Satire à l'abbé Le Vayer, sur les *Folies humaines,* ainsi celle à Dangeau sur la *Noblesse.* Dans la Satire et dans l'Épître, du moment qu'il ne s'agit point en particulier des ouvrages de l'esprit, Boileau est fort inférieur à Horace et à Pope ; il l'est incomparablement à Molière et à La Fontaine ; ce n'est qu'un moraliste ordinaire, honnête homme et sensé, qui se relève par le détail et par les portraits qu'il introduit. Sa meilleure Satire est la IXe, « et c'est peut-être le chef-d'œuvre du genre, » a dit Fontanes. Ce chef-d'œuvre de Satire est celle qu'il adresse à son *Esprit,* sujet favori encore, toujours le même, rimes, métier d'auteur, portrait de sa propre verve; il s'y peint tout entier avec plus de développement que jamais, avec un feu qui grave merveilleusement sa figure, et qui fait de lui dans l'avenir le type vivant du critique.

La sensibilité de Boileau, on l'a dit, avait passé de bonne heure dans sa raison, et ne faisait qu'un avec elle. Sa passion (car en ce sens il en avait) était toute critique, et s'exhalait par ses jugements. *Le vrai dans les ouvrages de l'esprit*, voilà de tout temps sa Bérénice à lui, et sa Champmeslé. Quand son droit sens était choqué, il ne se contenait pas, il était prêt plutôt à se faire toutes les querelles :

> Et je serai le seul qui ne pourrai rien dire !
> On sera ridicule, et je n'oserai rire !...

Et encore, parlant de la vérité dans la satire :

> C'est elle qui, m'ouvrant le chemin qu'il faut suivre,
> M'inspira, dès quinze ans, la haine d'un sot livre...

la haine des sots livres, et aussi l'amour, le culte des bons ouvrages et des beaux. Quand Boileau loue à plein cœur et à plein sens, comme il est touché et comme il touche! comme son vers d'Aristarque se passionne et s'affectionne!

> En vain contre le *Cid* un ministre se ligue,
> Tout Paris pour Chimène a les yeux de Rodrigue.
> L'Académie en corps a beau le censurer,
> Le public révolté s'obstine à l'admirer.

Quelle générosité d'accent! comme le sourcil s'est déridé! Cet œil gris pétille d'une larme; son vers est bien alors ce vers de la saine satire, et *qu'elle épure aux rayons du bon sens*, car le bon sens chez lui arrive, à force de chaleur, au rayonnement et à la lumière. Il faudrait relire ici en entier l'Épître à Racine après *Phèdre* (1677), qui est le triomphe le plus magnifique et le plus inaltéré de ce sentiment de justice, chef-d'œuvre de la poésie critique, où elle sait être tour à tour et à la fois étincelante, échauffante, harmonieuse, attendrissante et fraternelle. Il faut surtout relire ces beaux vers au sujet de la mort de Molière sur lesquels a dû tomber une larme vengeresse, une larme de Boileau. Et quand il fait, à la fin de cette Épître, un retour sur lui-même et sur ses ennemis :

> Et qu'importe à nos vers que Perrin les admire?
> . . . .
> Pourvu qu'avec éclat leurs rimes débitées
> Soient du peuple, des grands, des provinces goûtées!

quelle largeur de ton, et, dans une seule image, par la seule combinaison des syllabes, quelle majesté! — Et dans ces noms qui suivent, et qui ne semblent d'abord qu'une simple énumération, quel choix, quelle gradation sentie, quelle plénitude poétique! Le roi d'abord, à part et seul dans un vers; Condé de même, qui le méritait bien par son rang royal, par son génie, sa gloire et son goût fin de l'esprit; Enghien, son fils, a un demi-vers : puis vient l'élite des juges du premier rang, tous ces noms qui, convenablement prononcés, forment un vers si plein et si riche comme certains vers antiques :

> . . . . . . Que Colbert et Vivonne,
> Que La Rochefoucauld, Marsillac et Pomponne, etc.

mais dans le nom de Montausier, qui vient le dernier à titre d'espoir et de vœu, la malice avec un coin de grâce reparaît. Ce sont là de ces tours délicats de flatterie comme en avait Boileau; ce satirique, qui savait si bien piquer au vif, est le même qui a pu dire :

> La louange agréable est l'âme des beaux vers.

Nous atteignons par cette Épître à Racine au comble de la gloire et du rôle de Boileau. Il s'y montre en son haut rang, au centre du groupe des illustres poètes du siècle, calme, équitable, certain, puissamment établi dans son genre qu'il a graduellement élargi, n'enviant celui de personne, distribuant sobrement la sentence, classant même ceux qui sont au-dessus de lui... *his dantem jura Catonem; le maître de chœur*, comme dit Montaigne; un de ces hommes à qui est déférée l'autorité et dont chaque mot porte.

On peut distinguer trois périodes dans la carrière poétique de Boileau : la première, qui s'étend jusqu'en 1667 à peu près, est celle du satirique pur, du jeune homme audacieux, chagrin, un peu étroit de vues, échappé du greffe et encore voisin de la basoche, occupé à rimer et à railler les sots rimeurs, à leur faire des niches dans ses hémistiches, et aussi à peindre avec relief et précision les ridicules extérieurs du quartier, à nommer bien haut les masques de sa connaissance :

> J'appelle un chat un chat, et Rolet un fripon.

La seconde période, de 1669 à 1677, comprend le satirique encore, mais qui de plus en plus s'apaise, qui a des ménagements à garder d'ailleurs en s'établissant dans la gloire ; déjà sur un bon pied à la cour, qui devient sagement critique dans tous les sens, législateur du Parnasse en son *Art poétique*, et aussi plus philosophe dans sa vue agrandie de l'homme (Épître à Guilleragues), capable de délicieux loisir et des jouissances variées des champs (Épître à M. de Lamoignon), et dont l'imagination reposée et nullement refroidie sait combiner et inventer des tableaux désintéressés, d'une forme profonde dans leur badinage, et d'un ingénieux poussé à la perfection suprême, à l'art immortel.

Les quatre premiers chants du *Lutrin* nous expriment bien la veine, l'esprit de Boileau dans tout son honnête loisir, dans sa sérénité et son plus libre jeu, dans l'agrément rassis et le premier entrain de son après-dînée.

Enfin, comme troisième période, après une interruption de plusieurs années, sous prétexte de sa place d'historiographe et pour cause de maladie, d'extinction de voix physique et poétique, Boileau fait en poésie une rentrée modérément heureuse, mais non pas si déplorable qu'on l'a bien voulu dire, par les deux derniers chants du *Lutrin*, par ses dernières Épitres, par ses dernières Satires, l'*Amour de Dieu* et la triste *Equivoque* comme terme.

Là même encore, les idées et les sujets le trahissent plus peut-être que le talent. Jusque dans cette désagréable Satire contre les *Femmes*, j'ai vu les plus ardents admirateurs de l'école pittoresque moderne distinguer le tableau de la *lésine* si affreusement retracé dans la personne du lieutenant-criminel Tardieu et sa femme. Il y a là une cinquantaine de vers à la Juvénal qui peuvent se réciter sans pâlir, même quand on vient de lire *Eugénie Grandet*, ou lorsqu'on sort de voir une des pages éclatantes d'Eugène Delacroix.

Mais de cette dernière période de Boileau, par laquelle il se rattache de plus près à la cause des Jansénistes et de Port-Royal, j'en parlerai peu ici, comme étant trop ingrate et trop particulière. C'est un sujet, d'ailleurs, que je me suis mis dès longtemps en réserve pour l'avenir.

A la cour et dans le monde, qu'était Boileau dans son bon temps, avant les infirmités croissantes et la vieillesse chagrine? Il était plein de bons mots, de reparties et de franchise; il parlait avec feu, mais seulement dans les sujets qui lui tenaient à cœur, c'est-à-dire sur les matières littéraires. Une fois le discours lancé là-dessus, il ne s'y ménageait pas. Madame de Sévigné nous a fait le récit d'un dîner où Boileau, aux prises avec un jésuite au sujet de Pascal, donna, aux dépens du Père, une scène d'excellente et naïve comédie. Boileau retenait de mémoire ses vers, et les récitait longtemps avant de les mettre sur le papier; il faisait mieux que les réciter, il les jouait pour ainsi dire. Ainsi, un jour, étant au lit (car il se levait tard) et débitant au docteur Arnauld, qui l'était venu voir, sa troisième Épître où se trouve le beau passage qui finit par ces vers :

> Hâtons-nous, le temps fuit et nous traîne avec soi :
> Le moment où je parle est déjà loin de moi !

Il récita ce dernier vers d'un ton si léger et rapide, qu'Arnauld, naïf et vif, et qui se laissait faire aisément, de plus assez novice à l'effet des beaux vers français, se leva brusquement de son siège et fit deux ou trois tours de chambre comme pour courir après ce moment qui fuyait. — De même, Boileau récitait si bien au Père Lachaise son Épître théologique sur l'*Amour de Dieu*, qu'il enlevait (ce qui était plus délicat) son approbation entière.

Pour jouir de tout l'agrément du *Lutrin*, j'aime à me le figurer débité par Boileau avec ses vers descriptifs et pittoresques, tantôt sombres et noirs comme la nuit :

> Mais la Nuit aussitôt de ses ailes affreuses
> Couvre des Bourguignons les campagnes vineuses;

tantôt frais et joyeux dans leurs rimes toutes matinales :

> Les cloches dans les airs, de leurs voix argentines,
> Appelaient à grand bruit les chantres à matines;

avec ses effets de savant artifice et de légèreté, quand, à la fin du troisième chant, après tant d'efforts, la lourde machine étant replacée sur son banc,

> Le sacristain achève en deux coups de rabot,
> Et le pupitre enfin tourne sur son pivot ;

ou avec ces contrastes de destruction et d'arrachement pénible, quand le poète, à la fin du quatrième chant, nous dit :

> La masse est emportée, et *ses ais arrachés*
> Sont aux yeux des mortels *chez le chantre cachés*.

Tout cela, récité par Boileau chez M. de Lamoignon, avec cet art de débit qui rendait au vif l'inspiration, parlait à l'œil, à l'oreille, et riait de tout point à l'esprit.

« On devrait, disait Boileau, ordonner le vin de Champagne à ceux qui n'ont pas d'esprit, comme on ordonne le lait d'ânesse à ceux qui n'ont pas de santé : le premier de ces remèdes serait plus sûr que l'autre. » Boileau dans son bon temps ne haïssait pas lui-même le vin de Champagne, la bonne chère, le train du monde : il se ménageait moins à cet égard que son ami Racine, qui soignait sa santé à l'excès et craignait toujours de tomber malade. Boileau avait plus de verve devant le monde, plus d'entrain social que Racine : il payait de sa personne. Jusque dans un âge assez avancé, il recevait volontiers ceux qui l'écoutaient et qui faisaient cercle autour de lui : « Il est heureux comme un roi, disait Racine, dans sa solitude ou plutôt dans son hôtellerie d'Auteuil. Je l'appelle ainsi, parce qu'il n'y a point de jour où il n'y ait quelque nouvel écot, et souvent deux ou trois qui ne se connaissent pas trop les uns les autres. Il est heureux de s'accommoder ainsi de tout le monde ; pour moi, j'aurais cent fois vendu la maison. » Boileau finit par la vendre, mais ce ne fut que quand ses infirmités lui eurent rendu la vie plus difficile et la conversation tout à fait pénible.

L'extinction de voix qui l'envoya aux eaux de Bourbon dans l'été de 1687 fit paraître l'intérêt que les plus grands du royaume prenaient à lui. Le roi à table s'informait souvent de sa santé, les princes et les princesses s'y joignaient : « Vous fîtes, lui écrivait Racine, l'entretien de plus de la moitié du dîner. » Boileau était chargé avec Racine, depuis 1677, d'écrire l'Histoire des campagnes du roi. Les courtisans s'étaient d'abord un peu égayés de voir les deux poètes à cheval, à la suite de l'armée, ou à la tranchée, étudiant consciencieusement leur sujet. On fit sur leur compte mille histoires vraies ou fausses, et sans doute embellies. Voici l'une de ces anecdotes qui est toute neuve ; je la tire d'une lettre du Père Quesnel à Arnauld ; les deux poètes ne sont point à l'armée cette fois, mais simplement à Versailles, et il leur arrive néanmoins mésaventure :

« Madame de Montespan, écrit le Père Quesnel (vers 1680), a deux ours qui vont et viennent comme bon leur semble. Ils ont passé une nuit dans un magnifique appartement que l'on fait à mademoiselle de Fontanges. Les peintres, en sortant le soir, n'avaient pas songé à fermer les portes; ceux qui ont soin de cet appartement avaient eu autant de négligence que les peintres : ainsi les ours, trouvant les portes ouvertes, entrèrent, et, toute la nuit, gâtèrent tout. Le lendemain on dit que les ours avaient vengé leur maîtresse, et autres folies de poètes. Ceux qui devaient avoir fermé l'appartement furent grondés, mais de telle sorte qu'ils résolurent bien de fermer les portes de bonne heure. Cependant, comme on parlait fort du dégât des ours, quantité de gens allèrent dans l'appartement voir tout ce désordre. MM. Despréaux et Racine y allèrent aussi vers le soir, et, entrant de chambre en chambre, enfoncés ou dans leur curiosité ou dans leur douce conversation, ils ne prirent pas garde qu'on fermait les premières chambres; de sorte que, quand ils voulurent sortir, ils ne le purent. Ils crièrent par les fenêtres, mais on ne les entendit point. Les deux poètes firent *bivouac* où les deux ours l'avaient fait la nuit précédente, et eurent le loisir de songer ou à leur poésie passée, ou à leur histoire future. »

C'est assez de ces anecdotes pour montrer que le sujet de Despréaux n'est pas si triste ni si uniformément grave qu'on le croirait. Louis XIV, en couvrant Despréaux de son estime, n'aurait pas souffert qu'il fût sérieusement entamé par des railleries de cour. Le grand sens royal de l'un avait apprécié le bon sens littéraire de l'autre, et il en était résulté un véritable accord de puissances. Boileau, en 1683, à l'âge de quarante-sept ans, ayant produit déjà tous ses chefs-d'œuvre, n'était point encore de l'Académie; il portait la peine de ses premières Satires. Louis XIV était un peu impatienté qu'il n'en fût pas. Une vacance s'offrit : La Fontaine, concurrent ici de Despréaux, ayant été agréé à un premier tour de scrutin et proposé au roi comme *sujet* ou membre (c'était alors l'usage), il y eut ajournement à la décision du monarque, et dès lors un second tour de scrutin académique. Dans l'intervalle, une seconde place vint à vaquer; l'Académie y porta Despréaux, et, son nom étant présenté au roi, Louis XIV dit aussitôt « que ce choix lui était très agréable et serait généralement approuvé. Vous pouvez, ajouta-t-il, recevoir incessamment La Fontaine, il a promis d'être sage. » Mais jusque-là, et dans les six mois qui s'étaient écoulés d'une élection à l'autre, le roi (remarque d'Olivet) n'avait laissé qu'à peine entrevoir son inclination, « parce qu'il s'était fait une loi de ne prévenir jamais les suffrages de l'Académie. » Nous avons connu des rois qui étaient moins délicats en cela que Louis XIV.

Saluons et reconnaissons aujourd'hui la noble et forte harmonie du grand siècle. Sans Boileau, et sans Louis XIV, qui reconnaissait Boileau comme son contrôleur général du Parnasse, que serait-il arrivé? Les plus grands talents eux-mêmes auraient-ils rendu également tout ce qui forme désormais leur plus solide héritage de gloire? Racine, je le crains, aurait fait plus souvent des *Bérénice;* La Fontaine moins de Fables et plus de Contes; Molière lui-même aurait donné davantage dans les Scapins, et n'aurait peut-être pas atteint aux hauteurs sévères du *Misanthrope*. En un mot, chacun de ces beaux génies aurait abondé dans ses défauts. Boileau, c'est-à-dire le bon sens du poète critique, autorisé et doublé de celui d'un grand roi, les contint tous et les contraignit, par sa présence respectée, à leurs meilleures et à leurs plus graves œuvres. Savez-vous ce qui, de nos jours, a manqué à nos poètes, si pleins à leur début de facultés naturelles, de promesses et d'inspirations heureuses? Il a manqué un Boileau et un monarque éclairé, l'un des deux appuyant et consacrant l'autre. Aussi ces hommes de talent, se sentant dans un siècle d'anarchie et d'indiscipline, se sont vite conduits à l'avenant; ils se sont conduits, au pied de la lettre, non comme de nobles génies ni comme des hommes, mais comme des écoliers en vacances. Nous avons vu le résultat.

Boileau, vieillissant et morose, jugeait déjà le bon goût très compromis et déclarait à qui voulait l'entendre la poésie française en pleine décadence. Quand il mourut, le 13 mars 1711, il y avait longtemps qu'il désespérait de ses contemporains et de ses successeurs. Était-ce de sa part une pure illusion de la vieillesse? Supposez Boileau revenant au monde au milieu ou vers la fin du dix-huitième siècle, et demandez-vous ce qu'il penserait de la poésie de ce temps-là? Placez-le encore en idée sous l'Empire, et adressez-vous la même question. Il m'a toujours semblé que ceux alors qui étaient les plus ardents à invoquer l'autorité de Boileau n'étaient pas ceux qu'il aurait le plus sûrement reconnus pour siens. L'homme qui a le mieux senti et commenté Boileau poète, au dix-huitième siècle, est encore Le Brun, l'ami d'André Chénier, et si accusé de trop d'audace par les rimeurs prosaïques. Boileau était plus hardi et plus neuf que ne le pensaient, même les Andrieux. Mais laissons les suppositions sans but précis et sans solution possible. Prenons les choses littéraires telles qu'elles nous sont venues aujourd'hui, dans leur morcellement et leur confusion; isolés et faibles que nous sommes, acceptons-les avec tout leur poids, avec les fautes de tous, en y comprenant nos propres fautes aussi et nos écarts dans le passé. Mais, même les choses étant telles, que ceux du moins qui se sentent en eux quelque part du bon sens et du courage de Boileau et des hommes de sa race, ne faiblissent pas. Car il y a la race des hommes qui, lorsqu'ils découvrent autour d'eux un vice, une sottise, ou littéraire ou morale, gardent le secret et ne songent qu'à s'en servir et à en profiter doucement dans la vie par des flatteries intéressées ou des alliances; c'est le grand nombre. Et pourtant il y a la race encore de ceux qui, voyant ce faux et ce convenu hypocrite, n'ont pas de cesse que, sous une forme ou sous une autre, la vérité, comme ils la sentent, ne soit sortie et proférée. Qu'il s'agisse de rimes ou même de choses un peu plus sérieuses, soyons de ceux-là.

SAINTE-BEUVE.

DISCOURS AU ROI [1]

(1665)

I

Hommage au Roi.

Jeune et vaillant héros, dont la haute sagesse
N'est point le fruit tardif d'une lente vieillesse,
Et qui seul, sans ministre à l'exemple des dieux [2],
Soutiens tout par toi-même, et vois tout par tes yeux [3],
Grand roi, si jusqu'ici, par un trait de prudence,
J'ai demeuré pour toi dans un humble silence [4],
Ce n'est pas que mon cœur, vainement suspendu,
Balance pour t'offrir un encens qui t'est dû ;
Mais je sais peu louer ; et ma muse tremblante
Fuit d'un si grand fardeau la charge trop pesante,
Et, dans ce haut éclat où tu te viens offrir,
Touchant à tes lauriers, craindrait de les flétrir [5].

1. Quoique le discours au Roi tienne la première place ici, comme dans tout les éditions des ouvrages de M. Despréaux, il n'a cependant été écrit qu'au co mencement de l'année 1665, l'auteur ayant déjà composé cinq satires... Régni a mis à la tête de ses satires une épître en vers adressée à Henri IV, sous même titre de *Discours au roi*.

2. Bonnecorse blâmait ces cinq épithètes en deux vers ; il aurait dû plutôt goûter l'élégance.

3. Le lendemain de la mort de Mazarin (9 mars 1661), M. de Champvallon aya demandé au roi à qui l'on devait désormais s'adresser pour les affaires, Louis X lui répondit : «A moi. » Il avait alors vingt-deux ans et demi. Ici Boileau imi le début de l'épître d'Horace à Auguste (livre II, épître 1) :
« Quand il te faut suffire seul à tant et de si grands travaux, protéger l'empi par la force des armes, l'embellir par les mœurs, le corriger par les lois... (Trad. de M. Patin. t. II, p. 315.)

4. Boileau avait mis d'abord *lâche* silence dans l'édition de 1666.

5. *Cœur suspendu* est une expression impropre pour *en suspens*.

Et ma plume, *mal propre* à peindre des guerriers.
Craindrait en les touchant de flétrir tes lauriers.

Cette première version se maintint pendant neuf années après lesquelles, éditi de 1674, le poète lui substitua celle-ci :

Et, de si hauts exploits *mal propre* à discourir;
Touchant à tes lauriers, craindrait de les flétrir.

Il fallut neuf autres années, édition de 1683, pour arriver à la leçon définit qui délivre le texte de la *muse mal propre* de 1674, laquelle avait succédé à *plume mal propre* de 1665. Molière a dit dans son *Misanthrope* :

Monsieur, je suis *mal propre* à décider la chose.

Passage imité d'Horace (livre I, ode VI) :
« Une juste honte me retient ; ma muse, qui ne possède qu'une lyre timi ne veut pas que je compromette la gloire de César et la tienne par mon de génie. » (Patin, t. I, p. 21.)

Ainsi, sans m'aveugler d'une vaine manie [1],
Je mesure mon vol à mon faible génie;
Plus sage en mon respect que ces hardis mortels
Qui d'un indigne encens profanent tes autels;
Qui, dans ce champ d'honneur où le gain les amène,
Osent chanter ton nom, sans force et sans haleine;
Et qui vont tous les jours, d'une importune voix,
T'ennuyer du récit de tes propres exploits.

II

Atteinte aux mauvais poètes.

L'un, en style pompeux habillant une églogue [2],
De ses rares vertus te fait un long prologue,
Et mêle, en se vantant soi-même à tout propos,
Les louanges d'un fat à celles d'un héros [3].
L'autre, en vain se lassant à polir une rime,
Et reprenant vingt fois le rabot et la lime,
Grand et nouvel effort d'un esprit sans pareil!
Dans la fin d'un sonnet te compare au soleil [4].
Sur le haut Hélicon leur veine méprisée
Fut toujours des neuf sœurs la fable et la risée [5].
Calliope jamais ne daigna leur parler,
Et Pégase pour eux refuse de voler.

---

1. Boileau avait mis d'abord :

    Ainsi, sans me flatter d'une vaine manie;

dans l'édition de 1674, il remplaça *sans me flatter* par *sans m'aveugler*, qui est plus exact et plus poétique. *Manie* a le sens ici de *folie*.
2. Charpentier (1620-1702), de l'Académie française, dans un dialogue en vers, intitulé : *Louis, églogue royale.*
3. Un fat, un homme sans mérite.
4. Chapelain.
5. *Fable*, sujet d'entretien. Régnier (satire III, v. 53) a suggéré à Boileau l'emploi de ces deux mots :

    ... la science affreuse et méprisée
    Sert au peuple de fable, aux plus grands de risée.

Dans Mathurin Régnier (neuvième satire, v. 43).

    Il semble en leurs discours hautains et généreux.....
    Que Phébus à leur ton accorde sa vielle;
    Que la mouche du Grec leurs lèvres emmielle;
    Qu'ils ont seuls ici-bas trouvé la pie au nid.
    Et que des hauts esprits le leur est le zénit...
    Que seuls des grands secrets ils ont la cognoissance;
    Et disent librement que leur expérience
    A raffiné les vers, fantastiques d'humeur
    Ainsi que les Gascons ont fait le point d'honneur;
    Qu'eux tous seuls du bien dire ont trouvé la méthode,
    Et que rien n'est parfait s'il n'est fait à leur mode.

Cependant à les voir, enflés de tant d'audace,
Te promettre en leur nom les faveurs du Parnasse,
On dirait qu'ils ont seuls l'oreille d'Apollon,
Qu'ils disposent de tout dans le sacré vallon :
C'est à leurs doctes mains, si l'on veut les en croire,
Que Phébus a commis tout le soin de ta gloire ;
Et ton nom, du Midi jusqu'à l'Ourse vanté [1],
Ne devra qu'à leurs vers son immortalité.
Mais plutôt, sans ce nom dont la vive lumière
Donne un lustre éclatant à leur veine grossière,
Ils verraient leurs écrits, honte de l'univers,
Pourrir dans la poussière à la merci des vers.
A l'ombre de ton nom ils trouvent leur asile,
Comme on voit dans les champs un arbrisseau débile,
Qui, sans l'heureux appui qui le tient attaché,
Languirait tristement sur la terre couché [2].
Ce n'est pas que ma plume injuste et téméraire
Veuille blâmer en eux le dessein de te plaire ;
Et, parmi tant d'auteurs, je veux bien l'avouer,
Apollon en connaît qui te peuvent louer :
Oui, je sais qu'entre ceux qui t'adressent leurs veilles [3],
Parmi les Pelletiers [4] on compte des Corneilles.
Mais je ne puis souffrir qu'un esprit de travers
Qui, pour rimer [5] des mots, pense faire des vers,
Se donne en te louant une gêne [6] inutile ;
Pour chanter un Auguste, il faut être un Virgile :
Et j'approuve les soins du monarque guerrier
Qui ne pouvait souffrir qu'un artisan grossier

---

1. L'Ourse, constellation qui marque le nord.
2. Ces vers ont été blâmés par Desmarets, Pradon, Condillac, Le Brun et Daunou. On y a vu des idées peu liées et des métaphores mal choisies. On s'est étonné qu'après avoir parlé d'un nom entouré d'une *vive lumière* qui donne un lustre éclatant à une *veine grossière*, l'auteur dise ensuite à *l'ombre de ton nom* ils trouvent *un asile*. Ces reproches ne sont pas sans fondement, il faut pourtant accorder quelque chose au style poétique.
3. Pradon disait : « il faut dire consacrer des veilles, employer des veilles... je ne crois pas qu'un autre que Boileau ait jamais dit *adresser des veilles*. » C'est que Boileau a su développer le génie de notre langue. C'est une hardiesse heureuse pour *le fruit de leurs veilles*.
4. Pierre du Pelletier, parisien, misérable rimeur, faisait sa principale occupation de composer des sonnets à la louange de toute sorte de gens. Dès qu'il savait qu'on imprimait un livre, il ne manquait pas d'aller porter un sonnet à l'auteur pour avoir un exemplaire de l'ouvrage. Il gagnait sa vie à aller en ville enseigner la langue française aux étrangers. Saint-Marc. — Son nom reviendra souvent dans les satires de Boileau. — Corneille a célébré dignement les victoires du roi dans les poèmes composés à sa louange.
5. *Pour rimer*, parce qu'il rime.
6. Gêne, torture, sens très rigoureux tiré de l'étymologie : *Géhenne*.

Entreprît de tracer, d'une main criminelle,
Un portrait réservé pour le pinceau d'Apelle [1].

III

Boileau fait connaître son caractère.

Moi donc, qui connais peu Phébus et ses douceurs,
Qui suis nouveau sevré sur le mont des neuf sœurs,
Attendant que pour toi l'âge ait mûri ma muse,
Sur de moindres sujets je l'exerce et l'amuse :
Et tandis que ton bras, des peuples redouté,
Va, la foudre à la main, rétablir l'équité [2],
Et retient les méchants par la peur des supplices,
Moi, la plume à la main, je gourmande les vices ;
Et, gardant pour moi-même une juste rigueur,
Je confie au papier les secrets de mon cœur [3].
Ainsi, dès qu'une fois ma verve se réveille,
Comme on voit au printemps la diligente abeille [4]

---

1. Imitation d'Horace (livre II, épître 1) :
Despréaux avait mis d'abord :
> Et j'approuve les soins de ce prince guerrier
> Qui, craignant le pinceau d'un artiste grossier,
> Voulut qu'Appelle seul exprimât son visage,
> Que Lysippe en airain fît fondre son image.

2. Le Brun trouve dans ces vers des figures incohérentes, il est sûr qu'un *bras* qui *va la foudre à la main* n'est pas le modèle d'un bon style. Boileau disait pour s'excuser : « Il faut être poète pour sentir les beautés de ce vers, » et il cherchait à se justifier en citant ce vers de Racine.
> Et mes derniers regards ont vu fuir les Romains.
> (BROSSETTE.)

Cela risque fort de rappeler ce vers de Molière :
> Et moi je vous soutiens que mes vers sont fort bons.

3. Imité d'Horace (livre II, satire 1, v. 30). C'est ce qu'Horace disait du poète Lucilius. Selon Souchay (édit. de Paris, 1740) Boileau devait ce vers à Montaigne.

4. Platon a le premier comparé le poète à l'abeille. — Horace (liv. IV, ode 1) :
« Mais moi, comme l'abeille de Matine, qui se fatigue à recueillir les sucs embaumés du thym, je ne compose pas sans peine, sous les ombrages, près des eaux du frais Tibur, mes vers laborieux. » (Patin, t. 1, p. 311.)

La Fontaine (*Épitre à Huet*) :
> Je suis chose légère et semblable aux abeilles.
> A qui le bon Platon compare nos merveilles.

J.-B. Rousseau dans l'*Ode au comte du Luc* :
> Et semblable à l'abeille en nos jardins éclose
> De différentes fleurs j'assemble et je compose
> Le miel que je produis.

Et dans son *Épitre aux Muses*, v. 341 :
> Tout vrai poète est semblable à l'abeille.
> C'est pour nous seul que l'aurore s'éveille,
> Et qu'elle amasse, au milieu des chaleurs,
> Ce miel si doux tiré du suc des fleurs.

B. S P.

Qui du butin des fleurs va composer son miel,
Des sottises du temps je compose mon fiel :
Je vais de toutes parts où me guide ma veine,
Sans tenir en marchant une route certaine ;
Et, sans gêner ma plume en ce libre métier,
Je la laisse au hasard courir sur le papier.
    Le mal est qu'en rimant, ma muse un peu légère
Nomme tout par son nom, et ne saurait rien taire [1].
C'est là ce qui fait peur aux esprits de ce temps,
Qui, tout blancs au dehors, sont tout noirs au dedans [2] :
Ils tremblent qu'un censeur, que sa verve encourage,
Ne vienne en ses écrits démasquer leur visage,
Et, fouillant dans leurs mœurs en toute liberté,
N'aille du fond du puits tirer la vérité [3].
Tous ces gens, éperdus au seul nom de satire [4],
Font d'abord le procès à quiconque ose rire :
Ce sont eux que l'on voit d'un discours insensé
Publier dans Paris que tout est renversé,
Au moindre bruit qui court qu'un auteur les menace
De jouer des bigots la trompeuse grimace [5].
Pour eux un tel ouvrage est un monstre odieux.
C'est offenser les lois, c'est s'attaquer aux cieux :
Mais, bien que d'un faux zèle ils masquent leur faiblesse,
Chacun voit qu'en effet la vérité les blesse :
En vain d'un lâche orgueil leur esprit revêtu [6]
Se couvre du manteau d'une austère vertu ;
Leur cœur, qui se connaît et qui fuit la lumière,
S'il se moque de Dieu, craint Tartufe et Molière :
    Mais pourquoi sur ce point sans raison m'écarter ?
Grand roi, c'est mon défaut, je ne saurais flatter :

---

1. L'auteur dit dans la première satire au vers 51 :

    Je ne puis rien nommer si ce n'est par son nom.

Et Régnier (satire xv, v. 166).

    Mon vice est, mon ami, de ne pouvoir m'en taire.

2. Imitation d'Horace, épit. 1, 16, v. 44 :
3. Démocrite disait que la vérité était au fond d'un puits, et que personne ne l'en avait encore pu tirer.   BOILEAU.
4. Horace développe la même idée dans la satire IV du 1ᵉʳ livre, vers 23 et suivants.
    A ce moment même, 1665, le sieur de Rochemont publiait un odieux libelle sous le titre d'*Observations sur le Don Juan*.
5. Molière vers ce temps-là fit jouer son *Tartufe* (BOILEAU). Cette comédie, déjà composée en 1664, ne put être jouée sans entrave qu'en 1669.
6. On a blâmé cette expression : on peut en rapprocher celle d'Homère (*Iliade*, livre I, v. 149) où Achille apostrophe ainsi Agamemnon *revêtu d'impudence*.

Je ne sais point au ciel placer un ridicule [1],
D'un nain faire un Atlas, ou d'un lâche un Hercule ;
Et, sans cesse en esclave à la suite des grands,
A des dieux sans vertu prodiguer mon encens [2].
On ne me verra point d'une veine forcée,
Même pour te louer, déguiser ma pensée ;
Et, quelque grand que soit ton pouvoir souverain,
Si mon cœur en ces vers ne parlait par ma main [3],
Il n'est espoir de bien, ni raison, ni maxime [4],
Qui pût en ta faveur m'arracher une rime.

IV

Eloge du Roi.

Mais lorsque je te vois, d'une aussi noble ardeur,
T'appliquer sans relâche au soin de ta grandeur,
Faire honte à ces rois que le travail étonne [5],
Et qui sont accablés du faix de leur couronne ;
Quand je vois ta sagesse, en ses justes projets,
D'une heureuse abondance enrichir tes sujets,
Fouler aux pieds l'orgueil et du Tage et du Tibre [6],
Nous faire de la mer une campagne libre [7] ;
Et tes braves guerriers, secondant ton grand cœur,

---

1. C'est-à-dire un homme ridicule (Molière, *le Misanthrope*) :
   > Parbleu ! je viens du Louvre où Cléante au levé,
   > Madame, a bien paru ridicule achevé.

2. Le mot *vertu* est pris dans son sens étymologique, sans force. Racine a dit de même :
   > Benjamin est sans force et Judas sans vertu.

3. Étrange figure que celle de ce *cœur qui parle par la main*. Pradon a dit : « D'ordinaire le cœur parle par la bouche : cela a du moins la grâce de la nouveauté. » Le Brun y voit une heureuse hardiesse.

4. On ne voit pas bien comment une *maxime* pourrait arracher une *rime* ; c'est bien plutôt *rime* qui amène ici *maxime* dont on n'a que faire (Géruzez). — On est porté à croire que Boileau faisant allusion aux *Maximes*, alors en vogue, prend ce mot dans le sens d'axiome, de raison d'une grande autorité morale. Bossuet dit dans l'oraison funèbre du prince de Condé : « c'est la maxime qui fait les héros. »

5. C'est-à-dire frappe d'une sorte de terreur.

6. Le *Tage* pour l'*Espagne*, le *Tibre* pour l'*Italie*. Le roi se fit faire dans ce temps-là (1664) réparation de deux insultes faites à ses ambassadeurs à Rome et à Londres, et ses troupes envoyées au secours de l'Empereur défirent les Turcs sur les bords du Raab (BOILEAU). — Ces insultes furent faites en 1662 et 1661 par les Corses de la garde papale et par l'ambassadeur d'Espagne. BROSSETTE.

7. Victoire navale (1665) remportée sur Alger et Tunis, refuges des pirates barbaresques.

Rendre à l'aigle éperdu sa première vigueur [1] :
La France sous tes lois maîtriser la Fortune,
Et nos vaisseaux, domptant l'un et l'autre Neptune [2],
Nous aller chercher l'or, malgré l'onde et le vent,
Aux lieux où le soleil le forme en se levant [3] :
Alors, sans consulter si Phébus l'en avoue,
Ma muse toute en feu me prévient et te loue [4] ;
Mais bientôt la raison, arrivant au secours,
Vient d'un si beau projet interrompre le cours,
Et me fait concevoir, quelque ardeur qui m'emporte,
Que je n'ai ni le ton, ni la voix assez forte.
Aussitôt je m'effraye, et mon esprit troublé [5]
Laisse là le fardeau dont il est accablé ;
Et sans passer plus loin, finissant mon ouvrage,
Comme un pilote en mer, qu'épouvante l'orage,
Dès que le bord paraît, sans songer où je suis,
Je me sauve à la nage [6] et j'aborde où je puis.

(*Extraits.*)

---

1. Allusion au secours envoyé à l'Empereur et à la défaite des Turcs sur le Raab. L'aigle figure dans les armes de l'Autriche. Il semblerait qu'il fallût écrire l'*Aigle éperdue* puisqu'il s'agit du sens figuré. Au temps de Boileau le genre de ce mot n'était pas encore bien fixé. J.-B. Rousseau a fait aussi aigle du masculin dans le sens figuré, et Féraud avait d'abord décidé (*Dictionnaire grammatical*) qu'aigle au figuré était des deux genres. B. S. P.
2. L'Océan et la Méditerranée.
3. En l'année 1664, le roi établit la compagnie des Indes orientales, à laquelle il accorda de grands privilèges, fournit des sommes considérables, et prêta des vaisseaux pour le premier embarquement.
4. Me devance. S.-Marc.
5. Horace dit la même chose à Auguste (Epit. II, I, v. 257).
6. « M. D. finit toutes ses satires comme un homme qui ne sait plus où il en est, et qui prend la première chose qu'il trouve, où il s'accroche pour se tirer promptement d'affaire. » (Pradon.) — Il est certain qu'il y a un peu de fatigue dans cette fin. Elle se trahit par ce grand nombre de métaphores mal continuées de *voix*, de *fardeau* et de *pilote*.

SATIRES

DISCOURS SUR LA SATIRE[1]

(1668)

Quand je donnai la première fois mes Satires au public, je m'étais bien préparé au tumulte que l'impression de mon livre a excité sur le Parnasse. Je savais que la nation des poètes, et surtout des mauvais poètes, est une nation farouche qui prend feu aisément[2]; et que ces esprits avides de louanges ne digéreraient point facilement une raillerie, quelque douce qu'elle pût être. Aussi oserai-je dire, à mon avantage, que j'ai regardé avec des yeux assez stoïques les libelles diffamatoires qu'on a publiés contre moi. Quelques calomnies dont on ait voulu me noircir, quelques faux bruits qu'on ait semés de ma personne, j'ai pardonné sans peine ces petites vengeances au déplaisir d'un auteur irrité, qui se voyait attaqué par l'endroit le plus sensible d'un poète, je veux dire par ses ouvrages.

Mais j'avoue que j'ai été un peu surpris du chagrin bizarre de certains lecteurs, qui, au lieu de se divertir d'une querelle du Parnasse, dont ils pouvaient être spectateurs indifférents, ont mieux aimé prendre parti et s'affliger avec les ridicules[3], que de se réjouir avec les honnêtes gens. C'est pour les consoler que j'ai composé ma neuvième satire, où je pense avoir montré assez clairement que, sans blesser l'État ni sa conscience, on peut trouver de méchants vers méchants, et s'ennuyer de plein droit à la lecture d'un sot livre. Mais puisque ces messieurs ont parlé de la liberté que je me suis donnée de nommer, comme d'un attentat inouï et sans exemple, et que des exemples ne se peuvent pas mettre en rimes, il est

---

1. Ce discours parut pour la première fois en 1668, avec la satire neuvième. Il doit servir d'introduction aux satires.
2. Ce renom d'irritabilité chez les poètes est bien établi et date de loin.
3. Les *ridicules*, c'est-à-dire les personnes ridicules. Les *honnêtes gens*, c'est-à-dire les gens de goût et de mérite.

bon d'en dire ici un mot, pour les instruire d'une chose qu'eux seuls veulent ignorer, et leur faire voir qu'en comparaison de tous mes confrères les satiriques, j'ai été un poète fort retenu.

Et pour commencer par Lucilius, inventeur de la satire, quelle liberté, ou plutôt quelle licence ne s'est-il point donnée dans ses ouvrages? Ce n'était pas seulement des poètes et des auteurs qu'il attaquait : c'était des gens de la première qualité de Rome; c'était des personnes consulaires. Cependant, Scipion et Lélius ne jugèrent pas ce poète, tout déterminé rieur qu'il était, indigne de leur amitié; et vraisemblablement dans les occasions ils ne lui refusèrent pas leurs conseils sur ses écrits, non plus qu'à Térence. Ils ne s'avisèrent point de prendre le parti de Lupus et de Métellus, qu'il avait joués dans ses satires, et ils ne crurent pas lui donner rien du leur, en lui abandonnant tous les ridicules de la République.

> Num Lælius, aut qui
> Duxit ab oppressa meritum Carthagine nomen,
> Ingenio offensi aut læso doluere Metello,
> Famosisve Lupo cooperto versibus?

En effet, Lucilius n'épargnait ni petits ni grands : et souvent, des nobles et des patriciens il descendait jusqu'à la lie du peuple :

> Primores populi arripuit, populumque tributim [1].

On me dira que Lucilius vivait dans une république où ces sortes de libertés peuvent être permises. Voyons donc Horace, qui vivait sous un empereur, dans les commencements d'une monarchie, où il est bien plus dangereux de rire qu'en d'autres temps. Qui ne nomme-t-il point dans ses satires? et Fabius le grand causeur, et Tigellius le fantasque, et Nasidiénus le ridicule, et Nomentanus le débauché, et tout ce qui vient au bout de sa plume. On me répondra que ce sont des noms supposés. O la belle réponse! Comme si ceux qu'il attaque n'étaient pas des gens connus d'ailleurs; comme si l'on ne savait pas que Fabius était un chevalier romain, qui avait

---

[1]. Ces vers sont tirés de la satire première, livre II, v. 65-69. En voici la traduction : « Vit-on Lélius ou ce grand homme, à qui Carthage accablée mérita un glorieux surnom, s'offenser des hardiesses de son génie, ressentir les blessures de Métellus, plaindre Lupus tout chargé de vers infamants? Or, c'était aux premiers du peuple que s'attaquait Lucilius, et au peuple lui-même en masse. » (Patin, t. II, p. 105.)

composé un livre de droit; que Tigellius fut en son temps un musicien chéri d'Auguste; que Nasidiénus Rufus était un ridicule célèbre dans Rome; que Cassius Nomentanus était un des plus fameux débauchés de l'Italie! Certainement il faut que ceux qui parlent de la sorte n'aient pas fort lu les anciens et ne soient pas fort instruits des affaires de la cour d'Auguste. Horace ne se contente pas d'appeler les gens par leur nom; il a si peur qu'on ne les méconnaisse, qu'il a soin de rapporter jusqu'à leur surnom, jusqu'au métier qu'ils faisaient, jusqu'aux charges qu'ils avaient exercées. Voyez, par exemple, comme il parle d'Aufidius Luscus, préteur de Fondi:

> Fundos Aufidio Lusco prætore libenter
> Linquimus, insani ridentes prœmia scribæ,
> Prætextam et latum clavum, etc. [1]

« Nous abandonnâmes, dit-il, avec joie le bourg de Fondi, dont était préteur un certain Aufidius Luscus; mais ce ne fut pas sans avoir bien ri de la folie de ce préteur, auparavant commis, qui faisait le sénateur et l'homme de qualité. » Peut-on désigner un homme plus précisément; et les circonstances seules ne suffisaient-elles pas pour le faire reconnaître? On me dira peut-être qu'Aufidius était mort alors: mais Horace parle là d'un voyage fait depuis peu. Et puis, comment mes censeurs répondront-ils à cet autre passage:

> Turgidus Alpinus jugulat dum Memnona, dumque
> Diffingit Rheni luteum caput, hæc ego ludo [2].

« Pendant, dit Horace, que ce poète enflé d'Alpinus égorge Memnon dans son poème, et s'embourbe dans la description du Rhin, je me joue en ces satires. » Alpinus vivait du temps qu'Horace se jouait en ces satires; et si Alpinus en cet endroit est un nom supposé, l'auteur du poème de *Memnon* pouvait-il s'y méconnaître? Horace, dira-t-on, vivait sous le règne du plus poli de tous les empereurs; mais vivons-nous sous un règne moins poli? et veut-on qu'un prince qui a tant de qualités communes avec Auguste soit moins dégoûté que lui des méchants livres, et plus rigoureux envers ceux qui les blâment?

Examinons pourtant Perse, qui écrivait sous le règne de Néron. Il ne raille pas simplement les ouvrages des poètes de son temps, il attaque les vers de Néron même. Car enfin tout le monde sait, et toute la cour de Néron le savait, que ces

---

1. Sat. v, v. 35, liv. I.
2. Sat. x, v. 36, liv. I.

quatre vers : *Torva Mimalloneis*, etc., dont Perse fait une raillerie si amère dans sa première satire, étaient des vers de Néron. Cependant on ne remarque point que Néron, tout Néron qu'il était, ait fait punir Perse ; et ce tyran, ennemi de la raison, et amoureux, comme on sait, de ses ouvrages, fut assez galant homme pour entendre raillerie sur ses vers, et ne crut pas que l'empereur, en cette occasion, dût prendre les intérêts du poète.

Pour Juvénal, qui florissait sous Trajan, il est un peu plus respectueux envers les grands seigneurs de son siècle. Il se contente de répandre l'amertume de ses satires sur ceux du règne précédent : mais, à l'égard des auteurs, il ne les va point chercher hors de son siècle. A peine est-il entré en matière, que le voilà en mauvaise humeur contre tous les écrivains de son temps. Demandez à Juvénal ce qui l'oblige de prendre la plume. C'est qu'il est las d'entendre et la *Théséide* de Codrus, et l'*Oreste* de celui-ci, et le *Télèphe* de cet autre, et tous les poètes enfin, comme il dit ailleurs, qui récitaient leurs vers au mois d'août, *et Augusto recitantes mense poetas*. Tant il est vrai que le droit de blâmer les auteurs est un droit ancien, passé en coutume parmi tous les siècles. Que s'il faut venir des anciens aux modernes, Régnier, qui est presque notre seul poète satirique, a été véritablement un peu plus discret que les autres. Cela n'empêche pas néanmoins qu'il ne parle hardiment de Gallet, ce célèbre joueur, qui *assignait ses créanciers sur sept et quatorze*[1], et du sieur de Provins, *qui avait changé son balandran en manteau court*[2], et du Cousin, *qui abandonnait sa maison de peur de la réparer*[3],

---

1.
>Comme sur un bon fond de rente et de recettes
>Dessus sept ou quatorze il assigne ses dettes.
>   Satire xiv.

Il dit encore, même satire :
>Gallet a sa raison, et qui croira son dire,
>Le hasard pour le moins lui promet un empire.

2. Voici le vers de Régnier :
>A son long balandran change son manteau court,

Le balandran était une casaque de campagnard, une espèce de blouse grossière tandis que les courtisans portaient le manteau.

La Fontaine, dans *Philémon et Baucis*, emploie cette tournure *changer à :*
>Cependant l'humble toit devient temple, et ses murs
>Changent leur frêle enduit aux marbres les plus durs.

3. Le Cousin était un fou de cour, ainsi nommé parce qu'il disait en parlant de Henri IV : *le roi mon cousin.*
>De peur de réparer, il laisse sa maison ;
>Que son lit ne défonce, il dort dessus la dure,
>Et n'a, crainte de chaud, que l'air pour couverture.
>   Sat. xiv.

et de Pierre du Puis[1], et de plusieurs autres. Que répondront à cela mes censeurs? Pour peu qu'on les presse, ils chasseront de la république des lettres tous les poètes satiriques, comme autant de perturbateurs du repos public. Mais que diront-ils de Virgile, le sage, le discret Virgile, qui dans une églogue, où il n'est pas question de satire, tourne d'un seul vers deux poètes de son temps en ridicule?

Qui Bavium non odit, amet tua carmina, Mœvi,

dit un berger satirique dans cette églogue[2]. Et qu'on ne me dise point que Bavius et Mævius en cet endroit sont des noms supposés, puisque ce serait donner un trop cruel démenti au docte Servius, qui assure positivement le contraire. En un mot, qu'ordonneront mes censeurs de Catulle, de Martial et de tous les poètes de l'antiquité qui n'en ont pas usé avec plus de discrétion que Virgile? Que penseront-ils de Voiture, qui n'a point fait conscience de rire aux dépens du célèbre Neuf-Germain, quoique également recommandable par l'antiquité de sa barbe et par la nouveauté de sa poésie[3]? Le banniront-ils du Parnasse, lui et tous les poètes de l'antiquité, pour établir la sûreté des sots et des ridicules? Si cela est, je me consolerai aisément de mon exil. Il y aura du plaisir à être relégué en si bonne compagnie. Raillerie à part, ces messieurs veulent-ils être plus sages que Scipion et Lélius, plus délicats qu'Auguste, plus cruels que Néron! Mais eux qui sont si rigoureux envers les critiques, d'où vient cette clémence qu'ils affectent pour les méchants auteurs? Je vois bien ce qui les

1.   Aussi perclus d'esprit comme Pierre du Puis.
                                      Sat. xiv.

C'était un fou qui courait les rues, le pied chaussé d'un chapeau, en guise de pantoufle.
2. Eglog. III, v. 90.
3. On lit dans les vers burlesques de Voiture des pièces intitulées ainsi : Ballade en faveur des œuvres de Neuf-Germain. En voici un couplet :

> L'autre jour le grand Apollon,
> Père du jour et de la gloire,
> Tenait au ciel un violon
> Marqueté d'ébène et d'ivoire,
> Et dit aux filles de mémoire :
> Je le veux mettre en bonne main,
> Car je le garde pour la foire,
> Au beau monsieur de Neuf-Germain.

La nouveauté de la poésie de Neuf-Germain consistait en ce qu'il terminait chaque vers par une syllabe du nom de la personne à laquelle il dédiait son poème : en voici la parodie par Voiture. Vers à la mode de Neuf-Germain à M. d'Avaux :

> L'autre jour Jupiter manda
> Par Mercure et par ses Prévosts
> Tous les dieux, et leur commanda
> Qu'on fît honneur au grand D'Avaux.
>   Epit. 1 liv. II, v. 82.

afflige : ils ne veulent pas être détrompés. Il leur fâche d'avoir admiré sérieusement des ouvrages que mes satires exposent à la risée de tout le monde, et de se voir condamnés à oublier, dans leur vieillesse, ces mêmes vers qu'ils ont autrefois appris par cœur comme des chefs-d'œuvre de l'art[1]. Je les plains sans doute : mais quel remède? Faudra-t-il, pour s'accommoder à leur goût particulier, renoncer au sens commun? Faudra-t-il applaudir indifféremment à toutes les impertinences qu'un ridicule aura répandues sur le papier? Et au lieu qu'en certains pays[2] on condamnait les méchants poètes à effacer leurs écrits avec la langue, les livres deviendront-ils désormais un asile inviolable, où toutes les sottises auront droit de bourgeoisie, où l'on n'osera toucher sans profanation? J'aurais bien d'autres choses à dire sur ce sujet. Mais comme j'ai déjà traité de cette matière dans ma neuvième satire, il est bon d'y renvoyer le lecteur.

SATIRE I

(1660)

LE DÉPART DU POÈTE[3]

I

Un poète misérable.

Damon, ce grand auteur dont la muse fertile

---

1. Imitation d'Horace.
2. Dans le temple qui est aujourd'hui l'abbaye d'Ainay à Lyon. (Boileau.) Ce temple avait été bâti par les soixante nations des Gaules en l'honneur d'Auguste. L'Empereur Caligula y institua des jeux, et y fonda des prix pour les concours d'éloquence et de poésie qui s'y faisaient en langue grecque et latine ; mais il établit aussi des peines contre ceux qui ne réussiraient pas en ces sortes de disputes. Les vaincus étaient obligés de donner des prix aux vainqueurs, et de composer des discours à leur louange. Mais ceux dont les discours avaient été trouvés les plus mauvais étaient contraints de les effacer avec la langue, ou avec une éponge, pour éviter d'être battus de verges, ou d'être plongés dans le Rhône. SUÉTONE, *Vie de Caligula*, 20.
3. C'est une imitation de la 3ᵉ satire de Juvénal. Elle contenait d'abord la description des embarras de Paris, Boileau l'en détacha, et réduisit par diverses retouches cette pièce de 212 vers à 164. Ce fut l'abbé Furetière, si l'on en croit Saint-Marc, qui engagea Despréaux à publier ce poème.
Boileau dit que sous ce nom de Damon il a eu en vue Cassandre, celui qui a traduit la rhétorique d'Aristote. Boileau fait de lui un poète *à la muse fertile*, quoiqu'il ait composé peu de vers. « François Cassandre, dit Brossette, auteur célèbre de ce temps-là, était savant en grec et en latin et faisait assez bien des vers français ; mais son humeur bourrue et farouche, qui le rendait incapable de toute société, lui fit perdre tous les avantages que la fortune put lui présenter,

Amusa si longtemps et la cour et la ville[1] ;
Mais qui, n'étant vêtu que de simple bureau[2],
Passe l'été sans linge, et l'hiver sans manteau ;
Et de qui le corps sec et la mine affamée
N'en sont pas mieux refaits pour tant de renommée[3] ;
Las de perdre en rimant et sa peine et son bien,
D'emprunter en tous lieux, et de ne gagner rien,
Sans habits, sans argent ne sachant plus que faire,
Vient de s'enfuir chargé de sa seule misère.....

II

Invectives de Damon contre Paris.

Mais le jour qu'il partit, plus défait et plus blême
Que n'est un pénitent sur la fin d'un carême,
La colère dans l'âme et le feu dans les yeux,
Il distilla sa rage en ces tristes adieux :
« Puisqu'en ce lieu, jadis aux muses si commode,
Le mérite et l'esprit ne sont plus à la mode[4] ;
Qu'un poëte, dit-il, s'y voit maudit de Dieu,
Et qu'ici la vertu n'a plus ni feu ni lieu ;
Allons du moins chercher quelque antre ou quelque roche,
D'où jamais ni l'huissier ni le sergent n'approche :
Et, sans lasser le ciel par des vœux impuissants,
Mettons-nous à l'abri des injures du temps[5],
Tandis que, libre encor, malgré les destinées,
Mon corps n'est point courbé sous le faix des années,
Qu'on ne voit point mes pas sous l'âge chanceler,

---

de sorte qu'il vécut d'une manière très obscure et très misérable. » « Il mourut, écrit Boileau (lettre du 29 avril 1695 à Maucroix), tel qu'il a vécu, c'est-à-dire très misanthrope, et non seulement haïssant les hommes, mais ayant même assez de peine à se réconcilier avec Dieu, à qui, disait-il, si le rapport qu'on m'a fait est véritable, il n'avait aucune obligation. Le confesseur qui l'assistait à sa mort, voulant l'exciter à l'amour de Dieu, par le souvenir des grâces qu'il lui avait faites : *Ah! oui*, dit Cassandre d'un ton chagrin et ironique, *je lui ai de grandes obligations ; il m'a fait jouer ici-bas un joli personnage*. Et comme son confesseur insistait à lui faire connaître les grâces du Seigneur : *Vous savez*, dit-il en redoublant l'amertume de ses reproches, et montrant le grabat sur lequel il était couché, *vous savez comme il m'a fait vivre ; voyez comme il me fait mourir*. »

1. Ce tour, qui peut sembler vulgaire et négligé, désignait des choses alors essentiellement différentes par le goût et les lumières.
2. *Bureau*, étoffe de serge grossière dont on recouvrait les tables à écrire ; de là le nom de Bureau donné à ces tables.
3. *Pour tant de renommée*, pour avoir ou *parce qu'il avait* tant de renommée.
4. Imité de Juvénal (satire III, v. 21).
5. Les *injures du temps* se disent des intempéries de l'air, il y a là une impropriété.

Et qu'il reste à la Parque encor de quoi filer [1] ;
C'est là dans mon malheur le seul conseil à suivre.
Que George vive ici, puisque George y sait vivre [2],
Qu'un million comptant par ses fourbes acquis,
De clerc, jadis laquais, a fait comte et marquis :
Que Jaquin vive ici, dont l'adresse funeste
A plus causé de maux que la guerre et la peste,
Qui de ses revenus écrits par alphabet [3]
Peut fournir aisément un calepin complet [4] ;
Qu'il règne dans ces lieux ; il a droit de s'y plaire.
Mais moi, vivre à Paris ! Eh ! qu'y voudrais-je faire ?
Je ne sais ni tromper, ni feindre, ni mentir [5] ;
Et quand je le pourrais, je n'y puis consentir.
Je ne sais point en lâche essuyer les outrages [6]
D'un faquin orgueilleux qui vous tient à ses gages,
De mes sonnets flatteurs lasser tout l'univers,
Et vendre au plus offrant mon encens et mes vers ;
Pour un si bas emploi ma muse est trop altière,
Je suis rustique et fier, et j'ai l'âme grossière [7] :
Je ne puis rien nommer, si ce n'est par son nom [8] ;

1. Juvénal (satire III, v. 24-27).
2. Imité de Juvénal (satire III, vers 18) : « Qu'Artorius vive ici et Catulus. »
On a voulu voir dans *George* le nom de *Gorge*, fameux traitant. Mais voici ce que dit une note manuscrite de Boileau (dans les papiers de Brossette) : « George est un mot inventé qui n'a point de rapport à M. Gorge, qui n'avait pas dix ans quand je fis cette satire, et qui depuis a été un de mes meilleurs amis... Jacquin est un nom pris au hasard. On l'a voulu imputer depuis à M. Jacquier, homme célèbre dans les finances, qui a rendu de grands services à l'État ; mais je n'ai jamais pensé à lui. »
3. *Par alphabet*, par ordre alphabétique.
4. Ambroise Calepin ou Calepino, savant italien de l'ordre des Augustins, né en 1435, mort en 1511, auteur d'un dictionnaire des langues latine et italienne en deux gros volumes in-folio. Nos calepins d'aujourd'hui sont de minces carnets. *Fournir*, dans le sens de remplir.
5. Juvénal (satire III, v. 40) :
« Que ferais-je à Rome ? je ne sais point mentir. Un livre, s'il ne vaut rien, je ne saurais ni le louer ni le demander... je ne le veux, ni ne le puis. »
Régnier dit de son côté, après Juvénal et avant Boileau (satire III, v. 105) :

> Je n'ai point tant d'esprit pour tant de menterie,
> Je ne puis m'adonner à la cageolerie.

6. Térence a dit, dans l'*Eunuque*, act. II, sc. III :
« J'ai le malheur de ne pouvoir supporter ni les railleries, ni les coups. »
7. Mathurin Régnier avait dit (satire III, v. 93) :

> Ce n'est point mon humeur, je suis mélancolique,
> Je ne suis point entrant, ma façon est rustique.

8. Boileau n'a pas été le premier à réclamer le droit de donner aux choses et aux personnes leur véritable nom. Nous lisons dans les *Colloques* d'Érasme : « Nous autres gens épais et grossiers qui appelons figue une figue et barque une barque, nous avons aussi l'habitude de nommer vol ce genre d'habileté. » Ce n'est que la traduction d'un proverbe grec cité par Lucien dans son *Traité sur la manière d'écrire l'histoire*. « Nous sommes simples gens, puisqu'il plaît à Dieu, et appelons les figues figues. » RABELAIS, liv. IV, 54.

J'appelle un chat un chat, et Rolet un fripon [1],
Et je suis à Paris, triste, pauvre, et reclus,
Ainsi qu'un corps sans âme, ou devenu perclus [2].
 « Mais pourquoi, dira-t-on, cette vertu sauvage
Qui court à l'hôpital, et n'est plus en usage?
La richesse permet une juste fierté;
Mais il faut être souple avec la pauvreté :
C'est par là qu'un auteur que presse l'indigence
Peut des astres malins corriger l'influence,
Et que le sort burlesque, en ce siècle de fer [3],
D'un pédant, quand il veut, sait faire un duc et pair [4].
Ainsi de la vertu la fortune se joue :
Tel aujourd'hui triomphe au plus haut de sa roue,
Qu'on verrait, de couleurs bizarrement orné [5],
Conduire le carrosse où l'on le voit traîné,
Si dans les droits du roi sa funeste science
Par deux ou trois avis n'eût ravagé la France.
Je sais qu'un juste effroi l'éloignant de ces lieux
L'a fait pour quelques mois disparaître à nos yeux :

---

1. Procureur très décrié, qui a été dans la suite condamné à faire amende honorable et banni à perpétuité (*Note de Boileau*, édition de 1713).
 Brossette va nous édifier sur ce Rolet. « Charles Rolet, procureur au Parlement, était fort décrié et on l'appelait communément au Palais *l'âme damnée*. M. le premier président de Lamoignon employait le nom de *Rolet* pour signifier un fripon insigne : *c'est un Rolet*, disait-il ordinairement; il avait été souvent noté en justice; mais enfin, ayant été convaincu d'avoir fait revivre une obligation de 500 livres, dont il avait déjà reçu le paiement, il fut condamné, par arrêt, au bannissement pour neuf ans, en 4,000 livres de réparation civile, en diverses amendes et aux dépens. Rolet fut ensuite déchargé de la peine du bannissement et obtint une place de garde au château de Vincennes, où il mourut. » Boileau, dans la seconde édition de ses satires, avait mis à côté du nom de Rolet en note : *Hôtelier du pays blaisois*. Le hasard voulut qu'il y eût dans ce pays même un hôtelier du nom de Rolet, lequel jeta les hauts cris. La note disparut, mais le vrai Rolet garda son stigmate.
 2. Juvénal (satire III, v. 47).
 3. Le duc de Montausier ne pardonnait pas à Despréaux de qualifier ainsi le temps où régnait Louis XIV. Cet austère courtisan donnait le mot d'ordre à Desmarets de Saint-Sorlin, qui s'écriait de son côté (*Remarques*, p. 81) : « Se peut-il rien ajouter à la hardiesse et à l'injustice de ce satirique? Sans respect du grand et sage roi sous lequel nous vivons, qui, portant la guerre au dehors, nous fait jouir d'une heureuse tranquilité au dedans, peut-on appeler le siècle d'un tel prince un *siècle de fer*, et condamner son choix dans les grandes dignités qu'il donne, puisque cela ne se fait point par un sort burlesque, mais par la volonté expresse du roi? »
 4. Imitation de Juvénal (satire VII, v. 147) et de Pline le Jeune.
 L'abbé de La Rivière, dans ce temps-là, fut fait évêque de Langres. Il avait été régent dans un collège. BOILEAU.
 5. C'est-à-dire portant la livrée d'un laquais. La Bruyère appelle les gens de cette condition des hommes rouges ou feuille morte. L'adverbe bizarrement orné désigne la variété des couleurs qui composaient la livrée. *Bizarre* donne lieu à cette remarque dans Vaugelas : « Les espagnols disent aussi *bizarro*, mais ce mot signifie parmy eux *leste* et *brave* ou *galant*. En français, selon la raison, il faudrait dire *bigearre* par ce que *bigearre* vient de *bigarrer*, et bigarrer, selon quelques-uns, vient de *bis variare*. » M. Chassang, Vaugelas, t. II, p. 6.

Mais en vain pour un temps une taxe l'exile ;
On le verra bientôt, pompeux en cette ville,
Marcher encor chargé des dépouilles d'autrui,
Et jouir du ciel même irrité contre lui [1] ;
Tandis que Colletet [2], crotté jusqu'à l'échine,
S'en va chercher son pain de cuisine en cuisine,
Savant en ce métier, si cher aux beaux esprits,
Dont Montmaur autrefois fit leçon dans Paris [3].

III

Triste sort de Saint-Amant.

Saint-Amant n'eut du ciel que sa veine en partage ;
L'habit qu'il eut sur lui fut son seul héritage ;
Un lit et deux placets composaient tout son bien [4] ;
Ou pour en mieux parler, Saint-Amant n'avait rien [5],
Mais quoi ! las de traîner une vie importune,
Il engagea ce rien pour chercher la fortune [6],
Et, tout chargé de vers qu'il devait mettre au jour,

---

1. Sénèque, *Herc. Fur.*, acte I, sc. I, v. 33, 1re sat.
Juvénal, v. 47 : « Condamné par un vain jugement (qu'est-ce en effet que l'infamie quand la caisse est sauve ?) Marius égaye son exil en buvant dès la huitième heure et se rit de la colère des dieux. »
Voltaire (*Mérope*, act. III, sc. II) exprime la même idée en parlant de Polyphonte :
> Il y jouit en paix du ciel qui le condamne.

2. François Colletet, fameux poète fort gueux dont on a plusieurs ouvrages. (BOILEAU.) Il était de l'Académie française et l'un des cinq poètes qui travaillaient pour Richelieu. On voyait alors des poètes vivre plutôt des aumônes que des libéralités des grands. Chapelain allait chercher sa chandelle chez M. d'Andilly. Ménage se faisait soigner par le chirurgien chargé de la santé des valets de tel autre grand personnage.

3. Célèbre parasite dont Ménage a écrit la vie (sous le nom de Gargilius Mamurra). (BOILEAU.) — Il aimait à faire des jeux de mots ou allusions sur les noms propres. Ses traits mordants excitèrent beaucoup d'auteurs contre lui. Vrion d'Alibray avait fait sur lui soixante-treize épigrammes. En voici une :

> Révérend Père confesseur,
> J'ay fait des vers de médisance.
> — Contre qui ? — Contre un professeur.
> La personne est de conséquence.
> Contre qui donc ? — Contre Montmor.
> — Achevez votre Confiteor.

En 1623, Montmaur devint professeur de grec au collège de France. Il n'était pas sans mérite.

4. Un *placet* est un siège sans dossier, un escabeau, ou tout au plus un tabouret, meuble conforme à la fortune de Saint-Amant. Au deuxième chant du *Lutrin*, v. 36, la femme du perruquier L'Amour tombe sur un siège de ce genre :
> Sur un *placet* voisin tombe demi-pâmée.

5. Gérard de Saint-Amant était de l'Académie française.
6 Juvénal (satire III, v. 208).

Conduit d'un vain espoir, il parut à la cour.
Qu'arriva-t-il enfin de sa muse abusée?
Il en revint couvert de honte et de risée;
Et la fièvre, au retour terminant son destin,
Fit par avance en lui ce qu'aurait fait la faim [1].
Un poète à la cour fut jadis à la mode [2] :
Mais des fous aujourd'hui c'est le plus incommode;
Et l'esprit le plus beau, l'auteur le plus poli,
N'y parviendra jamais au sort de l'Angeli [3].

IV

Désespoir de Damon.

« Faut-il donc désormais jouer un nouveau rôle?
Dois-je, las d'Apollon, recourir à Barthole [4],
Et, feuilletant Louët allongé par Brodeau [5],
D'une robe à longs plis balayer le barreau [6].
Mais à ce seul penser je sens que je m'égare.
Moi, que j'aille crier dans ce pays barbare,
Où l'on voit tous les jours l'innocence aux abois
Errer dans les détours d'un dédale de lois,
Et, dans l'amas confus des chicanes énormes [7],
Ce qui fut blanc au fond rendu noir par les formes [8] !
Où Patru gagna moins qu'Huot et Le Mazier,
Et dont les Cicérons se font chez Pé-Fournier [9] !

1. Il a peint sa misère dans un sonnet fameux.
2. Boileau ne désigne aucun poète en particulier; il veut dire que les *poètes* étaient autrefois bien vus à la cour.
3. Célèbre fou que M. le prince (de Condé) avait amené avec lui des Pays-Bas, et qu'il donna au roi (Louis XIII).
4. Barthole était né en Italie (1313-1356); il a fait sur le Droit d'amples commentaires qui ont illustré son nom.
5. Georges Louët, auteur d'un recueil d'arrêts fort estimé. Brodeau a commenté Louët (BOILEAU). — Le poète, qui avait été reçu avocat le 4 décembre 1656, parlait de ces auteurs en connaissance de cause.
6. Ce vers, que Delille a presque fait passer tout entier dans sa traduction des *Géorgiques :*
D'une queue à longs crins balayer la poussière.
est lui-même une imitation d'un vers de Virgile, *Georg.*, livre III, v. 59.
7. *Énormes*, ce mot est pris dans son sens étymologique : qui sort des règles.
8. Juvénal, satire III, v. 30.
9. Patru (1604-1681), avocat au parlement, était de l'Académie française. Il s'attacha peu à sa profession, et donna plus de soin à la culture des lettres. « Ses plaidoyers sont secs, disait Ménage, en comparaison de ceux de M. le Maître qui sont fleuris. » Il ajoutait : « Il manque une chose aux plaidoyers de M. Patru, c'est que l'arrêt devrait être à la fin de chaque plaidoyer. » Se trouvant dans le besoin, il fut obligé de vendre sa bibliothèque à Boileau. Celui-ci l'acheta, la paya, à la

Avant qu'un tel dessein m'entre dans la pensée,
On pourra voir la Seine à la Saint-Jean glacée ;
Arnaud à Charenton devenir huguenot,
Saint-Sorlin janséniste, et Saint-Pavin bigot [1].

« Quittons donc pour jamais une ville importune
Où l'honneur a toujours guerre avec la fortune ;
Où le vice orgueilleux s'érige en souverain,
Et va la mitre en tête et la crosse à la main ;
Où la science, triste, affreuse, délaissée [2],
Est partout des bons lieux comme infâme chassée ;
Où le seul art en vogue est l'art de bien voler ;
Où tout me choque ; enfin, où... Je n'ose parler.
Et quel homme si froid ne serait plein de bile
A l'aspect odieux des mœurs de cette ville ?
Qui pourrait les souffrir ; et qui, pour les blâmer,
Malgré muse et Phébus n'apprendrait à rimer ?
Non, non, sur ce sujet pour écrire avec grâce [3],
Il ne faut point monter au sommet du Parnasse ;
Et, sans aller rêver dans le double vallon,
La colère suffit, et vaut un Apollon [4].   (*Extraits.*)

condition que Patru en conserverait l'usage. — Huot et Le Mazier, avocats de mérite médiocre, mais fort employés. — Pé-Fournier, célèbre procureur : il s'appelait Pierre Fournier ; mais les gens de palais, pour abréger, l'appelaient Pé-Fournier.

1. Antoine Arnauld, docteur de Sorbonne, défenseur zélé de la religion catholique (1612-1694). — Jean Desmarets de Saint-Sorlin, après avoir cessé de travailler pour le théâtre, publia un écrit en 1665 contre les religieux de Port-Royal. Saint-Pavin passait pour athée. Cet hémistiche sur Saint-Pavin coûta cher à Boileau, puisqu'il attira sur lui ce sonnet épigrammatique qu'on n'a pas oublié :

> Despréaux grimpé sur Parnasse.
> Avant que personne en sût rien,
> Trouva Régnier avec Horace
> Et rechercha leur entretien.
>
> Sans choix et de mauvaise grâce
> Il pilla presque tout leur bien,
> Il s'en servit avec audace
> Et s'en para comme du sien.
>
> Jaloux des plus fameux poètes
> Dans ses satires indiscrètes
> Il choque leur gloire aujourd'hui
>
> En vérité je lui pardonne :
> S'il n'eût mal parlé de personne,
> On n'eût jamais parlé de lui.

2. Régnier (satire III) :
> Et la science pauvre, affreuse et méprisée,
> Sert au peuple de fable, aux plus grands de risée.

3. *Grâce* est là pour rimer avec *Parnasse*.
4. Juvénal (satire I, v. 80) ; Régnier a aussi imité ce vers :
> Et souvent la colère engendre de bons vers.

Gilbert à son tour a imité Juvénal (*le Dix-huitième siècle*, v. 445) :
> Certes, certes, alors ma colère s'allume,
> Et la vérité court se placer sous ma plume.

SATIRE II

(1664)

A MOLIÈRE

LA RIME ET LA RAISON.

I

Eloge de Molière.

Rare et fameux esprit, dont la fertile veine
Ignore en écrivant le travail et la peine ;
Pour qui tient Apollon tous ses trésors ouverts ;
Et qui sais à quel coin se marquent les bons vers ;
Dans les combats d'esprit savant maître d'escrime,
Enseigne-moi, Molière, où tu trouves la rime.
On dirait, quand tu veux, qu'elle te vient chercher :
Jamais au bout du vers on ne te voit broncher ;
Et, sans qu'un long détour t'arrête ou t'embarrasse,
A peine as-tu parlé, qu'elle-même s'y place.
Mais moi, qu'un vain caprice, une bizarre humeur,
Pour mes péchés, je crois, fit devenir rimeur,
Dans ce rude métier où mon esprit se tue,
En vain, pour la trouver, je travaille et je sue.

II

Difficulté de la Rime.

Souvent j'ai beau rêver du matin jusqu'au soir,
Quand je veux dire blanc, la quinteuse [1] dit noir ;
Si je veux d'un galant dépeindre la figure,
Ma plume pour rimer trouve l'abbé de Pure [2] ;

---

1. Quinteuse, d'une humeur capricieuse. Etym. probable : *quinte*, accès de toux qui revient, à ce que l'on croyait, toutes les cinq heures.
2. Ménage était quelque peu dameret, Boileau lui avait d'abord donné la préférence :

> Si je pense parler d'un galant de notre âge,
> Ma plume pour rimer rencontrera Ménage.

Si je pense exprimer un auteur sans défaut,
La raison dit Virgile, et la rime Quinault[1] :
Enfin, quoi que je fasse ou que je veuille faire,
La bizarre toujours vient m'offrir le contraire.
De rage quelquefois ne pouvant la trouver,
Triste, las et confus, je cesse d'y rêver ;
Et, maudissant vingt fois le démon qui m'inspire,
Je fais mille serments de ne jamais écrire [2].
Mais, quand j'ai bien maudit et Muses et Phébus,
Je la vois qui paraît quand je n'y pense plus :
Aussitôt malgré moi tout mon feu se rallume ;
Je reprends sur-le-champ le papier et la plume ;
Et, de mes vains serments perdant le souvenir,
J'attends de vers en vers qu'elle daigne venir.
Encor si pour rimer, dans sa verve indiscrète [3],
Ma Muse au moins souffrait une froide épithète,
Je ferais comme un autre ; et, sans chercher si loin,
J'aurais toujours des mots pour les coudre au besoin,
Si je louais Philis *en miracles féconde*,
Je trouverais bientôt : *à nulle autre seconde ;*
Si je voulais vanter un objet *non pareil*,
Je mettrais à l'instant : *plus beau que le soleil ;*
Enfin, parlant toujours d'*astres et de merveilles*,
De *chefs-d'œuvre des cieux*, de *beautés sans pareilles* [4],
Avec tous ces beaux mots, souvent mis au hasard,
Je pourrais aisément, sans génie et sans art,
En transportant cent fois et le nom et le verbe,
Dans mes vers recousus mettre en pièces Malherbe.
Mais mon esprit, tremblant sur le choix de ces mots,
N'en dira jamais un s'il ne tombe à propos,

---

1. Quinault n'avait fait alors que des tragédies tombées dans l'oubli. Il fut de l'Académie française en 1670 ; il mourut en 1688. Ses opéras ont eu beaucoup de succès, et présentent quelques bons vers.
2. Horace fait le même serment, et avoue le même parjure (livre II, épître I, v. 3) : « Et moi-même, quand j'affirme que je ne fais point de vers, je me trouve être plus menteur que les Parthes. »
3. Ce mouvement rappelle le passage de la quinzième satire de Régnier, v. 19, et suivants :

> Encor si le transport dont mon âme est saisie
> Avoit quelque respect durant ma frénésie,
> Qu'il se reglast selon les lieux moins importants,
> Ou qu'il fist choix des jours, des hommes et du temps.

4. Dans sa comédie des *Académistes*, Saint-Evremond a mis Chapelain en scène ; il nous le représente qui travaille à des vers avec un soin ridicule et peu de génie. On y trouve toutes les épithètes banales dont Boileau se moque ici.

Et ne saurait souffrir qu'une phrase insipide
Vienne à la fin d'un vers remplir la place vide :
Ainsi, recommençant un ouvrage vingt fois,
Si j'écris quatre mots, j'en effacerai trois [1]

III

Sévérité de Boileau pour lui-même.

Maudit soit le premier dont la verve insensée
Dans les bornes d'un vers renferma sa pensée,
Et, donnant à ses mots une étroite prison,
Voulut avec la rime enchaîner la raison !
Sans ce métier, fatal au repos de ma vie,
Mes jours pleins de loisir couleraient sans envie.
Je n'aurais qu'à chanter, rire, boire d'autant,
Et, comme un gras chanoine, à mon aise et content,
Passer tranquillement sans souci, sans affaire,
La nuit à bien dormir, et le jour à rien faire,
Mon cœur exempt de soins, libre de passion,
Sait donner une borne à son ambition ;
Et, fuyant des grandeurs la présence importune,
Je ne vais point au Louvre adorer la fortune :
Et je serais heureux si, pour me consumer,
Un destin envieux ne m'avait fait rimer.
Mais depuis le moment que cette frénésie
De ses noires vapeurs troubla ma fantaisie,
Et qu'un démon jaloux de mon contentement
M'inspira le dessein d'écrire poliment,
Tous les jours, malgré moi, cloué sur un ouvrage,
Retouchant un endroit, effaçant une page,
Enfin passant ma vie en ce triste métier,
J'envie en écrivant le sort de Pelletier.
Bienheureux Scudéri, dont la fertile plume

---

1. Boileau a dit dans son *Art poétique* :

   Vingt fois sur le métier remettez votre ouvrage.

Balzac avait dit avant Boileau : « O bienheureux écrivains, M. de Saumaise en latin et M. de Scudéri en françois, j'admire votre facilité et j'admire votre abondance. Vous pouvez écrire plus de calepins que moi d'almanachs. » (Lettre xii, livre XXIII, cité par Brossette.) Se rappeler ici le sens primitif de Calepin ; voir sur ce mot, p. 27, note 4. « Bienheureux sont ces écrivains qui se contentent si facilement ;... qui, sans choisir, écrivent tout ce qu'ils savent, qui ne travaillent que de la mémoire et des doigts. » BALZAC, lettre xii, liv. XXIII.

Peut tous les mois sans peine enfanter un volume [1] !
Tes écrits, il est vrai, sans art et languissants,
Semblent être formés en dépit du bon sens ;
Mais ils trouvent pourtant, quoi qu'on en puisse dire,
Un marchand pour les vendre, et des sots pour les lire,
Et quand la rime enfin se trouve au bout des vers,
Qu'importe que le reste y soit mis de travers ?

(Extraits.)

[1] On peut rapprocher de cette satire la pièce de Sainte-Beuve sur la rime

> Rime qui donnes leurs sons
>   Aux chansons.
> Rime, l'unique harmonie
> Du vers, qui sans tes accents
>   Frémissants,
> Serait muet au génie ;
> — Rime, écho qui prends la voix
>   Du hautbois
> Ou l'éclat de la trompette,
> Dernier adieu d'un ami
>   Qu'à demi
> L'autre ami répète ;
> — Rime, tranchant aviron,
>   Éperon
> Qui fends la vague écumante
> Frein d'or, aiguillon d'acier
>   Du coursier
> A la crinière fumante.....
> — Ou plutôt, fée au léger
>   Voltiger,
> Habile, agile coursière,
> Qui mènes le char des vers
>   Dans les airs
> Par deux sillons de lumière
> — O Rime ! qui que tu sois,
>   Je reçois
> Ton joug, et longtemps rebelle,
> Corrigé, je te promets
>   Désormais
> Une oreille plus fidèle.
> — Mais aussi devant mes pas
>   Ne fuis pas ;
> Quand la muse me dévore,
> Donne, donne par égard
>   Un regard
> Au poète qui t'implore !
> — Dans ce vers tout défleuri
>   Qu'a flétri
> L'aspect d'une règle austère,
> Ne laisse point murmurer,
>   Soupirer,
> La syllabe solitaire.
>   Poésie de Joseph Delorme, t. I, p. 29.

SATIRE III

(1665)

LE REPAS RIDICULE [1]

I

La Rencontre.

Quel sujet inconnu vous trouble et vous altère ?
D'où vous vient aujourd'hui cet air sombre et sévère [2],
Et ce visage enfin plus pâle qu'un rentier [3]
A l'aspect d'un arrêt qui retranche un quartier [4] ?
Qu'est devenu ce teint dont la couleur fleurie
Semblait d'ortolans seuls et de bisques nourrie [5],
Où la joie en son lustre attirait les regards,
Et le vin en rubis brillait de toutes parts [6] ?
Qui vous a pu plonger dans cette humeur chagrine ?
A-t-on par quelque édit réformé la cuisine ?
Ou quelque longue pluie, inondant vos vallons,
A-t-elle fait couler vos vins et vos melons ?
Répondez donc enfin, ou bien je me retire.
— Ah ! de grâce, un moment souffrez que je respire.

---

1. Récit d'un festin donné par un hôte d'un goût extravagant qui se pique néanmoins de raffiner sur la bonne chère. Horace, liv. II, sat. VIII, et Régnier (sat. X) ont traité un sujet semblable. (BROSSETTE). Imité de la neuvième satire de Juvénal.

2.   Qu'as-tu, petit bourgeois d'une petite ville ?
    Quel étrange accident, en allumant ta bile,
    A sur ton large front répandu la rougeur ?
    D'où vient que tes gros yeux pétillent de fureur ?
    Réponds donc.
                                    VOLTAIRE, *La Vanité.*

3. Autre imitation de Juvénal (satire IX, v. 6).
4. Le roi avait, en 1654, supprimé un quartier des rentes de l'hôtel de ville. On fit alors cette épigramme :

    De nos rentes pour nos péchés
    Si les quartiers sont retranchés,
    Pourquoi s'en émouvoir la bile ?
    Nous n'aurons qu'à changer de lieu :
    Nous allions à l'hôtel-de-ville
    Et nous irons à l'hôtel-Dieu.

C'était la banqueroute d'un trimestre de revenu.
5. Bisque, potage fait avec un coulis d'écrevisses.
6. Ces *rubis* viennent de Régnier et du nez *authentique* de son pédant,

    Où maints rubis balais, tout rougissant de vin,
    Montraient un *hac iter* à la pomme de Pin.

Je sors de chez un fat, qui, pour m'empoisonner,
Je pense, exprès chez lui m'a forcé de dîner.
Je l'avais bien prévu. Depuis plus d'une année,
J'éludais tous les jours sa poursuite obstinée.
Mais hier il m'aborde, et me serrant la main :
« Ah ! monsieur, m'a-t-il dit, je vous attends demain.
N'y manquez pas au moins. J'ai quatorze bouteilles
D'un vin vieux... Boucingo n'en a point de pareilles [1] ;
Et je gagerais bien que, chez le commandeur,
Villandri priserait sa sève et sa verdeur [2].
Molière avec Tartufe y doit jouer son rôle [3] ;
Et Lambert, qui plus est, m'a donné sa parole [4].
C'est tout dire en un mot, et vous le connaissez.
— Quoi ! Lambert ? — Oui, Lambert : à demain. — C'est assez.

II

La Compagnie, le Repas, les différents Services.

Ce matin donc, séduit par sa vaine promesse,
J'y cours, midi sonnant, au sortir de la messe.
A peine étais-je entré, que, ravi de me voir,
Mon homme, en m'embrassant, m'est venu recevoir.
Et montrant à mes yeux une allégresse entière :
« Nous n'avons, m'a-t-il dit, ni Lambert ni Molière ;
Mais, puisque je vous vois, je me tiens trop content.
Vous êtes un brave homme : entrez ; on vous attend. »
  A ces mots, mais trop tard reconnaissant ma faute,
Je le suis en tremblant dans une chambre haute,
Où malgré les volets, le soleil irrité [5]

---

1. Boucingo, illustre marchand de vin. BOILEAU.
2. Jacques de Souvré, commandeur de Saint-Jean-de-Latran et ensuite grand prieur de France, aimait la bonne chère, et tenait ordinairement une table somptueuse à laquelle s'asseyaient souvent M. du Broussin et M. de Villandri. Les repas du commandeur étaient renommés en ce temps-là, et Saint-Évremond en fait mention dans sa conversation avec le duc de Candale. — Villandri, homme de qualité, qui allait fréquemment chez le commandeur de Souvré. BOILEAU.
3. Dans ce vers, l'adverbe *y* veut dire *chez moi*. Le sens est clair. Grammaticalement, il se rapporterait à *chez le commandeur*. C'est un accord (ou syllepse) de pensée. — Le Tartufe en ce temps-là avait été défendu et tout le monde voulait avoir Molière pour le lui entendre réciter. BOILEAU. — La défense dura jusqu'en 1669. Molière allait alors dans le monde lire son chef-d'œuvre, qui ne put se produire au théâtre qu'en 1669. Il l'avait achevé en 1664. Joué cette année même à la cour, il eut, en 1667, une seule représentation et resta suspendu jusqu'à nouvel ordre.
4. Lambert, le fameux musicien, était un fort bon homme, qui promettait à tout le monde de venir, mais qui ne venait jamais. BOILEAU.
5. Irrité est inutile, disait Pradon (sat. x), et d'ailleurs le soleil irrité ou en

Formait un poêle ardent au milieu de l'été.
Le couvert était mis dans ce lieu de plaisance,
Où j'ai trouvé d'abord, pour toute connaissance,
Deux nobles campagnards, grands lecteurs de romans,
Qui m'ont dit tout Cyrus dans leurs longs compliments [1].
J'enrageais. Cependant on apporte un potage [2].
Un coq y paraissait en pompeux équipage,
Qui, changeant sur ce plat et d'état et de nom,
Par tous les conviés s'est appelé chapon.
Deux assiettes suivaient, dont l'une était ornée
D'une langue en ragoût de persil couronnée ;
L'autre d'un godiveau tout brûlé par dehors,
Dont un beurre gluant inondait tous les bords [3].
On s'assied : mais d'abord notre troupe serrée
Tenait à peine autour d'une table carrée,
Où chacun malgré soi, l'un sur l'autre porté,
Faisait un tour à gauche, et mangeait de côté.
Jugez en cet état si je pouvais me plaire,
Moi qui ne compte rien ni le vin ni la chère,
Si l'on n'est plus au large assis en un festin
Qu'aux sermons de Cassagne ou de l'abbé Cotin [4].
    Notre hôte cependant s'adressant à la troupe :
« Que vous semble, a-t-il dit, du goût de cette soupe ?
Sentez-vous le citron dont on a mis le jus

---

colère est ridicule. — Le Brun pense au contraire que ce vers est savamment fait. Le soleil irrité, dit-il, expression de verve.

1. Roman de dix tomes de mademoiselle de Scudéri. BOILEAU. La plupart des gens de province, s'imaginant que ce style était celui de la cour et un modèle de politesse, prenaient le langage et les compliments du *Cyrus* aussi bien que de la *Clélie*. Le goût de ce style commençait à passer dans Paris. Furetière, dans l'histoire des troubles arrivés au royaume d'Éloquence, dit que *les Bourgeois de cette place* (le Roman de Cyrus) *affectaient surtout d'être fort civils et de fort bon entretien.*

2. Potage semble pris ici dans le sens de premier service, sans cela on ne voit pas comment un coq pourrait *y paraître.*

3. *Godiveau,* pâté chaud composé d'andouillettes, de hachis de veau, et d'autres choses délicates appelées béatilles, comme asperges, fonds d'artichauts, jaunes d'œufs, champignons, etc.

4. Saint-Marc prétend que ce fut l'abbé Furetière qui indiqua à Boileau les deux mauvais prédicateurs qui sont ici nommés. Cassagne était de Nîmes ; il fut reçu à l'Académie en 1661 à la place de Saint-Amant, il mourut en 1679. Il a fait la préface des œuvres de Balzac, il a traduit Salluste. — Cotin était de l'Académie française depuis 1656, il mourut en 1682. On a de lui différentes *poésies* et quelques ouvrages en prose, tels que la *Pastorale sacrée* et *Salomon* ou la *Politique Royale.* C'est le cas de rappeler le vers de Molière :

    Ses titres ont toujours quelque chose de rare.

Pour se venger de Boileau il fit contre lui une mauvaise satire, il y ajouta un libelle en prose : *La critique désintéressée sur les satires du temps.* Il mêla le nom de Molière à cette querelle. Celui-ci s'en est vengé dans l'*École des femmes* en y introduisant Trissotin, qui s'appelait d'abord *Tricotin.*

Avec des jaunes d'œufs mêlés dans du verjus[1]?
Ma foi, vive Mignot, et tout ce qu'il apprête! »
Les cheveux cependant me dressaient à la tête :
Car Mignot c'est tout dire, et dans le monde entier
Jamais empoisonneur ne sut mieux son métier[2].
J'approuvais tout pourtant de la mine et du geste,
Pensant qu'au moins le vin dût réparer le reste.
Pour m'en éclaircir donc, j'en demande : et d'abord
Un laquais effronté[3] m'apporte un rouge-bord
D'un auvernat fumeux, qui mêlé de lignage[4],
Se vendait chez Crenet pour vin de l'hermitage[5],
Et qui, rouge et vermeil, mais fade et doucereux[6],
N'avait rien qu'un goût plat, et qu'un déboire affreux.
A peine ai-je senti cette liqueur traîtresse,
Que de ces vins mêlés j'ai reconnu l'adresse.
Toutefois avec l'eau que j'y mets à foison[7]
J'espérais adoucir la force du poison.
Mais, qui l'aurait pensé? pour comble de disgrâce,
Par le chaud qu'il faisait nous n'avions point de glace.
Point de glace, bon Dieu? dans le fort de l'été!
Au mois de juin! Pour moi, j'étais si transporté,

---

1. Ces sortes de soupes étaient alors à la mode, et on les appelait des soupes de l'*Ecu d'argent;* c'était l'enseigne d'un traiteur qui avait inventé la manière de les faire. SAINT-MARC.

2. Mignot, pâtissier-traiteur, Maître-Queux de la maison du roi et écuyer de la bouche de la reine. Il se crut diffamé par ces vers et voulut intenter un procès à Boileau. Le magistrat n'ayant pas voulu poursuivre le poète, le pâtissier se vengea en enveloppant les biscuits qu'il vendait fort bons dans la satire de Cotin, qu'il avait fait imprimer à ses frais.

3.
> Un gros valet d'étable,
> Glorieux de porter les plats dessus la table,
> D'un nez de majordome, et qui nargue la faim,
> Entra, serviette au bras et fricassée en main.
> RÉGNIER, sat. II.

4. Rouge-bord, un verre plein jusqu'au bord. — L'auvernat et le lignage, deux fameux vins du terroir d'Orléans. BOILEAU. L'auvernat était fait de raisins noirs appelés ainsi parce que le plant en était venu d'Auvergne, il était haut en couleur. Le lignage était moins fort. Les cabaretiers mêlaient ces vins ensemble.

5. Fameux marchand de vin logé à la *Pomme de pin.* Ce cabaret était renommé déjà du temps de Rabelais : *Puis cauponisons ès tabernes meritoires de la Pomme de Pin, de Castel, de la Magdelène et de la Mule.* Pantagruel, liv. II, ch. 6. — Régnier en parle dans sa X° satire :
> Où maints rubis balais tout rougissant de vin.
> Montraient un *hac itur* à la pomme de Pin.

Le cabaret de la Pomme de Pin, dit Saint-Marc, est vis-à-vis de l'église de la Madeleine, près du pont Notre-Dame. — Le vin de l'Hermitage vient d'un coteau du Dauphiné, sur le bord du Rhône, vis-à-vis de Tournon. Il paraît que Boileau faisait allusion à une fraude de Crenet qui avait vendu pour du vin de l'Hermitage à Du Broussin, fameux gourmet, un mélange de vins coupés.

6. Il y avait d'abord *rouge en couleur.* Pradon demanda en quoi le vin peut être rouge, si ce n'est en couleur.

7. A foison, du latin *ad fusionem*, à profusion.

Que, donnant de fureur tout le festin au diable,
Je me suis vu vingt fois prêt à quitter la table ;
Et, dût-on m'appeler et fantasque et bourru,
J'allais sortir enfin, quand le rôt a paru.
　Sur un lièvre flanqué de six poulets étiques [1]
S'élevaient trois lapins, animaux domestiques,
Qui dès leur tendre enfance élevés dans Paris,
Sentaient encor le chou dont il furent nourris.
Autour de cet amas de viandes entassées
Régnait un long cordon d'alouettes pressées,
Et sur les bords du plat six pigeons étalés
Présentaient pour renfort leurs squelettes brûlés
A côté de ce plat paraissaient deux salades,
L'une de pourpier jaune, et l'autre d'herbes fades,
Dont l'huile de fort loin saisissait l'odorat,
Et nageait dans des flots de vinaigre rosat.
Tous mes sots, à l'instant changeant de contenance ;
Ont loué du festin la superbe ordonnance ;
Tandis que mon faquin, qui se voyait priser,
Avec un ris moqueur les priait d'excuser.
Surtout certain hâbleur [2], à la gueule affamée,
Qui vint à ce festin conduit par la fumée [3],
Et qui s'est dit profès dans l'ordre des coteaux [4],
A fait en bien mangeant l'éloge des morceaux.
Je riais de le voir, avec sa mine étique,
Son rabat jadis blanc, et sa perruque antique,

---

1. Ce passage s'explique par l'usage où l'on était alors d'entasser dans un même plat et de ranger en pyramide les viandes rôties que l'on servait. On dit que Boileau, cherchant un jour d'où venait une odeur de chou qui remplissait une salle à manger, trouva au fond du plat un lapin domestique, et il s'en est souvenu dans cet endroit. Horace a été imité ici par Boileau.

2. Hâbleur, espagnol *Hablador*, de *Hablar*, parler. La jactance espagnole a contribué à donner à ce mot le sens railleur que nous lui avons attaché, autant que la malice de notre esprit national qui a travesti la signification de beaucoup de termes empruntés aux langues étrangères : *rosse, bouquin, trinquer, espion*.

3. Pour bien comprendre ce *conduit par la fumée* il faut savoir que, dans une satire faite contre Monmaur, célèbre parasite et professeur de grec, on avait dit qu'il était allé se loger sur le haut de la montagne de Sainte-Geneviève afin de voir de là quelles cheminées fumaient le mieux et se guider ainsi dans la chasse qu'il faisait aux bons repas.

4. Ce nom fut donné à trois grands seigneurs tenant table, qui étaient partagés sur l'estime qu'on devait faire des vins des coteaux des environs de Reims. — L'ordre des coteaux se composait de quelques seigneurs, gourmets raffinés, qui ne buvaient de vin que s'il venait des coteaux d'Aï, d'Hautvillers et d'Avenay, vignobles de Champagne justement renommés. Ils ne mangeaient, suivant Saint-Evremond, que du veau de rivière, des lapins de Versigny et des perdreaux d'Auvergne. Les premiers dignitaires de l'ordre des coteaux étaient le commandeur de Souvré, le comte d'Olonne, l'évêque du Mans, Lavardin, etc. *Profès* se dit de celui qui a prononcé ses vœux dans un ordre, et par conséquent a été jugé digne d'y entrer. — *Profès* est opposé à *novice* et vient du latin *professus*.

En lapins de garenne ériger nos clapiers[1],
Et nos pigeons cauchois en superbes ramiers[2],
Et, pour flatter notre hôte, observant son visage,
Composer sur ses yeux son geste et son langage[3] ;
Quand notre hôte charmé, m'avisant sur ce point :
« Qu'avez-vous donc, dit-il que vous ne mangez point ?
Je vous trouve aujourd'hui l'âme tout inquiète,
Et les morceaux entiers restent sur votre assiette.
Aimez-vous la muscade ? on en a mis partout.
Ah ! monsieur, ces poulets sont d'un merveilleux goût !
Ces pigeons sont dodus ; mangez, sur ma parole.
J'aime à voir aux lapins cette chair blanche et molle.
Ma foi, tout est passable, il le faut confesser.
Et Mignot aujourd'hui s'est voulu surpasser.
Quand on parle de sauce, il faut qu'on y raffine ;
Pour moi, j'aime surtout que le poivre y domine :
J'en suis fourni, Dieu sait ! et j'ai tout Pelletier
Roulé dans mon office en cornets de papier, »
A tous ces beaux discours j'étais comme une pierre,
Ou comme la statue est au Festin de Pierre[4] ;
Et, sans dire un seul mot j'avalais au hasard
Quelque aile de poulet dont j'arrachais le lard.

Cependant mon hâbleur avec une voix haute,
Porte à mes campagnards la santé de notre hôte,
Qui tous deux pleins de joie, en jetant un grand cri,
Avec un rouge-bord acceptent son défi.

1. *Clapiers*, lapins domestiques, ainsi nommés du lieu où ils sont enfermés. Racine fait dire à Chicaneau (*Plaideurs*, act. I, sc. vi) :
> Prends-moi dans ce *clapier* trois lapins de garenne.

2. Boileau veut dire que l'appétit avec lequel il mangeait témoignait assez qu'il trouvait bons les morceaux. Horace parle aussi du féroce appétit de l'un des convives du festin qu'il décrit.
Régnier (satire ii) :
> Ainsi que vénérables.
> (*Ils*) S'assient en prélats les premiers à vos tables,
> Où le caquet leur manque, et des dents discourant,
> Semblent avoir des yeux regret au demeurant.

3. Racine s'est évidemment souvenu de ces deux vers, lorsque, imitant un passage de Tacite, il a dit dans *Britannicus* (act. V, sc. v) :
> Mais ceux qui de la cour ont un plus long usage
> Sur les yeux de César composent leur visage.

4. Molière venait de donner son *Don Juan, ou le Festin de Pierre* dont le sujet est tiré de Tirso de Molina. La pièce espagnole a pour titre *El Combibado de piedra* qui signifie *le Convive* ou *l'Invité de pierre*. La traduction de ce titre par *le Festin de Pierre* est une étrange méprise ; mais Molière n'en est pas responsable ; on sait que sa pièce fut suscitée par la vogue de plusieurs drames sur le même sujet, qui avaient adopté ce titre. Quant à l'expliquer, comme l'a voulu M. Daunou, par *le Festin du commandeur Don Pedro*, c'est d'autant plus inadmissible que le commandeur n'est pas nommé dans Molière, et qu'il a un autre nom en espagnol.

Un si galant exploit réveillant tout le monde,
On a porté partout des verres à la ronde,
Où les doigts des laquais, dans la crasse tracés,
Témoignaient par écrit qu'on les avait rincés [1] :
Quand un des conviés, d'un ton mélancolique,
Lamentant tristement une chanson bachique,
Tous nos sots à la fois, ravis de l'écouter,
Détonnant de concert se mettent à chanter.
La musique sans doute était rare et charmante !
L'un traîne en longs fredons une voix glapissante ;
Et l'autre, l'appuyant de son aigre fausset,
Semble un violon faux qui jure sous l'archet.
 Sur ce point un jambon d'assez maigre apparence [2]
Arrive sous le nom de jambon de Mayence.
Un valet le portait, marchant à pas comptés,
Comme un recteur suivi des quatre facultés [3].
Deux marmitons crasseux, revêtus de serviettes [4],
Lui servaient de massiers, et portaient deux assiettes,
L'une de champignons avec des ris de veau,
Et l'autre de pois verts qui se noyaient dans l'eau.
Un spectacle si beau surprenant l'assemblée,
Chez tous les conviés la joie est redoublée ;
Et la troupe, à l'instant cessant de fredonner ;
D'un ton gravement fou s'est mise à raisonner.

III

La Conversation.

Le vin au plus muet fournissant des paroles [5],
Chacun a débité ses maximes frivoles,

---

1. Ce détail ignoble ne méritait pas la peine que Boileau s'est donnée pour l'exprimer élégamment. — Très bon vers, dit Pradon. Sat. 37. *Témoignaient par écrit* est d'un bonheur extrême. Le Brun.

2. *Sur ce point,* locution vague.

Quand notre hôte charmé, m'avisant sur ce point...

3. Le recteur, quand il va en procession, est toujours accompagné de deux massiers. BOILEAU. — Aux processions de l'Université, il y en avait quatre par an, le recteur était précédé de ses bedeaux qui portaient devant lui des masses où bâtons à tête, garnis d'argent, et il était suivi des quatre facultés qui étaient les *arts* (les lettres et les sciences) le Droit, la Médecine et la Théologie. On peut voir un reste de cette pompe dans la distribution des prix du concours général entre les Lycées de Paris.

4. C'était là un étrange accoutrement. Régnier se contente de nous montrer son valet *serviette au bras.*

5. Horace (livre I, épître v, v. 19), avait fait déjà cette remarque.

Réglé les intérêts de chaque potentat,
Corrigé la police, et réformé l'État[1];
Puis de là, s'embarquant dans la nouvelle guerre,
A vaincu la Hollande ou battu l'Angleterre.
  Enfin laissant en paix tous ces peuples divers,
De propos en propos on a parlé de vers.
Là, tous mes sots, enflés d'une nouvelle audace
Ont jugé des auteurs en maîtres du Parnasse[2].
Mais notre hôte surtout pour la justesse et l'art,
Élevait jusqu'au ciel Théophile et Ronsard[3];
Quand un des campagnards, relevant sa moustache
Et son feutre à grands poils ombragé d'un panache[4],
Impose à tous silence, et, d'un ton de docteur[5]:
  « Morbleu! dit-il, La Serre est un charmant auteur[6]!
Ses vers sont d'un beau style, et sa prose est coulante.
La Pucelle est encore une œuvre bien galante,
Et je ne sais pourquoi je bâille en la lisant[7].

---

1. « Le sublime du nouvelliste, dit La Bruyère, est le raisonnement creux sur la politique (ch. 1). »

2. Perse (satire I, v. 30) : nous montre les Romains ardents, après boire, à juger les auteurs.

3. Théophile de Viau (1590-1626) avait de l'esprit, de l'imagination et des saillies singulières; il est malheureux que ce soit précisément la justesse et le travail qui lui aient fait défaut. Sa langue était trop négligée et sa versification irrégulière. — Ronsard n'avait pas reconquis toute sa réputation; il paraissait encore un peu gothique aux contemporains de Boileau qui estimaient plus la correction que l'invention et le feu du génie.

4. Régnier (satire VIII) a dit :

  Quand un jeune frisé relevé de moustache,
  De galoche, de botte et d'un ample pennache.

Brossette avait cru, à tort, reconnaître dans ce campagnard un M. de B..., gentilhomme de Châlons, cousin de Boileau. — *Feutre*, laine foulée dont on fait les chapeaux. Panache désigne une plume grande et bien fournie.

5. Gilbert a usé de cette ironie dans sa première satire, vers 333 et suivants :

  Voltaire en soit loué! Chacun sait au Parnasse
  Que Malherbe est un sot et Quinault un Horace.
  Dans un long commentaire, il prouve longuement
  Que Corneille parfois pourrait plaire un moment.
  J'ai vu l'enfant gâté de nos penseurs sublimes,
  La Harpe, dans Rousseau trouver de belles rimes,
  Si l'on en croit Mercier, Racine a de l'esprit;
  Mais Perrault plus profond, Diderot nous l'apprit,
  Perrault tout plat qu'il est, pétille de génie;
  Il eût pu travailler à l'encyclopédie.

6. La Serre (Puget de), né en 1600 à Toulouse, mort en 1665. Écrivain célèbre pour son galimatias. Boileau. — Il convenait lui-même que ses écrits étaient un galimatias continuel, et il se glorifiait d'avoir su tirer de l'argent de ses ouvrages tout mauvais qu'ils étaient, tandis que les autres mouraient de faim avec de bons ouvrages. Il avait composé environ soixante volumes.

7. Un jour, dit Brossette, Chapelain lisait son poème chez M. le Prince. On y applaudissait, et chacun s'efforçait de le trouver beau. Mais Mme de Longueville, à qui un des admirateurs du poète demanda si elle n'était pas touchée de la beauté de cet ouvrage, répondit : « Cela est parfaitement beau, mais il est bien ennuyeux. »

Le Pays, sans mentir, est un bouffon plaisant[1] ;
Mais je ne trouve rien de beau dans ce Voiture.
Ma foi le jugement sert bien dans la lecture !
A mon gré, le Corneille est joli quelquefois[2].
En vérité, pour moi j'aime le beau françois,
Je ne sais pas pourquoi l'on vante l'Alexandre ;
Ce n'est qu'un glorieux qui ne dit rien de tendre[3].
Les héros chez Quinault parlent bien autrement,
Et jusqu'à *je vous hais*, tout s'y dit tendrement[4].
On dit qu'on l'a drapé dans certaine satire ;
Qu'un jeune homme... — Ah ! je sais ce que vous voulez dire,
A répondu notre hôte : « Un auteur sans défaut,
« La raison dit Virgile et la rime Quinault, »
— Justement. A mon gré, la pièce est assez plate.
Et puis, blâmer Quinault ! Avez-vous vu l'Astrate[5] ?
C'est là ce qu'on appelle un ouvrage achevé.
Surtout l'anneau royal me semble bien trouvé[6].
Son sujet est conduit d'une belle manière ;
Et chaque acte, en sa pièce, est une pièce entière,

---

1. Ecrivain estimé chez les Provinciaux à cause d'un livre qu'il a intitulé *Amitiés, amours, amourettes.* BOILEAU. — Il affectait d'imiter Voiture, et on l'appelait le singe de Voiture. Il était de Nantes.

2. Invité à dîner à Château-Thierri, par un des principaux magistrats de cette ville, Boileau entendit son hôte juger de tout en maître. Il disait qu'il n'aimait point ce Voiture ; qu'à la vérité le Corneille lui faisait plaisir quelquefois, mais que surtout il était passionné pour le beau langage ; puis il disait en s'applaudissant : avouez, monsieur, que le jugement sert bien dans la lecture. — Dans le *Voyage* de Chapelle et de Bachaumont on retrouve ces jugements de travers dans la bouche des Précieuses de Montpellier. — Régnier (satire x) fait dire à son pédant :

> Que Virgile est passable, encore qu'en quelques pages
> Il méritât au Louvre d'être sifflé des pages ;
> Que Pline est inégal. Térence un peu joli :
> Mais surtout il estime un langage poli...
> Cicéron, il s'en tait, d'autant que l'on le crie
> Le pain quotidien de la pédanterie.

3. L'Alexandre de Racine parut en 1665. Nous y trouvons trop de *tendresse*, les contemporains voyaient tout autrement.

4. Allusion à la *Stratonice* de Quinault, où l'héroïne dit à Antiochus

> Adieu, croyez toujours que ma haine est extrême,
> Prince, et si *je vous hais*, haïssez-moi de même.

Antiochus y disait aussi à Stratonice : *Vous me haïssez donc.* — Elle lui répondait : *J'y mets toute ma gloire*.

5. Astrate, roi de Tyr, tragédie de Quinault représentée en 1665. L'auteur du *Journal des savants* dit que cette pièce a de la tendresse partout et de cette tendresse qui est toute particulière à M. Quinault.

6. *L'Anneau royal* fait le sujet de la scène III et IV de l'acte III. Elisa, héritière du royaume de Tyr, donne à Agénor, son parent, un anneau, qui était la marque de la dignité royale, pour le remettre à Astrate, qui est aimé de la reine et qu'elle veut faire roi en l'épousant. Mais Agénor, qui avait été nommé par le père de la reine pour être son époux, ne veut point se dessaisir de l'anneau royal, et comme il veut se servir de l'autorité souveraine que cet anneau lui donne pour aire arrêter son rival, il est lui-même mis en prison par ordre de la reine.

Je ne puis plus souffrir ce que les autres font.
— Il est vrai que Quinault est un esprit profond,
A repris certain fat qu'à sa mine discrète
Et son maintien jaloux j'ai reconnu poëte [1] :
Mais il en est pourtant qui le pourraient valoir.
— Ma foi, ce n'est pas vous qui nous les ferez voir,
A dit mon campagnard avec une voix claire,
Et déjà tout bouillant de vin et de colère [2].
— Peut-être, a dit l'auteur pâlissant de courroux :
Mais vous, pour en parler, vous y connaissez-vous?
— Mieux que vous mille fois, dit le noble en furie.
— Vous? mon Dieu! mêlez-vous de boire, je vous prie,
A l'auteur sur-le-champ aigrement reparti [3].
— Je suis donc un sot, moi? vous en avez menti,
Reprend le campagnard; et, sans plus de langage,
Lui jette pour défi son assiette au visage.
L'autre esquive le coup, et l'assiette volant
S'en va frapper le mur, et revient en roulant.
A cet affront l'auteur se levant de la table,
Lance à mon campagnard un regard effroyable;
Et, chacun vainement se ruant entre eux deux,
Nos braves s'accrochant se prennent aux cheveux.
Aussitôt sous leurs pieds les tables renversées
Font voir un long débris de bouteilles cassées :
En vain à lever tout les valets sont fort prompts,
Et les ruisseaux de vin coulent aux environs [4],

1. Régnier (satire II) :
   Sans demander son nom, on peut le reconnaître
   Car si ce n'est un poète, au moins il le veut être.
2. Régnier dit mieux :
   Le pédant tout fumeux de vin et de doctrine.
3. A l'auteur.... reparti il faut rapprocher a troisième personne du verbe *avoir* de son participe *reparti; l'auteur a reparti aigrement.*
4. Voici le tableau tracé par Régnier :
   Le pédant tout fumeux de vin et de doctrine
   Répond, Dieu sait comment. Le bon Jean se mutine;
   Et semblait que la gloire en ce gentil assaut
   Fût à qui parlerait non pas mieux, mais plus haut.
   Ne croyez, en parlant, que l'un ou l'autre dorme.
   Comment! votre argument, dit l'un, n'est pas en forme.
   L'autre, tout hors de sens : Mais c'est vous, malotru,
   Qui faites le savant et n'êtes pas congru,
   L'autre : Monsieur le sot, je vous ferai bien taire :
   Quoi! comment, est-ce ainsi qu'on frappe Despautère!
   Quelle incongruité! Vous mentez par les dents.
   Mais vous... Ainsi ces gens à se piquer ardents
   S'en vinrent du parler à tic-tac, torche, lorgne :
   Qui, casse le museau, qui, son visage éborgne :
   Qui, jette un pain, un plat, une assiette, un couteau,
   Qui, pour une rondache, empoigne un escabeau.
   L'un fait plus qu'il ne peut et l'autre plus qu'il n'ose,

Enfin, pour arrêter cette lutte barbare,
De nouveau l'on s'efforce, on crie, on les sépare,
Et, leur première ardeur passant en un moment,
On a parlé de paix et d'accommodement.
Mais, tandis qu'à l'envi tout le monde y conspire,
J'ai gagné doucement la porte sans rien dire [1],
Avec un bon serment que si, pour l'avenir,
En pareille cohue on me peut retenir,
Je consens de bon cœur, pour punir ma folie,
Que tous les vins pour moi deviennent vins de Brie,
Qu'à Paris le gibier manque tous les hivers,
Et qu'à peine au mois d'août l'on mange des pois verts.

SATIRE IV

(1665)

A L'ABBÉ LE VAYER [2]

LES FOLIES HUMAINES.

I

Portraits divers.

D'où vient, cher Le Vayer, que l'homme le moins sage
Croit toujours seul avoir la sagesse en partage [3],
Et qu'il n'est point de fou qui, par belles raisons,

---

1. Régnier :
    Ainsi sans coup férir, je sors de la bataille,
    Sans parler de flambeau, ni sans faire aucun bruit.

2. L'abbé Le Vayer, ami particulier de Molière et de Boileau, fils unique de La Mothe Le Vayer, mourut, âgé d'environ trente-cinq ans, dans le mois de septembre 1664, l'année même où cette satire fut composée. Il avait traduit Florus. Son père, alors âgé de soixante-dix-huit ans, le pleura amèrement : on a conservé le beau sonnet que Molière lui adressa à cette occasion. (Edit. Moland, t. VIII, p. 369.)

3. Imitation d'Horace (livre II, satire III) (v. 46), et plus loin (v. 62). Régnier dit de même :
    J'ai pris cent et cent fois la lanterne en la main,
    Cherchant en plein midi, parmi le genre humain,
    Un homme qui fût homme, et de fait et de mine,
    Et qui pût des vertus passer par l'étamine.
    Il n'est coin et recoin que je n'aye tenté
    Depuis que la nature ici-bas m'a planté :
    Mais tant plus je me lime et plus je me rabote
    Je crois qu'à mon avis tout le monde radote.

« Boileau, dit Brossette, conçut l'idée de cette satire dans une conversation qu'il eut avec l'abbé Le Vayer et Molière, dans laquelle on prouva par divers exemples que tous les hommes sont fous, et que chacun croit néanmoins être sage tout seul. »

Ne loge son voisin aux Petites-Maisons [1] ?
　Un pédant, enivré de sa vaine science,
Tout hérissé de grec, tout bouffi d'arrogance,
Et qui, de mille auteurs retenus mot pour mot,
Dans sa tête entassés, n'a souvent fait qu'un sot [2],
Croit qu'un livre fait tout, et que, sans Aristote,
La raison ne voit goutte et le bon sens radote.
　D'autre part un galant, de qui tout le métier
Est de courir le jour de quartier en quartier
Et d'aller, à l'abri d'une perruque blonde,
De ses froides douceurs fatiguer tout le monde,
Condamne la science, et blâmant tout écrit,
Croit qu'en lui l'ignorance est un titre d'esprit,
Que c'est des gens de cour le plus beau privilège,
Et renvoie un savant dans le fond d'un collège [3].
　Un bigot [4] orgueilleux, qui, dans sa vanité,
Croit duper jusqu'à Dieu par son zèle affecté,
Couvrant tous ses défauts d'une sainte apparence,
Damne tous les humains de sa pleine puissance [5].
　Un libertin [6] d'ailleurs, qui, sans âme et sans foi,
Se fait de son plaisir une suprême loi,
Tient que ces vieux propos de démons et de flammes
Sont bons pour étonner des enfants et des femmes :
Que c'est s'embarrasser de soucis superflus,
Et qu'enfin tout dévot a le cerveau perclus.
En un mot, qui voudrait épuiser ces matières,
Peignant de tant d'esprits les diverses manières,

---

1. Petites-Maisons, nom donné autrefois à un hôpital de Paris où l'on renfermait les aliénés.
2. Un pédant qui n'a souvent *fait qu'un* sot... croit qu'un livre *fait* tout ; cela est mal écrit, quoi qu'en dise Le Brun, qui veut y voir les efforts laborieux d'une cervelle savante et non pensante.
3. Molière fait dire à Trissotin s'adressant à Clitandre :

> Je ne m'étonne pas au combat que j'essuie.
> De voir prendre à monsieur la thèse qu'il appuie ;
> Il est fort enfoncé dans la cour, c'est tout dit.
> La cour, comme l'on sait, ne tient pas pour l'esprit,
> Elle a quelque intérêt d'appuyer l'ignorance ;
> Et c'est en courtisan qu'il en prend la défense,
> 　　　　(*Les Femmes savantes*, acte IV, sc. III.)

4. Bigot, dévot outré et superstitieux.
5. Molière a fait passer ce trait dans son *Don Juan* (act. V, sc. II) : « Je saurai déchaîner contre mes ennemis des zélés indiscrets, qui sans connaissance de cause, crieront contre eux, qui les accableront d'injures, et les *damneront hautement de leur autorité privée*. »
6. *Libertin* s'est dit d'abord de ceux qui affectaient sur les choses de la religion une indépendance entière d'esprit. Le *libertinage* désignait cette disposition. Les mœurs devaient en recevoir une atteinte ; de là le sens étendu de ces termes pour désigner les désordres de la conduite.

Il compterait plutôt combien en un printemps
Guenaud et l'antimoine ont fait périr de gens[1].

II

L'avare, le joueur.

   Un avare, idolâtre et fou de son argent,
Rencontrant la disette au sein de l'abondance,
Appelle sa folie une rare prudence,
Et met toute sa gloire et son souverain bien
A grossir un trésor qui ne lui sert de rien.
Plus il le voit accru, moins il en sait l'usage.
   « Sans mentir, l'avarice est une étrange rage[2] »,
Dira cet autre fou non moins privé de sens,
Qui jette, furieux, son bien à tous venants,
Et dont l'âme inquiète, à soi-même importune,
Se fait un embarras de sa bonne fortune.
Qui des deux en effet est le plus aveuglé[3]?
   « L'un et l'autre, à mon sens, ont le cerveau troublé, »
Répondra chez Frédoc[4] ce marquis sage et prude,
Et qui sans cesse au jeu, dont il fait son étude,
Attendant son destin d'un quatorze ou d'un sept,
Voit sa vie ou sa mort sortir de son cornet[5].
Que si d'un sort fâcheux la maligne inconstance
Vient par un coup fatal faire tourner la chance,
Vous la verrez bientôt, les cheveux hérissés,
Et les yeux vers le ciel de fureur élancés,
Ainsi qu'un possédé que le prêtre exorcise,
Fêter dans ses serments tous les saints de l'église.
Qu'on le lie : ou je crains, à son air furieux,
Que ce nouveau Titan n'escalade les cieux.

---

1. Ce remède nouveau était accusé de faire beaucoup de victimes. Guy-Patin en tenait une liste et l'appelait le *martyrologe de l'Antimoine*.
2. Horace (livre II, satire III, v. 82) :
« On doit administrer aux avares la dose d'ellébore de beaucoup la plus forte. »
3. Horace (livre II, satire III, v. 102) :
« Lequel des deux est le plus fou? »
4. Frédoc tenait une académie de jeu très fréquentée en ce temps-là. Il logeait la place du Palais-Royal. BOILEAU.
5. Ici Despréaux se souvient de Régnier (satire XIV, v. 111) :

    Gallet a sa raison et qui croira son dire
    Le hasard pour le moins lui promet un empire
    Toutefois, au contraire, étant léger et net,
    N'ayant que l'espérance et trois dés au cornet,
    Comme sur un bon fonds de rente et de recettes,
    Dessus sept et quatorze il assigne ses dettes.

III

Folie de Chapelain.

Chapelain veut rimer, et c'est là sa folie[1].
Mais bien que ses durs vers, d'épithètes enflés,
Soient des moindres grimauds chez Ménage sifflés[2],
Lui-même il s'applaudit, et, d'un esprit tranquille,
Prend le pas au Parnasse au-dessus de Virgile.
Que fera-t-il, hélas! si quelque audacieux
Allait pour son malheur lui dessiller les yeux,
Lui faisant voir ses vers et sans force et sans grâces,
Montés sur deux grands mots, comme sur deux échasses[3],
Ses termes sans raison l'un de l'autre écartés,
Et ses froids ornements à la ligne plantés[4]?
Qu'il maudirait le jour où son âme insensée
Perdit l'heureuse erreur qui charmait sa pensée?

Jadis certain bigot, d'ailleurs homme sensé,
D'un mal assez bizarre eut le cerveau blessé,
S'imaginant sans cesse, en sa douce manie,
Des esprits bienheureux entendre l'harmonie[5].
Enfin un médecin fort expert en son art

---

1. Chapelain n'était pas d'une vanité si ridicule. Il avait aussi quelque mérite il s'était acquis l'estime des hommes de son temps par son savoir et la sagesse de sa critique. La reine de Suède qui avait, suivant Chevreau, des louanges pour les Homère et les Virgile, en réservait pour les Chapelain et les Ménage. Chapelain avait de l'érudition, il avait de plus l'esprit « si agréable qu'il ne fournissait pas seulement à la conversation, mais qu'il la remplissait seul. » Il était loin de se flatter, et dans la préface de son poème il disait que son ouvrage n'avait rien à opposer : « dans la peinture parlante, au Moïse de Saint-Amant; dans la hardiesse et la vivacité au Saint-Louis du père Le Moine; dans l'abondance et dans la pompe à l'Alaric de M. de Scudéry; enfin dans la diversité et dans les agréments au Clovis de Desmarets. »

2. On tenait toutes les semaines chez Ménage une assemblée où allaient beaucoup de petits esprits. Boileau. — Ménage réunissait chez lui, le mercredi, les gens de lettres. Tous ne méritaient pas l'insulte de Boileau. Ménage dit de lui-même : « J'ai eu de grands avantages d'avoir eu la connaissance des plus savants hommes de l'Europe, et d'avoir fréquenté ce qu'il y avait de plus poli à Paris et à la Cour. »

3. On trouve dans le poème de Chapelain plusieurs vers composés de deux grands mots dont chacun remplit la moitié du vers. Voici comme Boileau en disposait un pour montrer que le mot principal était monté en quelque sorte sur deux échasses :

De ce sourcilleux roc.
L'inébranlable cime.
BROSSETTE.

4. Ce sont des comparaisons fréquentes que Chapelain a employées, qui ne manquent jamais de venir régulièrement après un certain nombre de vers et qui sont toujours enfermées en quatre ou huit vers.

5. Boileau invente cette fable à l'imitation d'Horace (liv. II, ép. II, v. 128).

Le guérit par adresse, ou plutôt par hasard ;
Mais voulant de ses soins exiger le salaire :
« Moi, vous payer ? lui dit le bigot en colère,
Vous dont l'art infernal, par des secrets maudits,
En me tirant d'erreur m'ôte du paradis ! »

(*Extraits.*)

SATIRE V

(1665)

AU MARQUIS DE DANGEAU

LA NOBLESSE.

I

Définition de la noblesse.

La noblesse, Dangeau[1], n'est pas une chimère,
Quand, sous l'étroite loi d'une vertu sévère,
Un homme issu d'un sang fécond en demi-dieux
Suit, comme toi, la trace où marchaient ses aïeux.
Mais je ne puis souffrir qu'un fat, dont la mollesse
N'a rien pour s'appuyer qu'une vaine noblesse,
Se pare insolemment du mérite d'autrui,
Et me vante un honneur qui ne vient pas de lui.
Je veux que la valeur de ses aïeux antiques

1. Dangeau, Philippe de Courcillon, chevalier des ordres du roi, grand maître de l'ordre de Notre-Dame du Mont-Carmel et de Saint-Lazare, Conseiller d'État d'Épée. Il fut reçu à l'Académie française en 1668, à celle des sciences en 1704. Il mourut à Paris en 1720, âgé de 84 ans.
Voici ce qu'en dit Saint-Simon (Mémoires, t. 1, p. 225 et s. q.) : « Dangeau était un gentilhomme de Beauce, tout uni, et huguenot dans sa première jeunesse... il ne manquait pas d'un certain esprit, surtout celui du monde, et de conduite. Il avait beaucoup d'honneur et de probité. Le jeu par lequel il se fourra à la cour... le mit dans les meilleures compagnies... Il faisait des vers, était bien fait, de bonne mine et galant ; le voilà tout à la cour, mais toujours subalterne... Il racheta une charge de lecteur du roi qui n'avait point de fonctions, mais qui donnait les entrées du petit coucher, etc... C'était le meilleur homme du monde, mais à qui la tête avait tourné d'être seigneur, cela l'avait chamarré de ridicules, et madame de Montespan avait fort plaisamment, mais très véritablement dit de lui : qu'on ne pouvait s'empêcher de l'aimer ni de s'en moquer. Ce fut bien pis après sa charge (chevalier d'honneur de madame la Dauphine) et ce mariage (avec mademoiselle de Lovestein). Sa faveur naturelle entre la bassesse du courtisan et recrépée de l'orgueil du Seigneur postiche, fit un composé que combla la grande maîtrise de l'ordre de Saint-Lazare... »
Il est étonnant que Boileau ait choisi ce personnage pour lui adresser cette satire sur la noblesse, mais Louis Racine nous apprend qu'elle avait été d'abord destinée à Larochefoucault dont le nom était trop dur pour entrer dans un vers.

it fourni de matière aux plus vieilles chroniques [1],
t que l'un des Capets, pour honorer leur nom,
it de trois fleurs de lis doté leur écusson.
ue sert ce vain amas d'une inutile gloire,
i de tant de héros célèbres dans l'histoire,
l ne peut rien offrir aux yeux de l'univers
ue de vieux parchemins qu'ont épargnés les vers,
Si, tout sorti qu'il est d'une source divine,
Son cœur dément en lui sa superbe origine,
Et n'ayant rien de grand qu'une sotte fierté,
S'endort dans une lâche et molle oisiveté?
Cependant, à le voir avec tant d'arrogance
Vanter le faux éclat de sa haute naissance,
On dirait que le ciel est soumis à sa loi,
Et que Dieu l'a pétri d'autre limon que moi.
Enivré de lui-même, il croit, dans sa folie,
Qu'il faut que devant lui d'abord tout s'humilie.

II

Apostrophe au faux noble.

Dites-moi, grand héros, esprit rare et sublime [2],
Entre tant d'animaux, qui sont ceux qu'on estime?
On fait cas d'un coursier qui, fier et plein de cœur [3],
Fait paraître en courant sa bouillante vigueur;
Qui jamais ne se lasse, et qui dans la carrière
S'est couvert mille fois d'une noble poussière :
Mais la postérité d'Alfane et de Bayard [4],

1. *Fournir* a ici le double sens de *procurer à* (Montaigne. *Essais*, livre II, ch. XXXVI) : « Un seul traict de l'*Illiade* a *fourni* de corps et *de matière à* ceste grande et divine *Énéide.* » Corneille disait encore, en 1660, à la fin du premier *Discours du poëme dramatique:* « Je parle au second des conditions particulières de la tragédie, des qualités des personnes et des événements qui *lui* peuvent *fournir de sujet,* et de la manière de le traiter selon la vraisemblable et le nécessaire. »
2. Les vers 25 à 28 furent ajoutés dans la dernière édition pour que l'on ne crût pas que l'apostrophe « dites-nous, grand héros, » s'adressait à Dangeau. BROSSETTE.
3. Voltaire dans *le Pauvre Diable* :

> Nous faisons cas d'un cheval vigoureux,
> Qui déployant quatre jarrets nerveux,
> Frappe la terre et bondit sous son maître.
> Mais pour le singe, animal inutile,
> Malin, gourmand, saltimbanque indocile,
> Qui gâte tout, et vit à nos dépens,
> On l'abandonne aux laquais fainéans.

4. Alfane, cheval du roi Gradasse dans l'Arioste. BOILEAU.

> Il grave scontro fa chinar le groppe
> Sul verde prato a la gagliarda Alfana.

Quand ce n'est qu'une rosse est vendue au hasard,
Sans respect des aïeux dont elle est descendue,
Et va porter la malle, ou tirer la charrue [1].
Pourquoi donc voulez-vous que, par un sot abus,
Chacun respecte en vous un honneur qui n'est plus?
On ne m'éblouit point d'une apparence vaine :
La vertu d'un cœur noble est la marque certaine [2].
Si vous êtes sorti de ces héros fameux,
Montrez-nous cette ardeur qu'on vit briller en eux,
Ce zèle pour l'honneur, cette horreur pour le vice.
Respectez-vous les lois? fuyez-vous l'injustice [3]?
Savez-vous pour la gloire oublier le repos,
Et dormir en plein champ le harnais sur le dos [4]?
Je vous connais pour noble à ces illustres marques [5].
Alors soyez issu des plus fameux monarques,
Venez de mille aïeux; et, si ce n'est assez,
Feuilletez à loisir tous les siècles passés [6] :
Voyez de quel guerrier il vous plaît de descendre;
Choisissez de César, d'Achille ou d'Alexandre [7] :
En vain un faux censeur voudrait vous démentir,
Et si vous n'en sortez, vous en devez sortir.
Mais, fussiez-vous issu d'Hercule en droite ligne,
Si vous ne faites voir qu'une bassesse indigne,
Ce long amas d'aïeux que vous diffamez tous
Sont autant de témoins qui parlent contre vous [8],
Et tout ce grand éclat de leur gloire ternie
Ne sert plus que de jour à votre ignominie [9].
En vain, tout fier d'un sang que vous déshonorez,
Vous dormez à l'abri de ces noms révérés :
En vain vous vous couvrez des vertus de vos pères :

Alfana veut dire jument, c'est un mot d'origine arabe, témoin ce passage d'Arioste :

> Gradasso aven una Alfana la più bella
> E la miglior che mai porta sella.
> (*Orl. furioso*, ch. ii, st. 51).

— Bayard, cheval des quatre fils Aymon, Boileau. — Le roman dit qu'il n'eut onques son pareil, car pour avoir couru dix lieues, il n'était point las. Par ordre de Charlemagne, il fut jeté avec une pierre au cou dans la Meuse; il surnagea, passa la rivière et se sauva dans la forêt des Ardennes.

1. Juvénal (satire viii, v. 68).
2. Juvénal (satire viii, v. 19).
3. Juvénal (satire viii, v. 23).
4. *Harnais* se disait de l'armure complète d'un homme d'armes, italien : *arnese*.
5. Juvénal (satire viii, v. 25).
6. Horace (livre I, satire iii, v. 112).
7. Juvénal (satire viii, v. 130).
8. Juvénal (satire viii, v. 137).
9. Marius (*Jugurtha*, ch. lxxxv) Exprime la même idée.

Ce ne sont à mes yeux que de vaines chimères ;
Je ne vois rien en vous qu'un lâche, un imposteur,
Un traître, un scélérat, un perfide, un menteur,
Un fou dont les accès vont jusqu'à la furie,
Et d'un tronc fort illustre une branche pourrie.

III

L'antiquité de la race est-elle une garantie de la noblesse ?

Eh bien, je m'adoucis. Votre race est connue ;
Depuis quand ? Répondez. Depuis mille ans entiers,
Et vous pouvez fournir deux fois seize quartiers [1] :
C'est beaucoup. Mais enfin les preuves en sont claires :
Tous les livres sont pleins des titres de vos pères [2] ;
Leurs noms sont échappés du naufrage du temps.
Mais qui m'assurera qu'en ce long cercle d'ans
A leurs fameux époux vos aïeules fidèles
Aux douceurs des galants furent toujours rebelles.

IV

Comment naquit la noblesse.

Dans les temps bienheureux du monde en son enfance,
Chacun mettait sa gloire en sa seule innocence :
Chacun vivait content, et sous d'égales lois,
Le mérite y faisait la noblesse et les rois ;
Et, sans chercher l'appui d'une naissance illustre,
Un héros de soi-même empruntait tout son lustre.
Mais enfin par le temps le mérite avili
Vit l'honneur en roture [3], et le vice ennobli ;
Et l'orgueil, d'un faux titre appuyant sa faiblesse,
Maîtrisa les humains sous le nom de noblesse.

1. On appelle *quartier*, en généalogie, chaque degré de descendance en ligne paternelle et maternelle : on a deux quartiers quand on a son père et sa mère nobles, quatre quand le père et la mère des parents l'étaient aussi, et ainsi de suite en progression géométrique, huit, seize, trente-deux, etc. Boileau s'était donc trompé en écrivant d'abord : *plus de trente quartiers*.

2. Cette objection a peut-être été suggérée à Boileau par un mot de Malherbe : il disait que c'était une folie que de vanter sa noblesse ; plus elle était ancienne plus elle était douteuse.

3. *Roture*, l'état d'une personne ou d'un héritage qui n'était pas noble ; on disait terre en roture, bien en roture.

De là vinrent en foule et marquis et barons[1] :
Chacun pour ses vertus n'offrit plus que des noms[2].
Aussitôt maint esprit fécond en rêveries
Inventa le blason avec les armoiries[3] ;
De ces termes obscurs fit un langage à part ;
Composa tous ces mots de *cimier* et d'*écart*,
De *pal*, de *contre-pal*, de *lambel* et de *fasce*,
Et tout ce que Segoing dans son Mercure entasse[4].
Une vaine folie enivrant la raison,
L'honneur triste et honteux ne fut plus de saison[5].
Alors pour soutenir son rang et sa naissance,
Il fallut étaler le luxe et la dépense ;
Il fallut habiter un superbe palais,
Faire par les couleurs distinguer ses valets,
Et, traînant en tous lieux de pompeux équipages,
Le duc et le marquis se reconnut aux pages[6].

Bientôt pour subsister, la noblesse sans bien
Trouva l'art d'emprunter, et de ne rendre rien.
Et, bravant des sergents[7] la timide cohorte,
Laissa le créancier se morfondre à sa porte :
Mais, pour comble, à la fin le marquis en prison
Sous le faix des procès vit tomber sa maison,
Alors le noble altier, pressé de l'indigence,
Humblement du faquin[8] rechercha l'alliance ;
Avec lui trafiquant d'un nom si précieux,
Par un lâche contrat vendit tous ses aïeux ;
Et, corrigeant ainsi la fortune ennemie
Rétablit son honneur à force d'infamie[9]. (*Extraits.*)

1. *Marquis* signifie garde des *marches* ou frontières. *Baron* est dans la langue romane le cas-régime de *ber*, qui signifia seulement d'abord guerrier, homme de courage.
2. Massillon a dit : « l'Eglise veut des vertus et non pas des noms. »
3. Le blason ou science héraldique traite des armoiries, c'est-à-dire des *armes* ou signes héraldiques peints ou figurés sur l'écu ou sur la cotte d'armes.
4. L'avocat Segoing était l'auteur du *Mercure armorial*. *Cimier*, sommet de l'écu ; *écart*, l'une des parties de l'écu partagé en quatre, c'est-à-dire écartelé ; *pal*, pieu dessiné dans le champ de l'écu, du latin *palus* ; *contre-pal*, pieu placé à côté d'un autre ; *lambel*, barre horizontale garnie de trois pendants, placée en chef de l'écu pour distinguer les cadets d'une famille ; *fasce*, bande de la largeur du tiers de l'écu, placée au milieu et de manière à toucher l'un et l'autre bord de l'écusson.
5. Régnier (satire XIII) :
    L'honneur est un vieux saint que l'on ne chôme plus.
6. La Fontaine a dit :
    Tout marquis veut avoir des pages.
Tous les gentilshommes considérables en ce temps-là avaient des pages. BOILEAU.
7. C'est-à-dire les huissiers chargés de faire payer les débiteurs.
8. De l'homme sans naissance, *facchino* en italien veut dire *porte-faix*.
9. A *force d'infamie* fait antithèse à *honneur*.

SATIRE VI

(1660)

LES EMBARRAS DE PARIS[1]

Qui frappe l'air, bon Dieu! de ces lugubres cris?
Est-ce donc pour veiller qu'on se couche à Paris?
Et quel fâcheux démon durant les nuits entières,
Rassemble ici les chats de toutes les gouttières[2]?
J'ai beau sauter du lit, plein de trouble et d'effroi,
Je pense qu'avec eux tout l'enfer est chez moi :
L'un miaule en grondant comme un tigre en furie
L'autre roule sa voix comme un enfant qui crie.
Ce n'est pas tout encor : les souris et les rats
Semblent pour m'éveiller s'entendre avec les chats,
Plus importuns pour moi, durant la nuit obscure,
Que jamais en plein jour ne fut l'abbé de Pure[3].
  Tout conspire à la fois à troubler mon repos
Et je me plains ici du moindre de mes maux :
Car à peine les coqs, commençant leur ramage,
Auront de cris aigus frappé le voisinage,
Qu'un affreux serrurier[4], laborieux Vulcain,
Qu'éveillera bientôt l'ardente soif du gain,
Avec un fer maudit, qu'à grand bruit il apprête,
De cent coups de marteau me va fendre la tête.
J'entends déjà partout les charrettes courir,
Les maçons travailler, les boutiques s'ouvrir :
Tandis que dans les airs mille cloches émues
D'un funèbre concert font retentir les nues;

---

1. Cette satire faisait d'abord partie de la première. Elle est imitée de la troisième satire de Juvénal. Martial a aussi décrit les incommodités de Rome dans l'épigramme 57 du livre XII.
2. Mercier, dans son *Tableau de Paris* (1783), dit ceci : « La quantité des rats qui sont dans Paris surpasse l'imagination... aussi faut-il une armée de chats pour combattre cette armée de rats. Tandis que le bas des maisons est habité par une espèce rongeante, les toits regorgent de chats et de chattes qui, par leurs miaulements, interrompent votre sommeil. »
3. Ennuyeux célèbre (BOILEAU, 1713).
4. Avant l'édition de 1713 on lisait au lieu de ces deux vers

  Qu'un affreux serrurier, que le ciel en courroux
  A fait pour mes péchés trop voisin de chez nous.

Et, se mêlant au bruit de la grêle et des vents,
Pour honorer les morts font mourir les vivants.
　　Encor je bénirais la bonté souveraine [1],
Si le ciel à ces maux avait borné ma peine ;
Mais si seul en mon lit je peste [2] avec raison,
C'est encor pis vingt fois en quittant la maison :
En quelque endroit que j'aille, il faut fendre la presse
D'un peuple d'importuns qui fourmillent sans cesse.
L'un me heurte d'un ais dont je suis tout froissé ;
Je vois d'un autre coup mon chapeau renversé.
Là, d'un enterrement la funèbre ordonnance
D'un pas lugubre et lent vers l'église s'avance [3] ;
Et plus loin des laquais l'un l'autre s'agaçants [4]
Font aboyer les chiens et jurer les passants.
Des paveurs en ce lieu me bouchent le passage ;
Là, je trouve une croix de funeste présage [5],
Et des couvreurs grimpés au toit d'une maison
En font pleuvoir l'ardoise et la tuile à foison.
Là, sur une charrette une poutre branlante
Vient menaçant de loin la foule qu'elle augmente ;

---

1. *La bonté souveraine* manque un peu de précision. Molière a bien mieux dit

> Et je bénis du ciel la bonté souveraine.
> (*Ecole des femmes*, acte V, scène II.)

2. Un Suisse, de Muralt, mort en 1750, trouve cette expression peu noble. Brumoy fait observer qu'Alceste, homme de cour, l'a pourtant employée :

> Mais pour vingt mille francs j'aurai droit de pester
> Contre l'iniquité de la nature humaine.
> (MOLIÈRE, *le Misanthrope*, acte V, scène Ire).

Saint-Marc dit aussi avec raison qu'elle est bonne, la pièce étant dans le style de la satire enjouée.

3. Ces vers ont une harmonie très bien appropriée au sujet.

4. En 1660, la grammaire de Port-Royal établit que le participe présent doit être invariable ; en 1679, l'Académie accepta cette règle, mais elle ne passa pas tout de suite dans l'usage général. La Fontaine suit presque partout l'ancienne manière d'écrire.

Regnard a imité Boileau :

> Traîné par des coursiers qui, d'un pas menaçant,
> Font trembler les pavés et gronder le passant.

5. On faisait pendre du toit de toutes les maisons que l'on couvrait une croix de lattes, pour avertir les passants de s'éloigner. On n'y pend plus maintenant qu'une simple latte. (BOILEAU, 1713). — « Je ne sais pourquoi vous êtes en peine du sens de ce vers : *Là se trouve une croix*, etc., puisque c'est une chose que dans tout Paris *et pueri sciunt*, que les couvreurs, quand ils sont sur le toit d'une maison, laissent pendre du haut de cette maison une croix de lattes, pour avertir les passants de prendre garde à eux et de passer vite ; qu'il y en a quelquefois des cinq ou six dans une même rue et que cela n'empêche pas qu'il n'y ait souvent des gens blessés ; c'est pourquoi j'ai dit : *Une croix de funeste présage.* » (BOILEAU, lettre à Brossette du 5 mai 1709).

Six chevaux attelés à ce fardeau pesant [1]
Ont peine à l'émouvoir sur le pavé glissant [2],
D'un carrosse en tournant [3] il accroche une roue,
Et du choc le renverse en un grand tas de boue :
Quand un autre à l'instant, s'efforçant de passer,
Dans le même embarras se vient embarrasser.
Vingt carrosses bientôt arrivant à la file
Y sont en moins de rien suivis de plus de mille ;
Et, pour surcroît de maux, un sort malencontreux
Conduit en cet endroit un grand troupeau de bœufs ;
Chacun prétend passer ; l'un mugit, l'autre jure [4].
Des mulets en sonnant augmentent le murmure [5].
Aussitôt cent chevaux dans la foule appelés
De l'embarras qui croît ferment les défilés,
Et partout, des passants enchaînant les brigades,
Au milieu de la paix font voir les barricades [6].
On n'entend que des cris poussés confusément [7] :
Dieu, pour s'y faire ouïr, tonnerait vainement [8].
Moi donc, qui dois souvent en certain lieu me rendre,
Le jour déjà baissant, et qui suis las d'attendre,
Ne sachant plus tantôt à quel saint me vouer,
Je me mets au hasard de me faire rouer [9].

1 Les vers de Boileau, remplis de détails ingénieux et bien exprimés, forment un tableau bien plus vif que ceux de Juvénal.

2. Le Brun blâme cette expression d'*émouvoir*, comme n'étant pas ici dans son sens naturel ; il y voit presque une faute de français. Il a bien tort. Boileau parlait la langue de son temps, et *émouvoir* signifiait avec beaucoup de justesse ce qu'il lui faisait exprimer, *mettre en mouvement*. C'était la tradition ancienne et constante du français. — « Li amirals qui trestout les esmut. » (CH. DE ROLAND, chap. CXCVII.) « A l'esmouvoir l'ost le roi. » (JOINVILLE, p. 227 ; E. LITTRÉ, *Dictionnaire de la langue française*). — Mercier disait des charrettes (1783) : « Elles sont toujours trop chargées et au delà de ce qu'il est possible à des chevaux de traîner. Si le pavé est glissant et qu'il faille monter un pont ou une rue un peu élevée, c'est un train d'enfer ; rien n'égale la brutalité, la stupidité et la barbarie du charretier, » etc. (Tableau de Paris, ch. CCCCLI.)

3. Les éditions d'avant 1713 portaient *en passant* ; la correction est heureuse.

4. Vers excellents ; Boileau était en verve quand il a tracé ce tableau aussi plaisant qu'énergique. (LE BRUN.)

5. Muralt, Saint-Marc, Brumoy, blâment comme impropre le mot *murmure* employé pour exprimer ainsi un vacarme. Il faut sans cesse répéter que la langue du XVIIe siècle n'est plus la nôtre. Ainsi, au temps de Boileau, *murmure* avait un sens plus fort que de nos jours, et signifiait, comme on le voit dans le dictionnaire de Littré : *Bruit confus de plusieurs personnes qui parlent et s'agitent en même temps.*

6. Allusion aux barricades de la Fronde, en 1648.

7. On lit dans l'édition de 1666 :
    Au milieu de cent cris poussés confusément,
    Dieu, pour se faire ouïr, tonnerait vainement.

8. Pradon disait de ce vers : « Voilà comment parlent les épiciers et les chapeliers. »

9. Regnard a imité ce vers dans son épître à Du Vaux :
    Tu n'es point obligé, tout dégouttant de boue,
    De serrer les maisons de peur qu'on ne te roue.

Je saute vingt ruisseaux, j'esquive, je me pousse;
Guenaud sur son cheval en passant m'éclabousse [1];
Et, n'osant plus paraître en l'état où je suis,
Sans songer où je vais, je me sauve où je puis [2].
   Tandis que dans un coin en grondant je m'essuie,
Souvent, pour m'achever, il survient une pluie :
On dirait que le ciel, qui se fond tout en eau [3],
Veuille inonder ces lieux d'un déluge nouveau.
Pour traverser la rue, au milieu de l'orage,
Un ais sur deux pavés forme un étroit passage;
Le plus hardi laquais n'y marche qu'en tremblant :
Il faut pourtant passer sur ce pont chancelant;
Et les nombreux torrents qui tombent des gouttières,
Grossissant les ruisseaux, en ont fait des rivières.
J'y passe en trébuchant; mais, malgré l'embarras,
La frayeur de la nuit précipite mes pas.
   Car, sitôt que du soir les ombres pacifiques
D'un double cadenas [4] font fermer les boutiques;
Que, retiré chez lui, le paisible marchand
Va revoir ses billets et compter son argent;
Que dans le Marché-Neuf [5] tout est calme et tranquille,
Les voleurs à l'instant s'emparent de la ville [6].
Le bois le plus funeste et le moins fréquenté
Est, au prix de Paris, un lieu de sûreté [7].
Malheur donc à celui qu'une affaire imprévue

---

1. C'était le plus célèbre médecin de Paris, et qui allait toujours à cheval. (BOILEAU, 1713.)
  M. Berryat-Saint-Prix signale cette autre imitation de Regnard, *Satire des maris*, vers 173 à 176 :

        Agathon dans Paris court à bride abattue;
        Malheur à qui pour lors est à pied dans la rue
        D'un et d'autre côté ses chevaux bondissants
        D'un déluge de boue inondent les passants.

2.   Je me sauve à la nage, et j'aborde où je puis.
          (BOILEAU, *Discours au roi*, dernier vers).

3. Delille a traduit moins heureusement Virgile :

        Le ciel descend en eau.

4. De *catena*, mot latin, chaîne.
5. Sur le quai du Marché-Neuf, entre le pont Saint-Michel et le Petit-Pont. Ce marché n'existe plus depuis quelque trente années.
6. Juvénal, satire III, v. 302-305.
7. On volait beaucoup en ce temps-là, dans les rues de Paris. (BOILEAU, 1713.) On lit dans une pièce qui date de 1626, in-18, 30 pages, dont des extraits ont été donnés par M. E. Réaume dans la *Revue de l'instruction publique*, n° du 29 avril 1869, les détails suivants : « Et Dieu qu'il fait dangereux le soir, à une lieue de Paris, combien de gens sont souvent tuez, desvalisez, massacrez, enfouis en terre, desquels on n'entend jamais parler. Ceux qui en font l'exécution sont en retraicte mille fois plus assurée qu'en la plus forte forêt de France. »

Engage un peu trop tard au détour d'une rue !
Bientôt quatre bandits lui serrant les côtés :
La bourse !... Il faut se rendre ; ou bien, non, résistez,
Afin que votre mort, de tragique mémoire,
Des massacres fameux aille grossir l'histoire [1].
Pour moi, fermant ma porte, et cédant au sommeil [2],
Tous les jours je me couche avecque [3] le soleil :
Mais en ma chambre à peine ai-je éteint la lumière,
Qu'il ne m'est point permis de fermer la paupière.
Des filous effrontés, d'un coup de pistolet,
Ébranlent ma fenêtre et percent mon volet :
J'entends crier partout : Au meurtre ! On m'assassine !
Ou : le feu vient de prendre à la maison voisine !
Tremblant et demi-mort, je me lève à ce bruit,
Et souvent sans pourpoint [4] je cours toute la nuit.
Car le feu, dont la flamme en ondes se déploie,
Fait de notre quartier une seconde Troie,
Où maint Grec affamé, maint avide Argien [5],
Au travers des charbons va piller le Troyen.
Enfin sous mille crocs la maison abîmée
Entraîne aussi le feu qui se perd en fumée.
    Je me retire donc, encor pâle d'effroi ;
Mais le jour est venu quand je rentre chez moi.
Je fais pour reposer un effort inutile :
Ce n'est qu'à prix d'argent qu'on dort en cette ville [6].
Il faudrait, dans l'enclos d'un vaste logement,

---

1. Il y a une histoire intitulée : *Histoire des larrons*. (BOILEAU, 1713.)
2. VAR. 1666 à 1698 :

    Pour moi qu'une ombre étonne, accablé de sommeil.

3. *Avecque* : c'est une ancienne forme que Boileau, sur les observations de Pradon, a fait disparaître partout ; ce vers est le seul endroit où elle se voie chez lui. Peut-être cette proscription est-elle trop rigoureuse. *Avecque*, dit Littré, pourrait être encore employé en poésie.

    C'est avecque plaisir qu'on survit à sa mort.
              (MALHERBE, acte II, scène I.)

    Après ne me réponds qu'avecque cette épée.
              (CORNEILLE, *le Cid*, acte III, scène IV.)

    Et ne pourrai-je au moins...
M'entretenir moi seule avecque mes douleurs ?
              (RACINE, *Alexandre*, acte IV, scène I.)

    Vous êtes romanesque avecque vos chimères.
              (MOLIÈRE, *l'Etourdi*, acte I, scène II.)

4. Tout le monde en ce temps-là portait des pourpoints. (BOILEAU, 1713.) — C'était un habillement qui couvrait le corps depuis le cou jusqu'à la ceinture, et qui se portait sous le manteau. On cessa d'en porter, dit Brossette, en 1675.

5. Grec et Argien, dans le même vers, disent trop la même chose.

6. Juvénal, satire III, v. 235 ; MARTIAL, l. XII, épigr. LVII, v. 3-4.

Avoir loin de la rue un autre appartement.
Paris est pour un riche un pays de Cocagne [1];
Sans sortir de la ville, il trouve la campagne :
Il peut dans son jardin, tout peuplé d'arbres verts,
Receler le printemps au milieu des hivers;
Et, foulant le parfum de ses plantes fleuries,
Aller entretenir ses douces rêveries.
Mais moi, grâce au destin, qui n'ai ni feu ni lieu [2],
Je me loge où je puis, et comme il plaît à Dieu [3].

1. Pradon disait de ce vers : « Cela est bas et sent le langage des halles. » — Le pays de Cocagne est un pays imaginaire où tout abonde, où l'on trouve tout à souhait :

Li païs a nom Coquaigne,
Qui plus i dort, plus i gaaigne.

(*Fabliaux*, XIIIᵉ siècle. BARBAZAN, édit. Meon, tome IV, page 176.

J'ai vu de beaux châteaux, une belle campagne.
Vous êtes, mes amis, au pays de Cocagne.
— Au pays de Cocagne ! Allons vite manger...
Veut-on manger? Les mets sont épars dans les plaines;
Les vins les plus exquis coulent de nos fontaines;
Les fruits naissent confits dans toutes les saisons.
Les chevaux tout sellés entrent dans les maisons :
Le pigeonneau farci, l'alouette rôtie
Vous tombent ici-bas du ciel comme la pluie.

(LEGRAND, *le Roi de Cocagne*, livre I.)

Quant à l'étymologie de ce mot, Génin, *Récréat.*, tome II, page 89, pense qu'il est italien et plus particulièrement napolitain, vu que, dans les réjouissances publiques à Naples, on élevait une montagne qui lançait toute sorte de choses bonnes à manger; il ajoute que c'est après l'expédition du duc de Guise, en 1688, que ce mot fut introduit en France, et que, dans la traduction de Boccace, faite au XVIᵉ siècle, 8ᵉ *journée*, 3ᵉ *nouvelle*, il est parlé d'un pays qui ressemble au pays de Cocagne, mais qui n'est pas appelé *Cocagne*, preuve que le mot n'existait pas encore. Littré réfute cette opinion en montrant que le mot *cocagne* existait dans notre langue au XIIIᵉ siècle. Il pense, d'après Diez, que ce terme vient de *coquere*, cuire, à l'aide des mots suivants : catalan, *coca*; pays de Coire, *coca*, languedocien, *coco*; picard, *couque*, qui tous signifient cuisine; c'est là la vraie étymologie. — Cocagne désignant en languedocien le kermès animal, on a dit aussi que là était l'étymologie de Cocagne, parce que les habitants, qui tirent un grand profit de cette *Cocagne*, ont ainsi nommé les bons cantons de leur province.

2. On sait que l'auteur, quand il composa cette satire, était logé dans la cour du Palais, chez son frère aîné, Jérôme Boileau, au-dessus du grenier, dans une espèce de guérite, au cinquième étage.

3. Marmontel s'est surtout élevé contre cette satire VIᵉ : « Boileau s'amuse, dit-il, à peindre les rues de Paris ! c'était l'intérieur, et l'intérieur moral qu'il fallait peindre, la dureté des pères qui immolent leurs enfants à des vues d'ambition, de fortune et de vanité ; l'avidité des enfants, impatients de succéder et de se réjouir sur les tombeaux des pères ; leur mépris dénaturé pour des parents qui ont eu la folie de les placer au-dessus d'eux; la fureur universelle de sortir de son état où l'on serait heureux, pour aller être ridicule et malheureux dans une classe plus élevée... » (*Eléments de littérature*, article Satire.) — C'est un autre point de vue; il n'était pas défendu à Boileau de ne considérer ici que les *Embarras* de Paris.

SATIRE VII [1]

(1663)

LE GENRE SATIRIQUE

I

La satire est dangereuse à manier.

Muse, changeons de style, et quittons la satire ;
C'est un méchant métier que celui de médire ;
A l'auteur qui l'embrasse il est toujours fatal [2] :
Le mal qu'on dit d'autrui ne produit que du mal.
Maint poète, aveuglé d'une telle manie,
En courant à l'honneur, trouve l'ignominie ;
Et tel mot, pour avoir réjoui le lecteur,
A coûté bien souvent des larmes à l'auteur.
Un éloge ennuyeux, un froid panégyrique,
Peut pourrir à son aise au fond d'une boutique,
Ne craint point du public les jugements divers,
Et n'a pour ennemis que la poudre et les vers :
Mais un auteur malin, qui rit et qui fait rire,
Qu'on blâme en le lisant, et pourtant qu'on veut lire,
Dans ses plaisants accès qui se croit tout permis,
De ses propres rieurs se fait des ennemis.
Un discours trop sincère aisément nous outrage :
Chacun dans ce miroir pense voir son visage ;
Et tel en vous lisant, admire chaque trait,
Qui dans le fond de l'âme et vous craint et vous hait.

II

Boileau gêné dans l'éloge, se joue dans la satire.

Je pense être à la gêne [3] ; et, pour un tel dessein,
La plume et le papier résistent à ma main.

---

1. Composée en 1663.
2. On sait que M. de Montausier se levait tous les matins avec le projet de faire repentir Boileau de ses traits satiriques ; il ne s'adoucissait qu'après avoir fait sa prière.
3. Ce mot, de notre temps, a perdu sa vigueur. Au XVIIe siècle, il signifiait *torture, tourment, question*. Son étymologie est le mot hébreu *Gehennon*, vallée des fils d'Ennon, où l'on avait fait brûler des victimes humaines. — *La gêne*, c'était la question qu'on faisait subir aux accusés pour obtenir d'eux des révélations.

Mais quand il faut railler, j'ai ce que je souhaite,
Alors, certes, alors je me connais poète :
Phébus, dès que je parle, est prêt à m'exaucer ;
Mes mots viennent sans peine, et courent se placer.
Faut-il peindre un fripon fameux dans cette ville ?
Ma main sans que j'y rêve, écrira Raumaville [1].
Faut-il d'un sot parfait montrer l'original ?
Ma plume au bout du vers d'abord trouve Sofal [2] :
Je sens que mon esprit travaille de génie.
Faut-il d'un froid rimeur dépeindre la manie ?
Mes vers, comme un torrent, coulent sur le papier ;
Je rencontre à la fois Perrin et Pelletier,
Bonnecorse, Pradon, Colletet, Titreville [3] ;
Et, pour un que je veux, j'en trouve plus de mille.
Aussitôt je triomphe, et ma muse en secret
S'estime et s'applaudit du beau coup qu'elle a fait.
C'est en vain qu'au milieu de ma fureur extrême
Je me fais quelquefois des leçons à moi-même ;
En vain je veux au moins faire grâce à quelqu'un :
Ma plume aurait regret d'en épargner aucun ;
Et, sitôt qu'une fois la verve me domine,
Tout ce qui s'offre à moi passe par l'étamine [4].

1. Il s'agit du libraire Somaville, dont le nom se trouve dans les éditions de 1668, 1669, 1674, 1675, sous cette forme *Saumaville.*
2. Henri Sauval, avocat au parlement de Paris, né vers 1620, mort en 1670, auteur des *Amours des rois de France.* L'*Histoire des antiquités de la ville de Paris,* 2 vol. in-folio, n'a été publiée qu'en 1724. (M. Chéron.)
3. Poètes décriés. (Boileau. 1713.) — Sur Pelletier, Pradon et Colletet, voir le *Discours au roi,* la 1re satire. — L'abbé Perrin, né à Lyon, mort en 1680, introduisit l'opéra en France ; il a traduit l'*Énéide* en vers. Ses poésies ont été recueillies en 1661 en 3 vol. in-12. — Bonnecorse, né à Marseille, mort en 1706. Il fut consul de France au Caire. Il avait publié un ouvrage en prose et en vers intitulé : *Montre d'amour.* Il fit plus tard pour se venger, le *Lutrigot,* c'est-à-dire la parodie du *Lutrin.* — Pradon, qui n'avait pas encore abordé le théâtre, avait fait beaucoup de pièces fugitives fort applaudies dans la société du duc de Nevers et de Mme Deshoulières. En 1684, il publia une critique des premières satires sous ce titre : *Le Triomphe de Pradon,* et, en 1685, *Nouvelles remarques sur tous les ouvrages du sieur D...* (Despréaux). — De 1666 à 1682, on lisait : *Bardou, Mauroy, Boursault.* Despréaux avait mis là Boursault pour le punir d'avoir attaqué Molière dans une petite pièce représentée en 1663 sous ce titre : *le Portrait du peintre,* ou *la Critique de l'École des femmes.* — Titreville, on trouve de ses vers dans certaines collections.
4. On ne voit pas pourquoi Le Brun et Daunou regrettent de trouver cette expression dans Boileau. Régnier avait déjà dit :

Et qui pût des vertus passer par l'étamine.

L'étamine est un morceau d'étoffe claire dont on se sert pour clarifier les liqueurs.
Voici la remarque de Pradon sur ces vers : « Ces mots de *fat,* de *sot* et de *faquin* sont les mots favoris et répétés très souvent par M. D*** ; mais la comparaison qu'il fait de lui-même à un chien lui convient admirablement :

. . . . Puisque tu jappes et que tu mords,
Qu'on te voit déchirer les vivants et les morts.

Le mérite pourtant m'est toujours précieux ;
Mais tout fat me déplaît, et me blesse les yeux ;
Je le poursuis partout, comme un chien fait sa proie,
Et ne le sens jamais qu'aussitôt je n'aboie.

III

Boileau brave tout pour satisfaire son goût satirique.

Pauvre esprit, dira-t-on, que je plains ta folie!
Modère ces bouillons de ta mélancolie ;
Et garde qu'un de ceux que tu penses blâmer
N'éteigne dans ton sang cette ardeur de rimer.
Eh quoi! lorsque autrefois Horace, après Lucile [1],
Exhalait en bons mots les vapeurs de sa bile,
Et, vengeant la vertu par des traits éclatants,
Allait ôter le masque aux vices de son temps ;
Ou bien quand Juvénal, de sa mordante plume [2]
Faisant couler des flots de fiel et d'amertume,
Gourmandait en courroux tout le peuple latin,
L'un ou l'autre fit-il une tragique fin ?
Et que craindre, après tout, d'une fureur si vaine?
Personne ne connaît ni mon nom ni ma veine.
On ne voit point mes vers, à l'envi de Montreuil [3],
Grossir impunément les feuillets d'un recueil.
A peine quelquefois je me force à les lire,
Pour plaire à quelque ami que charme la satire,
Qui me flatte peut-être, et, d'un air imposteur,
Rit tout haut de l'ouvrage, et tout bas de l'auteur [4].

> A bon droit, par ton air, ton style et ta grimace,
> On le peut appeler le dogue du Parnasse.

Mais qu'il prenne garde de ne pas outrer la comparaison, et qu'en voulant toujours mordre comme un chien furieux, il n'en ait aussi la destinée. « (SAINT-SURIN, *Nouvelles remarques*, p. 45.)

1. Horace, né l'an 9 avant J.-C., — Lucilius, né en 149 avant J.-C., mort en 103. Il ne nous reste que des fragments des trente satires qu'il avait composées.

2. Juvénal (Decimus-Junius Juvenalis), né à Aquinum l'an 42 après J.-C., fut l'élève de Quitilien. Il mourut en Egypte, où le ressentiment d'un histrion, favori d'Adrien, le fit exiler avec le titre de préfet d'une légion. Boileau semble avoir ignoré cette circonstance.

3. Le nom de Montreuil dominait dans tous les fréquents recueils de poésies choisies qu'on faisait alors. (BOILEAU, 1713.) — Mathieu de Montreuil, né à Paris en 1620, mort à Aix, secrétaire de l'archevêque Daniel de Cosnac, en 1691.

4. Par ces derniers vers, Boileau désignait Furetière. Quand Despréaux lut sa première satire à cet abbé, il s'aperçut qu'à chaque trait Furetière souriait malignement et laissait voir une joie secrète de la nuée d'ennemis qui allait fondre sur l'auteur. Cette perfide approbation fut bien remarquée par Despréaux. (D'ALEMBERT, *Éloge de Despréaux*.)

Enfin c'est mon plaisir ; je veux me satisfaire :
Je ne puis bien parler, et ne saurais me taire ;
Et dès qu'un mot plaisant vient luire à mon esprit,
Je n'ai point de repos qu'il ne soit en écrit :
Je ne résiste point au torrent qui m'entraîne.
  Mais c'est assez parlé : prenons un peu d'haleine :
Ma main, pour cette fois, commence à se lasser.
Finissons. Mais demain, Muse, à recommencer.

SATIRE VIII [1]

(1667)

A M. M*** (MOREL) [2]
DOCTEUR DE SORBONNE.

I

L'homme est le plus sot des animaux.

De tous les animaux qui s'élèvent dans l'air,
Qui marchent sur la terre ou nagent dans la mer,
De Paris au Pérou, du Japon jusqu'à Rome,
Le plus sot animal, à mon avis, c'est l'homme.
  Quoi ! dira-t-on d'abord, un ver, une fourmi
Un insecte rampant qui ne vit qu'à demi,
Un taureau qui rumine, une chèvre qui broute,
Ont l'esprit mieux tourné que n'a l'homme ? Oui, sans doute
Ce dicours te surprend, docteur, je l'aperçoi [3].

---

1. Composée en 1667. — Cette satire est tout à fait dans le goût de Perse, et marque un philosophe chagrin, qui ne peut souffrir les vices des hommes. (Boileau, 1713.)

2. Le docteur qui reçut, sans l'avoir demandée, la dédicace de cette satire, était Claude Morel, qui mourut en 1669, doyen de la Faculté de théologie, et chanoine théologal de Paris. Il était zélé moliniste. Cette dédicace est une malice janséniste de Boileau et de son frère l'abbé Jacques Boileau, docteur de Sorbonne. Le panégyrique de l'âne allait à l'adresse du docteur Morel, qu'on surnommait *Mâchoire d'âne*, d'après une ressemblance purement physique. Santeuil fit la même allusion dans un éloge ironique en vers latins. Il félicite Morel d'avoir, par ses arguments, terrassé autant de jansénistes que Samson avec la mâchoire d'âne avait terrassé de Philistins (Géruzez). — Les docteurs de Sorbonne étaient au nombre de trente-six, tous logés à la Sorbonne, qui ne comprenait alors que la Faculté de théologie.

3. Autrefois les premières personnes des verbes au singulier ne prenaient point d's à la fin. On réservait cette lettre pour les secondes personnes, et on mettait un t aux troisièmes. Par là chaque personne avait sa lettre caractéristique ; nos conjugaisons étaient plus régulières. Les poètes commencèrent par ajouter un s aux

L'homme de la nature est le chef et le roi :
Bois, prés, champs, animaux, tout est pour son usage,
Et lui seul a, dis-tu, la raison en partage.
Il est vrai, de tout temps, la raison fut son lot :
Mais de là je conclus que l'homme est le plus sot.

II

Définition de la sagesse, l'homme ne l'a pas.

Qu'est-ce que la sagesse ? une égalité d'âme
Que rien ne peut troubler, qu'aucun désir n'enflamme,
Qui marche en ses conseils à pas plus mesurés
Qu'un doyen au palais ne monte les degrés.
Or cette égalité dont se forme le sage,
Qui jamais moins que l'homme en a connu l'usage ?
La fourmi tous les ans traversant les guérets,
Grossit ses magasins des trésors de Cérès ;
Et dès que l'aquilon, ramenant la froidure,
Vient de ses noirs frimas [1] attrister la nature,
Cet animal, tapi dans son obscurité,
Jouit l'hiver des biens conquis durant l'été.
Mais on ne la voit point, d'une humeur inconstante,
Paresseuse au printemps, en hiver diligente,
Affronter en plein champ les fureurs de janvier,
Ou demeurer oisive au retour du Bélier [2].
Mais l'homme, sans arrêt dans sa course insensée,
Voltige incessamment de pensée en pensée :

---

premières personnes du singulier des verbes terminés par une consonne, afin d'éviter des hiatus. N'ayant rien à craindre pour les verbes qui finissent par un *e* muet, parce que cette lettre s'élide, ils la laissèrent sans *s*. Insensiblement l'usage des poètes est devenu si général, qu'enfin l'omission de l'*s* aux premières personnes des verbes qui finissent par une consonne, ou par une tout autre voyelle que l'*e* muet, a été regardée comme une négligence dans la prose et comme une licence dans les vers. (D'Olivet.) — Quant à la conjugaison, la principale observation est que la première personne du singulier ne prend point d'*s* à moins que cette lettre ne soit du radical, *je vois je vis*, etc. Ces formes sans *s* sont restées dans notre versification à titre de licences ; mais, bien loin d'être une licence, c'est une régularité, car l'*s*, conformément à la conjugaison latine, type de la nôtre, n'appartient pas à la personne (*video vidi*), et c'est à tort que de la seconde personne, dont elle est caractéristique, on l'a étendue à la première. (E. Littré, *Dictionnaire de la langue française*.)

1. Boileau mettait un *t* à ce mot. Étymologie : ancien français *frimer*, geler.
En cel temps ke voi frimer
Les arbres et blanchoier.
(Poésies manuscrites avant 1300, t. II, p. 791, dans Lacurne. — (E. Littré.

2. C'est-à-dire au retour du printemps. Cette saison commence lorsque le soleil entre dans le signe du Bélier.

Son cœur toujours flottant entre mille embarras,
Ne sait ni ce qu'il veut ni ce qu'il ne veut pas.
Ce qu'un jour il abhorre, en l'autre il le souhaite [1].
　Voilà l'homme en effet. Il va du blanc au noir :
Il condamne au matin ses sentiments du soir [2] :
Importun à tout autre, à soi-même incommode,
Il change à tous moments d'esprit comme de mode :
Il tourne au moindre vent, il tombe au moindre choc,
Aujourd'hui dans un casque et demain dans un froc [3].

III

Sotte vanité de l'homme.

　Cependant à le voir plein de vapeurs légères
Soi-même se bercer de ses propres chimères,
Lui seul de la nature est la base et l'appui,
Et le dixième ciel ne tourne que pour lui [4].
De tous les animaux, il est, dit-il, le maître. —
Qui pourrait le nier? poursuis-tu. — Moi, peut-être.
Mais, sans examiner si, vers les antres sourds [5],
L'ours a peur du passant, ou le passant de l'ours;
Et si, sur un édit des pâtres de Nubie,
Les lions de Barca videraient la Libye [6] ;

---

1. Horace, livre I, épître 1, v. 97-99, a inspiré ces vers à Boileau.
2. « Boileau a croqué ici mon portrait en deux mots, » dit J.-J. Rousseau dans le *Persifleur*.
3. Boileau faisait cas de ces deux vers tant pour leur beauté que pour la singularité de la rime. (BROSSETTE.)
Voltaire traduit ainsi un fragment de la satire de Rochester ;

> Cet esprit que je hais, cet esprit plein d'erreur,
> Ce n'est pas ma raison, c'est la tienne, docteur;
> C'est ta raison frivole, inquiète, orgueilleuse,
> Des sages animaux rivale dédaigneuse,
> Qui croit entre eux et l'ange occuper le milieu,
> Et pense être ici-bas l'image de son Dieu.
> Vil atome importun, qui croit, doute, dispute,
> Rampe, s'élève, tombe, et nie encor sa chute.
> 　　　　　(*Dictionnaire philosophique.*)

4. Voltaire a dit lui-même, VIe Discours, p. 71-74 :

> L'homme vint et cria : « Je suis puissant et sage.
> Cieux, terres, éléments, tout est pour mon usage.
> L'océan fut formé pour porter mes vaisseaux ;
> Les vents sont mes courriers, les astres mes flambeaux. »

5. La Monnoie, blâmant *les antres sourds*, proposait ces deux vers comme correction :

> Mais, sans examiner par un trop long discours,
> Si l'ours craint le passant, si le passant craint l'ours.

6. La Nubie est un grand pays de l'Afrique, situé au milieu du royaume de Barca. Il y a beaucoup de lions dans les déserts de Barca. (BROSSETTE.) — Ce pays s'étend du golfe de la Sidre à l'ouest jusqu'à l'Égypte à l'est.

Ce maître prétendu qui leur donne des lois,
Ce roi des animaux, combien a-t-il de rois ?
L'ambition, l'amour, l'avarice, la haine,
Tiennent comme un forçat son esprit à la chaîne.
Le sommeil sur ses yeux commence à s'épancher,
Debout, dit l'avarice, il est temps de marcher. —
Hé! laissez-moi. — Debout! — Un moment. — Tu répliques [1] ! —
A peine le soleil fait ouvrir les boutiques. —
N'importe, lève-toi. — Pourquoi faire après tout ? —
Pour courir l'Océan de l'un à l'autre bout,
Chercher jusqu'au Japon la porcelaine et l'ambre,
Rapporter de Goa [2] le poivre et le gingembre. —
Mais j'ai des biens en foule, et je puis m'en passer. —
On n'en peut trop avoir ; et pour en amasser
Il ne faut épargner ni crime ni parjure ;
Il faut souffrir la faim et coucher sur la dure ;
Eût-on plus de trésors que n'en perdit Galet [3],
N'avoir en sa maison ni meubles ni valet ;
Parmi les tas de blé vivre de seigle et d'orge ;
De peur de perdre un liard souffrir qu'on vous égorge [4].
— Et pourquoi cette épargne enfin ? — L'ignores-tu ?
Afin qu'un héritier, bien nourri, bien vêtu,
Profitant d'un trésor en tes mains inutile,
De son train quelque jour embarrasse la ville. —
Que faire ? Il faut partir : les matelots sont prêts.
Ou, si pour l'entraîner l'argent manque d'attraits,
Bientôt l'ambition, et toute son escorte,
Dans le sein du repos vient le prendre à main-forte [5],
L'envoie en furieux, au milieu des hasards,
Se faire estropier sur les pas des Césars ;
Et, cherchant sur la brèche une mort indiscrète [6],
De sa folle valeur embellir la gazette [7].

---

1. Imitation de Perse, satire v, v. 132-137.
2. Ville des Portugais dans les Indes orientales. (BOILEAU, 1713.)
3 Fameux joueur dont il est fait mention dans Régnier. (BOILEAU, 1713.
4. Allusion à l'aventure du lieutenant-criminel Tardieu et de sa femme, dont parle Boileau dans la satire X.
5. A *main-forte*, c'est-à-dire par la force :

    Et tirant de ce lieu Théodore à main-forte.
              (CORNEILLE, *Théodore*, acte IV, scene IV.)

    Tout le peuple assemblé nous poursuit à main-forte.
              (RACINE.)

6. *Indiscret* signifie proprement qui manque de discrétion, de retenue, qui, ne sait pas garder un secret ; Boileau lui donne ici le sens d'*imprudent, étourdi*.
7. Il s'agit de la Gazette fondée par Théophraste Renaudot, le 30 mai 1631.

IV

L'homme se targue d'une vaine supériorité.

Lui seul, vivant, dit-on, dans l'enceinte des villes.
Fait voir d'honnêtes mœurs, des coutumes civiles,
Se fait des gouverneurs, des magistrats, des rois,
Observe une police [1], obéit à des lois.
　Il est vrai. Mais pourtant sans lois et sans police,
Sans craindre archers, prévôt, ni suppôt de justice,
Voit-on les loups brigands, comme nous inhumains,
Pour détrousser les loups courir les grands chemins?
Jamais pour s'agrandir, vit-on dans sa manie
Un tigre en factions partager l'Hyrcanie [2]?
L'ours a-t-il dans les bois la guerre avec les ours [3],
Le vautour dans les airs fond-il sur les vautours?
A-t-on vu quelquefois dans les plaines d'Afrique,
Déchirant à l'envi leur propre république,
« Lions contre lions, parents contre parents,
Combattre follement pour le choix des tyrans [4]? »
L'animal le plus fier qu'enfante la nature,
Dans un autre animal respecte sa figure,
De sa rage avec lui modère les accès,
Vit sans bruit, sans débats, sans noise, sans procès.

Elle prit un peu plus tard le nom de *la Gazette de France*. Nous voyons qu'on n'y marchandait pas les louanges par ces vers de Molière :
　　D'éloges on regorge, à la tête on les jette.
　　Et mon valet de chambre est mis dans la Gazette.
　　　　　(*Misanthrope*, acte III, scène VII.)

1. Ce mot de police, qui vient du grec, exprimait, au temps de Boileau, l'ensemble des mesures qui assurent le bon ordre dans un État. « Dieu dicta à Moïse... ce qu'il y a de plus beau, les règles des bonnes mœurs, la police et le gouvernement de son peuple élu. » (Bossuet, *Hist. Universelle*, première partie, ch. IV).

2. Province de Perse, sur les bords de la mer Caspienne. (Boileau, 1713.)

3. Jusqu'en 1674 ce vers était ainsi :
　　L'ours fait-il dans les bois la guerre avec les ours ?

M. de Brienne, La Fontaine, Racine, remarquèrent que l'on ne disait pas « fair e la guerre avec quelqu'un », mais « à quelqu'un »; on s'efforça de corriger ce vers, mais personne ne put réussir. Enfin, après plusieurs éditions, Boileau trouva le moyen de le rectifier par le changement d'un seul mot :
　　L'ours a-t-il dans les bois la guerre avec les ours?

On fut étonné qu'une correction si facile eût été si difficile à trouver par de si habiles gens. (Brossette.)

4. Parodie. Il y a dans le *Cinna*: Romains contre Romains, etc. (Boileau, 1713) :
　　Romains contre Romains, parents contre parents,
　　Combattaient seulement pour le choix des tyrans.
　　　　　(Corneille, *Cinna*, acte I, scène XIII.)

Un aigle, sur un champ prétendant droit d'aubaine [1],
Ne fait point appeler un aigle à la huitaine.
Jamais contre un renard chicanant un poulet
Un renard de son sac n'alla charger Rollet [2] :
On ne connaît chez eux ni placets ni requêtes [3],
Ni haut ni bas conseil, ni chambre des enquêtes ;
Chacun l'un avec l'autre, en toute sûreté,
Vit sous les pures lois de la simple équité.
L'homme seul, l'homme seul, en sa fureur extrême,
Met un brutal honneur à s'égorger soi-même.
C'était peu que sa main conduite par l'enfer,
Eût pétri le salpêtre, eût aiguisé le fer [4] :
Il fallait que sa rage, à l'univers funeste,
Allât encor de lois embrouiller un Digeste [5];
Cherchât pour l'obscurcir des gloses, des docteurs,
Accablât l'équité sous des monceaux d'auteurs,
Et pour comble de maux apportât dans la France
Des harangueurs du temps l'ennyeuse éloquence.

V

Il est difficile d'accorder quelques éloges à l'homme.

N'est-ce pas l'homme enfin dont l'art audacieux
Dans le tour d'un compas a mesuré les cieux ?

---

1. C'est un droit qu'a le roi de succéder aux biens des étrangers qui meurent en France et qui n'y sont pas naturalisés. (BOILEAU, 1713.) — Il a été supprimé en 1789. L'étymologie de ce mot est ce terme de basse latinité : *albanus, albaneias, aubena* (albinatus ? ou advena).

2. Voir la satire Ire. On était dans l'usage de rassembler en un même sac toutes les pièces d'un procès.

3. *Placet*, prière qu'on présente aux rois, aux ministres, aux juges pour leur demander quelque grâce ou quelque audience. Ce mot vient du latin *placeat*, parce que l'on commence par « *plaise au roi*, à M. le président, etc. » (*Dictionnaire de Trévoux.*) — Littré donne à ce mot une autre étymologie : lat. *placet*, il plaît, il constitue la formule par laquelle la pétition est accordée. Aussi le sens propre de *placet* est-il autorisation ; c'est par abus qu'il a pris celui de pétition. « Ils ne peuvent être adjournez par devant juges ecclésiastiques, sans préalable permission ou placet du prince ou du conseil provincial. » (*Nouv. const. gener.*, t. II, p. 340.)

4. Imitation de Juvénal, satire xv, v. 165-166.

5. *Digeste*, nom du recueil des décisions des jurisconsultes, composé par l'ordre de l'empereur Justinien, qui lui donna force de loi. Le *Digeste*, qu'on nomme aussi les *Pandectes*, est divisé en cinquante livres. L'étymologie est *digesta*, participe passif neutre pluriel, les choses mises en ordre (de *digerere*). Ce nom vient de ce que cet ouvrage est composé par ordre des matières. Boileau dit dans le *Lutrin* :

> Du Digeste et du Code ouvre-nous le dédale,
> Et montre-nous cet art connu de tes amis,
> Qui, dans ses propres lois, embarrasse Thémis.

Dont la vaste science, embrassant toutes choses,
A fouillé la nature, en a percé les causes?
Les animaux ont-ils des universités?
Voit-on fleurir chez eux des quatre facultés [1]?
Y voit-on des savants en droit, en médecine,
Endosser l'écarlate et se fourrer d'hermine [2]?
Non, sans doute ; et jamais chez eux un médecin
N'empoisonna les bois de son art assassin.
Jamais docteur armé d'un argument frivole
Ne s'enroua chez eux sur les bancs d'une école.
Mais, sans chercher au fond si notre esprit déçu
Sait rien de ce qu'il sait, s'il a jamais rien su,
Toi-même réponds-moi : Dans le siècle ou nous sommes
Est-ce au pied du savoir qu'on mesure les hommes ?
Veux-tu voir tous les grands à ta porte courir,
Dit un père à son fils dont le poil va fleurir [3] ;
Prends-moi le bon parti: laisse là tous les livres.
Cent francs au denier cinq combien font-ils ? — Vingt livres [4].
— C'est bien dit. Va, tu sais tout ce qu'il faut savoir [5].
Que de biens, que d'honneurs sur toi s'en vont pleuvoir!
Exerce-toi, mon fils, dans ces hautes sciences ;
Prends, au lieu d'un Platon, le Guidon des finances [6] :

---

1. L'Université est composée de quatre facultés, qui sont les Arts, la Théologie, le Droit et la Médecine. Les docteurs portent dans les jours de cérémonie des robes rouges fourrées d'hermine. (BOILEAU, 1713).

2. Fourrure faite avec de la peau d'hermine : c'est le nom vulgaire de la martre blanche. Étymologie; provençal, *ermini ;* espagnol, *armiono ;* italien, *armellino, ermellino* ; du latin *armenius,* arménien, parce que cette sorte de fourrure venait d'Arménie. « Nos magistrats ont bien connu ce mystère (le pouvoir de l'imagination) ; leurs robes rouges, leurs hermines dont ils s'emmaillottent en chats fourrés, les palais où ils jugent, les fleurs de lis, tout cet appareil auguste était fort nécessaire ; et si les médecins n'avaient des soutanes et des mules, et que les docteurs n'eussent des bonnets carrés et des robes trop amples de quatre parties, jamais ils n'auraient dupé le monde qui ne peut résister à cette montre si authentique. » (PASCAL, *Pensées,* édit. Havet, article 111.)

3. *Fleurir,* au propre, pousser des fleurs, être en fleur, se dit par extension de la barbe d'un jeune homme qui commence à pousser. Il y a là une métaphore tirée du latin. Quant à ce mot *poil,* il était fort usité au XVIIe siècle pour désigner la barbe et ne déparait pas les endroits les plus nobles.

Entre les deux partis Calchas s'est avancé,
L'œil farouche, l'air sombre et le poil hérissé.
(RACINE, *Iphigénie,* acte V, scène VI.)

4. On désignait ainsi l'intérêt d'une somme d'un capital. Le denier cinq, dix, vingt, l'intérêt valant le cinquième, le dixième, le vingtième du capital, c'est-à-dire 20, 10, 5 pour 100. Ces locutions ne sont plus en usage, elles sont remplacées par celles-ci : 5 pour 100, etc.

5. Imitation d'HORACE, *Art poétique,* v. 325-330.

6. Livre qui traite des finances. (BOILEAU, 1713.) — *Le Guidon général des finances,* par J. Hennequin). Paris, 1631, 2 vol. in-8. C'était un traité complet sur les revenus du roi et l'administration des finances.

Sache quelle province enrichit les traitants [1] ;
Combien le sel au roi peut fournir tous les ans.
Endurcis-toi le cœur, sois arabe, corsaire,
Injuste, violent, sans foi, double, faussaire.
Ne va point sottement faire le généreux :
Engraisse-toi, mon fils, du suc des malheureux [2] ;
Et, trompant de Colbert la prudence importune,
Va par tes cruautés mériter la fortune [3].
Aussitôt tu verras poètes, orateurs,
Rhéteurs, grammairiens, astronomes, docteurs,
Dégrader les héros pour te mettre en leurs places,
De tes titres pompeux enfler leurs dédicaces [4],
Te prouver à toi-même, en grec, hébreu, latin,
Que tu sais de leur art et le fort et le fin.
Quiconque est riche est tout : sans sagesse il est sage ;
Il a, sans rien savoir, la science en partage ;
Il a l'esprit, le cœur, le mérite, le rang,
La vertu, la valeur, la dignité, le sang [5] ;
Il est aimé des grands, il est chéri des belles :
Jamais surintendant ne trouva de cruelles [6].
L'or même à la laideur donne un teint de beauté [7] :

---

1. Nom qu'on donne aux gens d'affaires qui, moyennant une *traite*, se chargent du recouvrement des deniers publics ou impositions (Trévoux).
2. Allusion délicate aux sages réformes introduites par Colbert pour rétablir l'ordre dans les finances, augmenter les revenus de l'État et alléger le sort des peuples sans qu'il en coûtât jamais rien à la splendeur de la monarchie. Sa maxime était qu'il fallait y regarder pour un repas de *mille écus*, et jeter les *millions* lorsqu'il s'agissait de la gloire du roi. C'est le seul ministre des finances qui ait conservé son emploi jusqu'à sa mort arrivée en 1683. (Aman.)
3. « Il y a une dureté de complexion ; il y en a une autre de condition et d'état ; l'on tire de celle-ci, comme de la première, de quoi s'endurcir sur la misère des autres ; dirai-je même de quoi ne pas plaindre les malheurs de sa famille ? Un bon financier ne pleure ni ses amis, ni sa femme, ni ses enfants.
« .... Je découvre sur la terre un homme avide, insatiable, inexorable qui veut, aux dépens de tout ce qui se trouvera sur son chemin et à sa rencontre et quoi qu'il puisse coûter aux autres, pouvoir à lui seul grossir sa fortune et regorger de biens. » (La Bruyère, *Des Biens de fortune*.)
4. Boileau, dans ce vers, a voulu désigner la dédicace de *Cinna* à Montoron, dit Brossette. Nous nous plaisons à croire qu'il se trompe : il eût été bien peu généreux de rappeler ce trait à Corneille. (Berriat-Saint-Prix.)
5. Imitations d'Horace, livre I, épître vi, v. 36-38, livre II, satire iii, v. 94-98.
6. Allusion à Fouquet.
7. Suivant Brossette, ce vers, avant l'impression, était ainsi :
L'or même à Pellisson donne...
Pellisson était très laid. Boileau supprima son nom, ne voulant pas lui reprocher un défaut corporel dont il n'était pas coupable. (Brossette.) On lit dans la *Mélite* de Corneille, acte I, scène i :
L'argent dans le ménage a certaine splendeur
Qui donne un teint d'éclat à la même laideur ;
et dans Molière (*Sganarelle*, scène i) :
Que l'or donne aux plus laids certain charme pour plaire.

Mais tout devient affreux avec la pauvreté.
   C'est ainsi qu'à son fils un usurier habile
Trace vers la richesse une route facile :
Et souvent tel y vient, qui sait, pour tout secret
Cinq et quatre font[1] neuf; ôtez deux, reste sept.
   Après cela, docteur, va pâlir sur la Bible[2],
Va marquer les écueils de cette mer terrible ;
Perce la sainte horreur de ce livre divin ;
Confonds dans un ouvrage et Luther et Calvin,
Débrouille des vieux temps les querelles célèbres ;
Éclaircis des rabbins les savantes ténèbres :
Afin qu'en ta vieillesse un livre en maroquin
Aille offrir ton travail à quelque heureux faquin[3],
Qui, pour digne loyer[4] de la Bible éclaircie,
Te paye en l'acceptant d'un « Je vous remercie ».
Ou, si ton cœur aspire à des honneurs plus grands,
Quitte là le bonnet, la Sorbonne et les bancs,
Et, prenant désormais un emploi salutaire,
Mets-toi chez un banquier ou bien chez un notaire :
Laisse là saint Thomas s'accorder avec Scot[5] ;
Et conclus avec moi qu'un docteur n'est qu'un sot.

---

1. Boileau avait d'abord écrit *sont;* il adopta la correction, dit Berriat-Saint-Prix, faite dans des éditions étrangères. — En un vers deux règles d'arithmétique ! un poète assurément ne pouvait pas mieux faire. (LE BRUN).

2. Imitations de Perse, satire v, v. 52.
     ..... Et de jour et de nuit
 Pâlis dessus un livre...
          (RÉGNIER, satire IV, v. 7-8.

3. *Faquin*, de l'italien *facchino*, portefaix, par extension un homme de néant, mélange de bassesse et de ridicule.

4. Dans le style élevé et poétique, *loyer* est mis pour récompense :
  Mais serait-ce raison qu'une même folie
  N'eût pas même loyer ?
        (MALHERBE, t. II, p. 12.)
     Les lois...
Confondent le loyer avec le châtiment.
        (RÉGNIER, satire III.)
  Pouvoir dire : Ce bras a servi Venceslas,
  N'est-ce pas un loyer digne de cent combats ?
       (ROTROU, *Venceslas*, acte III, scène VI.)
  L'ombrage n'était pas le seul bien qu'il sût faire ;
  Il courbait sous les fruits, cependant pour salaire
  Un rustre l'abattait : c'était là son loyer.
       (LA FONTAINE, *Fables*, livre X, fable II.)
  Très peu de gré, mille traits de satire
  Sont le loyer de quiconque ose écrire.
       (VOLTAIRE, épître LIII).

5. Saint Thomas d'Aquin, surnommé le *Docteur angélique*, né en 1227, mort le 7 mars 1274. — Jean Duns Scot, né à Duns, en Écosse, mort à Cologne en 1308, âgé de trente à trente-cinq ans ; on l'appelait le *Docteur subtil*. Il avait embrassé sur la grâce et la prédestination des doctrines opposées à celles de saint Thomas d'Aquin, et qui divisèrent longtemps l'école.

VI

L'instinct des animaux semble plus sûr que la raison de l'homme.

Un âne pour le moins, instruit par la nature,
A l'instinct qui le guide obéit sans murmure,
Ne va point follement de sa bizarre voix
Défier aux chansons les oiseaux dans les bois.
Sans avoir la raison, il marche sur sa route.
L'homme seul, qu'elle éclaire, en plein jour ne voit goutte [1] ;
Réglé par ses avis, fait tout à contre-temps,
Et dans tout ce qu'il fait n'a ni raison ni sens.
Tout lui plaît et déplaît, tout le choque et l'oblige [2] ;
Sans raison il est gai, sans raison il s'afflige ;
Son esprit au hasard aime, évite, poursuit,
Défait, refait, augmente, ôte, élève, détruit [3].
Et voit-on, comme lui, les ours ni les panthères
S'effrayer sottement de leurs propres chimères,
Plus de douze attroupés craindre le nombre impair
Ou croire qu'un corbeau les menace dans l'air [4] ?
Jamais l'homme, dis-moi, vit-il la bête folle
Sacrifier à l'homme, adorer son idole,
Lui venir, comme au dieu des saisons et des vents,
Demander à genoux la pluie ou le beau temps ?
Non, mais cent fois la bête a vu l'homme hypocondre [5]

---

1. *Goutte* se joint à la négation, pour lui donner plus d'énergie, comme *pas point* et anciennement *mie*, ces mots exprimant une petite quantité en général et voulant dire qu'il n'y a *goutte, pas, point, miette* de la chose dont il s'agit. (LITTRÉ, *Dictionnaire de la langue française*).
2. « Moy qui m'espie de plus près, qui ay les yeulx incessamment tendus sur moy comme celuy qui n'a pas fort à faire ailleurs, à peine oserois-je dire la vanité et la foiblesse que je treuve chez moy : j'ay le pied si instable et si mal assis, je le treuve si aysé à crouler et si prest au branle et ma vue si desréglée, que à jeun je me sens aultre qu'après le repas ; si ma santé me rid et la clarté d'un beau jour, me voylà honneste homme ; si j'ay un cor qui me presse l'orteil, me voylà renfrongné, mal plaisant et inaccessible. Un même pas de cheval me semble tantost rude, tantost aysé ; et mesme chemin, à cette heure plus court, une aultre fois plus long ; et une mesme forme, ores plus, ores moins agréable. Maintenant je suis à tout faire, maintenant à rien faire ; ce qui m'est plaisir à cette heure me sera quelquefois peine. Il se faict mille agitations indiscrètes et casuelles chez moy ; ou l'humeur mélancolique me tient, ou la cholérique ; et de son auctorité privée, à cette heure le chagrin prédomine en moy, à cette heure l'alaigresse. » (MONTAIGNE, livre II, chap. XII).
3. Imitation d'Horace, livre I, épître I, v. 100.
4. Bien des gens croient que, lorsqu'on se trouve treize à table, il y a toujours dans l'année un des treize qui meurt, et qu'un corbeau aperçu dans l'air présage quelque chose de sinistre. (BOILEAU, 1713).
5. Desmarets et Pradon prétendaient qu'il fallait dire *l'homme hypocondriaque*, *l'hypocondre* étant le siège de la maladie. Longtemps après cette critique, Despréaux consulta l'Académie française à ce sujet. Ses confrères partagèrent son

Adorer le métal que lui-même il fait fondre;
A vu dans un pays les timides mortels
Trembler aux pieds d'un singe assis sur leurs autels.
Et sur les bords du Nil les peuples imbéciles,
L'encensoir à la main, chercher les crocodiles [1].

VII

L'âne, dont nous nous moquons, aurait bien à dire sur nos ridicules.

Nous nous moquons de lui ; mais s'il pouvait un jour,
Docteur, sur nos défauts s'exprimer à son tour;
Si, pour nous réformer, le ciel prudent et sage
De la parole enfin lui permettait l'usage;
Qu'il pût dire tout haut ce qu'il se dit tout bas;
Ah! docteur, entre nous, que ne dirait-il pas?
Et que peut-il penser lorsque dans une rue,
Au milieu de Paris, il promène sa vue;
Qu'il voit de toutes parts les hommes bigarrés,
Les uns gris, les uns noirs, les autres chamarrés [2]?
Que dit-il quand il voit, avec la mort en trousse [3],
Courir chez un malade un assassin en housse;
Qu'il trouve de pédants un escadron fourré,
Suivi par un recteur de bedeaux entouré;
Ou qu'il voit la Justice, en grosse compagnie,
Mener tuer un homme avec cérémonie?
Que pense-t-il de nous lorsque sur le midi
Un hasard au palais le conduit un jeudi [4];
Lorsqu'il entend de loin, d'une gueule infernale [5],
La chicane en fureur mugir dans la grand'salle?
Que dit-il quand il voit les juges, les huissiers,
Les clercs, les procureurs, les sergents, les greffiers?

---

opinion, à l'exception de l'abbé Clérambaut, fils aîné du maréchal, et de Saci, traducteur de Pline le Jeune. « Je m'attendais bien, disait-il, à être condamné ; car outre que j'avais raison, c'était moi... »
1. Imitation de Juvénal, satire xv, v. 1-4.
2. Garnis de rubans, passements, dentelles, velours, etc., etc. — Étymologie : Chamarre, nom ancien que nous avons remplacé par simarre.

> Fût-il tout harnaché d'ordres et de chamarres.
> (Victor Hugo, *Ruy Blas*, acte I, scène II.)

3. Cela fait image : il semble voir le hideux squelette galoper en croupe avec le médecin. (Amar.)
4. C'est le jour des grandes audiences. (Boileau, 1713.)
5. La langue du xviie siècle admettait ce mot sans scrupule ; nous sommes devenus plus délicats.

Oh ! que si l'âne alors, à bon droit misanthrope,
Pouvait trouver la voix qu'il eut au temps d'Ésope [1],
De tous côtés, docteur, voyant les hommes fous,
Qu'il dirait de bon cœur, sans en être jaloux,
Content de ses chardons, et secouant la tête :
Ma foi, non plus que nous, l'homme n'est qu'une bête [2] !

(*Extraits*).

SATIRE IX [3]

(1667)

LE LIBRAIRE AU LECTEUR

Voici le dernier ouvrage qui est sorti de la plume du sieur D***. L'auteur, après avoir écrit contre tous les hommes en général [4], a cru qu'il ne pouvait mieux finir qu'en écrivant contre lui-même, et que c'était le plus beau champ de satire qu'il pût trouver. Peut-être que ceux qui ne sont pas fort instruits des démêlés du Parnasse, et qui n'ont pas beaucoup lu les autres satires du même auteur, ne verront pas tout l'agrément de celle-ci, qui n'en est, à bien parler, qu'une suite. Mais je ne doute point que les gens de lettres, et ceux surtout qui ont le goût délicat, ne lui donnent le prix comme à celle où il y a le plus d'art, d'invention et de finesse d'esprit. Il y a déjà du temps qu'elle est faite : l'auteur s'était en quelque sorte résolu de ne la jamais publier. Il voulait bien épargner ce chagrin aux auteurs qui s'en pourront choquer. Quelques libelles diffamatoires que l'abbé Kantin [5] et plusieurs autres eussent fait imprimer contre lui, il s'en tenait assez vengé par le mépris que tout le monde a fait de leurs ouvrages, qui n'ont été lus de personne, et que l'impression même n'a pu rendre publics. Mais une copie de cette satire étant tombée, par une fatalité inévitable, entre les mains des libraires, ils

---

1. Esclave phrygien qu'on suppose avoir vécu au vi⁰ siècle avant notre ère ; on lui attribue des fables connues sous ce nom : Fables d'Ésope.
2. Boursault critique aigrement cette fin. Il termine (*Satires des satires*) en disant :
> Par les bas sentiments de la dernière page
> Il avilit sa plume et salit son ouvrage.

« Quel emportement, s'écrie Desmarets, faire jurer *ma foi* à un âne !... Ce n'est pas le moyen de parvenir à la réputation d'être bon poète que de vouloir si fort nous égaler aux bêtes. » — Le Brun dit au contraire que ce dernier trait est digne de La Fontaine. (BERRIAT-SAINT-PRIX.)

3. Cette satire est entièrement dans le goût d'Horace, et d'un homme qui se fait son procès à soi-même, pour le faire à tous les autres. (BOILEAU, 1713.) — C'est une imitation d'Horace, satire vii, livre II. — Pradon dit : « Quoique ce soit le meilleur des ouvrages de Boileau, il y montre sa stérilité, en répétant toujours les mêmes noms des gens qu'il attaque. »

4. Dans la satire viii.
5. Cotin.

ont réduit l'auteur à recevoir encore la loi d'eux. C'est donc à moi qu'il a confié l'original de sa pièce, et il l'a accompagné d'un petit discours en prose [1], où il justifie, par l'autorité des poètes anciens et modernes, la liberté qu'il s'est donnée dans ses satires. Je ne doute point que le lecteur ne soit bien aise du présent que je lui en fais.

A SON ESPRIT

I

Boileau se fait à lui-même son procès.

C'est à vous, mon esprit, à qui je veux parler [2].
Vous avez des défauts que je ne puis celer :
Assez et trop longtemps ma lâche complaisance
De vos jeux criminels a nourri l'insolence ;
Mais puisque vous poussez ma patience à bout,
Une fois en ma vie il faut vous dire tout.
  On croirait, à vous voir dans vos libres caprices
Discourir en Caton des vertus et des vices,
Décider du mérite et du prix des auteurs,
Et faire impunément la leçon aux docteurs,
Qu'étant seul à couvert des traits de la satire,
Vous avez tout pouvoir de parler et d'écrire.
Mais moi, qui dans le fond sais bien ce que j'en crois,
Qui compte tous les jours vos défauts par mes doigts,
Je ris, quand je vous vois, si faible et si stérile,
Prendre sur vous le soin de réformer la ville,
Dans vos discours chagrins plus aigre et plus mordant
Qu'une femme en furie, ou Gautier [3] en plaidant.

1. Ce *Discours sur la satire* est dans les Œuvres en prose. — Frédéric II, roi de Prusse, dans une *Épitre à son esprit*, a essayé comme Boileau de justifier sa conduite.
2. Cette locution *à vous... à qui*, blâmée par tous les commentateurs, se retrouve dans Molière : « ... Mais, Madame, puis-je au moins croire que ce soit à vous à qui je doive la pensée de cet heureux stratagème... » (*L'Amour médecin*, acte III, scène VI), dans Buffon et dans d'autres écrivains.
Dans le *Misanthrope*, acte II, scène V, on lit :
  Que de son cuisinier il s'est fait un mérite,
  Et que c'est à sa table à qui l'on rend visite.
Cette construction est bien vieille :
  Par la croix où Dieu s'estendy
  C'est à vous à qui je vendis
  Six aulnes de drap, maître Pierre.
          (*L'avocat Patelin.*)
Il paraît, d'après Louis Racine, allégué par Le Brun, que Boileau préférait le vers plus naturel avec cette espèce de faute qui est un parisianisme.
3. Avocat célèbre et très mordant. (Boileau, 1713.) — Il était surnommé Gautier la Gueule ; il mourut le 15 septembre 1666. (M. Chéron.)

SATIRE IX.

Mais répondez un peu, Quelle verve indiscrète
Sans l'aveu des neuf sœurs vous a rendu poète?
Sentiez-vous, dites-moi, ces violents transports
Qui d'un esprit divin font mouvoir les ressorts?
Qui vous a pu souffler une si folle audace?
Phébus a-t-il pour vous aplani le Parnasse?
Et ne savez-vous pas que, sur ce mont sacré,
Qui ne vole au sommet tombe au plus bas degré[1],
Et qu'à moins d'être au rang d'Horace ou de Voiture[2],
On rampe dans la fange avec l'abbé de Pure?
Que si tous mes efforts ne peuvent réprimer
Cet ascendant malin qui vous force à rimer,
Sans perdre en vains discours tout le fruit de vos veilles,
Osez chanter du roi les augustes merveilles :
Là, mettant à profit vos caprices divers,
Vous verriez tous les ans fructifier vos vers,
Et par l'espoir du gain votre muse animée
Vendrait au poids de l'or une once de fumée.
Mais en vain, direz-vous, je pense vous tenter
Par l'éclat d'un fardeau trop pesant à porter.
Tout chantre ne peut pas, sur le ton d'un Orphée,
Entonner en grands vers « la Discorde étouffée »;
Peindre « Bellone en feu tonnant de toutes parts, »
« Et le Belge effrayé fuyant sur ses remparts »[3].
Sur un ton si hardi, sans être téméraire,
Racan[4] pourrait chanter au défaut d'un Homère;

---

1. Imitation d'Horace, *Art poétique*, v. 375.
2. Voilà un des jugements de Boileau qui lui a été reproché avec beaucoup d'aigreur : le goût de Boileau pour Voiture est une énigme pour ceux qui adoptent ses autres jugements toujours si équitables. » (D'ALEMBERT.) — On peut dire avec M. Victor Cousin, pour expliquer cette louange certainement outrée, que : « Voiture a été admiré de ses contemporains les plus spirituels et les plus difficiles. La Fontaine le met au nombre de ses maîtres (mais avec une mauvaise note). Mme de Sévigné l'appelle un esprit « libre, badin, charmant ». On peut voir dans la *Jeunesse de madame de Longueville*, chapitre II, une appréciation ingénieuse du talent de Voiture. — Boileau, dans sa lettre à Perrault, fait encore l'éloge de Voiture et particulièrement de ses *Élégies*.
3. Cette satire a été faite dans le temps que le roi prit Lille en Flandre, et plusieurs autres villes. (BOILEAU, 1713).
Imitation d'Horace, livre II, épître I, v. 250.
4. Honorat de Bueil, marquis de Racan, né l'an 1588 à la Roche-Racan en Touraine, où il mourut en 1670. Il avait quitté les armes pour se livrer à la poésie. Chapelain, son ami, disait de lui : « Il n'a aucun fonds, et ne sait que sa langue, qu'il parle bien en prose et en vers. Il excelle principalement en ces derniers, mais en pièces courtes, et où il n'est pas nécessaires d'agir de tête. » Il ne semblait donc pas fait pour la poésie épique, et son nom est fort mal placé auprès de celui d'Homère. Boileau dira plus justement dans l'*Art poétique*:

Malherbe d'un héros peut vanter les exploits,
Racan chanter Philis, les bergers et les bois.

—Mais pour Cotin et moi, qui rimons au hasard,
Que l'amour de blâmer fit poètes par art [1],
Quoiqu'un tas de grimauds vante notre éloquence,
Le plus sûr est pour nous de garder le silence.
— Un poème insipide et sottement flatteur
Déshonore à la fois le héros et l'auteur :
Enfin de tels projets passent notre faiblesse.
    Ainsi parle un esprit languissant de mollesse.
Qui, sous l'humble dehors d'un respect affecté,
Cache le noir venin de sa malignité.
Mais, dussiez-vous en l'air voir vos ailes fondues,
Ne valait-il pas mieux vous perdre dans les nues
Que d'aller sans raison, d'un style peu chrétien,
Faire insulte en rimant à qui ne vous dit rien,
Et du bruit dangereux d'un livre téméraire
A vos propres périls enrichir le libraire ?

II

Boileau ne peut pas prétendre à l'immortalité.

Vous vous flattez peut-être, en votre vanité,
D'aller comme un Horace à l'immortalité ;
Et déjà vous croyez dans vos rimes obscures,
Aux Saumaises [2] futurs préparer des tortures.
Mais combien d'écrivains, d'abord si bien reçus,
Sont de ce fol espoir honteusement déçus !
Combien, pour quelques mois, ont vu fleurir leur livre,
Dont les vers en paquet se vendent à la livre !
Vous pourrez voir, un temps, vos écrits estimés
Courir de main en main par la ville semés ;
Puis de là tout poudreux, ignorés sur la terre,
Suivre [3] chez l'épicier Neuf-Germain [4] et La Serre [5] ;

---

1. Imitation de Juvénal, satire I, v. 79-80.
2. Saumaise, célèbre commentateur. (BOILEAU, 1713.) — Claude de Saumaise, savant littérateur, né le 15 avril 1588 à Semur (Côte-d'Or), mort à Spa en 1653. — « C'est ce vers, dit Brossette, qui m'a inspiré la première pensée de faire un commentaire historique sur les œuvres de Boileau, afin de donner une entière connaissance des endroits sur lesquels l'éloignement des temps ne manquerait pas de jeter de l'obscurité. »
3. Il paraît que Gilles Boileau, jaloux de la réputation croissante de son frère, lui disait de ses satires : « On les lira pendant quelque temps, mais à la fin elles tomberont dans l'oubli, comme font la plupart de ces petits ouvrages ; et le temps leur ôtera les charmes que la nouveauté leur a donnés. »
4. Auteur extravagant. (BOILEAU, 1713.) — Louis de Neuf-Germain, qui se qualifiait de *poète hétéroclite de Monseigneur, frère unique de Sa Majesté*, vivait sous Louis XIII.
5. Auteur peu estimé. (BOILEAU, 1713.)

Ou de trente feuillets réduits peut-être à neuf,
Parer, demi-rongés, les rebords du Pont-Neuf [1].
Le bel honneur pour vous, en voyant vos ouvrages
Occuper le loisir des laquais et des pages,
Et souvent dans un coin renvoyés à l'écart
Servir de second tome aux airs du Savoyard [2] !
Mais je veux que le sort, par un heureux caprice,
Fasse de vos écrits prospérer la malice,
Et qu'enfin votre livre aille, au gré de vos vœux,
Faire siffler Cotin chez nos derniers neveux :
Que vous sert-il qu'un jour l'avenir vous estime,
Si vos vers aujourd'hui vous tiennent lieu de crime,
Et ne produisent rien, pour fruit de leurs bons mots,
Que l'effroi du public et la haine des sots?
Quel démon vous irrite et vous porte à médire?
Un livre vous déplaît : qui vous force à le lire?
Laissez mourir un fat dans son obscurité :
Un auteur ne peut-il pourrir en sûreté?
Le *Jonas* inconnu sèche dans la poussière ;
Le *David* imprimé n'a point vu la lumière ;
Le *Moïse* commence à moisir par les bords [3].
Quel mal cela fait-il? Ceux qui sont morts sont morts :

---

1. Où l'on vend d'ordinaire les livres de rebut. (BOILEAU, 1713.)
2. Chantre du Pont-Neuf. (BOILEAU, 1713.) — Il s'appelait Philipot et était aveugle, ce qu'il a dit lui-même dans une de ses chansons :

> Malgré la perte de mes yeux,
> Mon nom éclate en divers lieux.

Il dit encore dans une autre :

> Je suis l'illustre Savoyard,
> Des chantres le grand capitaine ;
> Je ne mène pas mon soldat,
> Mais c'est mon soldat qui me mène.

On a de l'illustre Savoyard un petit volume intitulé : *Recueil nouveau des chansons du Savoyard*, par lui seul chantées dans Paris.
Coras a retourné ces vers (68-78) contre Boileau :

> Car je prévois qu'un jour vos vers, moins estimés
> Que de faux almanachs par la ville semés,
> Seront avec raison moins connus sur la terre
> Que ceux qu'ont fagotés Neuf-Germain et La Serre ;
> Que leur valeur, réduite à la preuve de neuf,
> Deviendra méprisable aux rebords du Pont-Neuf ;
> Qu'on verra ces matins, ces burlesques ouvrages
> Ennuyer les laquais sans divertir les pages
> Et, par tant de rebuts renvoyés à l'écart,
> Envier le destin des airs du Savoyard.

3. Ces trois poèmes avaient été faits, le *Jonas* par Coras, le *David* par Las Fargues et le *Moïse* par Saint-Amant. — Jacques Coras, né à Toulouse vers 1630, est mort en 1677; il avait abjuré le protestantisme. Ses poèmes *Josué*, *Samson*, *David*, sont aussi oubliés que *Jonas*. Il a publié une *Lettre* contre Boileau. — Bernard Las Fargues est aussi un Toulousain qui vivait au XVIIe siècle. Outre son *David*, il a publié quelques traductions. — Pour Saint-Amant, voir la satire I. (M. CHÉRON.)

Le tombeau contre vous ne peut-il les défendre?
Et qu'ont fait tant d'auteurs, pour remuer leur cendre?
Que vous ont fait Perrin, Bardin, Pradon, Hainault [1],
Colletet, Pelletier, Titreville, Quinaut,
Dont les noms en cent lieux, placés comme en leurs niches,
Vont de vos vers malins remplir les hémistiches?
Ce qu'ils font vous ennuie? O le plaisant détour!
Ils ont bien ennuyé le roi, toute la cour,
Sans que le moindre édit ait, pour punir leur crime,
Retranché les auteurs, ou supprimé la rime.
Écrive qui voudra : chacun à ce métier
Peut perdre impunément de l'encre et du papier.
— Un roman, sans blesser les lois ni la coutume
Peut conduire un héros au dixième volume [2].
— De là vient que Paris voit chez lui de tout temps
Les auteurs à grands flots déborder tous les ans,
Et n'a point de portail où jusques aux corniches
Tous les piliers ne soient enveloppés d'affiches.
Vous seul, plus dégoûté, sans pouvoir et sans nom,
Viendrez régler les droits et l'État d'Apollon!

III

Boileau n'est pas à l'abri des critiques.

Mais vous, qui raffinez sur les écrits des autres,
De quel œil pensez-vous qu'on regarde les vôtres?
Il n'est rien en ce temps à couvert de vos coups;
Mais savez-vous aussi comme on parle de vous?
Gardez-vous, dira l'un, de cet esprit critique :
On ne sait bien souvent quelle mouche le pique,
Mais c'est un jeune fou qui se croit tout permis,

---

1. Jean Hesnault, fils d'un boulanger de Paris, est surtout connu par un sonnet contre Colbert. — Boileau mit son nom dans ce vers pour remplacer celui de Boursault, mais il avait pour lui de l'estime; il le regardait, suivant La Monnoie, comme l'un des hommes qui tournaient le mieux un vers. — Dans l'édition de 1668 on lisait :
> Que vous ont fait Perrin, Bardin, Mansoy, Bursaut,
> Colletet, Pelletier, Titreville, Kainaut?

Dans celle de 1694 :
> Que vous ont fait Perrin, Bardin, Pradon, Raynaut,
> Colletet, Pelletier, Titreville, Kaynaut?

Ce n'est qu'en 1713 qu'on voit le nom de Quinault sous sa véritable forme.
2. Les romans de *Cyrus*, de *Clélie* et de *Pharamond*, sont chacun de dix volumes. (BOILEAU, 1713.) — Les deux premiers sont de Scudéri et le troisième de La Calprenède.

Et qui pour un bon mot va perdre vingt amis [1].
Il ne pardonne pas aux vers de la *Pucelle*,
Et croit régler le monde au gré de sa cervelle.
Jamais dans le barreau trouva-t-il rien de bon ?
Peut-on si bien prêcher qu'il ne dorme au sermon ?
Mais lui, qui fait ici le régent du Parnasse,
N'est qu'un gueux revêtu des dépouilles d'Horace [2] ;
Avant lui Juvénal avait dit en latin
« Qu'on est assis à l'aise aux sermons de Cotin [3] ».
L'un et l'autre avant lui s'étaient plaints de la rime,
Et c'est aussi sur eux qu'il rejette son crime :
Il cherche à se couvrir de ces noms glorieux.
J'ai peu lu ces auteurs, mais tout n'irait que mieux,
Quand de ces médisants l'engeance tout entière
Irait la tête en bas rimer dans la rivière [4].

Voilà comme on vous traite : et le monde effrayé
Vous regarde déjà comme un homme noyé.
En vain quelque rieur, prenant votre défense,
Veut faire au moins, de grâce, adoucir la sentence :
Rien n'apaise un lecteur toujours tremblant d'effroi,
Qui voit peindre en autrui ce qu'il remarque en soi [5].

1. Imitation d'Horace, livre I, satire IV, v. 33-35.
Régnier a dit :
> . . . . . Fuyez ce médisant ;
> Fâcheuse est son humeur, son parler est cuisant.
> Quoi, Monsieur, n'est-ce pas cet homme à la satire,
> Qui perdrait son ami plutôt qu'un mot pour rire ?

2. Saint-Pavin reprochait à l'auteur qu'il n'était riche que des dépouilles d'Horace, de Juvénal et de Régnier. (BOILEAU, 1713.)
Voici quelques vers de Saint-Pavin contre Boileau :
> Despréaux grimpé sur Parnasse
> Avant que personne en sût rien,
> Trouva Régnier avec Horace,
> Et rechercha leur entretien.
> Sans choix et de mauvaise grâce
> Il pilla presque tout leur bien ;
> Il s'en servit avec audace,
> Et s'en para comme du sien.

3. On sentira combien ce vers est plaisant s'il est rapproché de ceux-ci, que Cotin avait écrits dans la *Satire des satires*, p. 5 :
> Il applique à Paris ce qu'il a lu de Rome :
> Ce qu'il dit en français, il le doit au latin,
> Et ne fait pas un vers qu'il ne fasse un larcin :
> Si le bon Juvénal était mort sans écrire,
> Le malin Despréaux n'eût point fait de satire.

4. Ce sont les propres paroles du duc de Montausier ; suivant lui, il fallait envoyer aux galères Boileau couronné de lauriers. Le duc avait pourtant, dans sa jeunesse, composé lui-même des satires que Ménage qualifie de vives et âcres. Voltaire, dans son *Épître à Boileau*, dit :
> Je veux t'écrire un mot sur tes sots ennemis...
> Qui voulaient, pour loyer de tes rimes sincères,
> Couronné de lauriers, t'envoyer aux galères.

5. Horace en dit autant des effets de la satire : livre II, épître I.

Vous ferez-vous toujours des affaires nouvelles
Et faudra-t-il sans cesse essuyer des querelles?
N'entendrai-je qu'auteurs se plaindre et murmurer
Jusqu'à quand vos fureurs doivent-elles durer?

IV

Boileau cherche à s'excuser.

Répondez, mon esprit; ce n'est plus raillerie :
Dites... Mais, direz-vous, pourquoi cette furie?
Quoi, pour un maigre auteur que je glose en passant,
Est-ce un crime, après tout, et si noir et si grand?
Et qui, voyant un fat s'applaudir d'un ouvrage,
Où la droite raison trébuche à chaque page,
Ne s'écrie aussitôt : « L'impertinent auteur!
« L'ennuyeux écrivain! Le maudit traducteur!
« A quoi bon mettre au jour tous ces discours frivoles,
« Et ces riens enfermés dans de grandes paroles? »
Est-ce donc là médire, ou parler franchement?
Non, non, la médisance y va plus doucement.
Si l'on vient à chercher pour quel secret mystère
Alidor à ses frais bâtit un monastère [1] :
« Alidor! » dit un fourbe, « il est de mes amis,
« Je l'ai connu laquais avant qu'il fût commis [2] :
« C'est un homme d'honneur, de piété profonde,
« Et qui veut rendre à Dieu ce qu'il a pris au monde » [3].
Voilà jouer d'adresse, et médire avec art;
Et c'est avec respect enfoncer le poignard [4].
Un esprit né sans fard, sans basse complaisance,
Fuit ce ton radouci que prend la médisance.
Mais de blâmer des vers ou durs ou languissants,
De choquer un auteur qui choque le bon sens,
De railler d'un plaisant qui ne sait pas nous plaire [5],
C'est ce que tout lecteur eut toujours droit de faire.

---

1. Il s'agit de la maison de l'*Institution de l'Oratoire* (aujourd'hui les *Enfants trouvés*), bâtie rue d'Enfer par un riche financier.
2. Au temps de Boileau on désignait ainsi une personne préposée par les fermiers des impôts à la perception des droits sur diverses marchandises. Le poète dira, épître V : *Un commis engraissé des malheurs de la France*. Il paraît qu'il faisait allusion ici à un certain Dalibert qui avait été laquais.
3. « Son Alidor était si connu, qu'au lieu de dire la maison de l'*Institution*, on disait souvent par plaisanterie la maison de la *Restitution*. (Louis Racine.) (*Mémoires*, p. 50.)
4. Imitation d'Horace, livre I, satire iv, v. 93-101.
5. *Railler de quelqu'un* se disait alors pour *railler quelqu'un*.

Tous les jours à la cour un sot de qualité
Peut juger de travers avec impunité ;
A Malherbe, à Racan, préférer Théophile,
Et le clinquant du Tasse à tout l'or de Virgile [1].
    Un clerc, pour quinze sous, sans crainde le holà,
Peut aller au parterre attaquer *Attila* [2] ;
Et, si le roi des Huns ne lui charme l'oreille,
Traiter de visigoths tous les vers de Corneille.
    Il n'est valet d'auteur, ni copiste à Paris,
Qui, la balance en main, ne pèse les écrits.
Dès que l'impression fait éclore un poète,
Il est esclave-né de quiconque l'achète :
Il se soumet lui-même aux caprices d'autrui,
Et ses écrits tout seuls doivent parler pour lui.
Un auteur à genoux, dans une humble préface,
Au lecteur qu'il ennuie a beau demander grâce ;
Il ne gagnera rien sur ce juge irrité,
Qui lui fait son procès de pleine autorité.
    Et je serai le seul qui ne pourrai rien dire [3] !
On sera ridicule, et je n'oserai rire !
Et qu'ont produit mes vers de si pernicieux,
Pour armer contre moi tant d'auteurs furieux ?
Loin de les décrier, je les ai fait paraître :
Et souvent, sans ces vers qui les ont fait connaître,
Leur talent dans l'oubli demeurerait caché.
Et qui saurait sans moi que Cotin a prêché [4] ?

---

1. Un homme de qualité fit un jour ce beau jugement en ma présence. (Boileau, 1713.) — Nous examinerons plus au long ce jugement de Boileau dans l'*Art poétique*. Nous citerons seulement ici ces vers de Voltaire :

> De faux brillants, trop de magie
> Mettent le Tasse un cran plus bas (que Virgile) ;
> Mais que ne tolère-t-on pas
> Pour Armide et pour Herminie ?
> (Stances à Mme la marquise du Châtelet, sur les poètes épiques.)

2. *Attila* fut représenté par la troupe de Molière le 4 mars 1667. Il fut joué vingt fois de suite et eut trois autres représentations la même année.

3. Voici une imitation de ce passage par J.-B. Rousseau, *Epître aux Muses* :

> Quand de ses vers un grimaud nous poignarde,
> Chacun pourra lui donner sa nasarde,
> L'appeler buffle et stupide achevé :
> Et moi, pour être avec vous élevé,
> Je ne pourrai, sans faire un sacrilège,
> Me prévaloir d'un faible privilège,
> Que vous laissez aux derniers des humains ?

4. Allusion à ce vers de la satire III : *Qu'aux sermons de Cassaigne et de l'abbé Cotin.* Quelque temps après la publication de la IIIe satire, l'abbé Cassaigne prêcha dans l'église de Saint-Benoît. La curiosité attira à son sermon beaucoup plus de monde qu'il n'en avait ordinairement ; ce que notre auteur ayant appris : « *Il m'est redevable*, dit-il, *de cet honneur parce que je l'ai fait connaître. Sans moi on ne saurait pas que l'abbé Cassaigne eût prêché.* » Il appliqua ensuite à l'abbé Cotin ce qu'il avait dit de l'abbé Cassaigne. (Brossette

La satire ne sert qu'à rendre un fat illustre :
C'est une ombre au tableau, qui lui donne du lustre [1].
En les blâmant enfin j'ai dit ce que j'en croi ;
Et tel qui m'en reprend en pense autant que moi.
« Il a tort, » dira l'un ; « pourquoi faut-il qu'il nomme ?
« Attaquer Chapelain ! ah ! c'est un si bon homme !
« Balzac en fait l'éloge en cent endroits divers [2].
« Il est vrai, s'il m'eût cru, qu'il n'eût point fait de vers.
« Il se tue à rimer : que n'écrit-il en prose ! »
Voilà ce que l'on dit. Eh ! que dis-je autre chose [3] ?
En blâmant ses écrits, ai-je d'un style affreux
Distillé sur sa vie un venin dangereux ?
Ma muse, en l'attaquant, charitable et discrète,
Sait de l'homme d'honneur distinguer le poète,
Qu'on vante en lui la foi, l'honneur, la probité ;
Qu'on prise sa candeur et sa civilité ;
Qu'il soit doux, complaisant, officieux, sincère :
On le veut, j'y souscris, et suis prêt de me taire [4].
Mais que pour un modèle on montre ses écrits ;
Qu'il soit le mieux renté de tous les beaux esprits [5];
Comme roi des auteurs qu'on l'élève à l'empire :

1. Coras, s'adressant à Boileau, parodie ainsi ces vers :

> Vous seriez plus prudent de vous être caché :
> Mais, puisque pour un fat Cotin vous a prêché,
> Ses sermons éclatants vous ont donné du lustre,
> Pour être entre les fats le fat le plus illustre.

2. Jean-Louis Guez, seigneur de Balzac, né à Angoulême en 1594, mort dans sa terre de Balzac le 18 février 1654. Il fut l'un des premiers membres de l'Académie française, et Richelieu lui avait donné, avec une pension de deux mille livres, le brevet de conseiller d'Etat historiographe du roi. Le bruit soulevé par le premier recueil de ses lettres, publié en 1624, le fit se retirer dans sa terre. Ses œuvres complètes ont été réunies en 1665, par l'abbé Cassaigne, en 2 vol. in-folio. (M. Chéron.)

3. C'est la propre réponse qu'il fit un jour à l'abbé de la Victoire, qui lui disait : « Chapelain est de mes amis, et je suis fâché que vous l'ayez nommé dans vos satires. Il est vrai que, s'il m'en avait cru, il n'aurait jamais fait de vers : la prose lui convenait mieux. » Boileau ajoutait : « Que peut-on me reprocher : si ce n'est d'avoir dit en vers ce que tout le monde dit en prose ? Je suis le secrétaire du public. » (Brossette.)

4. Aujourd'hui la grammaire voudrait *prêt à*. — Molière avait dit :

> De quoi s'offense-t-il et que veut-il me dire ?
> Y va-t-il de sa gloire à ne pas bien écrire ?
> Que lui fait mon avis, qu'il a pris de travers ?
> On peut être honnête homme et mal faire des vers :
> Ce n'est point à l'honneur que touchent ces matières,
> Je le tiens galant homme de toutes les manières,
> Homme de qualité, de mérite et de cœur,
> Tout ce qu'il vous plaira, mais fort méchant auteur.
>   *Misanthrope*, acte IV, scène I.)

5. « Chapelain avait, de divers endroits, 8 000 livres de pension. » (Boileau, 1713.) 3 000 du roi, 4 000 du duc de Longueville, et 1 500 livres sur l'abbaye de Corbie assignées par Mazarin.

Ma bile alors s'échauffe, et je brûle d'écrire,
Et, s'il ne m'est permis de le dire au papier,
J'irai creuser la terre, et, comme ce barbier,
Faire dire aux roseaux par un nouvel organe :
« Midas, le roi Midas a des oreilles d'âne [1]. »
Quel tort lui fais-je enfin ? Ai-je par un écrit
Pétrifié sa veine et glacé son esprit ?
Quand un livre au palais se vend et se débite,
Que chacun par ses yeux juge de son mérite,
Que Bilaine [2] l'étale au deuxième pilier,
Le dégoût d'un censeur peut-il le décrier ?
En vain contre le *Cid* un ministre se ligue [3] :
Tout Paris pour Chimène a les yeux de Rodrigue.
L'académie en corps a beau le censurer :
Le public révolté s'obstine à l'admirer.
Mais, lorsque Chapelain met une œuvre en lumière,
Chaque lecteur d'abord lui devient un Linière [4].
En vain il a reçu l'encens de mille auteurs :
Son livre en paraissant dément tous ses flatteurs.
Ainsi, sans m'accuser, quand tout Paris le joue,
Qu'il s'en prenne à ses vers que Phœbus désavoue ;
Qu'il s'en prenne à sa muse allemande en français.
Mais laissons Chapelain pour la dernière fois [5].

V

Boileau n'a de goût que pour la satire.

La satire, dit-on, est un métier funeste,
Qui plaît à quelques gens, et choque tout le reste.

---

1. Imitation de Perse, satire I, v. 119-121.
2. Libraire du palais. (BOILEAU, 1713.)
3. Voyez l'*Histoire de l'Académie*, par Pellisson. (BOILEAU, 1713.) — Sur toute cette affaire du *Cid*, voir *Histoire de l'Académie française*, par Pellisson et d'Olivet, avec une introduction, des éclaircissements et des notes par M. Ch. Livet. Paris, 1858, 2 vol. in-8, au tome 1er, p. v-vi, 86-100 et 499-500, et J. Taschereau, *Histoire de Corneille*, déjà citée. (M. CHÉRON.)
4. Auteur qui a écrit contre Chapelain. (BOILEAU, 1713.) François Payot de Linière, plus connu par son athéisme que par ses vers, né à Paris en 1628, mort en 1704. Charpentier lui attribue le *Chapelain décoiffé* ; il avait fait une épigramme contre la *Pucelle*.
La voici :

> Nous attendons de Chapelain,
> Ce rare et fameux écrivain,
> Une merveilleuse pucelle.
> La cabale en dit force bien ;
> Depuis vingt ans on parle d'elle,
> Dans six mois on n'en dira rien.

5. Ces rimes s'expliquaient autrefois par la prononciation ; on disait *fouès*, ce qui donnait un son analogue à celui de *François*.

La suite en est à craindre : en ce hardi métier
La peur plus d'une fois fit repentir Régnier.
Quittez ces vains plaisirs dont l'appât vous abuse :
A de plus doux emplois occupez votre muse ;
Et laissez à Feuillet [1] réformer l'univers.
    Et sur quoi donc faut-il que s'exercent mes vers ?
Irai-je dans une ode, en phrases de Malherbe,
« Troubler dans ses roseaux le Danube superbe ;
« Délivrer de Sion le peuple gémissant ;
« Faire trembler Memphis, ou pâlir le croissant ;
« Et, passant du Jourdain les ondes alarmées,
« Cueillir » mal à propos « les palmes idumées ? »
Viendrai-je, en une églogue, entouré de troupeaux,
Au milieu de Paris enfler mes chalumeaux,
Et, dans mon cabinet assis au pied des hêtres,
Faire dire aux échos des sottises champêtres ?
Faudra-t-il de sens froid, et sans être amoureux,
Pour quelque Iris en l'air faire le langoureux ;
Lui prodiguer les noms de Soleil et d'Aurore,
Et, toujours bien mangeant, mourir par métaphore ?
Je laisse aux doucereux ce langage affété [2],
Où s'endort un esprit de mollesse hébété.
    La satire, en leçons, en nouveautés fertile,
Sait seule assaisonner le plaisant et l'utile,
Et, d'un vers qu'elle épure aux rayons du bon sens,
Détromper les esprits des erreurs de leur temps.
Elle seule, bravant l'orgueil et l'injustice,
Va jusque sous le dais faire pâlir le vice [3] ;
Et souvent sans rien craindre, à l'aide d'un bon mot,
Va venger la raison des attentats d'un sot.
C'est ainsi que Lucile [4], appuyé de Lélie [5],
Fit justice en son temps des Cotins d'Italie,

---

1. Fameux prédicateur et chanoine de Saint-Cloud. (BOILEAU, 1713.) — Nicolas Feuillet, mort à Paris le 7 septembre 1693, âgé de soixante et onze ans. On a de lui des *Lettres*, une *Oraison funèbre de Henriette d'Angleterre*, qu'il assista aux premiers moments de sa maladie, et l'*Histoire de la conversion de M. de Chanteau*. C'était un directeur d'une sévérité extrême.

2. *Affété* et non *affecté*. « L'affectation est un terme plus générique ; l'afféterie est la recherche des formes délicates et mignardes. L'adjectif *affété* est peu employé aujourd'hui. Il est dans le vocabulaire de Boileau du très petit nombre de mots qui ont un peu vieilli. » (DAUNOU.)

3. Coras disait à propos de ce vers : « Lubin pousse ici l'impudence jusqu'à vouloir faire peur de la satire aux grands de la cour. »

4. Poète latin satirique. (BOILEAU, 1713.) — Caïus Lucilius vivait de 149 à 103 avant J.-C. Il ne reste de lui que des fragments publiés d'abord par J. Dousa, *Lucilii satyrarum quæ supersunt reliquiæ*. Leyde, 1597, in-4°.

5. Consul romain. (BOILEAU, 1713.) — An de Rome 613, 140 avant J.-C.

Et qu'Horace, jetant le sel à pleines mains,
Se jouait aux dépens des Pelletiers romains [1].
C'est elle qui, m'ouvrant le chemin qu'il faut suivre,
M'inspira dès quinze ans la haine d'un sot livre ;
Et sur ce mont fameux, où j'osai la chercher,
Fortifia mes pas et m'apprit à marcher.
C'est pour elle, en un mot, que j'ai fait vœu d'écrire.

VI
Nouvelles malices du satirique.

Toutefois, s'il le faut, je veux bien m'en dédire,
Et, pour calmer enfin tous ces flots d'ennemis,
Réparer en mes vers les maux qu'ils ont commis.
Puisque vous le voulez, je vais changer de style.
Je le déclare donc : Quinault est un Virgile,
Pradon comme un soleil en nos ans a paru [2] ;
Pelletier écrit mieux qu'Ablancourt ni Patru [3] ;
Cotin, à ses sermons traînant toute la terre [4],
Fend les flots d'auditeurs pour aller à sa chaire [5] ;
Saufal [6] est le phénix des esprits relevés ;
Perrin... [7] Bon, mon esprit ! courage ! poursuivez.
Mais ne voyez-vous pas que leur troupe en furie
Va prendre encor ces vers pour une raillerie ?
Et Dieu sait aussitôt que d'auteurs en courroux,

---

1. Les Pelletiers romains sont d'une originalité piquante.
2. Nicolas Pradon, né à Rouen en 1632, mort à Paris au mois de janvier 1698. Ses tragédies eurent beaucoup de succès à la représentation, et celle de *Phèdre et Hippolyte* parut éclipser d'abord la *Phèdre* de Racine. Ses œuvres ont été réunies pour la première fois, à Paris, chez Jean Ribou, 1682, in-12, et la dernière en 1744, 2 vol. in-12. (M. Chéron.)
3. Nicolas Perrot d'Ablancourt, traducteur célèbre, né à Châlons-sur-Marne, le 5 avril 1606, mort le 17 novembre 1664. Il fut reçu à l'Académie en 1637 ; et en 1662, en sa qualité de protestant, refusé par Louis XIV comme historiographe. Ses traductions de Tacite, de César, de Lucien, de Thucydide, de Xénophon, d'Adrien, des *Stratagèmes* de Frontin, étaient appelées les *Belles infidèles*. Sa traduction de la *Description de l'Afrique* de Marmol, laissée inachevée, fut terminée par Patru, et publiée par Richelet. Paris, 1667, 3 vol. in-4°.
4. Allusion au vers de la satire III.
5. Coras critique dans ce vers le mot *flots*, et la rime qu'il soutient mauvaise, et au sujet de laquelle il dit que les lecteurs

> Se moquent d'un rimeur qui, pour rimer la terre,
> Dans ses égarements ne trouve qu'une chaire.

On dirait en prose *fend des flots d'auditeurs*. Boileau a préféré pour l'haumonie *fend les flots*. Cette remarque est de peu de conséquence, mais elle prouve le soin que l'auteur prenait à polir ses vers. (Le Brun, cité par Berriat-Saint-Prix.)
6. Voir satire VII.
7. Auteurs (Saufal, Perrin) médiocres. (Boileau, 1713.) — Voir satire VII.

Que de rimeurs blessés s'en vont fondre sur vous!
Vous les verrez bientôt, féconds en impostures,
Amasser contre vous des volumes d'injures,
Traiter en vos écrits [1] chaque vers d'attentat.
Et d'un mot innocent faire un crime d'État [2].
Vous aurez beau vanter le roi dans vos ouvrages,
Et de ce nom sacré sanctifier vos pages!
Qui méprise Cotin n'estime point son roi,
Et n'a, selon Cotin, ni Dieu, ni foi, ni loi.
    Mais quoi! répondrez-vous, Cotin [3] nous peut-il nuire?
Et par ses cris enfin que saurait-il produire?
Interdire à mes vers, dont peut-être il fait cas,
L'entrée aux pensions où je ne prétends pas [4]?
Non, pour louer un roi que tout l'univers loue,
Ma langue n'attend point que l'argent la dénoue,
Et, sans espérer rien de mes faibles écrits,
L'honneur de le louer m'est un trop digne prix;
On me verra toujours, sage dans mes caprices,
De ce même pinceau dont j'ai noirci les vices
Et peint du nom d'auteur tant de sots revêtus,
Lui marquer mon respect, et tracer ses vertus.
Je vous crois; mais pourtant on crie, on nous menace.
Je crains peu, direz-vous, les braves du Parnasse [5] :
Hé! mon Dieu, craignez tout d'un auteur en courroux,
Qui peut... — Quoi? — Je m'entends. — Mais encor? — Taisez-
[vous].

1. Boileau avait mis d'abord *dans vos écrits;* il changea cette leçon en 1668.
2. Cotin, dans un de ses écrits, m'accusait d'être criminel de lèse-majesté divine et humaine. (BOILEAU, 1713.)
3. Voici la neuvième fois que le nom de Cotin se présente dans cette satire. Les amis de notre auteur craignirent que le fréquent retour du même nom ne parût affecté et ne déplût aux lecteurs. « Il faut voir, dit-il ; je consens d'ôter tout ce qui sera de trop. » On s'assembla, on lut la satire entière, mais on trouva partout le nom de Cotin si bien placé, qu'on ne crut pas qu'il y eût aucun de ces endroits qui dût être retranché. (BROSSETTE.)
4. En 1662, Chapelain avait fait donner une de ces pensions à Cotin, Coras disait : « Lubin parle ici contre sa conscience, puisqu'il ne peut souffrir que Chapelain soit bien renté. »
5. *Brave* signifie un homme vaillant à la guerre; en unissant ce terme à celui de Parnasse, Boileau a fait une alliance de mots très heureuse et très vive. Cela rappelle de loin ces vers de Saint-Amant :

> Adieu, vous qui me faites rire,
> Vous, gladiateurs du bien dire,
> Qui, sur un pré de papier blanc,
> Versant de l'encre au lieu de sang,
> Quand la guerre entre vous s'allume
> Vous entre-bourrez de la plume,
> D'un cœur doctement martial,
> Pour le sceptre éloquential.

SATIRE X
(1692)

LES FEMMES

EXTRAITS

I

La joueuse.

A quoi bon, en effet, t'alarmer de si peu ?
Eh! que serait-ce donc si, le démon du jeu
Versant dans son esprit sa ruineuse rage,
Tous les jours, mis par elle à deux doigts du naufrage,
Tu voyais tous tes biens, au sort abandonnés,
Devenir le butin d'un pique ou d'un sonnez[1] ?
Le doux charme pour toi de voir, chaque journée,
De nobles champions ta femme environnée[2],
Sur une table longue et façonnée exprès,
D'un tournoi de bassette ordonner les apprêts !
Ou, si par un arrêt la grossière police
D'un jeu si nécessaire interdit l'exercice,
Ouvrir sur cette table un champ au lansquenet,
Ou promener trois dés chassés de son cornet !
Puis sur une autre table, avec un air plus sombre,
S'en aller méditer une vole au jeu d'ombre[3] ;
S'écrier sur un as mal à propos jeté ;

---

1. Pique, terme du jeu de piquet. Sonnez, les deux six, terme du jeu de tric-trac. (BOILEAU, 1713.)
2. On peut voir dans Mme de Sévigné, dans Saint-Simon, dans les comédies de Dancourt, dans Saint-Evremond, à quel excès de fureur le jeu en était venu chez les femmes. Molière, dans l'*Avare*, fait dire à Frosine, en parlant de Marianne : « De plus, elle a une aversion horible pour le jeu, ce qui n'est pas commun aux femmes d'aujourd'hui ; et j'en sais une de nos quartiers qui a perdu, à trente-et-quarante, 20 000 francs cette année. Mais n'en prenons que le quart. 5 000 francs au jeu par an... » (Acte II, scène IV.)
3. Bassette, lansquenet, ombre, bête : autant de jeux de cartes. Bassette, jeu de cartes semblable au lansquenet, italien, *bassetta*, connu depuis très longtemps en Italie, d'où un noble Vénitien l'apporta en France, où il était ambassadeur en 1678. — Le *lansquenet* nous est venu d'Allemagne, c'est le nom des fantassins allemands. — *Hombre*, jeu de cartes pris des Espagnols qui se joue avec quarante cartes, après avoir ôté du jeu les huit, les neuf et les dix, et avoir donné à chaque joueur neuf cartes trois à trois et par ordre. Hombre, homme, comme si, dit Richelet, ce jeu était si excellent qu'il dût porter le nom d'*homme*, ou plutôt celui qui fait jouer, s'appelant *hombre*, l'homme, n'est-ce pas son nom qui à passé au jeu ? (E. LITTRÉ.)

Se plaindre d'un gâno [1] qu'on n'a point écouté :
Ou, querellant tout bas le ciel qu'elle regarde,
A la bête [2] gémir d'un roi venu sans garde !
Chez elle, en ces emplois, l'aube du lendemain
Souvent la trouve encor les cartes à la main ;
Alors, pour se coucher les quittant, non sans peine,
Elle plaint le malheur de la nature humaine,
Qui veut qu'en un sommeil où tout s'ensevelit
Tant d'heures sans jouer se consument au lit [3].
Toutefois en partant la troupe la console,
Et d'un prochain retour chacun donne parole.
C'est ainsi qu'une femme en doux amusements
Sait du temps qui s'envole employer les moments ;
C'est ainsi que souvent par une forcenée
Une triste famille à l'hôpital traînée
Voit ses biens en décret [4] sur tous les murs écrits
De sa déroute illustre effrayer tout Paris.

II

La femme avare.

Mais que plutôt son jeu mille fois te ruine,
Que si, la famélique et honteuse lésine [5]
Venant mal à propos la saisir au collet,
Elle te réduisait à vivre sans valet,
Comme ce magistrat [6] de hideuse mémoire,

---

1. Termes du jeu d'ombre. (BOILEAU, 1713.) — Le *gâno* signifie : laissez-moi venir la main, j'ai le roi ; espagnol, *gano*, je gagne. (E. LITTRÉ.)
2. Jeu de cartes qui se joue à quatre ou à cinq, en donnant cinq cartes à chacun, après avoir ôté du jeu les petites cartes.
3. Une femme s'accusait à confesse de trop d'attachement pour le jeu, et le directeur insistant d'abord sur la perte de temps : « Hélas ! oui, s'écria-t-elle en l'interrompant, on perd tant de temps à mêler les cartes ! » (BROSSETTE.)
4. Ancien mode d'expropriation des immeubles. (B.-S.-P.)
5. *Lésine* épargne sordide jusque dans les moindres choses. Du temps de Régnier, le mot était encore nouveau et gardait sa forme italienne :

> Or, durant ce festin, damoiselle Famine,
> Avec son nez étique et sa mourante mine,
> Faisant un beau discours dessus la *lesina*.
> (Satire x.)

En effet, ce mot est italien, il signifie *alène de cordonnier*. Il y a un livre italien intitulé : *Della famosissima Compagnia della Lesina, dialogo, capitoli e ragionamenti*, Vicenza, 1589, dont un passage nous apprend que la *Lesina* était une compagnie d'avares qui raccommodaient eux-mêmes leurs souliers et savates, et comme il faut pour cela une *alène*, ils en prirent le nom (italien, *lesina*, alène). C'est de la sorte qu'un mot signifiant proprement *alène* en est venu à signifier *épargne sordide*. (Voir E. LITTRÉ.)
6. Le lieutenant criminel Tardieu. (BOILEAU, 1713.) — Il était le parrain de Jacques Boileau, le docteur en Sorbonne, frère de Despréaux. Sa femme, Marie Ferrier, était fille d'un ministre converti. C'est elle que Racine désigne sous le

SATIRE X.

Dont je veux bien ici te crayonner l'histoire.
　Dans la robe [1] on vantait son illustre maison :
Il était plein d'esprit, de sens et de raison,
Seulement pour l'argent un peu trop de faiblesse
De ces vertus en lui ravalait la noblesse.
Sa table toutefois, sans superfluité,
N'avait rien que d'honnête en sa frugalité.
Chez lui deux bons chevaux, de pareille encolure,
Trouvaient dans l'écurie une pleine pâture,
Et, du foin que leur bouche au râtelier laissait,
De surcroît une mule encor se nourrissait.
Mais cette soif de l'or qui le brûlait dans l'âme
Le fit enfin songer à choisir une femme,
Et l'honneur dans ce choix ne fut point regardé.
Vers son triste penchant son naturel guidé
Le fit, dans une avare et sordide famille,
Chercher un monstre affreux sous l'habit d'une fille [2] :
Et, sans trop s'enquérir d'où la laide venait,
Il sut, ce fut assez, l'argent qu'on lui donnait.
Rien ne le rebuta, ni sa vue éraillée,
Ni sa masse de chair bizarrement taillée :
Et trois cent mille francs avec elle obtenus
La firent à ses yeux plus belle que Vénus [3].
Il l'épouse ; et bientôt son hôtesse nouvelle,
Le prêchant, lui fit voir qu'il était, au prix d'elle,
Un vrai dissipateur, un parfait débauché.
Lui-même le sentit, reconnut son péché,
Se confessa prodigue et, plein de repentance,
Offrit sur ses avis de régler sa dépense.
Aussitôt de chez eux tout rôti disparut ;
Le pain bis, renfermé, d'une moitié décrut ;
Les deux chevaux, la mule [4], au marché s'envolèrent ;

---

nom de la pauvre Babonnette, dans les *Plaideurs* ; Guy-Patin en parle beaucoup dans sa correspondance. Ils furent assassinés dans leur maison du quai des Orfèvres, le 24 août 1665, par les frères René et François Touchet, qui furent rompus vifs trois jours après. (M. Chéron.) — Voir Tallemant des Réaux, t. V, p. 48, édit. Monmerqué.

1. Parmi les magistrats.
2. « Elle était, dit Brossette, extrêmement laide et mal faite. » Tallemant des Réaux semble contredire et Brossette et Boileau : « Elle était bien faite ; elle jouait bien du luth. »
3. *La firent plus belle* est une expression hardie, sans le paraître ; elle anime le personnage ; *la rendirent plus belle* affaiblirait bien l'idée. (Le Brun.)
4. « Le lieutenant criminel est obligé de suivre les criminels condamnés à la mort, et il est monté sur une mule, qui était l'ancienne monture des magistrats avant l'usage des carrosses. » (Brossette.) Racine à Boileau : « Au Quesnay, 30 mai 1693. — ... Au reste j'ai été obligé de dire ici, le mieux que j'ai pu,

Deux grands laquais, à jeun, sur le soir s'en allèrent :
De ces coquins déjà on se trouvait lassé,
Et pour n'en plus revoir le reste fut chassé.
Deux servantes déjà, largement soufflétées,
Avaient à coups de pied descendu les montées [1],
Et, se voyant enfin hors de ce triste lieu,
Dans la rue en avaient rendu grâces à Dieu.
Un vieux valet restait, seul chéri de son maître,
Que toujours il servit, et qu'il avait vu naître,
Et qui de quelque somme amassée au bon temps
Vivait encor chez eux, partie à ses dépens.
Sa vue embarrassait : il fallut s'en défaire :
Il fut de la maison chassé comme un corsaire [2].
Voilà nos deux époux, sans valets, sans enfants,
Tout seuls dans leur logis libres et triomphants.
Alors on ne mit plus de borne à la lésine [3] :
On condamna la cave, on ferma la cuisine ;
Pour ne s'en point servir aux plus rigoureux mois,
Dans le fond d'un grenier on séquestra le bois.
L'un et l'autre dès lors vécut à l'aventure [4]

---

quelques-uns des vers de votre satire à M. le Prince. *Nosti hominem :* il ne parle plus d'autre chose, et il me les a redemandés plus de dix fois. M. le prince de Conti voudrait bien que vous m'envoyassiez l'histoire du lieutenant criminel, dont il est surtout charmé. M. le Prince et lui ne font que redire les deux vers :

> La mule et les chevaux au marché s'envolèrent.
> Deux grands laquais, à jeun, sur le soir s'en allèrent. »

On voit que Boileau a changé heureusement ce premier vers.

1. *Montées* était alors en usage pour *escalier*.
2. *Corsaire* n'est ici que pour la rime. (SAINT-MARC.) — Eh ! non, par cela seul que le malheureux valet vivait en *partie* aux dépens des deux harpagons, il était pour eux un véritable corsaire. (B.-S.-P.) — C'est à peu près dans le même sentiment que Molière fait dire à La Flèche par Harpagon : « Je ne veux point avoir sans cesse devant moi un espion de mes affaires, un traître dont les yeux maudits assiègent toutes mes actions, dévorent ce que je possède et furettent de tous côtés pour voir s'il n'y a rien à voler. » (*L'Avare*, acte I, scène III.)
3. Voir plus haut la note sur ce mot.
4. Tallemant des Réaux raconte sur ce couple des détails qui ont échappé à Boileau : « Elle n'a point d'enfants (la femme du lieutenant criminel); cependant, sa mère, son mari et elle n'ont pour tous valets qu'un cocher ; le carrosse est si méchant et les chevaux aussi, qu'ils ne peuvent aller ; la mère donne l'avoine elle-même ; ils ne mangent pas leur soûl. Elles vont elles-mêmes à la porte. Une fois que quelqu'un leur était allé faire visite, elles le prièrent de leur prêter son laquais, pour mener les chevaux à la rivière, car le cocher avait pris congé. Pour récompense, elles ont été un temps à ne vivre toutes deux que du lait d'une chèvre. Le mari dit qu'il est fâché de cette mesquinerie. Dieu le sait ! Pour lui, il dîne toujours au cabaret, aux dépens de ceux qui ont affaire de lui, et le soir il ne prend que deux œufs. Il n'y a guère de gens à Paris plus riches qu'eux. Il a mérité d'être pendu deux ou trois mille fois. Il n'y a pas un plus grand voleur au monde. »

Des présents qu'à l'abri de la magistrature [1]
Le mari quelquefois des plaideurs extorquait,
Ou de ce que la femme aux voisins escroquait [2].
    Mais pour bien mettre ici leur crasse en tout son lustre,
Il faut voir du logis sortir ce couple illustre :
Il faut voir le mari tout poudreux, tout souillé,
Couvert d'un vieux chapeau de cordon dépouillé,
Et de sa robe, en vain de pièces rajeunie,
A pied dans les ruisseaux traînant l'ignominie.
Mais qui pourrait compter le nombre de haillons,
De pièces, de lambeaux, de sales guenillons,
De chiffons ramassés dans la plus noire ordure,
Dont la femme, aux bons jours [3], composait sa parure ?
Décrirai-je ses bas en trente endroits percés,
Ses souliers grimaçants, vingt fois rapetassés,
Ses coiffes d'où pendait au bout d'une ficelle
Un vieux masque pelé presque aussi hideux qu'elle [4] ?
Peindrai-je son jupon bigarré de latin,
Qu'ensemble composaient trois thèses de satin [5],
Présent qu'en un procès sur certain privilège
Firent à son mari les régents d'un collège,
Et qui, sur cette jupe, à maint rieur encor
Derrière elle faisait dire ARGUMENTABOR ?
    Mais peut-être j'invente une fable frivole.
Démens donc tout Paris, qui, prenant la parole,
Sur ce sujet encor de bons témoins pourvu,
Tout prêt à le prouver, te dira : Je l'ai vu ;

---

1. Le même auteur ajoute : « Le lieutenant dit à un rôtisseur qui avait un procès contre un autre rôtisseur : « Apporte-moi deux couples de poulets, cela rendra ton affaire bonne. » Ce fat l'oublia. Il dit à l'autre la même chose ; ce dernier lui envoya et un dindonneau. Le premier envoie ses poulets après coup ; il perdit, et pour raison, le bon juge lui dit : « La cause de votre partie était « meilleure de la valeur d'un dindonneau. »

2.   Elle eût du buvetier emporté les serviettes,
    Plutôt que de rentrer au logis les mains nettes.
               (RACINE, *Plaideurs*, acte I, scène IV.)

Ces deux vers de Racine ont été faits pour elle. Elle avait, en effet, emporté les serviettes du buvetier. — « Sa femme le suivait partout : elle coucha avec lui à Maubuisson ; le matin, comme ils partaient, les moutons allaient aux champs : « Ah ! les beaux agneaux ! » dit-elle. Il lui en fallut mettre un dans le carrosse. » (TALLEMANT. t. V, p. 50, édit. Monmerqué.)

3. Aux jours de fête. Molière dit :
    Et doit porter le noir aux bons jours seulement.

4. La plupart des femmes portaient alors un masque de velours noir, lorsqu'elles sortaient. (BOILEAU, 1713.)

5. Il y avait certaines circonstances où les thèses présentées aux différentes facultés pour l'obtention des grades étaient imprimées sur du satin. On peut voir un exemplaire de ce genre à la bibliothèque de l'Université, à la Sorbonne.

Vingt ans j'ai vu ce couple, uni d'un même vice,
A tous mes habitants montrer que l'avarice
Peut faire dans les biens trouver la pauvreté,
Et nous réduire à pis que la mendicité.
Des voleurs, qui chez eux pleins d'espérance entrèrent [1],
De cette triste vie enfin les délivrèrent :
Digne et funeste fruit du nœud le plus affreux
Dont l'hymen ait jamais uni deux malheureux !

III

La femme revêche.

Nouveau prédicateur aujourd'hui, je l'avoue,
Ecolier ou plutôt singe de Bourdaloue [2],
Je me plais à remplir mes sermons de portraits.
En voilà déjà trois peints d'assez heureux traits :
. . . .
Il faut y joindre encor la revêche bizarre [3],
Qui sans cesse, d'un ton par la colère aigri,
Gronde, choque, dément, contredit un mari.
Il n'est point de repos ni de paix avec elle [4] ;

---

1. Ce fut le 24 août 1665, à 9 heures du matin, que deux voleurs les assassinèrent. Ils furent pris dans la maison même, n'ayant pu ouvrir la porte pour sortir parce qu'il y avait un secret à la serrure. Ils furent, trois jours après, rompus vifs sur un échafaud, à la pointe de l'île du Palais, devant le cheval de bronze. Quelques jours avant, le roi avait ordonné à M. le premier président de Lamoignon de faire informer contre le lieutenant criminel, à cause de ses malversations. (BROSSETTE.) — Le vers suivant était d'abord ainsi :

> A la fin un beau jour tous deux les massacrèrent.

Pradon disait :

> *A la fin un beau jour* est plein de pauvreté
> Ce vers de ton esprit sent la stérilité.

Gacon avait aussi critiqué le mot et le récit :

> D'ailleurs, par sa longueur cette histoire sanglante
> Cause plus à l'esprit d'ennui que d'épouvante.
> On rend grâce aux voleurs qui viennent à la fin
> Du couple trop avare achever le destin.

2. Louis Bourdaloue, de la Compagnie de Jésus, né à Bourges le 20 août 1632, mort le 13 mai 1704. Les sermons du père Bourdaloue ont été publiés par P. H. Bretonneau. Paris, 1707-1734, 16 vol. in-8°.

3. Brossette prétend, sans nul fondement, que la belle-sœur de Despréaux, la femme du greffier Jérôme Boileau, est l'original de ce portrait.

4. La Fontaine, dans la fable du *Mal Marié*, a peint une femme de ce caractère :

> Rien ne la contentait, rien n'était comme il faut :
> On se levait trop tard, on se couchait trop tôt :
> Puis du blanc, puis du noir, puis encore autre chose.
> Les valets enrageaient ; l'époux était à bout ;
> Monsieur ne songe à rien, monsieur dépense tout,
>   Monsieur court, monsieur se repose.

JUVÉNAL, livre II, satire VI, vers 279, a également peint la femme revêche.

Son mariage n'est qu'une longue querelle.
Laisse-t-elle un moment respirer son époux,
Ses valets sont d'abord l'objet de son courroux ;
Et, sur le ton grondeur lorsqu'elle les harangue,
Il faut voir de quels mots elle enrichit la langue¹ :
Ma plume ici, traçant ces mots par alphabet,
Pourrait d'un nouveau tome augmenter Richelet².

IV

Portrait de la femme savante.

Qui s'offrira d'abord ? Bon, c'est cette savante
Qu'estime Roberval, et que Sauveur³ fréquente.
D'où vient qu'elle a l'œil trouble et le teint si terni ?
C'est que sur le calcul, dit-on, de Cassini⁴,
Un astrolabe⁵ en main, elle a, dans sa gouttière,
A suivre Jupiter⁶ passé la nuit entière.
Gardons de la troubler. Sa science, je croi,
Aura pour s'occuper ce jour plus d'un emploi :

---

1. Brossette attribue à la femme de Jérôme Boileau les mots *Frelampier, Pimbesche, Orbesche*, etc. Cette assertion, aussi bien que la précédente, parait d'autant moins fondée que Louise Bayen, femme de Jérôme Boileau, vivait encore à l'époque où parut la xᵉ satire ; elle fut inhumée le vendredi 31 décembre 1700 et était morte la veille. — En tout cas elle n'avait pas inventé le mot *Frelampier*. C'est un terme populaire et vieilli, il signifie un homme de peu et qui n'est bon à rien. Il est dans le dictionnaire d'Oudin, xvɪᵉ siècle. Le mot a signifié dans son origine, le moine qui avait le soin d'allumer les lampes du couvent, et est pour *frère lampier*. (E. Littré.) — Brossette lui attribue encore les mots *épétier*, homme d'épée, et *bacoule*.

2. Auteur qui a donné un dictionnaire français. (Boileau, 1713.) — César-Pierre Richelet, avocat, l'un des membres de l'Académie des beaux-esprits qui se réunissait chez l'abbé d'Aubignac ; né à Cheminon (Marne) en 1665, mort à Paris le 23 novembre 1698. La première édition de son dictionnaire a paru à Genève en 1680, in-4°, et la dernière a été publiée à Lyon, par l'abbé Goujet, en 1759, 3 vol. in-folio. On doit en outre à Richelet un *Dictionnaire des rimes*, une traduction de l'*Histoire de la conquête de la Floride* de Garcilasso de la Vega, une édition de la traduction française de d'Ablancourt de l'*Afrique* de Marmol, et un *Recueil des plus belles lettres des meilleurs auteurs français*. (M. Chéron.)

3. Illustres mathématiciens. (Boileau, 1713.) — Gilles Personne, de l'Académie des sciences, né à Roberval (Oise), en 1602, mort à Paris le 27 octobre 1675. — Joseph Sauveur, de l'Académie des sciences, maître de mathématiques du roi d'Espagne et de Mᵍʳ le duc de Bourgogne, né à la Flèche (Sarthe) le 24 mars 1653, mort le 9 juillet 1713. Il ne parla que passé l'âge de sept ans et s'est surtout occupé d'acoustique. (M. Chéron.)

4. Fameux astronome. (Boileau, 1713.) — Jean-Dominique Cassini, né à Perinaldo, dans le comté de Nice, le 8 juin 1625, mort à Paris, le 14 septembre 1712. Louis XIV le fit venir à Paris, et il fut installé à l'Observatoire, que sa famille ne devait plus quitter, le 14 septembre 1672. Voir son éloge par Fontenelle.

5. Instrument autrefois employé pour mesurer la hauteur des astres au-dessus de l'horizon.

6. Une des sept planètes. (Boileau, 1713.) — Le nombre de sept s'est accru depuis Boileau.

D'un nouveau microscope on doit, en sa présence,
Tantôt chez Dalancé [1] faire l'expérience ;
Puis d'une femme morte avec son embryon
Il faut chez Du Verney [2] voir la dissection :
Rien n'échappe aux regards de notre curieuse [3].

V

La précieuse.

Mais qui vient sur ses pas ? c'est une précieuse,
Reste de ces esprits jadis si renommés
Que d'un coup de son art Molière a diffamés [4].
De tous leurs sentiments cette noble héritière
Maintient encore ici leur secte façonnière.
C'est chez elle toujours que les fades auteurs
S'en vont se consoler du mépris des lecteurs.
Elle y reçoit leur plainte ; et sa docte demeure

---

1. Chez qui on faisait beaucoup d'expériences de physique. BOILEAU, 1713. — C'était le fils d'un chirurgien célèbre qui lui avait laissé une grande fortune, il la consacra tout entière à des expériences de physique. (M. CHÉRON.)

2. Médecin du roi, connu pour être très savant dans l'anatomie. (BOILEAU, 1713). — Joseph-Guichard Duverney, professeur d'anatomie au jardin du roi, de l'Académie des sciences, né à Tours (Indre-et-Loire) le 5 août 1648, mort à Paris, le 10 septembre 1730. Voir son éloge par Fontenelle. (M. CHÉRON.)

3. Charles Perrault applique ce portrait à Mme de la Sablière; il blâme Boileau d'avoir ainsi attaqué une dame qui se plaisait, aux heures de son loisir, à entendre parler d'astronomie et de physique, qui avait même une très grande pénétration pour ces sciences. Elle n'en faisait aucune ostentation, et on n'estimait guère moins en elle le soin de cacher ces dons que l'avantage de les posséder. Elle était estimée de tout le monde. Voici le charmant éloge qu'a fait d'elle. La Fontaine :

> Iris, je vous loûrais ; il n'est que trop aisé :
> Mais vous avez cent fois notre encens refusé ;
> En cela peu semblable au reste des mortelles,
> Qui veulent tous les jours des louanges nouvelles,
> Pas une ne s'endort à ce bruit si flatteur.....
> C'est la louange, Iris. Vous ne la goûtez point ;
> D'autres propos chez vous récompensent ce point.
>   Propos, agréables commerces,
> Où le hasard fournit cent matières diverses ;
>   Jusque-là qu'en votre entretien
> La bagatelle a part : le monde n'en croit rien.
>   Laissons le monde et sa croyance,
>   La bagatelle, la science.
> Les chimères, le rien, tout est bon ; je soutiens
>   Qu'il faut de tout aux entretiens :
> C'est un parterre où Flore épand ses biens ;
> Sur différentes fleurs l'abeille s'y repose,
>   Et fait du miel de toute chose.
>   Liv. X, p. 1.

La Fontaine avait l'esprit plus libéral que Boileau. L'humeur de Boileau contre Mme de la Sablière viendrait, suivant Perrault, du soin qu'elle avait pris de relever dans l'épître v de ce poète des expressions inexactes, par suite de l'ignorance où Despréaux était des principes de l'astronomie. Voir le passage de l'épître v.

4. Voyez la comédie des *Précieuses*. (BOILEAU, 1713.)

Aux Perrins, aux Coras, est ouverte à toute heure.
Là, du faux bel-esprit se tiennent les bureaux ;
Là, tous les vers sont bons, pourvu qu'ils soient nouveaux.
Au mauvais goût public la belle y fait la guerre ;
Plaint Pradon[1] opprimé des sifflets du parterre ;
Rit des vains amateurs du grec et du latin ;
Dans la balance met Aristote et Cotin ;
Puis, d'une main encor plus fine et plus habile,
Pèse sans passion Chapelain et Virgile[2] ;
Remarque en ce dernier beaucoup de pauvretés,
Mais pourtant confessant qu'il a quelques beautés,
Ne trouve en Chapelain, quoi qu'ait dit la satire,
Autre défaut, sinon qu'on ne le saurait lire ;
Et, pour faire goûter son livre à l'univers,
Croit qu'il faudrait en prose y mettre tous les vers.

VI

La femme de condition.

A quoi bon m'étaler cette bizarre école
Du mauvais sens, dis-tu, prêché par une folle ?
De livres et d'écrits bourgeois admirateur,
Vais-je épouser ici quelque apprentive auteur[3]
Savez-vous que l'épouse avec qui je me lie
Compte entre ses parents des princes d'Italie ;
Sort d'aïeux dont les noms...? Je t'entends, et je voi[4]
D'où vient que tu t'es fait secrétaire du roi :
Il fallait de ce titre appuyer ta naissance[5] ;
Cependant (t'avoûrai-je ici mon insolence?),

1. Il s'agit ici de Mᵐᵉ Deshoulières. « Fille de Du Ligier, seigneur de la Garde, et mariée fort jeune à un lieutenant-colonel, elle entra dans le monde avec tous les avantages que donnent le rang, la naissance, l'esprit et la beauté. Elle eut de bonne heure un goût très vif pour la poésie, et apprit promptement, et au milieu de la dissipation et des plaisirs, le latin, l'italien, l'espagnol. » (WALCKENAER, Histoire de la vie et des ouvrages de la Fontaine.) — Tout le monde connaît le fameux sonnet de Mᵐᵉ Deshoulières contre la Phèdre de Racine.

2. Ces vers font allusion aux jugements de Perrault sur les anciens et les modernes.

3. Apprentif, et au féminin apprentive; c'était la forme ancienne de ce mot. L'un et l'autre aujourd'hui sont inusités. L'étymologie est apprendre, par cet ajectif de basse latinité apprehendivus. La poésie doit regretter le féminin apprentive.

4. Voi, ancienne orthographe plus conforme que la nouvelle à l'analogie latine video, je vois, l's étant réservée à la 2ᵉ personne, vides, tu vois.

5. Brossette cite un Georges d'Entrague qui, s'étant enrichi dans la recette générale des aides de Paris, s'anoblit au moyen d'une charge de secrétaire du roi, pour épouser une demoiselle de condition. (SAINT-SURIN.) On peut voir dans les Mémoires de Saint-Simon, t. I, p. 221, l'histoire de Dangeau, qui ressemble un peu à celle-là. Voir la satire v, de la noblesse, une note sur Dangeau.

Si quelque objet pareil chez moi, deçà les monts.
Pour m'épouser entrait avec tous ces grands noms,
Le sourcil rehaussé d'orgueilleuses chimères,
Je lui dirais bientôt : Je connais tous vos pères ;
Je sais qu'ils ont brillé dans ce fameux combat [1]
Où sous l'un des Valois Enghien sauva l'État.
D'Hozier [2] n'en convient pas ; mais, quoi qu'il en puisse être,
Je ne suis point si sot que d'épouser mon maître ;
Ainsi donc au plus tôt délogeant de ces lieux,
Allez, princesse, allez, avec tous vos aïeux,
Sur le pompeux débris des lances espagnoles,
Coucher, si vous voulez, aux champs de Cérisoles.

(*Extraits.*)

SATIRE XI [3]

(1698)

A M. DE VALINCOUR [4]

CONSEILLER DU ROI EN SES CONSEILS, SECRÉTAIRE GÉNÉRAL DE LA MARINE
ET DES COMMANDEMENTS DE MONSEIGNEUR LE COMTE DE TOULOUSE.

I

L'honneur est chéri dans le monde.

Oui, l'honneur, Valincour, est chéri dans le monde :
Chacun, pour l'exalter, en paroles abonde ;

---

1. Combat de Cérisoles, gagné par le duc d'Enghien en Italie. (BOILEAU, 1713. — Le 14 avril 1545.
2. Dans l'édition de 1694, il y avait : *Varillas n'en dit rien*. On aurait pu croire que Varillas ne parlait pas de ce *fameux combat*. Brossette le fit observer à Boileau, qui fit ce changement d'autant plus heureux qu'il s'agit ici d'un point de généalogie.
— Voir les raisons données par Mᵐᵉ Jourdain pour ne pas vouloir un gendre gentilhomme. (MOLIÈRE, *le Bourgeois gentilhomme*.) « Les alliances avec plus grand que soi sont sujettes toujours à de fâcheux inconvénients. Je ne veux point qu'un gendre puisse à ma fille reprocher ses parents, et qu'elle ait des enfants qui aient honte de m'appeler grand'maman..., je veux un homme en un mot qui m'ait obligation de ma fille, et à qui je puisse dire : — Mettez-vous, là mon gendre, et dînez avec moi. » (Acte III, scène XII.)
3. Composée en 1698, à l'occasion du procès intenté aux Boileau sur leur noblesse, par une compagnie de financiers.
4. Jean-Baptiste-Henri du Trousset de Valincour, de l'Académie française et de celle des sciences, né à Paris en 1653, mort en 1730. On a de lui : *Lettre à Mᵐᵉ la marquise de... sur la princesse de Clèves*. Paris, 1678, in-12 ; la *Vie de François de Lorraine, duc de Guise*. Paris, 1671, in-12 ; des observations sur l'*Œdipe* de Sophocle, quelques traductions en vers, des contes, etc. (M. CHÉRON.)
— Voici ce qu'en dit Voltaire : « Une épître que Despréaux lui a adressée fait sa

A s'en voir revêtu chacun met son bonheur,
Et tout crie ici-bas : L'honneur ! vive l'honneur !
  Entendons discourir, sur les bancs des galères,
Ce forçat abhorré, même de ses confrères :
Il plaint par un arrêt injustement donné,
L'honneur en sa personne à ramer condamné [1] ;
En un mot, parcourons et la mer et la terre ;
Interrogeons marchands, financiers, gens de guerre,
Courtisans, magistrats : chez eux, si je le croi [2],
L'intérêt ne peut rien, l'honneur seul fait la loi.,.
Le monde, à mon avis, est comme un grand théâtre [3],
Où chacun en public, l'un par l'autre abusé,
Souvent à ce qu'il est joue un rôle opposé.
Tous les jours on y voit, orné d'un faux visage,
Impudemment le fou représenter le sage,
L'ignorant s'ériger en savant fastueux [4],
Et le plus vil faquin trancher du vertueux [5].
Mais, quelque fol espoir dont leur orgueil les berce,
Bientôt on les connaît, et la vérité perce [6].
On a beau se farder aux yeux de l'univers :
 la fin sur quelqu'un de nos vices couverts
 e public malin jette un œil inévitable ;
  bientôt la censure, au regard formidable [7],
  it, le crayon en main, marquer nos endroits faux,
  nous développer avec tous nos défauts [8].
   mensonge toujours le vrai demeure maître ;

 .s grande réputation. On a de lui quelques petits ouvrages : il était bon lit-
  teur. Il fit une assez grande fortune, qu'il n'eût pas faite s'il n'eût été qu'un
  mme de lettres. Les lettres seules, dénuées de cette sagacité laborieuse qui
  ud un homme utile, ne procurent presque jamais qu'une vie malheureuse et
  risée. »
  1. Suivant Brossette, le duc d'Ossone, vice-roi de Naples et de Sicile, visitant
un jour des galères du port, eut la curiosité d'interroger les forçats sur les causes
de leur détention. Ils étaient tous, à les entendre, les plus honnêtes gens du
monde. Un seul eut la franchise d'avouer qu'il aurait été pendu, si on lui avait
rendu justice. « Qu'on m'ôte d'ici ce coquin-là, dit le duc en lui rendant la liberté, il gâterait tous ces honnêtes gens. »
  2. Nous avons expliqué cette forme, satire VIII, v. 9, et satire X, 3º fragment.
  3. Pétrone a dit : « *Mundus universus exercet histrioniam.* »
  4. Fastueux, qui fait étalage de son savoir.
  5. *Trancher du vertueux*, c'est prendre des airs de vertu. Corneille dit :
trancher du nouveau gouverneur (*Théodore*, acte I, scène II) ; *tranchant des entendus* (*Le Menteur*, acte III, scène III). Voltaire dit que c'est une expression
familière.
  6. Il ne faut pas négliger de remarquer la richesse des rimes chez Boileau ;
c'est un mérite de sa poésie.
  7. Il y avait d'abord *épagneule admirable*. Boileau a bien fait de changer cet
hémistiche.
  8. *Développer*, c'est-à-dire ôter l'enveloppe, est ici d'une justesse très heureuse.

Pour paraître honnête homme, en un mot, il faut l'être [1],
Et jamais, quoi qu'il fasse, un mortel ici-bas
Ne peut aux yeux du monde être ce qu'il n'est pas.
En vain ce misanthrope aux yeux tristes et sombres [2]
Veut, par un air riant, en éclaircir les ombres :
Le ris sur son visage est en mauvaise humeur ;
L'agrément fuit ses traits, ses caresses font peur ;
Les mots les plus flatteurs paraissent des rudesses
Et la vanité brille en toutes ses bassesses [3].
Le naturel toujours sort et sait se montrer :
Vainement on l'arrête, on le force à rentrer ;
Il rompt tout, perce tout, et trouve enfin passage [4]...

II
Il n'est rien de beau que l'Équité.

Dans le monde il n'est rien de beau que l'équité :
Sans elle, la valeur, la force, la bonté,
Et toutes les vertus dont s'éblouit la terre,
Ne sont que faux brillants et que morceaux de verre.
Un injuste guerrier, terreur de l'univers,
Qui sans sujet, courant chez cent peuples divers,
S'en va tout ravager jusqu'aux rives du Gange,

---

1. Ce vers fait honneur au poète. Voltaire le cite avec beaucoup d'autres du même genre, et il ajoute : « Voilà ce qu'on doit appeler des maximes dignes des honnêtes gens. »

2. Brossette nous apprend que l'auteur ne manquait jamais de dire, en récitant ce vers : *En vain ce faux Caton*, et désignait ainsi, suivant L. Racine, le premier président de Harlay, qui, auditeur immobile de la satire IX, s'était contenté de dire froidement après la lecture : *Voilà de beaux vers*. Voici quelques-uns des traits de son caractère empruntés à Saint-Simon : « D'ailleurs sans honneur effectif, sans mœurs dans le secret, sans probité qu'extérieure, sans humanité même ; en un mot un hypocrite parfait, sans foi, sans loi, sans Dieu et sans âme, cruel mari, père barbare, frère tyran, ami uniquement de soi-même, méchant par nature, se plaisant à insulter, à outrager, à accabler, et n'en ayant de la vie perdu l'occasion. »

3. Ceci s'accorde bien avec ce que dit Saint-Simon du premier président de Harlay : « Il affecta le désintéressement et la modestie qu'il déshonora l'une par sa conduite, l'autre par un orgueil raffiné mais extrême, et qui, malgré lui, sautait aux yeux. »

4. Imitation d'HORACE, livre I, épître x, v. 24-25.

Chassez le naturel, il revient au galop.
(DESTOUCHES, *Le Glorieux*, acte III, scène v.)

La Fontaine, livre II, fable XVII :

Coups de fourches ni d'étrivières,
Ne lui font changer de manières,
Et fussiez-vous embâtonnés,
Jamais vous n'en serez les maîtres.
Qu'on lui ferme la porte au nez,
Il reviendra par les fenêtres.

5. Alexandre. (BOILEAU, 1713.)

N'est qu'un plus grand voleur que du Terte et Saint-Ange[1].
Du premier des Césars on vante les exploits ;
Mais dans quel tribunal jugé suivant les lois,
Eût-il pu disculper son injuste manie ?
Qu'on livre son pareil en France à la Reynie [2],
Dans trois jours nous verrons le phénix des guerriers
Laisser sur l'échafaud sa tête et ses lauriers.
C'est d'un roi[3] que l'on tient cette maxime auguste,
Que jamais on n'est grand qu'autant que l'on est juste.
Rassemblez à la fois Mithridate et Sylla :
Joignez-y Tamerlan, Genséric, Attila :
Tous ces fiers conquérants, rois, princes, capitaines,
Sont moins grands à mes yeux que ce bourgeois d'Athènes[4]
Qui sut, pour tous exploits, doux, modéré, frugal,
Toujours vers la justice aller d'un pas égal.
Oui, la justice en nous est la vertu qui brille,
Il faut de ses couleurs qu'ici-bas tout s'habille :
Dans un mortel chéri, tout injuste qu'il est,
C'est quelque air d'équité qui séduit et qui plaît.
A cet unique appât l'âme est vraiment sensible :
Même aux yeux de l'injuste un injuste est horrible,
Et tel qui n'admet point la probité chez lui
Souvent à la rigueur l'exige chez autrui....

III

Le dévot.

Mais allons voir le vrai jusqu'en sa source même.
Un dévot aux yeux creux, et d'abstinence blême,

1. Fameux voleurs de grands chemins. (BOILEAU, 1713.) — Ils ont péri sur la roue. — Alexandre reprochait sa condition à un pirate : « Je suis un pirate, dit-il, parce que je n'ai qu'un vaisseau ; si j'avais une armée navale, je serais un conquérant.

2. Gabriel-Nicolas de la Reynie était né à Limoges, en 1625. Il fut pourvu de la charge de maître des requêtes en 1661. Six ans après, le roi voulant établir un bon ordre dans la ville de Paris, ôta la police au lieutenant civil et créa une charge de lieutenant de police dont M. de la Reynie fut pourvu en 1667. En 1680, le roi récompensa ses services dans cette charge, d'un brevet de conseiller d'État ordinaire. Il mourut le 14 de juin 1706, âgé de quatre-vingt-un ans. Il avait été l'un des commissaires de la Chambre ardente établie à l'Arsenal pour la recherche des personnes accusées de sortilège et de poisons. (*Note de l'édition de* 1772.)

3. Agésilas, roi de Sparte. (BOILEAU, 1713.) — « Pourquoi, disait-il du roi de Perse, appelé le *grand roi*, serait-il plus grand que moi, s'il n'est ni plus juste ni plus tempérant. » (PLUTARQUE, *Œuvres morales*, t. II, trad. de Ricard, p. 453.)

4. Socrate. (BOILEAU, 1713.) — « Je conçois aysément Socrate en la place d'Alexandre ; Alexandre en la place de Socrate, je ne puis. Qui demandera à celuy-là, ce qu'il sait faire, il répondra : Subjuguer le monde. Qui le demandera à cestuy-ci, il dira : Mener l'humaine vie conformément à sa naturelle condition. » (MONTAIGNE, *Essais*, livre III, ch. II.)

S'il n'a point le cœur juste, est affreux devant Dieu.
L'Évangile au chrétien ne dit en aucun lieu:
Sois dévot; elle dit: Sois doux, simple, équitable [1].
Car d'un dévot souvent au chrétien véritable
La distance est deux fois plus longue, à mon avis,
Que du pôle antarctique au détroit de Davis [2].
Encor par ce dévot ne crois pas que j'entende
Tartufe ou Molinos [3] et sa mystique bande :
J'entends un faux chrétien, mal instruit, mal guidé,
Et qui, de l'Évangile en vain persuadé,
N'en a jamais conçu l'esprit ni la justice ;
Un chrétien qui s'en sert pour disculper le vice ;
Qui toujours près des grands, qu'il prend soin d'abuser,
Sur leurs faibles honteux sait les autoriser,
Et croit pouvoir au ciel, par ses folles maximes,
Comblés de sacrements faire entrer tous les crimes [4] :
Des faux dévots pour moi voilà le vrai héros.

. . . .

IV

Apologue. — Le faux honneur.

Sous le bon roi Saturne, ami de la douceur,
L'honneur, cher Valincour, et l'équité sa sœur,
De leurs sages conseils éclairant tout le monde,
Régnaient, chéris du ciel, dans une paix profonde.
Tout vivait en commun sous ce couple adoré :

---

1. « Boileau est le seul poète qui ait jamais fait évangile féminin. On ne point la sainte Evangile, mais le saint Evangile. Ces inadvertances échappent meilleurs écrivains. Il n'y a que des pédants qui en triomphent. » (VOLTAIRE.)
Le critique se trompe ; le genre d'évangile a été longtemps féminin. « M. Jon (évêque d'Agen) prêcha à l'ouverture (de l'assemblée du clergé en 1675); mais comme il ne se servit que d'une vieille évangile et qu'il ne dit que de vieilles vérités, son sermon parut vieux. » Mme de SÉVIGNÉ, Lettres, 14 juin 1665).
2. Détroit sous le pôle arctique, près de la Nouvelle-Zemble. (BOILEAU, 1713.)
— John Davis, célèbre navigateur anglais, découvrit, en août 1585, le détroit qui a conservé son nom.
3. La mystique bande de Molinos, c'étaient les quiétistes. Miguel Molinos, né dans le diocèse de Sarragosse en 1627, mort en 1696 dans les prisons de l'Inquisition; il publia en 1675 la *Guide spirituelle*, et donna naissance à la secte des quiétistes.
4. Dans une lettre du 18 juillet 1701, Brossette écrivait à Boileau sur ce portrait : « Je ne vous demande rien sur celui-là, car je pense avoir attrapé l'original que vous copiez, et à qui vous levez le masque. Je crois bien que je ne me trompe pas dans ma conjecture. » Le silence de Brossette nous laisse dans l'ignorance. Peut-être Despréaux ne faisait-il qu'un portrait fort général des directeurs et des confesseurs complaisants. Racine fait dire à Mathan, le conseiller des rois :

> J'étudiai leur cœur, je flattai leurs caprices;
> Je leur semai de fleurs le bord des précipices ;
> Près de leurs passions rien ne me fut sacré.

Aucun n'avait d'enclos ni de champ séparé.
La vertu n'était point sujette à l'ostracisme [1],
Ni ne s'appellait point alors un jansénisme [2].
L'honneur, beau par soi-même, et sans vains ornements,
N'étalait point aux yeux l'or ni les diamants [3];
Et, jamais ne sortant de ses devoirs austères,
Maintenait de sa sœur les règles salutaires.
Mais une fois au ciel par les dieux appelé,
Il demeura longtemps au séjour étoilé.

Un fourbe cependant, assez haut de corsage,
Et qui lui ressemblait de geste et de visage,
Prend son temps, et partout ce hardi suborneur
S'en va chez les humains crier qu'il est l'honneur,
Qu'il arrive du ciel, et que, voulant lui-même
Seul porter désormais le faix du diadème,
De lui seul il prétend qu'on reçoive la loi.
A ces discours trompeurs le monde ajoute foi.
L'innocente équité, honteusement bannie,
Trouve à peine un désert où fuir l'ignominie.
Aussitôt sur un trône éclatant de rubis
L'imposteur monte, orné de superbes habits.
La hauteur, le dédain, l'audace l'environnent;
Et le luxe et l'orgueil de leurs mains le couronnent,
Tout fier il montre alors un front plus sourcilleux [4]
Et le Mien et le Tien, deux frères pointilleux [5],

---

1. Loi par laquelle les Athéniens avaient droit de reléguer tel de leurs citoyens qu'ils voulaient. (BOILEAU, 1713.)

2. Toutes les éditions publiées du vivant de Boileau, celles de 1713, et même celle de Brossette, portent :

> Ni ne s'appelait point alors un *.

3. Boileau s'est imité lui-même :

> Et, sans mêler à l'or l'éclat des diamants,
> Cueille en un champ voisin ses plus beaux ornements.
> (*Art poétique*, chant II, v. 3-4.)

L'*honneur* est représenté dans des médailles antiques sous la figure d'un jeune homme qui porte d'une main la haste de la divinité, et de l'autre la corne d'abondance. (BROSSETTE.)

4. Ce mot vient du latin *supercilium* par lequel les Latins, à l'exemple des Grecs, exprimaient l'orgueil, l'arrogance et la morgue. On lit dans Corneille (*Victoires du roi*, en 1667) :

> Pouvez-vous regretter ces démarches pompeuses,
> Ces fastueux dehors, ces grandeurs sourcilleuses ?

5.
> Lors du mien et du tien, nasquirent les procez,
> A qui l'argent départ bon ou mauvais succez.
> Le fort battit le faible et luy livra la guerre.
> De là l'ambition fist envahir la terre,
> Qui fut, avant le temps que survindrent ces maux,

Par son ordre amenant les procès et la guerre,
En tous lieux de ce pas vont partager la terre;
En tous lieux, sous les noms de bon droit et de tort,
Vont chez elle établir le seul droit du plus fort.
Le nouveau roi triomphe, et, sur ce droit inique,
Bâtit de vaines lois un code fantastique;
Avant tout aux mortels prescrit de se venger,
L'un l'autre au moindre affront les force à s'égorger,
Et dans leur âme, en vain de remords combattue,
Trace en lettres de sang ces deux mots: « Meurs » ou « tue[1] ».
Alors, ce fut alors, sous ce vrai Jupiter,
Qu'on vit naître ici-bas le noir siècle de fer.
Le frère au même instant s'arma contre le frère;
Le fils trempa ses mains dans le sang de son père;
La soif de commander enfanta les tyrans,
Du Tanaïs[2] au Nil porta les conquérants;
L'ambition passa pour la vertu sublime;
Le crime heureux fut juste et cessa d'être crime.
On ne vit plus que haine et que division,
Qu'envie, effroi, tumulte, horreur, confusion[3].
Le véritable honneur sur la voûte céleste
Est enfin averti de ce trouble funeste.
Il part sans différer, et, descendu des cieux,
Va partout se montrer dans les terrestres lieux ;
Mais il n'y fait plus voir qu'un visage incommode ;
On n'y peut plus souffrir ses vertus hors de mode ;
Et lui-même, traité de fourbe et d'imposteur,
Est contraint de ramper aux pieds du séducteur.
Enfin, las d'essuyer outrage sur outrage,
Il livre les humains à leur triste esclavage;

> Un hospital commun à tous les animaux ;
> Quand le mari de Rhée, etc.
> (RÉGNIER, satire VI, v. 115-121.)

« Mien, tien; ce chien est à moi, disaient ces pauvres enfants ; c'est là ma place au soleil. Voilà le commencement et l'image de l'usurpation de toute la terre. » (PASCAL.) — « Le premier qui ayant enclos un terrain s'avisa de dire : *Ceci est à moi*, et trouva des gens assez simples pour le croire, fut le vrai fondateur de la société civile. Que de crimes, de guerres, de meurtres, que de misères et d'horreurs n'eût point épargnés au genre humain celui qui, arrachant les pieux et comblant le fossé, eût crié à ses semblables : Gardez-vous d'écouter cet imposteur, vous êtes tous perdus si vous oubliez que les fruits sont à tous et que la terre n'est à personne. » (J.-J. ROUSSEAU.)

1. Va contre un arrogant éprouver ton courage ;
Ce n'est que dans le sang qu'on lave un tel outrage,
Meurs ou tue...   (CORNEILLE, *Le Cid*, acte I, scène I.)

2. Le Tanaïs est un fleuve du pays des Scythes. (BOILEAU, 1713.)
3. Imitation d'Ovide, *Métamorphoses*, livre I, v. 128.

S'en va trouver sa sœur, et dès ce même jour [1],
Avec elle s'envole au céleste séjour.
Depuis, toujours ici, riche de leur ruine,
Sur les tristes mortels le faux honneur domine,
Gouverne tout, fait tout, dans ce bas univers,
Et peut-être est-ce lui qui m'a dicté ces vers [2];
Mais en fût-il l'auteur, je conclus de sa fable
Que ce n'est qu'en Dieu seul qu'est l'honneur véritable.
(Extraits.)

AVERTISSEMENT SUR LA SATIRE XII

Quelque heureux succès qu'aient eu mes ouvrages, j'avais résolu depuis leur dernière édition [3] de ne plus rien donner au public; et quoiqu'à mes heures perdues, il y a environ cinq ans [4], j'eusse encore fait contre l'équivoque une satire que tous ceux à qui je l'ai communiquée ne jugeaient pas inférieure à mes autres écrits, bien loin de la publier, je la tenais soigneusement cachée, et je ne croyais pas que, moi vivant, elle dût jamais voir le jour. Ainsi donc, aussi soigneux désormais de me faire oublier que j'avais été autrefois curieux de faire parler de moi, je jouissais, à mes infirmités près, d'une assez grande tranquillité, lorsque tout d'un coup j'ai appris qu'on débitait dans le monde sous mon nom quantité de méchants écrits, et entre autres une pièce en vers contre les jésuites, également odieuse et insipide, où l'on me faisait, en mon propre nom, dire à toute leur société les injures les plus atroces et les plus grossières. J'avoue que cela m'a donné un très grand chagrin. Car bien que tous les gens sensés aient connu sans peine que la pièce n'était point de moi, et qu'il n'y ait eu que de très petits esprits qui aient présumé que j'en pouvais être l'auteur, la vérité est pourtant que je n'ai pas regardé comme un médiocre affront de me voir soupçonné, même par des ridicules, d'avoir fait un ouvrage si ridicule.

J'ai donc cherché les moyens les plus propres pour me laver de

---

1. Il y a là une suite de vers prosaïques. Le Brun fait remarquer que cet hémistiche <i>S'en va trouver sa sœur</i>, a une lenteur opposée à l'action du personnage.
2. Dans une satire contre l'honneur, Régnier avait dit :

Mais, mon Dieu ! que ce traistre est d'une étrange sorte !
Tandis qu'à le blasmer la raison me transporte,
Que de lui je mesdis, il me flatte et me dit
Que je veux par ces vers acquérir son crédit.
(Régnier, satire vi, vers 229-232.)

Ce que Pascal traduit ainsi : « Ceux qui écrivent contre la gloire veulent avoir la gloire d'avoir bien écrit, et ceux qui le lisent veulent avor la gloire de l'avoir lu ; et moi qui écris ceci, j'ai peut-être cette envie ; et peut-être ceux qui le liront l'auront aussi. »
3. En 1701.
4. Cet avertissement a été composé en 1710.

cette infamie ; et, tout bien considéré, je n'ai point trouvé de meilleur expédient que de faire imprimer ma satire contre l'Équivoque ; parce qu'en la lisant, les moins éclairés, même de ces petits esprits, ouvriraient peut-être les yeux, et verraient manifestement le peu de rapport qu'il y a de mon style, même en l'âge où je suis, au style bas et rampant de l'auteur de ce pitoyable écrit. Ajoutez à cela que je pouvais mettre à la tête de ma satire, en la donnant au public, un avertissement en manière de préface, où je me justifierais pleinement, et tirerais tout le monde d'erreur ; c'est ce que je fais aujourd'hui ; et j'espère que le peu que je viens de dire produira l'effet que je me suis proposé. Il ne me reste donc plus maintenant qu'à parler de la satire pour laquelle est fait ce discours.

Je l'ai composée par le caprice du monde le plus bizarre, et par une espèce de dépit et de colère poétique, s'il faut ainsi dire, qui me saisit à l'occasion de ce que je vais raconter. Je me promenais dans mon jardin à Auteuil, et rêvais en marchant à un poème que je voulais faire contre les mauvais critiques de notre siècle. J'en avais même déjà composé quelques vers, dont j'étais assez content. Mais voulant continuer, je m'aperçus qu'il y avait dans ces vers une équivoque de langue ; et m'étant sur-le-champ mis en devoir de la corriger, je n'en pus jamais venir à bout. Cela m'irrita de telle manière, qu'au lieu de m'appliquer davantage à réformer cette équivoque, et de poursuivre mon poème contre les faux critiques, la folle pensée me vint de faire contre l'équivoque même une satire qui pût me venger de tous les chagrins qu'elle m'a causés depuis que je me mêle d'écrire. Je vis bien que je ne rencontrerais pas de médiocres difficultés à mettre en vers un sujet si sec ; et même il s'en présenta d'abord une qui m'arrêta tout court : ce fut de savoir duquel des deux genres, masculin ou féminin, je ferais le mot d'équivoque, beaucoup d'habiles écrivains, ainsi que le remarque Vaugelas, le faisant masculin. Je me déterminai pourtant assez vite au féminin, comme au plus usité des deux : et bien loin que cela empêchât l'exécution de mon projet, je crus que ce ne serait pas une mauvaise plaisanterie de commencer ma satire par cette difficulté même. C'est ainsi que je m'engageai dans la composition de cet ouvrage. Je croyais d'abord faire tout au plus cinquante ou soixante vers ; mais ensuite les pensées me venant en foule, et les choses que j'avais à reprocher à l'équivoque se multipliant à mes yeux, j'ai poussé ces vers jusqu'à près de trois cent cinquante.

C'est au public maintenant à voir si j'ai bien ou mal réussi. Je n'emploierai point ici, non plus que dans les préfaces de mes autres écrits, mon adresse et ma rhétorique à le prévenir en ma faveur. Tout ce que je puis lui dire, c'est que j'ai travaillé cette pièce avec le même soin que toutes mes autres poésies. Une chose pourtant dont il est bon que les jésuites soient avertis, c'est qu'en attaquant l'équivoque je n'ai pas pris ce mot dans toute l'étroite rigueur de sa signification grammaticale ; le mot d'équivoque, en ce sens-là, ne voulant dire qu'une ambiguïté de paroles ; mais que je l'ai pris, comme le prend ordinairement le commun des hommes, pour toutes sortes d'ambiguïtés de sens, de pensées, d'expressions, et enfin pour tous ces abus et toutes ces méprises de l'esprit humain qui font qu'il prend souvent une chose pour une autre. Et c'est dans ce sens que j'ai dit que l'idolâtrie avait pris naissance de l'équivoque ; les hommes, à mon avis, ne pouvant pas s'équivoquer plus lourdement que de prendre des pierres, de l'or et du cuivre pour Dieu. J'ajouterai à cela que la Providence divine, ainsi que je l'établis clairement dans ma satire, n'ayant permis chez eux cet horrible aveuglement qu'en punition de ce que leur premier père avait prêté l'oreille aux promesses du démon, j'ai pu conclure infailliblement que l'idolâtrie est un fruit, ou, pour mieux dire, un véritable enfant de l'équivoque. Je ne vois donc pas qu'on me puisse faire sur cela aucune bonne critique, et surtout ma satire étant un pur jeu d'esprit, où il serait ridicule d'exiger une précision géométrique de pensées et de paroles.

Mais il y a une autre objection plus importante et plus considérable, qu'on me fera peut-être au sujet des propositions de morale relâchée que j'attaque dans la dernière partie de mon ouvrage. Car ces propositions ayant été, à ce qu'on prétend, avancées par quantité de théologiens, même célèbres, la moquerie que j'en fais peut, dira-t-on, diffamer en quelque sorte ces théologiens, et causer ainsi une espèce de scandale dans l'Église. A cela je réponds premièrement qu'il n'y a aucune des propositions que j'attaque qui n'ait été plus d'une fois condamnée par toute l'Église, et tout récemment encore par deux des plus grands papes qui aient depuis longtemps rempli le saint-siège. Je dis en second lieu qu'à l'exemple de ces célèbres vicaires de Jésus-Christ, je n'ai point nommé les auteurs de ces propositions ni aucun de ces théologiens dont on dit que je puis causer la diffamation, et contre lesquels même j'avoue que je ne puis rien décider, puisque je n'ai point lu ni ne suis d'humeur à lire leurs écrits : ce qui serait pourtant absolument nécessaire pour prononcer sur les accusations que l'on forme contre eux, leurs accusateurs pouvant les avoir mal entendus, et s'être trompés dans l'intelligence des passages où il prétendent que sont ces erreurs dont ils les accusent. Je soutiens en troisième lieu qu'il est contre la droite raison de penser que je puisse exciter quelque scandale dans l'Église, en traitant de ridicules des propositions rejetées de toute l'Église, et plus dignes encore, par leur absurdité, d'être sifflées de tous les fidèles, que réfutées sérieusement. C'est ce que je me crois obligé de dire pour me justifier. Que si après cela il se trouve encore quelques théologiens qui se figurent qu'en décriant ces propositions j'ai eu en vue de les décrier eux-mêmes, je déclare que cette fausse idée qu'ils ont de moi ne saurait venir que des mauvais artifices de l'équivoque, qui, pour se venger des injures que je lui dis dans ma pièce, s'efforce d'intéresser dans sa cause ces théologiens, en me faisant penser ce que je n'ai pas pensé, et dire ce que je n'ai point dit.

Voilà, ce me semble, bien des paroles, et peut-être trop de paroles employées pour justifier un aussi peu considérable ouvrage qu'est la satire qu'on va voir. Avant néanmoins que de finir, je ne crois pas me pouvoir dispenser d'apprendre aux lecteurs qu'en attaquant, comme je fais dans ma satire, ces erreurs, je ne me suis point fié à mes seules lumières, mais qu'ainsi que je l'ai pratiqué il y a environ dix ans, à l'égard de mon épître de l'Amour de Dieu, j'ai, non seulement consulté sur mon ouvrage tout ce que je connais de plus habiles docteurs, mais que je l'ai donné à examiner au prélat de l'Église qui, par l'étendue de ses connaissances et par l'éminence de sa dignité, est le plus capable et le plus en droit de me prescrire ce que je dois penser sur ces matières; je veux dire M. le cardinal de Noailles, mon archevêque. J'ajouterai que ce pieux et savant cardinal a eu trois semaines ma satire entre les mains, et qu'à mes instantes prières, après l'avoir lue et relue plus d'une fois, il me l'a enfin rendue en me comblant d'éloges, et m'a assuré qu'il n'y avait trouvé à redire qu'un seul mot, que j'ai corrigé sur-le-champ, et sur lequel je lui ai donné une entière satisfaction. Je me flatte donc qu'avec une approbation si authentique, si sûre et si glorieuse, je puis marcher la tête levée, et dire hardiment des critiques qu'on pourra faire désormais contre la doctrine de mon ouvrage, que ce ne sauraient être que de vaines subtilités d'un tas de misérables sophistes formés dans l'école du mensonge, et aussi affidés amis de l'équivoque qu'opiniâtres ennemis de Dieu, du bon sens et de la vérité.

SATIRE XII

(1705.)

SUR L'ÉQUIVOQUE.

I

Invective contre l'équivoque et les embarras qui la suivent.

Du langage français bizarre hermaphrodite,
De quel genre te faire, équivoque maudite,
Ou maudit? car sans peine aux rimeurs hasardeux
L'usage encor, je crois, laisse le choix des deux.
Tu ne me réponds rien. Sors d'ici, fourbe insigne,
Mâle aussi dangereux que femelle maligne,
Qui crois rendre innocents les discours imposteurs;
Tourment des écrivains, juste effroi des lecteurs;
Par qui de mots confus sans cesse embarrassée
Ma plume, en écrivant cherche en vain ma pensée.

Laisse-moi; va charmer de tes vains agréments
Les yeux faux et gâtés de tes louches amants ;
Et ne viens point ici de ton ombre grossière
Envelopper mon style, ami de la lumière.
Tu sais bien que jamais chez toi, dans mes discours,
Je n'ai d'un faux brillant emprunté le secours :
Fuis donc. Mais non, demeure ; un démon qui m'inspire
Veut qu'encore une utile et dernière satire,
De ce pas en mon livre exprimant tes noirceurs,
Se vienne, en nombre pair, joindre à ses onze sœurs ;
Et je sens que ta vue échauffe mon audace.
Viens, approche : voyons, malgré l'âge et sa glace,
Si ma muse aujourd'hui, sortant de sa langueur,
Pourra trouver encore un reste de vigueur.

II

L'équivoque dans les écrits a produit les pointes.

Mais où tend, dira-t-on, ce projet fantastique ?
Ne vaudrait-il pas mieux, dans mes vers, moins caustique,
Répandre de tes jeux le sel divertissant,
Que d'aller contre toi, sur ce ton menaçant,
Pousser jusqu'à l'excès ma critique boutade ?
Je ferais mieux, j'entends, d'imiter Benserade.
C'est par lui qu'autrefois, mise en ton plus beau jour,
Tu sus, trompant les yeux du peuple et de la cour,
Leur faire, à la faveur de tes bluettes folles,
Goûter comme bons mots tes quolibets frivoles.
Mais ce n'est plus le temps : le public détrompé
D'un pareil enjouement ne se sent plus frappé.
Tes bons mots, autrefois délices des ruelles,
Approuvés chez les grands, applaudis chez les belles,
Hors de mode aujourd'hui, chez nos plus froids badins,
Sont des collets montés et des vertugadins [1].
Le lecteur ne sait plus admirer dans Voiture
De ton froid jeu de mots l'insipide figure.
C'est à regret qu'on voit cet auteur si charmant,
Et pour mille beaux traits vanté si justement,
Chez toi toujours cherchant quelque finesse aiguë,
Présenter au lecteur sa pensée ambiguë,]

1. Anciens ajustements de femmes, de l'espagnol *vertugado;* bourre et placé vers le haut d'une jupe.

Et souvent du faux sens d'un proverbe affecté
Faire de son discours la piquante beauté.

III

Tristes effets de l'équivoque : les oracles ; les obscurités des lois.

Bientôt te signalant par mille faux miracles,
Ce fut toi qui partout fis parler les oracles :
C'est par ton double sens dans leurs discours jeté
Qu'ils surent en mentant dire la vérité,
Et sans crainte, rendant leurs réponses normandes,
Des peuples et des rois engloutir les offrandes.
Ainsi, loin du vrai jour par toi toujours conduit,
L'homme ne sortit pas de son épaisse nuit.
Pour mieux tromper ses yeux, ton adroit artifice
Fit à chaque vertu prendre le nom de vice ;
Et par toi, de splendeur faussement revêtu,
Chaque vice emprunta le nom d'une vertu.
Par toi l'humilité devint une bassesse ;
La candeur se nomma grossièreté, rudesse :
Au contraire, l'aveugle et folle ambition
S'appela des grands cœurs la belle passion ;
Du nom de fierté noble on orna l'impudence,
Et la fourbe passa pour exquise prudence :
L'audace brilla seule aux yeux de l'univers ;
Et pour vraiment héros, chez les hommes pervers,
On ne reconnut plus qu'usurpateurs iniques,
Que tyranniques rois censés grands politiques,
Qu'infâmes scélérats à la gloire aspirants,
Et voleurs revêtus du nom de conquérants.
Mais à quoi s'attacha ta savante malice ?
Ce fut surtout à faire ignorer la justice.
Dans les plus claires lois ton ambiguïté
Répandant son adroite et fine obscurité,
Aux yeux embarrassés des juges les plus sages
Tout sens devint douteux, tout mot eut deux visages ;
Plus on crut pénétrer, moins on fut éclairci ;
Le texte fut souvent par la glose obscurci :
Et, pour comble de maux, à tes raisons frivoles
L'éloquence prêtant l'ornement des paroles,
Tous les jours accablé sous leur commun effort,
Le vrai passa pour faux, et le bon droit eut tort.

Voilà comme, déchu de sa grandeur première,
Concluons, l'homme enfin perdit toute lumière,
Et, par tes yeux trompeurs se figurant tout voir,
Ne vit, ne sut plus rien, ne put plus rien savoir.

IV

L'effet de l'équivoque en morale.

Ainsi, pour éviter l'éternelle misère,
Le vrai zèle au chrétien n'étant plus nécessaire,
Tu sus, dirigeant bien en eux l'intention,
De tout crime laver la coupable action.
Bientôt, se parjurer cessa d'être un parjure ;
L'argent à tout denier se prêta sans usure ;
Sans simonie on put, contre un bien temporel,
Hardiment échanger un bien spirituel ;
Du soin d'aider le pauvre on dispensa l'avare,
Et même chez les rois le superflu fut rare.
C'est alors qu'on trouva pour sortir d'embarras,
L'art de mentir tout haut en disant vrai tout bas :
C'est alors qu'on apprit qu'avec un peu d'adresse
Sans crime un prêtre peut vendre trois fois sa messe,
Pourvu que, laissant là son salut à l'écart,
Lui-même en la disant n'y prenne aucune part,
C'est alors que l'on sut qu'on peut pour une pomme,
Sans blesser la justice, assassiner un homme :
Assassiner ! ah ! non, je parle improprement ;
Mais que, prêt à la perdre, on peut innocemment,
Surtout ne la pouvant sauver d'une autre sorte,
Massacrer le voleur qui fuit et qui l'emporte.
Enfin ce fut alors que, sans se corriger,
Tout pécheur... Mais où vais-je aujourd'hui m'engager ?
Veux-je d'un pape illustre, armé contre tes crimes,
A tes yeux mettre ici toute la bulle en rimes ;
Exprimer tes détours burlesquement pieux
Pour disculper l'impur, le gourmand, l'envieux ;
Tes subtils faux-fuyants pour sauver la mollesse,
Le larcin, le duel, le luxe, la paresse ;
En un mot, faire voir à fond développés
Tous ces dogmes affreux d'anathème frappés,
Que, sans peur débitant tes distinctions folles,
L'erreur encor pourtant maintient dans les écoles ?

(Extraits.)

EXTRAITS DES ÉPITRES

AVIS AU LECTEUR [1]

Je m'étais persuadé que la fable de l'huître, que j'avais mise à la fin de cette épître au roi, pourrait y délasser agréablement l'esprit des lecteurs qu'un sublime trop sérieux peut enfin fatiguer, joint que la correction que j'y avais mise semblait me mettre [2] à couvert d'une faute dont je faisais voir que je m'apercevais le premier; mais j'avoue qu'il y a eu des personnes de bon sens qui ne l'ont pas approuvée. J'ai néanmoins balancé longtemps si je l'ôterais, parce qu'il y en avait plusieurs qui la louaient avec autant d'excès que les autres la blâmaient; mais enfin je me suis rendu à l'autorité d'un prince [3] non moins considérable par les lumières de son esprit que par le nombre de ses victoires. Comme il m'a déclaré franchement que cette fable, quoique très bien contée, ne lui semblait pas digne du reste de l'ouvrage, je n'ai point résisté [4]; j'ai mis une autre fin à ma pièce, et je n'ai pas cru, pour une vingtaine de vers, devoir me brouiller avec le premier capitaine de notre siècle. Au reste, je suis bien aise d'avertir le lecteur qu'il y a quantité de pièces impertinentes qu'on s'efforce de faire courir sous mon nom, et entre autres une satire contre les maltôtes ecclésiastiques [5]. Je ne crains pas que les habiles gens m'attribuent toutes ces pièces, parce que mon style bon ou mauvais est aisé à reconnaître; mais comme le nombre des sots est fort grand, et qu'ils pourraient aisément s'y méprendre, il est bon de leur faire savoir que, hors les onze pièces [6] qui sont dans ce livre, il n'y a rien de moi entre les mains du public, ni imprimé ni en manuscrit.

1. Cet *Avis* a paru en tête de la 2ᵉ édition séparée (1672) de l'épître 1ʳᵉ.
2. Voilà une prose bien négligée.
3. Le grand Condé.
4. Boileau a replacé cette fable dans l'épître II.
5. La même désignée dans le *Catalogue* du Boileau, comme faite contre les frais des enterrements; cette pièce, connue sous le nom de *Satire contre les maltôtes*, attaque surtout ces frais. On l'attribue au P. Louis de Saulecque, cependant elle n'a jamais été imprimée parmi ses œuvres. (M. Chéron.)
6. Discours au roi, satires I à IX, épître Iʳᵉ. Le discours sur la satire y est joint.

ÉPITRES

ÉPITRE I[1]

AU ROI

I

Boileau voudrait louer dignement le Roi.

Grand roi, c'est vainement qu'abjurant la satire
Pour toi seul désormais j'avais fait vœu d'écrire.
Dès que je prends la plume, Apollon éperdu
Semble me dire : Arrête, insensé ; que fais-tu?
Sais-tu dans quels périls aujourd'hui tu t'engages?
Cette mer où tu cours est célèbre en naufrages[2].
Ce n'est pas qu'aisément, comme un autre, à ton char,
Je ne pusse attacher « Alexandre » et « César[3] » ;
Qu'aisément je ne pusse, en quelque ode insipide
T'exalter aux dépens et de « Mars » et » d'Alcide »,
Te livrer le « Bosphore », et, d'un vers incivil,
Proposer au « sultan » de te céder le Nil ;
Mais, pour te bien louer, une raison sévère

---

1. Composée après le traité d'Aix-la-Chapelle en 1668, à la demande de Colbert, pour détourner le roi de la guerre. Cette épître a été présentée à Louis XIV par madame de Thianges, sœur de madame de Montespan.

2. Où vas-tu t'embarquer? regagne le rivage.
    Cette mer où tu cours est célèbre en naufrage.

Telle est, selon Brossette, la première leçon ; mais à l'impression, Boileau mit les deux rimes au pluriel (les rivages... naufrages) et on les lit ainsi aux éditions de 1672 à 1698. Desmarets observa : 1° que *rivages* au pluriel ne valait rien, parce qu'il suffit à un vaisseau en danger de gagner un port ou un rivage ; 2° que, dès que le poète n'était pas encore embarqué, il ne pouvait regagner le rivage... Pradon renouvela cette critique, dont on voit que Boileau a profité. (BERRIAT-SAINT-PRIX.)

3. Corneille avait dit en 1650 :

　　Je lui montre Pompée, Alexandre, César,
　　Mais comme des héros attachés à son char.
　　　　　　(Prologue d'*Andromède*.)

Treize ans après il rappelait cet éloge :

　　. . . . . Qu'un jour Alexandre et César
　　Sembleraient les vaincus attachés à son char.
　　　　　　(CORNEILLE, *Remerciement au roi*, 1663.)

Édition antérieure à 1701 :

　　Ce n'est pas que ma main, comme un autre, à ton char,
　　Grand roi, ne pût lier Alexandre et César ;
　　Ne pût, sans se peiner, dans quelque ode insipide, etc.

Me dit qu'il faut sortir de la route vulgaire ;
Qu'après avoir joué tant d'auteurs différents,
Phébus même aurait peur s'il entrait sur les rangs ;
Que par des vers tout neufs, avoués du Parnasse,
Il faut de mes dégoûts justifier l'audace ;
Et, si ma muse enfin n'est égale à mon roi,
Que je prête aux Cotins des armes contre moi.
 Est-ce là cet auteur, l'effroi de la *Pucelle*,
Qui devait des bons vers nous tracer le modèle,
Ce censeur, diront-ils, qui nous réformait tous?
Quoi! ce critique affreux n'en sait pas plus que nous!
N'avons-nous pas cent fois, en faveur de la France,
Comme lui dans nos vers pris « Memphis » et « Byzance »,
Sur les bords de « l'Euphrate » abattu le « turban »,
Et coupé, pour rimer, « les cèdres du Liban »[1] ?
De quel front aujourd'hui vient-il, sur nos brisées,
Se revêtir encor de nos phrases usées?...

II

La gloire du roi force la modestie du Poète.

 Malgré moi toutefois un mouvement secret
Vient flatter mon esprit, qui se tait à regret.
Quoi ! dis-je tout chagrin, dans ma verve infertile[2],

1. Allusion à ces vers
>O combien lors aura de veuves
>La gent qui porte le turban!
>Que de sang rougira les fleuves
>Qui lavent les pieds du Liban!
>Que le Bosphore en ses deux rives
>Aura de sultanes captives!
>Et que de mères, à Memphis,
>En pleurant, diront la vaillance
>De son courage et de sa lance
>Aux funérailles de leur fils!
> (MALHERBE, *Ode à Marie de Médicis*.)

Boileau se souvenait sans doute de cette critique de Théophile contre Malherbe et son école :
>Ils travaillent un mois à chercher comme à *fils*
>Pourra s'apparier la rime de Memphis ;
>Ce Liban, ce turban, et ces rivières mornes,
>Ont souvent de la peine à retrouver leurs bornes.

2. *Infertile* était d'un grand et bel usage en poésie :
>Et comme mes soupirs ma peine est infertile.
> (RÉGNIER, *Elég.*, I.)

>Sus donc, ne perdons plus en discours infertiles
>Ce temps qu'il faut donner aux effets plus utiles.
> (MAIRET, *Sophonisbe*, v. 5.)

André Chénier s'en est également servi :
>Sans l'amitié, quel antre ou quel sable infertile
>N'eût été pour le sage un désirable asile?

« Epithète trop peu usitée de nos jours, dit Le Brun ; par oubli ou par dédain nous négligeons souvent nos richesses. »

Des vertus de mon roi spectateur inutile,
Faudra-t-il sur sa gloire attendre à m'exercer
Que ma tremblante voix commence à se glacer?
Dans un si beau projet, si ma muse rebelle
N'ose le suivre aux champs de Lille et de Bruxelle [1],
Sans le chercher aux bords de l'Escaut et du Rhin,
La paix l'offre à mes yeux plus calme et plus serein.
Oui, grand roi, laissons là les sièges, les batailles,
Qu'un autre aille en rimant renverser des murailles :
Et souvent, sur tes pas marchant sans ton aveu,
S'aille couvrir de sang, de poussière et de feu.
A quoi bon, d'une muse au carnage animée,
Échauffer ta valeur, déjà trop allumée?
Jouissons à loisir du fruit de tes bienfaits,
Et ne nous lassons point des douceurs de la paix.

III

Cinéas et Pyrrhus.

Pourquoi ces éléphants, ces armes, ce bagage,
Et ces vaisseaux tout prêts à quitter le rivage?
Disait au roi Pyrrhus un sage confident [2],
Conseiller très sensé d'un roi très imprudent.
Je vais, lui dit ce prince, à Rome où l'on m'appelle.
— Quoi faire? — L'assiéger. — L'entreprise est fort belle,
Et digne seulement d'Alexandre ou de vous :
Mais, Rome prise enfin, seigneur, où courons-nous?
— Du reste des Latins la conquête est facile.
— Sans doute, on les peut vaincre : est-ce tout? — La Sicile
De là nous tend les bras ; et bientôt sans effort,
Syracuse reçoit nos vaisseaux dans son port.
— Bornez-vous là vos pas? — Dès que nous l'aurons prise,
Il ne faut qu'un bon vent, et Carthage est conquise.
Les chemins sont ouverts : qui peut nous arrêter?
— Je vous entends, seigneur, nous allons tout dompter :
Nous allons traverser les sables de Libye,
Asservir en passant l'Egypte, l'Arabie,
Courir de là le Gange en de nouveaux pays;
Faire trembler le Scythe aux bords du Tanaïs,
Et ranger sous nos lois tout ce vaste hémisphère :

---

1. Allusion à la campagne de Flandre, faite en 1667.
2. Plutarque, dans la *Vie de Pyrrhus*. (BOILEAU, 1713.) — Cf. Rabelais, l. I, ch. xxxiii. On retrouve aussi ce dialogue dans Montaigne.

Mais, de retour enfin, que prétendez-vous faire ?
— Alors, cher Cinéas, victorieux, contents,
Nous pourrons rire à l'aise, et prendre du bon temps.
— Eh! seigneur, dès ce jour, sans sortir de l'Épire,
Du matin jusqu'au soir qui vous défend de rire [1] ?

    Le conseil était sage et facile à goûter.
Pyrrhus vivait heureux s'il eût pu l'écouter ;
Mais à l'ambition d'opposer la prudence,
C'est aux prélats de cour prêcher la résidence [2].

IV

La gloire des conquérants n'est pas la seule pour un roi.

    Ce n'est pas que mon cœur, du travail ennemi,
Approuve un fainéant sur le trône endormi,
Mais, quelques vains lauriers que promette la guerre,
On peut être héros sans ravager la terre [3].
Il est plus d'une gloire. En vain aux conquérants
L'erreur, parmi les rois, donne les premiers rangs :
Entre les grands héros ce sont les plus vulgaires.
Chaque siècle est fécond en heureux téméraires
Chaque climat produit des favoris de Mars ;
La Seine a des Bourbons, le Tibre a des Césars :
On a vu mille fois des fanges Méotides
Sortir des conquérants goths, vandales, gépides.
Mais un roi vraiment roi, qui, sage en ses projets,
Sache en un calme heureux maintenir ses sujets ;
Qui du bonheur public ait cimenté sa gloire,

---

1. Boileau avait mis d'abord : *Nous pourrons chanter, rire.* (Édit. de 1672.) Desmarets critiqua ce ton familier. Du reste, Desmarets et Pradon n'ont épargné aucun des passages de ce dialogue : « Le début *au roi Pyrrhus* est bien bas et bien chevillé, car les enfants disent eux-mêmes *au roi Arthus*... Il est contre le bon sens de faire faire par Cinéas tant de questions sur des projets qu'il devait très bien connaître... C'est ignorer l'histoire que de faire dire à Pyrrhus qu'il va a Rome tandis qu'il n'allait qu'à Tarente. » Desmarets refait en entier ce morceau. (BERRIAT-SAINT-PRIX.)

2. Ce terme se dit spécialement de la demeure des bénéficiers ecclésiastiques dans le lieu de leur bénéfice, et de leur assiduité à le desservir. » (*Dict. de Trévoux.*) Certains évêques aimaient mieux rester à la cour que d'aller vivre dans leur diocèse.

3. « Ce poète qu'on accuse de manquer de philosophie en eut assez, dit La Harpe, pour louer un roi conquérant bien moins sur ses victoires que sur les réformes salutaires et les établissements utiles que l'on devait à la sagesse de son gouvernement. Peut-être y avait-il quelque courage à dire *ces vers* au vainqueur de l'Espagne, au conquérant de la Franche-Comté et de la Flandre. » (*Lycée*, t. VII, p. 45.)

Il faut pour le trouver courir toute l'histoire [1],
La terre compte peu de ces rois bienfaisants ;
Le ciel à les former se prépare longtemps.
Tel fut cet empereur [2] sous qui Rome adorée
Vit renaître les jours de Saturne et de Rhée ;
Qui rendit de son joug l'univers amoureux ;
Qu'on n'alla jamais voir sans revenir heureux [3] ;
Qui soupirait le soir, si sa main fortunée
N'avait par ses bienfaits signalé la journée.
Le cours ne fut pas long d'un empire si doux [4]...

V

Bienfaits du roi pendant la paix.

Assez d'autres, sans moi, d'un style moins timide,
Suivront aux champs de Mars ton courage rapide ;
Iront de ta valeur effrayer l'univers,
Et camper devant Dôle au milieu des hivers [5].
Pour moi, loin des combats, sur un ton moins terrible,
Je dirai les exploits de ton règne paisible :
Je peindrai les plaisirs en foule renaissants [6] ;
Les oppresseurs du peuple à leur tour gémissants [7].
On verra par quels soins ta sage prévoyance
Au fort de la famine entretint l'abondance [8] ;
On verra les abus par ta main réformés [9],
La licence et l'orgueil en tous lieux réprimés,

---

1. *Courir* est beaucoup plus élégant en poésie que parcourir.

> J'ai couru les deux mers que sépare Corinthe.
> (RACINE, *Iph.*, acte I, sc. 1.)

2. Titus. (BOILEAU, 1713.)
3. Voltaire a dit au duc de Guise :

> Le pauvre allait le voir et revenait heureux.
> (*Henr.*, III, 78.)

4. Titus ne régna que deux ans, deux mois et vingt jours. « De Vigneul Marville, qui trouve d'ailleurs ce portrait bien fait et ces vers extrêmement beaux, a le tort de leur préférer le distique d'Ausone.

« Le roi, dit d'Alembert, se fit redire ces vers jusqu'à trois fois, loua beaucoup l'épître, et fit la guerre. » (*Éloge de Despréaux*.)

5. Le roi venait de conquérir la Franche-Comté en plein hiver (février 1668). (BOILEAU, 1713.)

6. Le carrousel de 1662, et les *Plaisirs de l'île enchantée*, à Versailles, en mai 1664.

7. La chambre de justice de 1661, établie contre les traitants.

8. Ce fut en 1663. (BOILEAU, 1713.) — C'est en 1662 que l'on fit venir des blés de Russie et de Pologne. Le roi avait fait établir des fours dans le Louvre, et on y fabriquait du pain vendu à un prix modique. (M. CHÉRON.)

9. Plusieurs édits donnés pour réformer le luxe. (BOILEAU, 1713.) — Le vers suivant désignerait-il les grands jours d'Auvergne en 1665 ? (M. CHÉRON.)

Du débris des traitants ton épargne grossie [1],
Des subsides affreux la rigueur adoucie [2];
Le soldat, dans la paix, sage et laborieux [3];
Nos artisans grossiers rendus industrieux [4];
Et nos voisins frustrés de ces tributs serviles
Que payait à leur art le luxe de nos villes [5],
Tantôt je tracerai tes pompeux bâtiments [6],
Du loisir d'un héros nobles amusements.
J'entends déjà frémir les deux mers étonnées
De voir leurs flots unis au pied des Pyrénées [7].
Déjà de tous côtés la chicane aux abois
S'enfuit au seul aspect de tes nouvelles lois [8].
Oh! que ta main par là va sauver de pupilles;
Que de savants plaideurs désormais inutiles [9]!
Qui ne sent point l'effet de tes soins généreux?
L'univers sous ton règne a-t-il des malheureux?
Est-il quelque vertu, dans les glaces de l'Ourse,
Ni dans ces lieux brûlés où le jour prend sa source,
Dont la triste indigence ose encore approcher,
Et qu'en foule tes dons d'abord n'aillent chercher [10]?
C'est par toi qu'on va voir les muses enrichies

---

1. La chambre de justice (décembre 1661). (BOILEAU, 1713.)
2. Les tailles furent diminuées de quatre millions. (BOILEAU, 1713.) — On appelait tailles les impôts sur le produit de la propriété, du travail et de l'industrie de chaque habitant.
3. Les soldats employés aux travaux publics. (BOILEAU, 1713.)
4. Etablissement en France des manufactures. (BOILEAU, 1713.) — Les manufactures de tapisseries des Gobelins, et de points de France, en 1665; celle des glaces en 1666.
5. Les vers 141 et 142 sont ceux de Boileau que La Fontaine estimait e plus (Lettre du 29 avril 1695, à Maucroix.)
6. La colonnade du Louvre, Versailles, etc. (BROSSETTE.)
7. Le canal du Languedoc. (BOILEAU, 1713.) — Proposé par Paul Riquet en 1664, commencé en 1665.
8. L'ordonnance de 1667. (BOILEAU, 1713.) — L'*Ordonnance civile* fut publiée en avril 1667; l'*Ordonnance criminelle* ne parut qu'en août 1670.
9. Dans la 1re édition, venaient ensuite ces deux vers :

> Muse, abaisse ta voix, je veux les consoler;
> Et d'un conte en passant il faut les régaler.

Puis la fable de l'huître qui est dans l'épître II, et d'autres vers qui ont disparu dans les éditions suivantes.

10. « Nommez-moi donc, milord, un souverain qui ait attiré chez lui plus d'étrangers habiles, et qui ait plus encouragé le mérite dans ses sujets. Soixante savants de l'Europe reçurent à la fois des récompenses de lui, étonnés d'en être connus. « Quoiqu'il ne soit pas votre souverain, leur écrivait M. Colbert, il veut être votre « bienfaiteur; il m'a commandé de vous envoyer cette lettre de change ci-jointe, « comme un gage de son estime. » Un Bohémien, un Danois, recevaient de ces lettres datées de Versailles. Guillemini bâtit une maison à Florence des bienfaits de Louis XIV, il mit le nom de ce roi sur le frontispice... » (VOLTAIRE, *Lettre à milord Harvey.*)

De leur longue disette à jamais affranchies [1].
Grand roi, poursuis toujours, assure leur repos.
Sans elles un héros n'est pas longtemps héros :
Bientôt, quoi qu'il ait fait, la mort, d'une ombre noire,
Enveloppe avec lui son nom et son histoire.
En vain, pour s'exempter de l'oubli du cercueil,
Achille mit vingt fois tout Ilion en deuil ;
En vain, malgré les vents, aux bords de l'Hespérie
Énée enfin porta ses dieux et sa patrie :
Sans le secours des vers, leurs noms tant publiés
Seraient depuis mille ans avec eux oubliés [2]...

VI

Le soin de sa gloire invite le roi à protéger la poésie.

Non, à quelques hauts faits que ton destin t'appelle,
Sans le secours soigneux d'une muse fidèle,
Pour t'immortaliser tu fais de vains efforts.
Apollon te la doit : ouvre-lui tes trésors.
En poètes fameux rends nos climats fertiles :
Un Auguste aisément peut faire des Virgiles.
Que d'illustres témoins de ta vaste bonté
Vont pour toi déposer à la postérité !
Pour moi qui, sur ton nom déjà brûlant d'écrire,
Sens au bout de ma plume expirer la satire,
Je n'ose de mes vers vanter ici le prix.
Toutefois, si quelqu'un de mes faibles écrits
Des ans injurieux peut éviter l'outrage,
Peut-être pour ta gloire aura-t-il son usage ;
Et comme tes exploits, étonnant les lecteurs,
Seront à peine crus sur la foi des auteurs,
Si quelque esprit malin les veut traiter de fables,

---

1. Le roi, en 1663, donna des pensions à beaucoup de gens de lettres de toute l'Europe. (BOILEAU, 1713.) Dans cette liste on lit les noms d'Allaci, bibliothécaire du Vatican, du mathématicien Viviani, de Vossius, d'Huyghens, de Nicolas Heinsius, etc. ; parmi les Français : Corneille, Fléchier, Racine, Chapelain, Cotin, Boyer. On n'y trouve ni La Fontaine ni Boileau.

2. J.-B. Rousseau, dans son ode au prince Eugène (liv. II, ode II), a dit même :

> Mais combien de grands noms, couverts d'ombres funèbres,
> Sans les écrits divins qui les rendent célèbres,
> Dans l'éternel oubli languiraient inconnus !
> . . . .
> Non, non, sans le secours des Filles de mémoire
> Vous vous flattez en vain, partisans de la gloire,
> D'assurer à vos noms un heureux souvenir ;
> Si la main des neuf sœurs ne pare vos trophées,
>   Vos vertus étouffées
> N'éclaireront jamais les yeux de l'avenir.

On dira quelque jour[1], pour les rendre croyables :
Boileau qui, dans ses vers pleins de sincérité,
Jadis à tout son siècle a dit la vérité,
Qui mit à tout blâmer son étude et sa gloire,
A pourtant de ce roi parlé comme l'histoire[2].
(Extraits.)

ÉPITRE II[3]

A MONSIEUR L'ABBÉ DES ROCHES[4]

I

Conseils à un ami.

A quoi bon réveiller mes muses endormies
Pour tracer aux auteurs des règles ennemies[5]?
Penses-tu qu'aucun d'eux veuille subir mes lois,
Ni suivre une raison qui parle par ma voix?
O le plaisant docteur, qui, sur les pas d'Horace,
Vient prêcher, diront-ils, la réforme au Parnasse[6]!
Nos écrits sont mauvais; les siens valent-ils mieux?
J'entends déjà d'ici Linière[7] furieux
Qui m'appelle au combat sans prendre un plus long terme.
De l'encre, du papier! dit-il; qu'on nous enferme[8]!
Voyons qui de nous deux, plus aisé dans ses vers,
Aura plus tôt rempli la page et le revers.
Moi donc, qui suis peu fait à ce genre d'escrime,

---

1. Voici comment Pradon appréciait ce passage : « Il semble que Boileau fait un grand effort pour louer le roi et qu'il lui a fait grâce en ne le déchirant pas... Son 186ᵉ vers est surtout fort insolent : <i>On dira quelque jour.</i> »
2. Boileau lut à Louis XIV les quarante derniers vers de cette épître la première fois qu'il lui fut présenté : « Voilà qui est très beau, dit le prince, cela est admirable. Je vous louerais davantage si vous ne m'aviez pas tant loué. Le public donnera à vos ouvrages les éloges qu'ils méritent; mais ce n'est pas assez pour moi de vous louer. Je vous donne une pension de deux mille livres; j'ordonnerai a Colbert de vous la payer d'avance, et je vous accorde le privilège pour l'impression de tous vos ouvrages. »
3. Composée en 1669, pour y intercaler l'apologue de l'huître, publiée en 1672. Voir l'<i>Avertissement</i> de l'épître I.
4. Jean-François-Armand Fumée des Roches descendait d'Armand Fumée, premier médecin de Charles VII; il mourut en 1711, âgé d'environ soixante-quinze ans. C'est à lui que Gabriel Guéret a dédié son <i>Parnasse réformé.</i>
5. Boileau travaillait déjà à son <i>Art poétique.</i>
6. Voir l'épître 1, v. 21.
7. Voir la satire IX; depuis la composition de cette satire, Linière avait fait une critique offensante de l'épître IV, écrite avant celle-ci.
8. Molière, <i>les Femmes savantes</i>, acte III, scène v :

> VADIUS. Je te défie en vers, prose, grec et latin,
> TRISSOTIN. Eh bien, nous nous verrons seul à seul chez Barbin.

Je le laisse tout seul verser rime sur rime,
Et souvent de dépit contre moi s'exerçant,
Punir de mes défauts le papier innocent.
Mais toi, qui ne crains point qu'un rimeur te noircisse,
Que fais-tu cependant seul en ton bénéfice[1]?
Attends-tu qu'un fermier, payant, quoiqu'un peu tard,
De ton bien pour le moins daigne te faire part?
Vas-tu, grand défenseur des droits de ton église,
De tes moines mutins réprimer l'entreprise[2]?
Crois-moi, dût Auzanet t'assurer du succès[3],
Abbé, n'entreprends point même un juste procès.
N'imite point ces fous dont la sotte avarice
Va de ses revenus engraisser la justice;
Qui, toujours assignants[4] et toujours assignés,
Souvent demeurent gueux de vingt procès gagnés.
Soutenons bien nos droits : sot est celui qui donne.
C'est ainsi devers Caen que tout Normand raisonne[5].
Ce sont là les leçons dont un père manceau[6]
Instruit son fils novice au sortir du berceau.
Mais pour toi, qui, nourri bien en deçà de l'Oise,
As sucé la vertu picarde et champenoise,
Non, non, tu n'iras point, ardent bénéficier,

1. Bénéfice, charge spirituelle accompagnée d'un certain revenu que l'église donnait à un homme qui était tonsuré ou dans les ordres, afin de servir Dieu et l'église. Les évêchés, cures, chanoinies, chapelles, étaient les divers genres de bénéfices.

2. Des Roches avait dans le Midi deux ou trois abbayes assez considérables (d'environ 30,000 fr. de rentes). L'abbé commendataire avait la permission de disposer, pendant sa vie, des fruits de l'abbaye.

3. Fameux avocat au parlement de Paris. (BOILEAU, 1713.) — Barthélemy Auzanet, conseiller d'État, mort à Paris le 17 avril 1673, âgé de quatre-vingt-deux ans.

4. On mettrait aujourd'hui *assignant*, mais on sait quel était l'usage au XVIIe siècle, sur le participe présent; il était variable et prenait la marque du pluriel. — Voir dans Rabelais ce que dit Bridoye des procès et de l'art de les laisser mûrir, et d'épuiser les parties. (*Pantagruel*, l. III, ch. XLII.)

5. Un Normand qui sera de Caen même dira toujours : Je suis *devers Caen*, et ne dira pas : Je suis de Caen. (SAINT-MARC.) *Devers*, dans le sens de *du côté de*, était d'un usage général. Régnier, sat. X :

L'autre, se relevant, devers nous vint se rendre.

Molière (*Georges Dandin*) : « Tourne un peu ton visage devers moi. »
La Fontaine, fable XI, p. 14 :

Pour s'enfuir devers sa tanière.

Hamilton, *Gramont*, 10 : « Ne tournez point tant la tête devers eux. »
Voltaire, *Pauvre Diable* :

Plus que jamais confus, humilié.
Devers Paris je m'en revins à pié.

6. On disait proverbialement : « Un Manceau vaut un Normand et demi. » — Voir les *Plaideurs* de Racine.

Faire enrouer pour toi Corbin ni Le Mazier[1].
Toutefois, si jamais quelque ardeur bilieuse
Allumait dans ton cœur l'humeur litigieuse,
Consulte-moi d'abord, et, pour la réprimer,
Retiens bien la leçon que je te vais rimer.

II
L'huître et les Plaideurs.

Un jour, dit un auteur, n'importe en quel chapitre[2],
Deux voyageurs à jeun rencontrèrent une huître.
Tous deux la contestaient, lorsque dans leur chemin
La Justice passa la balance à la main.
Devant elle à grand bruit ils expliquent la chose.
Tous deux avec dépens[3] veulent gagner leur cause.
La Justice, pesant ce droit litigieux,
Demande l'huître, l'ouvre, et l'avale à leurs yeux,
Et par ce bel arrêt terminant la bataille :
Tenez, voilà, dit-elle, à chacun une écaille.
Des sottises d'autrui nous vivons au palais :
Messieurs, l'huître était bonne. Adieu. Vivez en paix[4].

1. Deux autres avocats. (BOILEAU, 1713.) — Jacques Corbin était fils d'un auteur dont Boileau parle dans l'*Art poétique*. Le Mazier a déjà été nommé dans la satire I.
2. M. Despréaux avait appris cette fable de son père, auquel il l'avait ouï conter dans sa jeunesse ; elle est tirée d'une ancienne comédie italienne. (BROSSETTE.)
3. On dit qu'un homme a gagné son procès *avec dépens*, quand sa partie (c'est-à-dire son adversaire) a été condamnée à lui rembourser ses frais.
4. D'Alembert et Chamfort ont comparé cette fable à celle de La Fontaine, l. IX, fabl. IX. Ils n'ont pas eu de peine à établir la supériorité de notre grand fabuliste sur Boileau. La pièce de La Fontaine est pleine de détails ingénieux, pittoresques et dramatiques. Celle de Despréaux est un peu sèche ; mais l'un est à son aise dans un genre où il est inimitable, et l'autre, sans entreprendre de rivaliser avec un adversaire redoutable, expose plus brièvement une leçon de morale. Il serait injuste de ne pas tenir compte de cette différence. C'était si bien l'intention du poète qu'il accusait, selon Brossette, La Fontaine de manquer de justesse en ne présentant dans sa fable qu'un juge sous le nom de Perrin-Dandin, observant que ce sont tous les gens de justice qui causent des frais aux plaideurs. Il faut de plus savoir gré à Boileau d'avoir dénoncé les abus de la justice et de la chicane. Il y reviendra avec plus de force dans le *Lutrin*.

ÉPITRE III[1]

A M. ARNAULD
DOCTEUR DE SORBONNE[2]

I

La fausse honte,

. . . .
Des superbes mortels le plus affreux lien,
N'en doutons point, Arnauld, c'est la honte du bien.
Des plus nobles vertus cette adroite ennemie
Peint l'honneur à nos yeux des traits de l'infamie,
Asservit nos esprits sous un joug rigoureux,
Et nous rend l'un de l'autre esclaves malheureux.
Par elle la vertu devient lâche et timide.
Vois-tu ce libertin[3] en public intrépide
Qui prêche contre un Dieu que dans son âme il croit?
Il irait embrasser la vérité qu'il voit;
Mais de ses faux amis il craint la raillerie,
Et ne brave ainsi Dieu que par poltronnerie[4].
    C'est là de tous nos maux le fatal fondement.
Des jugements d'autrui nous tremblons follement,
Et, chacun l'un de l'autre adorant les caprices,
Nous cherchons hors de nous nos vertus et nos vices.
Misérables jouets de notre vanité,
Faisons au moins l'aveu de notre infirmité.
A quoi bon, quand la fièvre en nos artères brûle[5],

---

1. Composée en 1673.
2. De 1674 à 1694, ce titre est omis dans les éditions de Boileau. « Il fallut attendre la mort d'Arnauld pour lui donner un titre qu'il avait tant illustré par ses écrits. » (BERRIAT-SAINT-PRIX.) Antoine Arnauld naquit à Paris, le 6 février 1612, il fut reçu de la *maison de Sorbonne* en 1643, après bien des obstacles; il était docteur depuis 1641. Grammaire, belles-lettres, géométrie, logique, physique, métaphysique, théologie, droit civil et canonique, tout était de son ressort. Il se rendit redoutable aux protestants; devenu suspect à la cour, il se retira dans les Pays-Bas et mourut à Bruxelles en 1694. Ce fut en 1668 que Boileau vit Arnauld pour la première fois.
3. Libertin pris dans le sens d'esprit fort.
4. « Rien n'est plus lâche que de faire le brave contre Dieu. » (PASCAL.) — « Les esprits forts savent-ils qu'on les appelle ainsi par ironie? » (LA BRUYÈRE.) — Racine fait dire à Joad s'adressant aux Juifs :

> Peuple lâche, en effet, et né pour l'esclavage,
> Hardi contre Dieu seul.
> (*Ath.*, acte III, scène VII.

5. Imitation de PERSE, sat. I, v. 7.

Faire de notre mal un secret ridicule?
Le feu sort de vos yeux pétillants et troublés,
Votre pouls inégal marche à pas redoublés [1] :
Quelle fausse pudeur à feindre vous oblige ?
Qu'avez-vous? — Je n'ai rien. — Mais... — Je n'ai rien, vous dis-je,
Répondra ce malade à se taire obstiné.
Mais cependant voilà tout son corps gangrené [2] ;
Et la fièvre, demain se rendant la plus forte,
Un bénitier aux pieds va l'étendre à la porte [3].
Prévenons sagement un si juste malheur.
Le jour fatal est proche et vient comme un voleur [4].
Avant qu'à nos erreurs le ciel nous abandonne,
Profitons de l'instant que de grâce il nous donne,
Hâtons-nous; le temps fuit, et nous traîne avec soi :
Le moment où je parle est déjà loin de moi [5].

II

Funestes effets de la fausse honte.

Mais quoi! toujours la honte en esclaves nous lie
Oui, c'est toi qui nous perds, ridicule folie :
C'est toi qui fis tomber le premier malheureux,
Le jour que, d'un faux bien sottement amoureux,
Et n'osant soupçonner sa femme d'imposture,
Au démon, par pudeur [6], il vendit la nature.
Hélas, avant ce jour qui perdit ses neveux,
Tous les plaisirs couraient au-devant de ses vœux.

1.   Si dans cet instant même un feu séditieux
    Fait bouillonner mon sang et pétiller mes yeux.
                  (Épître IX, v. 41-42.)

2. Dans les éditions de 1683, 1685, 1694 et 1701, on lisait *cangrené*. Selon Vaugelas, il fallait écrire *gangrené* et prononcer *cangrené*.
3. Boileau dans ce passage imite et abrège Perse.
4. Boileau traduit ici saint Paul, saint Mathieu et l'Apocalypse.
5. Perse, sat. v. (BOILEAU, 1713.) — Vers 153.
M. Sainte-Beuve raconte, d'après Brossette, l'anecdote suivante : « L'auteur, qui se levait fort tard, très peu janséniste en ce point, était au lit quand il récita pour la première fois son épître à Arnauld qui l'était venu voir un peu matin. Il disait à merveille, et quand il en fut à ce vers : *Le moment où je parle...*, il le récita d'un ton si léger et si rapide, qu'Arnauld transporté, et assez neuf à l'effet des beaux vers français, se leva brusquement de son siège, et fit deux ou trois tours de chambre, comme pour suivre ce moment qui fuyait. » (SAINTE-BEUVE. *Port-Royal*, V, p. 334.)
6. « Ce mot, dit Vaugelas, exprime une chose pour laquelle nous n'en avions point encore qui fût si propre et si significatif ; parce que *honte* est un terme équivoque qui désigne la bonne et la mauvaise honte, au lieu que *pudeur* ne désigne que la bonne honte. » Ce terme a été introduit dans notre langue par Desportes.

ÉPITRE III.

La faim aux animaux ne faisait point la guerre[1] ;
Le blé, pour se donner, sans peine ouvrant la terre,
N'attendait point qu'un bœuf, pressé de l'aiguillon,
Traçât à pas tardifs un pénible sillon[2] ;
La vigne offrait partout des grappes toujours pleines,
Et des ruisseaux de lait serpentaient dans les plaines.
Mais dès ce jour Adam, déchu de son état,
D'un tribut de douleurs paya son attentat.
Il fallut qu'au travail son corps rendu docile
Forçât la terre avare à devenir fertile.
Le chardon importun hérissa les guérets,
Le serpent venimeux rampa dans les forêts,
La canicule en feu désola les campagnes,
L'aquilon en fureur gronda sur les montagnes[3].
Alors, pour se couvrir durant l'âpre saison,
Il fallut aux brebis dérober leur toison.
La peste en même temps, la guerre et la famine
Des malheureux humains jurèrent la ruine :
Mais aucun de ces maux n'égala les rigueurs
Que la mauvaise honte exerça dans les cœurs.
De ce nid à l'instant sortirent tous les vices.
L'avare, des premiers en proie à ses caprices,
Dans un infâme gain mettant l'honnêteté,
Pour toute honte alors compta la pauvreté.
L'honneur et la vertu n'osèrent plus paraître ;
La piété chercha les déserts et le cloître[4].
Depuis on n'a point vu de cœur si détaché[5]

---

1. Le passage suivant est imité en partie de plusieurs autres de Virgile, d'Horace et d'Ovide.

2. Délille traduit ainsi Virgile, *Géorgiques*, I, 45 :
   Que j'entende le bœuf gémir sous l'aiguillon.

« Voilà la contre-partie du vers léger de tout à l'heure. On ne nous dit pas si, ce traînant passage, Arnauld, comme surchargé, se renfonça dans son fauteuil, ou s'il battit lentement la mesure. Ces deux vers une fois emportés (qui sont les deux points extrêmes du tableau, le point clair et le point sombre), Boileau tenait son affaire, il avait touché son but ; il ne s'agissait plus que de finir décemment et sans trop de chute. » (SAINTE-BEUVE, *Port-Royal*, V, p. 334.)

3. Boileau imite ici Ovide, Virgile, Horace.

4. Rimes autrefois exactes parce que primitivement la prononciation des deux mots était la même (parouètre, clouètre). De là vient que dans nos vieux poètes histoire (histouere) rime avec douaire, paroisse (parouesse) avec pécheresse, François (Françoues) avec lois (loués). — L'usage a maintenu quelques-unes de ces rimes au XVIIe siècle, même après que la prononciation, d'abord semblable, fût devenue différente. (V. GÉNIN, *Var. du lang. fr.*, p. 300.) Note de M. Ch. Auberlin. Edit. classique, Eug. Belin.

5. Terme mystique : qui est dans le détachement, qui n'a plus d'attachement.
   Il est toujours en soi détaché de soi-même.
                           (CORN. *Imitat.*, I, 3.)

« Ce ministre si fortuné et si détaché tout ensemble. » (Boss., *Or. fun. de Le Tellier*.

Qui par quelque lien ne tînt à ce péché.
Triste et funeste effet du premier de nos crimes !
Moi-même, Arnauld, ici, qui te prêche en ces rimes,
Plus qu'aucun des mortels par la honte abattu,
En vain j'arme contre elle une faible vertu.
Ainsi toujours douteux, chancelant et volage,
A peine du limon où le vice m'engage
J'arrache un pied timide, et sors en m'agitant[1],
Que l'autre m'y reporte et s'embourbe à l'instant.
Car si, comme aujourd'hui, quelque rayon de zèle
Allume dans mon cœur une clarté nouvelle,
Soudain, aux yeux d'autrui s'il faut la confirmer,
D'un geste, d'un regard, je me sens alarmer ;
Et même sur ces vers que je te viens d'écrire,
Je tremble en ce moment de ce que l'on va dire[2].

(*Extraits.*)

ÉPITRE IV[3]

AU LECTEUR[4]

Je ne sais si les rangs de ceux qui passèrent le Rhin à la nage devant Tholus sont fort exactement gardés dans le poème que je donne au public ; et je n'en voudrais pas être garant, parce que franchement je n'y étais pas, et que je n'en suis encore que fort

---

1. Imitation d'Horace, liv. II, sat. vii, v. 27.
« Ce dernier hémistiche était, à ce qu'il paraît, difficile à trouver. *J'arrache un pied timide...* Il fallait finir, faire tomber ce pied d'accord avec la rime. Boileau consulta Racine qui n'en vint pas à bout ; mais quand Racine revint le lendemain, Boileau lui cria du plus loin qu'il l'aperçut : *Et sors en m'agitant ;* il s'était tiré du mauvais pas poétique, du limon prosaïque qui ne l'embarrassait certes pas moins que l'autre limon. Nous tenons par cette seule épître bien des secrets du métier. » (SAINTE-BEUVE, *Port-Royal.*)
2. Voici l'appréciation générale de cette épître par M. Sainte-Beuve : « Cette épître, quelque bonne volonté que nous y mettions, ne peut nous paraître forte de philosophie et de pensée ; mais elle reste marquée de beaux vers. Elle n'est pas des meilleures de Boileau, elle n'est pas des pires. Le poète y veut soutenir que la mauvaise honte est la cause de tous les maux, de tous les vices, de tous les crimes ; à la bonne heure ! C'est ainsi que, plus tard, il s'en prit à l'équivoque comme à la peste universelle. Mais on ne doit considérer l'idée que comme un thème propre à enchâsser et encadrer deux ou trois petits tableaux, un moyen de faire passer devant le poète quelques images et développements qui prêtent aux beaux vers : souvent l'idée générale n'est pas autre chose chez Boileau. Molière et La Fontaine prennent l'homme et la nature humaine par des ouvertures bien autrement larges et franches, véritablement par le flanc et par les entrailles ; non point Boileau. » (*Port-Royal*, V, p. 332.)
3. Composée au mois de juillet 1672 et publiée au mois d'août de la même année. (BROSSETTE.)
4. Texte de la première édition séparée, 1672.

médiocrement instruit. Je viens même d'apprendre en ce moment que M. de Soubise [1], dont je ne parle point, est un de ceux qui s'y sont le plus signalés. Je m'imagine qu'il est ainsi de beaucoup d'autres, et j'espère de leur faire justice dans une autre édition. Tout ce que je sais, c'est que ceux dont je fais mention ont passé des premiers. Je ne me déclare donc caution que de l'histoire du fleuve en colère, que j'ai apprise d'une de ses naïades, qui s'est réfugiée dans la Seine. J'aurais bien pu aussi parler de la fameuse rencontre qui suivit le passage ; mais je la réserve pour un poème à part. C'est là que j'espère rendre aux mânes de M. de Longueville [2] l'honneur que tous les écrivains lui doivent, et que je peindrai cette victoire qui fut arrosée du plus illustre sang de l'univers ; mais il faut un peu reprendre haleine pour cela [3].

AU ROI

I

Difficulté de suivre le roi dans ses conquêtes.

En vain, pour te louer, ma muse toujours prête
Vingt fois de la Hollande a tenté la conquête [4].
Ce pays, où cent murs n'ont pu te résister,
Grand roi, n'est pas en vers si facile à dompter.
Des villes que tu prends les noms durs et barbares
N'offrent de toutes parts que syllabes bizarres [5],
Et, l'oreille effrayée, il faut depuis l'Issel,
Pour trouver un beau mot, courir jusqu'au Tessel.
Oui, partout de son nom chaque place munie
Tient bon contre le vers, en détruit l'harmonie.
Et qui peut sans frémir aborder Voerden [6] ?

1. François de Rohan, prince de Soubise, second fils d'Hercule de Rohan, duc de Montbazon et de Marie de Bretagne-Vertus, mort le 24 août 1712, dans sa quatre-vingt-huitième année. Il traversa le Rhin à la nage à la tête des gendarmes de la garde, dont il était capitaine-lieutenant.
2. Charles-Paris d'Orléans, duc de Longueville et d'Estouteville, né le 29 de janvier 1649, tué au passage du Rhin le 12 de juin 1672, au moment où il allait être élu roi de Pologne. Cf. lettres de Mme Sévigné des 17 et 20 de juin, et 3 de juillet 1672.
3. Il n'a point exécuté ce projet.
4. En 1672 le roi avait déclaré la guerre aux Hollandais. Turenne, Condé, Luxembourg, commandaient les trois corps d'armée que Louis avait formés pour cette expedition. La campagne ne dura que deux mois. Le roi conquit dans ce peu de temps trois provinces et prit plus de quarante villes.
5. Imitation de Martial, liv. IV, épigr. xxxi.
6. Nous unissons dans une seule note tous ces noms qui faisaient le désespoir du poète. Issel, rivière de Hollande qui se jette dans le Zuiderzée; Tessel, île hollandaise de l'océan Germanique; Woërden, ville forte de la Hollande, sur le Rhin ; Heusden, autre ville de Hollande; Doësbourg, prise par Monsieur, le

Quel vers ne tomberait au seul nom de Heusden¹?
Quelle muse à rimer en tous lieux disposée
Oserait approcher des bords du Zuiderzée?
Comment en vers heureux assiéger Doesbourg,
Zutphen, Wageninghen, Harderwic, Knotzembourg?
Il n'est fort, entre ceux que tu prends par centaines,
Qui ne puisse arrêter un rimeur six semaines :
Et partout sur le Whal, ainsi que sur le Lech,
Le vers est en déroute, et le poëte à sec².

Encor si tes exploits, moins grands et moins rapides,
Laissaient prendre courage à nos muses timides,
Peut-être avec le temps, à force d'y rêver,
Par quelque coup de l'art nous pourrions nous sauver.
Mais dès qu'on veut tenter cette vaste carrière,
Pégase s'effarouche et recule en arrière ;
Mon Apollon s'étonne, et Nimègue est à toi³
Que ma muse est encore au camp devant Orsoi⁴.

II

Le poète s'enhardit à chanter le passage du Rhin.

Aujourd'hui toutefois mon zèle m'encourage :
Il faut au moins du Rhin tenter l'heureux passage⁵.
Un trop juste devoir veut que nous l'essayons⁶.

---

22 de juin 1672; Zutphen, capitale du comté de ce nom, prise par Monsieur, le 26 de juin ; Wageninghem, Harderwic, villes du duché de Gueldre, qui se rendirent les 22 et 23 de juin ; Knotzembourg, fort sur le Wahal, assiégé le 15, pris le 17 de juin par Turenne ; le Wahal et le Lech sont deux branches du Rhin qui se mêlent à la Meuse. (M. Chénon.)

1   Boileau pâlit au seul nom de Voërden ;
    Que dirait-il si, non loin d'Helderen,
    Il eût fallu suivre entre les deux Nèthes
    Bathiani, si savant en retraites ;
    Avec d'Estrée à Rosmal s'avancer
    La gloire parle, et Louis me réveille
    Le nom du roi charme toujours l'oreille
    Mais que Lawfelt est rude à prononcer !
    (Voltaire, *Épître à la duchesse du Maine*.)

2. « La difficulté vaincue, dit Le Brun, rend ces deux vers doublement plaisants. »

3. Nimègue, capitale du duché de Gueldre, fut prise par Turenne le 7 de juillet de la même année.

4. Orsoi, place forte du duché de Clèves, fut prise en deux jours au commencement de juin 1672.

5. Le fait eut lieu le 12 juin 1672.

6. Presque toutes les éditions donnent *que nous l'essayons ;* c'est une faute d'orthographe ou de grammaire qui n'a point encore été remarquée ; les verbes en *ayer* font *yions* à la première personne du subjonctif ; il faut donc écrire *l'essayions*. Nous n'osons pas changer le texte de Boileau. Cependant dans l'édition de Brossette nous trouvons *l'essayions*. La rime de crayons nous fait croi-

Muses, pour le tracer, cherchez tous vos crayons [1] :
Car puisqu'en cet exploit tout paraît incroyable,
Que la vérité pure y ressemble à la fable,
De tous vos ornements vous pouvez l'égayer.
Venez donc, et surtout gardez bien d'ennuyer :
Vous savez des grands vers les disgrâces tragiques,
Et souvent on ennuie en termes magnifiques.

   Au pied du mont Adule [2], entre mille roseaux,
Le Rhin tranquille et fier du progrès de ses eaux,
Appuyé d'une main sur son urne penchante,
Dormait au bruit flatteur de son onde naissante,
Lorsqu'un cri, tout à coup suivi de mille cris,
Vient d'un calme si doux retirer ses esprits.
Il se trouble, il regarde, et partout sur ses rives [3]
Il voit fuir à grands pas ses naïades craintives,
Qui, toutes accourant vers leur humide roi,
Par un récit affreux redoublent son effroi [4].
Il apprend qu'un héros, conduit par la victoire,
A de ses bords fameux flétri l'antique gloire [5] ;
Que Rheinberg et Wesel, terrassés en deux jours [6],
D'un joug déjà prochain menacent tout son cours.
Nous l'avons vu, dit l'une, affronter la tempête

qu'il y a là une inadvertance de la part du poëte, à moins que la grammaire n'exigeât pas alors cette orthographe.

1. Edition de 1671 à 1683 :

    Le malheur sera grand, si nous nous y noyons.

Edition de 1694 à 1697 :

    Il fait beau s'y noyer, si nous nous y noyons.

2. Montagne où le Rhin prend sa source. (BOILEAU, 1713.) — C'est le mon Saint-Gothard dans le canton des Grisons (Suisse). Adule, Adula, c'est le nom ancien, il convient à la diction du poëte.

3. Voltaire a trouvé ce passage digne d'être imité dans sa *Henriade* :

    Soudain de mille cris le bruit épouvantable
    Vient arracher ses sens à ce calme agréable :
    Il se lève, il regarde, il voit de tous côtés
    Courir des assassins à pas précipités.

4. *Affreux*, qui jette la terreur. Etymologie : *affre*, grande terreur, grand effroi. — Pradon reprochait à Boileau de répéter en bien des endroits ce mot affreux. — Autre observation de Pradon, sur ces mots : *Conduit par la victoire*, il dit : « Il serait bien plus glorieux pour le roi d'entraîner la victoire que de se laisser conduire par elle. Ce sont des délicatesses que Boileau n'a point vues. » Que Pradon a le goût bien plus délicat !

5. Molière n'approuva pas ce vers, parce qu'il signifie que la présence du roi a déshonoré le fleuve du Rhin. L'auteur lui représenta que ce sont les naïades de ce fleuve qui parlent du héros de la France comme d'un ennemi qui veut soumettre à son joug leur empire ; qu'ainsi il est naturel qu'elles disent que Louis flétri l'ancienne gloire du Rhin. Mais Molière ne se rendit pas. (BROSSETTE.)

6. Les 4 et 6 de juin 1672.

De cent foudres d'airain tournés contre sa tête.
Il marche vers Tholus[1], et tes flots en courroux
Au prix de sa fureur sont tranquilles et doux.
Il a de Jupiter la taille et le visage[2],
Et, depuis ce Romain, dont l'insolent passage
Sur un pont en deux jours trompa tous tes efforts[3],
Jamais rien de si grand n'a paru sur tes bords.

    Le Rhin tremble et frémit à ces tristes nouvelles:
Le feu sort à travers ses humides prunelles.
C'est donc trop peu, dit-il, que l'Escaut en deux mois
Ait appris à couler sous de nouvelles lois[4];
Et de mille remparts mon onde environnée
De ces fleuves sans nom suivra la destinée?
Ah! périssent mes eaux! ou, par d'illustres coups,
Montrons qui doit céder des mortels ou de nous.

III

Intervention du Rhin.

    A ces mots, essuyant sa barbe limoneuse[5],
Il prend d'un vieux guerrier la figure poudreuse.

---

1. Lieu sur la rive du Rhin (près du fort de Skink) où était un bureau (*Tol huis*) de péage. (BROSSETTE.)
2. Imitation d'Homère, *Iliade*, II, v. 478.
3. Jules César. (BOILEAU, 1713.) — Cf. *Commentaires de César*, l. IV, ch. II, et l. VI. Voyez aussi dans la *Correspondance*, une lettre à Brossette, du 8 d'avril 1703.
Brossette aurait voulu « un peu plus d'exactitude dans le fait historique. » Il savait que César avait mis dix jours à passer le Rhin, tandis que le poète dit sur un pont en *deux jours*, etc... Boileau, à qui il communiqua sa critique, lui répondit : « Je n'ai jamais voulu dire que Jules César n'ait mis que deux jours à ramasser et à lier ensemble les matériaux dont il fit construire le pont sur lequel il passa le Rhin. Il n'est question dans mes vers que du temps qu'il mit à faire passer ses troupes sur ce pont, et je ne sais même s'il y employa deux jours.
4. La conquête de la Flandre espagnole en 1667. — Corneille disait de ces victoires remportées en 1667 :

> Ainsi par des succès que nous n'osions attendre,
> Ton État voit sa borne au milieu de la Flandre;
> Et la Flandre qui craint de plus grands changements
> Voit ses fleuves captifs diviser ses Flamands.
>   (*Les Victoires du roi en l'année* 1667.)

5. « Cette image que l'auteur forme du dieu du fleuve n'a point d'art et est inutile. » (SAINTE-GARDE.) — « Est-ce que le dieu du Rhin est le dieu d'un marais bourbeux? » (DESMARETS.) — « L'image grotesque du fleuve essuyant sa barbe choque la décence. » (MARMONTEL, *Élem. litt.*, III, 250.) — Voilà des critiques qui montrent bien de la délicatesse et du goût dans leurs remarques ! — Les commentateurs citent tous sur ce passage le *Rheni luteum caput* d'Horace, *Sat.*, lib. I, sat. x, v. 37. Ils auraient dû voir qu'Horace rapporte là l'expression ridicule d'un mauvais poète dont il se moque. Mais il n'eût point désapprouvé Boileau.

Son front cicatricé¹ rend son air furieux,
Et l'ardeur du combat étincelle en ses yeux.
En ce moment il part, et, couvert d'une nue,
Du fameux fort de Skink prend la route connue.
Là, contemplant son cours, il voit de toutes parts
Ses pâles défenseurs par la frayeur épars :
Il voit cent bataillons qui, loin de se défendre,
Attendent sur des murs l'ennemi pour se rendre.
Confus, il les aborde, et, renforçant sa voix :
Grands arbitres, dit-il, des querelles des rois²,
Est-ce ainsi que votre âme, aux périls aguerrie,
Soutient sur ces remparts l'honneur et la patrie³ ?
Votre ennemi superbe, en cet instant fameux,
Du Rhin, près de Tholus, fend les flots écumeux ;
Du moins en vous montrant sur la rive opposée,
N'oseriez-vous saisir une victoire aisée ?
Allez, vils combattants, inutiles soldats ;
Laissez là ces mousquets trop pesants pour vos bras ;
Et, la faux à la main, parmi vos marécages,
Allez couper vos joncs, et presser vos laitages⁴ ;
Ou, gardant les seuls bords qui vous peuvent couvrir,
Avec moi de ce pas, venez vaincre ou mourir⁵.

1. Couvert de cicatrices. *Cicatricé* était la forme du xvi° siècle et même du xvii°. « Et cet autre tout cicatricé, transi et pâle de faim. » (MONTAIGNE, I, 278.) — « Pour moi, si mon habit, partout cicatricé. » (RÉGNIER, sat. II.) — Paré écrivait *cicatrizé*. « Qu'après l'ouverture le lieu soit mundifié, incarné, puis consolidé et cicatrizé. » (PARÉ, V, 10.)

2. Ce vers contient une ironie très amère. Après la paix d'Aix-la-Chapelle, les Hollandais firent frapper une médaille représentant d'un côté la Liberté batavique avec ses symboles et portant au revers cette inscription orgueilleuse : *Assertis legibus. Emendatis sacris. Adjutis, defensis, conciliatis regibus. Vindicata marium libertate. Pace egregia virtute armorum parta. Stabilita orbis Europæi quiete.*

3. Il y avait sur les drapeaux des Hollandais : *Pro honore et patria.* (BOILEAU, 1713.)

4. Tous les commentateurs ont fait remarquer le peu de rapport qu'il y a entre *la faux* et les *laitages*. Boileau lui-même disait à Brossette : « Non seulement je n'ai pu venir à bout de le dire mieux, mais je n'ai pas pu le dire autrement. » — C'était un scrupule inutile. Il y a là une noble hardiesse de construction qui convient bien au pathétique de la situation.

5. Corneille apostrophe ainsi les Bataves :

Misérables ! quels lieux cacheront vos misères,
Où vous ne trouviez pas les ombres de vos pères,
Qui, morts pour la patrie et pour la liberté,
Feront un long reproche à votre lâcheté !
Cette noble valeur autrefois si connue,
Cette digne fierté, qu'est-elle devenue ?

(*Les Victoires du roi en l'année* 1672.)

IV

La Bataille.

Ce discours d'un guerrier que la colère enflamme [1]
Ressuscite l'honneur déjà mort en leur âme ;
Et, leurs cœurs s'allumant d'un reste de chaleur,
La honte fait en eux l'effet de la valeur.
Ils marchent droit au fleuve où Louis en personne,
Déjà prêt à passer, instruit, dispose, ordonne [2].
Par son ordre Grammont [3] le premier dans les flots
S'avance soutenu des regards du héros :
Son coursier écumant sous son maître intrépide
Nage tout orgueilleux de la main qui le guide.
Revel [4] le suit de près : sous ce chef redouté
Marche des cuirassiers l'escadron indompté.
Mais déjà devant eux une chaleur guerrière
Emporte loin du bord le bouillant Lesdiguière [5],
Vivonne, Nantouillet, et Coislin, et Salart [6] ;
Chacun d'eux au péril veut la première part.

1. Desmarets reproche à Boileau cette allégorie héroïque ; dans la préface de son poème épique *Clovis*, il disait au roi :

> Et quand du dieu du Rhin l'on feint la fière image
> S'opposant en fureur à ton fameux passage,
> On ternit par le faux la pure vérité
> De l'effort qui dompta ce grand fleuve indompté.
> Forcer les éléments par un cœur héroïque,
> Est bien plus que lutter contre un dieu chimérique
> A ta haute valeur c'est être injurieux
> Que de mêler la fable à tes faits glorieux, etc.

2. On lit dans Corneille :

> A ce nouveau projet le monarque s'enflamme,
> Il l'examine, tâte, et résout en son âme,
> Et, tout impatient d'en recueillir le fruit,
> Il part dans le silence et l'ombre de la nuit.
> Des guerriers qu'il choisit l'escadron intrépide
> Glorieux d'un tel choix et ravi d'un tel guide,
> Marche incertain des lieux où l'on veut son emploi,
> Mais assuré de vaincre où l'emploira son roi.
> (*Les Victoires du roi en l'année* 1672).

3. M. le comte de Guiche. (BOILEAU, 1713.) — Il était fils aîné du maréchal de Grammont et lieutenant général de l'armée de M. le prince. Cf. lettre de Mme de Sévigné du 3 juillet 1672.

4. Charles-Amédée de Broglio, comte de Revel, mort lieutenant-général en 1707.

5. M. le comte de Saux. (BOILEAU, 1713.) — François-Emmanuel de Blanchefort de Bonne de Créqui, duc de Lesdiguières, pair de France, gouverneur du Dauphiné, mort en 1681. (M. CHÉRON.)

6. Louis-Victor de Rochechouart, duc de Mortemar et de Vivonne, alors général des galères, mort maréchal de France en 1688. Il était, ainsi que le chevalier de Nantouillet, très lié avec Boileau. Cf. Lettre de Mme de Sévigné du 3 juillet 1672. — Armand de Combout, duc de Coislin, pair de France, chevalier des ordres du roi, mort le 16 septembre 1702 ; âgé de soixante-sept ans.

ÉPITRE IV.

Vendôme[1], que soutient l'orgueil de sa naissance,
Au même instant dans l'onde impatient s'élance.
La Salle, Béringhen, Nogent, d'Ambre, Cavois[2],
Fendent les flots tremblants sous un si noble poids.
Louis, les animant du feu de son courage[3],
Se plaint de sa grandeur qui l'attache au rivage[4].
Par ses soins cependant trente légers vaisseaux
D'un tranchant aviron déjà coupent les eaux :
Cent guerriers s'y jetant signalent leur audace.
Le Rhin les voit d'un œil qui porte la menace ;
Il s'avance en courroux. Le plomb vole à l'instant,
Et pleut de toutes parts sur l'escadron flottant.
Du salpêtre en fureur l'air s'échauffe et s'allume,
Et des coups redoublés tout le rivage fume[5].

1. Philippe de Vendôme, chevalier de Malte. Il était né le 23 d'août 1665 et n'avait pas tout à fait dix-sept ans lors du passage du Rhin. Nommé grand prieur de France en 1693, il mourut au Temple le 24 de janvier 1727. (L. CHÉRON.)
2. Le marquis de la Salle traversa le Rhin un des premiers, et fut blessé par les cuirassiers français qui le prirent pour un Hollandais. — Le marquis de Beringhen, premier écuyer du roi et colonel du régiment Dauphin. — Arnauld de Bautru, comte de Nogent, capitaine des gardes de la porte, lieutenant général au gouvernement d'Auvergne, maître de la garde-robe et maréchal de camp, tué au passage du fleuve. — D'Ambre? — Louis d'Oger, marquis de Cavois, ou de Cavoie, depuis grand maréchal des logis de la maison du roi, né en 1640, mort le 3 de février 1716. Il est question de lui dans la correspondance entre Boileau et Racine. (M. CHÉRON.)

3. Il rassemble avec eux ses bataillons épars
    Qu'il anime en marchant du feu de ses regards.
    (VOLTAIRE, *Henriade*, VIII, v. 303-304.)
4. To say how Louis did not pass the Rhine.
    (PRIOR, *poème sur la bataille d'Hochstedt.*)

Ce que Voltaire, dans une lettre où il parle de ce poème, a traduit ainsi

Satirique flatteur, toi qui pris tant de peine
Pour chanter que Louis n'a point passé le Rhin.

Voici ce qu'on lit dans Corneille :

On demande, on s'efforce à passer des premiers.
Grammont ouvre le fleuve à ces bouillants guerriers
Vendosme, d'un grand roi race toute héroïque,
Vivonne, la terreur des galères d'Afrique,
Briole, Chavigny, Nogent et Nantouillet,
Sous divers ascendants montrent même souhait.
De Termes, et Coaslin et Soubise et La Salle
Et de Saulx et Revel, ont une ardeur égale,
Et Guitry, que la Parque attend sur l'autre bord,
Sallard et Beringhem font un pareil effort.
(*Les Victoires du roi en l'année* 1672.)

5. Brossette et Monchesnai prétendent que Boileau se vantait d'avoir le premier parlé en vers de l'artillerie moderne et de ce qui en dépend, comme les canons, les bombes, la poudre, le salpêtre, dont les noms sont pour le moins, disait-il, aussi beaux et les images aussi magnifiques que celles des arcs, des flèches, des boucliers et des autres armes anciennes. Suivant Louis Racine, Boileau ne se vantait que d'une chose : d'en avoir parlé poétiquement et avec de nobles périphrases. Il a dit, satire VIII :

C'était peu que sa main conduite par l'enfer
Eût pétri le salpêtre, eût aiguisé le fer, *etc.*

Épître IV :

De cent foudres d'airain tournés contre sa tête.

Déjà du plomb mortel plus d'un brave est atteint [1],
Sous les fougueux coursiers l'onde écume et se plaint.
De tant de coups affreux la tempête orageuse
Tient un temps sur les eaux la fortune douteuse ;
Mais Louis d'un regard sait bientôt la fixer :
Le destin à ses yeux n'oserait balancer.
Bientôt avec Grammont courent Mars et Bellone :
Le Rhin à leur aspect d'épouvante frissonne,
Quand, pour nouvelle alarme à ses esprits glacés,
Un bruit s'épand qu'Enghien et Condé [2] sont passés ;
Condé, dont le seul nom fait tomber les murailles [3],
Force les escadrons, et gagne les batailles ;

Ode sur la prise de Namur, strophe 10 :

> Et les bombes, dans les airs
> Allant chercher le tonnerre,
> Semblent, tombant sur la terre,
> Vouloir s'ouvrir les enfers.

Malherbe avait déjà dit :

> Mais d'aller plus à ces batailles,
> Où tonnent les foudres d'enfer,
> Et lutter contre des murailles
> D'où pleuvent la flamme et le fer, *etc.*
> (*Ode à la reine Marie de Médicis.*)

1. Corneille :

> Tout à coup il se montre (l'ennemi) et de ses embuscades
> Il fait pleuvoir sur eux cent et cent mousquetades :
> Le plomb vole, l'air siffle, et les plus avancés
> Chancellent sous les coups dont ils sont traversés.
> Nogent, qui flotte encor dans les gouffres de l'onde,
> En reçoit dans la tête une atteinte profonde ;
> Il tombe, l'onde achève, et, l'éloignant du bord,
> S'accorde avec le feu pour cette double mort.

2. Henri-Jules de Bourbon, duc d'Enghien, né en 1643, mort le 1er d'avril 1709, et fils de Louis II de Bourbon, prince de Condé (le grand Condé), né en 1621, mort le 11 de décembre 1686. (M. Chéron.) — *S'épand* a vieilli, surtout au figuré. (Féraud.) Il était encore très fréquent au xviie siècle.

> Sur un bruit épandu que le destin et moi.
> (Corneille *Suite du Ment.*, II, ii.)

> Son amour épandu sur toute la famille.
> (Id., *Pol.*, V, vi.)

> La terreur de son nom, qui devance ses armes,
> Épandit dans ses rangs de si vives alarmes.
> (Perrault, *Poème de la Peinture.*)

> Océan qui sur tes rives
> Épands tes vagues plaintives.
> (Lamart., *Harm.*, II, xiii.)

> Quel est sur votre front ce nuage épandu ?
> (Victor Hugo, *Ch. du Crépuscule*, II, xix.)

Bossuet dit de ce fils : « Le prince le mène aux leçons vivantes et à la pratique. Laissons le passage du Rhin, le prodige de notre siècle et de la vie de Louis le Grand. » (*Oraison funèbre du prince de Condé.*)

3. Bossuet a dit du même prince : « Son ombre eût pu encore gagner des

Enghien, de son hymen le seul et digne fruit,
Par lui dès son enfance à la victoire instruit[1].
L'ennemi renversé fuit et gagne la plaine ;
Le dieu lui-même cède au torrent qui l'entraîne,
Et seul, désespéré, pleurant ses vains efforts,
Abandonne à Louis la victoire et ses bords[2].

V

Gloire du roi.

Du fleuve ainsi dompté la déroute éclatante
A Wurts jusqu'en son camp va porter l'épouvante.
Wurts[3], l'espoir du pays, et l'appui de ses murs ;
Wurts... Ah ! quel nom, grand roi ! quel Hector que ce Wurts
Sans ce terrible nom, mal né pour les oreilles,
Que j'allais à tes yeux étaler de merveilles?
Bientôt on eût vu Skink[4] dans mes vers emporté
De ses fameux remparts démentir la fierté ;
Bientôt... Mais Wurts s'oppose à l'ardeur qui m'anime.
Finissons, il est temps : aussi bien, si la rime
Allait mal à propos m'engager dans Arnheim[5],
Je ne sais pour sortir de porte qu'Hildesheim[6].
Oh ! que le ciel, soigneux de notre poésie,
Grand roi, ne nous fit-il plus voisins de l'Asie !

batailles. « *(Oraison funèbre du prince de Condé.)* — Corneille, *Illusion*, acte II, scène II) fait dire à son Capitan :

> Le seul bruit de mon nom renverse les murailles,
> Défait les escadrons et gagne les batailles.

1.   Aux combats, dès l'enfance, instruit par la victoire.
(VOLTAIRE, *Henriade*, I, v. 26.)

2. Corneille avait rassemblé sur les bords du Rhin les mânes de Drusus, de Varus, de Germanicus, de Jean d'Autriche, de Farnèse, de Tolède, des Nassau, pour voir faire au roi ce qu'eux tous n'ont pu faire ; le Rhin passé, il ajoute :

> Tandis que l'escadron, fier de cette déroute,
> Mêle au sang hollandais les eaux dont il dégoutte,
> De honte et de dépit les mânes disparus
> De ces bords asservis qu'en vain ils ont courus
> Y laissent à mon roi, pour éternel trophée,
> Leurs noms ensevelis et leur gloire étouffée.

> Le vent s'est abattu, le Rhin s'est fait docile.

3. Commandant de l'armée ennemie. (BOILEAU, 1713.) — Wurts, qui commandait le camp destiné à s'opposer au passage du Rhin, s'était acquis beaucoup de réputation en défendant Cracovie pour les Suédois, contre les impériaux. Il mourut à Hambourg le 24 de mai 1676. (M. CHÉRON.)
4. Ce fort, qui passait pour imprenable, fut assiégé le 1er et pris le 21 de juin 1672. (M. CHÉRON.)
5. Ville considérable du duché de Gueldre, prise par Turenne le 14 de juin 1672. (M. CHÉRON.)
6. Petite ville de l'électorat de Trèves. (BROSSETTE.)

Bientôt victorieux de cent peuples altiers,
Tu nous aurais fourni des rimes à milliers.
Il n'est plaine en ces lieux si sèche et si stérile,
Qui ne soit en beaux mots partout riche et fertile.
Là, plus d'un bourg fameux par son antique nom
Vient offrir à l'oreille un agréable son.
Quel plaisir de te suivre aux rives du Scamandre ;
D'y trouver d'Ilion la poétique cendre !
De juger si les Grecs, qui brisèrent ses tours,
Firent plus en dix ans que Louis en dix jours !
Mais pourquoi sans raison désespérer ma veine ?
Est-il dans l'univers de plage si lointaine
Où ta valeur, grand roi, ne te puisse porter,
Et ne m'offre bientôt des exploits à chanter ?
Non, non, ne faisons plus de plaintes inutiles :
Puisqu'ainsi dans deux mois tu prends quarante villes,
Assuré des beaux vers dont ton bras me répond,
Je t'attends dans deux ans aux bords de l'Hellespont[1].

ÉPITRE V[2]

A M. DE GUILLERAGUES[3]

SECRÉTAIRE DU CABINET.

I

Boileau renonce à la satire.

Esprit né pour la cour, et maître en l'art de plaire,
Guilleragues, qui sais et parler et te taire,

---

1. *Tarare-ponpon*, ajouta Bussy-Rabutin, qui d'ailleurs écrivit une lettre où toute l'épître était amèrement censurée. Le P. Rapin et le comte de Limoges s'entremirent pour réconcilier Despréaux et Bussy qui, se craignant l'un l'autre, ne jugèrent pas à propos de continuer la querelle. (DAUNOU.) Il y a dans la *Correspondance* de Boileau une lettre à Bussy-Rabutin, du 25 de mai 1673.
Voir sur le passage du Rhin Mme de Sévigné, lettre du 3 juillet 1672 ; VOLTAIRE, *Siècle de Louis XIV*, ch. X.
2. Composée et publiée en 1674.
3. Gabriel-Joseph de Lavergne, comte de Guilleragues, secrétaire des commandements du prince de Conti, secrétaire de la chambre et du cabinet du roi, ambassadeur à la cour ottomane, né à Bordeaux, mort d'apoplexie à Constantinople le 5 de décembre 1684. On cite ses mots d'esprit. « Guilleragues disait hier que Pellisson abusait de la permission qu'ont les hommes d'être laids. » (Mme DE SÉVIGNÉ, lettre du 5 janvier 1674.) — Mme de Caylus vante son esprit et ses chansons. — Quand il partit pour Constantinople, le roi lui dit : «... Si vous voulez vous acquitter à mon gré de votre ambassade, faites tout le contraire de ce qu'a fait votre prédécesseur (M. de Nointel). — Sire, répondit-il, je ferai en sorte que Votre Majesté ne donne pas la même instruction à mon successeur. »

Apprends-moi si je dois ou me taire ou parler.
Faut-il dans la satire encor me signaler,
Et, dans ce champ fécond en plaisantes malices,
Faire encore aux auteurs redouter mes caprices?
Jadis, non sans tumulte, on m'y vit éclater,
Quand mon esprit plus jeune, et prompt à s'irriter,
Aspirait moins au nom de discret et de sage;
Que mes cheveux plus noirs ombrageaient mon visage [1].
Maintenant que le temps a mûri mes désirs,
Que mon âge, amoureux de plus sages plaisirs,
Bientôt s'en va frapper à son neuvième lustre [2],
J'aime mieux mon repos qu'un embarras illustre [3].
Que d'une égale ardeur mille auteurs animés
Aiguisent contre moi leurs traits envenimés;
Que tout, jusqu'à Pinchêne [4], et m'insulte et m'accable:
Aujourd'hui vieux lion, je suis doux et traitable [5];
Je n'arme point contre eux mes ongles émoussés.
Ainsi que mes beaux jours mes chagrins sont passés [6]:
Je ne sens plus l'aigreur de ma bile première,
Et laisse aux froids rimeurs une libre carrière.

1. Ses cheveux commençaient à blanchir. (Brossette.)
2. A la quarante et unième année. (Boileau, 1713.) — Il n'avait alors que trente-huit ans. (Brossette.) — Il était né le 1er novembre 1636, et l'épitre V fut composée en 1674.
3. *Embarras illustre*, l'expression est hardie; elle est heureuse. (Saint-Marc.) Certainement, illustre est pris dans son sens étymologique : qui *met en lumière*.
4. Pinchesne était neveu de Voiture. (Boileau, 1713.) — Estienne Martin, seigneur de Pinchesne, né à Amiens, qui, dit le Catalogue manuscrit de la Bibliothèque nationale, « s'imaginait avoir de l'esprit parce qu'il était neveu de Voiture, » a publié : *Poésies héroïques; Poésies mêlées; Amours et poésies chrétiennes*. Paris, A. Cramoisy, 1670, 1672 et 1674, in-4°; etc. « Ses poésies, ajoute le Catalogue déjà cité, n'ont rien de recommandable que la rime qui est fort froide. »
Pinchesne, peu de temps après la publication de cette épitre (1675), répondit à Boileau. Il lui dit : De quoi te plains-tu ?

> Si le commun persécuteur
> Des beaux esprits en toi je fronde,
> Je n'insulte qu'un insulteur.

5. Allusion à la fable du *Lion devenu vieux*. (Phèdre, 1, 29 ; La Fontaine, III, 14. 1668.)
6. De 1674 à 1713 on a toujours imprimé :

> Ainsi que mes chagrins mes beaux jours sont passés.
> (Berriat-Saint-Prix.)

II

Le poète s'attache à combattre ses défauts.

Ainsi donc, philosophe à la raison soumis,
Mes défauts désormais sont mes seuls ennemis [1],
C'est l'erreur que je fuis; c'est la vertu que j'aime.
Je songe à me connaître, et me cherche en moi-même :
C'est là l'unique étude où je veux m'attacher.
Que, l'astrolabe [2] en main, un autre aille chercher
Si le soleil est fixe ou tourne sur son axe,
Si Saturne à nos yeux peut faire un parallaxe [3];
Que Rohaut [4] vainement sèche pour concevoir
Comment, tout étant plein, tout a pu se mouvoir;
Ou que Bernier [5] compose et le sec et l'humide
Des corps ronds et crochus errants parmi le vide [6] :
Pour moi, sur cette mer qu'ici-bas nous courons,
Je songe à me pourvoir d'esquif et d'avirons,
A régler mes désirs, à prévenir l'orage,
Et sauver, s'il se peut, ma raison du naufrage.

C'est au repos d'esprit que nous aspirons tous,
Mais ce repos heureux se doit chercher en nous.
Un fou rempli d'erreurs, que le trouble accompagne,

---

1. C'est aussi l'idée qu'Horace développe dans la plupart de ses épitres.
2. L'astrolabe sert à mesurer la hauteur des astres au-dessus de l'horizon. Mᵐᵉ de la Sablière a dit que le poète parlait de l'astrolabe sans le connaître.
3. La parallaxe (ce mot est féminin) est la différence entre le *lieu apparent* et le *lieu véritable* d'un astre, c'est-à-dire entre la place que semble occuper l'astre vu de la surface de la terre et celle qu'il occuperait vu du centre. (Brossette.) On dit que Mᵐᵉ de la Sablière releva la faute que Boileau avait commise en faisant ce mot du masculin, et qu'elle s'attira le portrait malicieux que Boileau fit d'elle dans la Satire X.
4. Fameux cartésien. (Boileau, 1713.) Jacques Rohault, professeur de la philosophie cartésienne, gendre de Cl. Clerselier, autre cartésien, né à Amiens en 1620, mort à Paris en 1675. On a de lui un *Traité de Physique*. Paris, Thierry, 1671, in-4°.
5. Célèbre voyageur qui a composé un abrégé de la philosophie de Gassendi. (Boileau, 1713.) — François Bernier, médecin et voyageur, né à Angers, mort à Paris le 22 de septembre 1688. Il était en relation avec les personnages les plus illustres de son temps. Il a publié: *Histoire de la dernière révolution des États du Grand-Mogol*. Paris, 1670 et 1671, 3 vol. in-12; l'*Abrégé de la philosophie de Gassendi*. Lyon, 1778, 8 vol. in-12.
6. S'il y a quelque vide dans la nature, ou si tout est absolument plein, c'est une question qui a partagé les philosophes anciens et modernes, et particulièrement les deux plus célèbres philosophes du dernier siècle, Descartes et Gassendi. Notre auteur les désigne en citant leurs plus déclarés partisans. Rohaut dit avec Descartes que, tout espace étant corps, ce qu'on appelle vide serait espace et corps par conséquent, et qu'ainsi non seulement il n'y a pas de vide, mais qu'il n'y en peut pas même avoir. Bernier au contraire veut, après Gassendi que tout soit composé d'atomes indivisibles qui errent dans un espace vide infini, et que ces atomes ne puissent se mouvoir sans laisser nécessairement entre eux de petits espaces vides. (Saint-Marc.)

ÉPITRE V.

Et malade à la ville ainsi qu'à la campagne,
En vain monte à cheval pour tromper son ennui,
Le chagrin monte en croupe et galope avec lui[1].
Que crois-tu qu'Alexandre, en ravageant la terre,
Cherche parmi l'horreur, le tumulte et la guerre?
Possédé d'un ennui qu'il ne saurait dompter,
Il craint d'être à soi-même, et songe à s'éviter.
C'est là ce qui l'emporte aux lieux où naît l'aurore,
Où le Perse est brûlé de l'astre qu'il adore.

De nos propres malheurs auteurs infortunés,
Nous sommes loin de nous à toute heure entraînés.
A quoi bon ravir l'or au sein du nouveau monde?
Le bonheur, tant cherché sur la terre et sur l'onde[2],
Est ici comme aux lieux où mûrit le coco,
Et se trouve à Paris de même qu'à Cusco[3] :
On ne le tire point des veines du Potose[4].
Qui vit content de rien possède toute chose.
Mais, sans cesse ignorants de nos propres besoins[5],
Nous demandons au ciel ce qu'il nous faut le moins.

Oh! que si cet hiver un rhume salutaire,
Guérissant de tous maux mon avare beau-père,
Pouvait, bien confessé, l'étendre en un cercueil,
Et remplir sa maison d'un agréable deuil[6]!
Que mon âme, en ce jour de joie et d'opulence,
D'un superbe convoi plaindrait peu la dépense!
Disait le mois passé, doux, honnête et soumis,

---

1. Imitation d'Horace, liv. II, ode xvi.
2. Imitation d'Horace, liv. I, épît. xi, v. 28-30.
Voltaire, *Discours sur l'égalité des conditions*

> Hélas! où donc chercher, où trouver le bonheur
> En tous lieux, en tous temps, dans toute la nature
> Nulle part tout entier, partout avec mesure,
> Et partout passager, hors dans son seul auteur.

3. Capitale du Pérou. (Boileau, 1701.) — Sous les Incas; aujourd'hui c'est Lima. — On lit dans Massillon, sermon pour le jour de la Toussaint : « O hommes! pourquoi êtes-vous si ingénieux à vous rendre malheureux?... La félicité que vous cherchez coûte moins. Il ne faut ni traverser les mers ni conquérir des royaumes. Ne sortez pas de vous-mêmes, et vous serez heureux. »
4. Montagne où sont les mines d'argent les plus riches de l'Amérique. (Boileau, 1713.)
5. *Ignorants de nos propres besoins*, vieille construction latine fort usitée au xviie siècle. — Molière, *Malade imaginaire* : « Ce sont gens de difficultés (les avocats) et qui sont ignorants des détours de la conscience. » Bossuet, *Or. funèb. de la duch. d'Orl.* : « O vanité! ô néant! ô mortels ignorants de leurs destinées! » André Chénier a dit aussi : « La paix, la conscience ignorante du crime. » Élég. xxx. — En termes de palais, être ignorant du fait. Voir E. Littré, *Dictionnaire de la langue française*.
6. Imitation de Perse, sat. ii, v. 19-23.

L'héritier affamé de ce riche commis [1]
Qui, pour lui préparer cette douce journée,
Tourmenta quarante ans sa vie infortunée [2].
La mort vient de saisir le vieillard catarrheux [3] :
Voilà son gendre riche ; en est-il plus heureux ?
Tout fier du faux éclat de sa fausse richesse,
Déjà, nouveau seigneur, il vante sa noblesse.
Quoique fils de meunier, encor blanc du moulin,
Il est prêt à fournir ses titres en vélin [4].
En mille vains projets à toute heure il s'égare :
Le voilà fou, superbe, impertinent, bizarre,
Rêveur, sombre, inquiet, à soi-même ennuyeux.
Il vivrait plus content, si, comme ses aïeux,
Dans un habit conforme à sa vieille origine [5],
Sur le mulet encore il chargeait la farine.

III

Estime déréglée du peuple pour l'argent. Boileau ne partage pas cette erreur.

Mais ce discours n'est pas pour le peuple ignorant
Que le faste éblouit d'un bonheur apparent.
L'argent, l'argent, dit-on, sans lui tout est stérile :
La vertu sans l'argent n'est qu'un meuble inutile [6] ;
L'argent en honnête homme érige un scélérat ;
L'argent seul au palais peut faire un magistrat.
Qu'importe qu'en tous lieux on me traite d'infâme !
Dit ce fourbe sans foi, sans honneur et sans âme ;
Dans mon coffre tout plein de rares qualités,
J'ai cent mille vertus en louis bien comptés [7].
Est-il quelque talent que l'argent ne me donne ?
C'est ainsi qu'en son cœur ce financier raisonne [8].
Mais pour moi que l'éclat ne saurait décevoir,

---

1. Les commis étaient des personnes préposées par les fermiers des impôts à la perception des droits sur les diverses marchandises ; « qu'un commis engraissé des malheurs de la France, » va-t-il dire plus bas.
2. Imitation d'Horace, *Odes*, II, xiv, 25.
3. Dans les éditions de 1674 à 1713 on lit *catherreux*.
4. Les titres de noblesse étaient écrits sur vélin, c'est-à-dire sur une peau de veau préparée (*vitellinus*).
5. Les vêtements du gentilhomme différaient de ceux des autres citoyens ; il y avait des étoffes et des couleurs qu'ils avaient seuls le droit de porter, le rouge, par exemple.
6. Imitation d'Horace, liv. I, ép. I, v. 53-54.
7. Imitation de Juvénal, sat. I, v. 48.
8. De 1674 à 1682 : *cet avare raisonne*.

Qui mets au rang des biens l'esprit et le savoir,
J'estime autant Patru [1], même dans l'indigence,
Qu'un commis engraissé des malheurs de la France:
    Non que je sois du goût de ce sage insensé [2]
Qui, d'un argent commode esclave embarrassé,
Jeta tout dans la mer pour crier : Je suis libre.
De la droite raison je sens mieux l'équilibre ;
Mais je tiens qu'ici-bas, sans faire tant d'apprêts,
La vertu se contente et vit à peu de frais.
Pourquoi donc s'égarer en des projets si vagues?
Ce que j'avance ici, crois-moi, cher Guilleragues,
Ton ami dès l'enfance ainsi l'a pratiqué.
Mon père [3] soixante ans au travail appliqué
En mourant me laissa, pour rouler et pour vivre,
Un revenu léger [4], et son exemple à suivre.
Mais bientôt, amoureux d'un plus noble métier,
Fils, frère, oncle, cousin, beau-frère de greffier [5],
Pouvant charger mon bras d'une utile liasse,
J'allai loin du palais errer sur le Parnasse.
La famille en pâlit, et vit en frémissant
Dans la poudre du greffe un poëte naissant :
On vit avec horreur une muse effrénée
Dormir chez un greffier la grasse matinée [6].
Dès lors à la richesse il fallut renoncer :
Ne pouvant l'acquérir, j'appris à m'en passer ;
Et surtout, redoutant la basse servitude,
La libre vérité fut toute mon étude [7].

1. Fameux avocat et un des bons grammairiens de notre siècle. (BOILEAU, 1713.)
2. Aristippe fit cette action, et Diogène conseilla à Cratès, philosophe cynique, de faire la même chose. (BOILEAU, 1713.)
Imitation d'HORACE, liv. II, sat. III, v. 99-102.
3. Gilles Boileau, greffier de la grand'chambre du parlement de Paris, né à Crosne le 28 juin 1584, mort à Paris le 2 février 1657.
4. Environ 12000 écus de patrimoine dont notre auteur mit à peu près le tiers à fonds perdus sur l'hôtel de ville de Lyon, qui lui fit une rente de 1500 livres pendant sa vie. (BROSSETTE.)
5.   Moi, fille, femme, sœur et mère de vos maîtres.
              (RACINE, *Britannicus*, acte I, scène II.)
Au sujet de ce vers de Boileau, Brossette dit en substance : *frère* de Jérôme qui a eu la charge du père... *oncle* et de plus *cousin germain* par alliance de Dongois, greffier d'audience de la grand'chambre; beau-frère de Jean Dongois et de Charles Langlois.
« *Beau-frère* de M. Sirmond, qui a eu la même charge de greffier du conseil de la grand'chambre. »
6. Il était grand dormeur et se levait fort tard. (BROSSETTE.)
    Ha ! que c'est chose belle et fort bien ordonnée
    Dormir dedans un lit la grasse matinée !
           (REGNIER, sat. VI, v. 73.)
7. Jusqu'en 1713, on lit dans toutes les éditions : ... *fut mon unique étude.*

Dans ce métier funeste à qui veut s'enrichir,
Qui l'eût cru? que pour moi le sort dût se fléchir [1]?
Mais du plus grand des rois la bonté sans limite,
Toujours prête à courir au-devant du mérite,
Crut voir dans ma franchise un mérite inconnu,
Et d'abord de ses dons enfla mon revenu.
La brigue ni l'envie à mon bonheur contraires,
Ni les cris douloureux de mes vains adversaires [2],
Ne purent dans leur course arrêter ses bienfaits.
C'en est trop : mon bonheur a passé mes souhaits [3].
Qu'à son gré désormais la fortune me joue ;
On me verra dormir au branle de sa roue [4].
Si quelque soin encore agite mon repos,
C'est l'ardeur de louer un si fameux héros.
Ce soin ambitieux me tirant par l'oreille,
La nuit, lorsque je dors, en sursaut me réveille,
Me dit que ces bienfaits, dont j'ose me vanter,
Par des vers immortels ont dû se mériter.
C'est là le seul chagrin qui trouble encor mon âme.
Mais si, dans le beau feu du zèle qui m'enflamme,
Par un ouvrage enfin des critiques vainqueur
Je puis sur ce sujet satisfaire mon cœur,
Guilleragues, plains-toi de mon humeur légère,
Si jamais, entraîné d'une ardeur étrangère,
Ou d'un vil intérêt reconnaissant la loi,
Je cherche mon bonheur autre part que chez moi.

1. Ponctuation de 1674 à 1801. Elle nous paraît préférable à la virgule mise depuis 1713. (BERRIAT-SAINT-PRIX.)
Racine, *Andromaque*, I.
> Qui l'eût cru, qu'un rivage à mes vœux si funeste
> Présenterait d'abord Pylade aux yeux d'Oreste?

2. Le roi ayant donné une pension de 2000 livres à l'auteur, un seigneur de la cour, qui n'aimait pas M. Despréaux, s'avisa de dire que bientôt le roi donderait des pensions aux voleurs de grand chemin. Le roi sut cette réponse et en fut irrité. Celui qui l'avait faite fut obligé de la désavouer. (SAINT-MARC.) — Cizeron-Rival, *Anecdotes littéraires*, p. 177, dit, d'après Brossette, que c'est le duc de Montausier.

3. Imitation d'HORACE, liv. II, sat. VI, v. 1.

4.
> Ainsi de notre espoir la fortune se joue :
> Tout s'élève et s'abaisse au branle de sa roue.
> (CORNEILLE, *Illusion comique*, acte V, scène V.)

> Avec quelle constance au branle de sa roue,
> La fortune ennemie et me berce et me joue.
> (REGNARD, *le Légataire* (1708), acte IV, scène VIII.)

Parny a dit avec moins de bonheur :
> Je regarde avec un souris
> Cette fortune qui se joue
> En tourmentant ses favoris ;
> Et j'abaisse un œil de mépris
> Sur l'inconstance de sa roue.

ÉPITRE VI [1]

A MONSIEUR DE LAMOIGNON [2]
AVOCAT GÉNÉRAL.

I

Description de la campagne où Boileau fuit les chagrins de la ville.

Oui, Lamoignon, je fuis les chagrins de la ville [3],
Et contre eux la campagne est mon unique asile.
Du lieu qui m'y retient veux-tu voir le tableau ?
C'est un petit village [4] ou plutôt un hameau,
Bâti sur le penchant d'un long rang de collines,
D'où l'œil s'égare au loin dans les plaines voisines,
La Seine, au pied des monts que son flot vient laver,
Voit du sein de ses eaux vingt îles s'élever,
Qui, partageant son cours en diverses manières,
D'une rivière seule y forment vingt rivières.
Tous ses bords sont couverts de saules non plantés,
Et de noyers souvent du passant insultés [5].
Le village au-dessus forme un amphithéâtre :
L'habitant ne connaît ni la chaux ni le plâtre ;

---

1. Composée en 1677. Cf. HORACE, livre II, satire VI. — M. Sainte-Beuve la caractérise ainsi : « Il devait donner peu après la riante épître à M. de Lamoignon. » — Boileau était allé passer une partie de l'été à la campagne. Il y reçut une lettre de M. l'avocat général de Lamoignon qui lui reprochait sa trop longue absence de Paris et l'exhortait à y revenir promptement.

2. Chrétien-François de Lamoignon de Basville, depuis président à mortier (1698), fils de Guillaume de Lamoignon, premier président du parlement de Paris. (BOILEAU, 1713.) — Il était né à Paris le 26 de juin 1644 et mourut le 7 d'août 1709.

3. Regnard nous explique ce que c'est que ces chagrins de la ville, qu'il fuit lui aussi, dans sa maison au bout de la rue de Richelieu ; il dit :

> Dans le sein fortuné de ce réduit tranquille,
> Je ne veux point savoir ce qu'on fait dans la ville ;
> J'ignore si Paris fait des feux pour la paix ;
> Mes yeux n'y voient point un maudit Bourvalais
> Dans un char surdoré jouir avec audace
> Des indignes regards dont chacun le menace.
> Je n'entends point crier tant de nouveaux écrits
> De l'avare cerveau de ... sortis.

Voir aussi le *Misanthrope*, acte III, scène VII.

4. Hautile, petite seigneurie près de la Roche-Guyon, appartenant à mon neveu, l'illustre M. Dongois, greffier en chef du parlement. (BOILEAU, 1713.) — Aujourd'hui Haute-Isle, département de Seine-et-Oise, arrondissement de Mantes, canton de Magny, 195 habitants. (M. CHÉRON.)
C'est de ce neveu que Voltaire a dit :

> Chez ton neveu Dongois je passai mon enfance.
> Bon bourgeois, qui se crut un homme d'importance.

5. Imitation d'OVIDE, sur le noyer.

Et dans le roc, qui cède et se coupe aisément,
Chacun sait de sa main creuser son logement [1].
La maison du seigneur, seule un peu plus ornée [2],
Se présente au dehors de murs environnée.
Le soleil en naissant la regarde d'abord,
Et le mont la défend des outrages du nord.

C'est là, cher Lamoignon, que mon esprit tranquille
Met à profit les jours que la Parque me file.
Ici, dans un vallon bornant tous mes désirs,
J'achète à peu de frais de solides plaisirs.
Tantôt, un livre en main, errant dans les prairies,
J'occupe ma raison d'utiles rêveries [3] :
Tantôt, cherchant la fin d'un vers que je construi [4],
Je trouve au coin d'un bois le mot qui m'avait fui ;
Quelquefois, aux appas [5] d'un hameçon perfide,
J'amorce en badinant le poisson trop avide ;
Ou d'un plomb qui suit l'œil, et part avec l'éclair [6],
Je vais faire la guerre aux habitants de l'air.
Une table au retour, propre et non magnifique,
Nous présente un repas agréable et rustique.

1. Ce roc est une espèce de craie blanche très tendre. Il existe encore quelques édifices de ce genre, mais le plus remarquable est l'église creusée en entier dans le même roc aux frais de Dongois et de son épouse, seigneurs du lieu. (BERRIAT-SAINT-PRIX.) — On y lit encore une inscription qui atteste le fait.
2. En 1785 il existait à peine quelques vestiges de la maison habitée par Dongois. (SAINT-SURIN.)
3. Suivant Brossette, Boileau lisait alors les *Essais* de Montaigne. Cela n'est pas nécessaire à supposer pour expliquer le mot ds *rêveries*.
4. Nous avons déjà parlé de cette manière d'écrire la première personne des verbes qui se terminent aujourd'hui par *s* à cette même personne ; c'était une liberté qui rappelait l'ancienne conjugaison française où l's caractérisait la seconde personne.
5. Texte de 1683 à 1713. (BERRIAT-SAINT-PRIX.) — On lit dans beaucoup d'éditions modernes *appâts;* c'est sous cette forme que Littré cite ce vers. Voici ce qu'il dit de ce mot : « *Appas* est le pluriel de *appât*. L'ancienne orthographe était *appast;* au pluriel, *appasts* ou *appas*. La faute a été de faire de ce mot unique deux mots différents. De là toutes sortes d'irrégularités qu'on trouve dans les auteurs ; d'abord la plus forte de toutes, qui est *appas* au singulier. « Qui dort en sûreté sur un pareil *appas*. » (MOL., *Ecole des Femmes*.) Puis *appas*, dit pour *appâts*, mais ceci n'est qu'une affaire d'orthographe... « Ce blé couvrait d'un lacs les menteurs et traitres *appas*. » (LA FONTAINE, *Fables*, IX, II.) Le seul remède aujourd'hui à apporter à la confusion serait d'assigner à *appas*, substantif pluriel, le sens spécial de beautés qui attirent ; puis, cela fait, de ne voir aucune différence entre *appas* et *appâts*, au pluriel, pour signifier ce qui amorce, ce qui charme, ce qui attire ; fusion qui, ne faisant que rétablir la réalité du fait, aurait l'avantage d'ôter l'apparence d'irrégularité au cas où nos bons auteurs ont dit *appas*, ce que nous disons aujourd'hui *appâts*. » (*Dictionnaire de la langue française*.)
6. Delille, *l'Homme des champs*, page 44 :

    Aux habitants de l'air faut-il livrer la guerre
    Le chasseur prend son tube, image du tonnerre,
    Il l'élève au niveau de l'œil qui le conduit :
    Le coup part, l'éclair brille et la foudre le suit.

Là, sans s'assujettir aux dogmes de Broussain [1],
Tout ce qu'on boit est bon, tout ce qu'on mange est sain ;
La maison le fournit, la fermière l'ordonne [2],
Et mieux que Bergerat [3] l'appétit l'assaisonne.
O fortuné séjour ! ô champs aimés des cieux !
Que, pour jamais foulant vos prés délicieux,
Ne puis-je ici fixer ma course vagabonde [4],
Et connu de vous seuls, oublier tout le monde [5] !

II
Les tracas de la ville.

Mais à peine, du sein de vos vallons chéris
Arraché malgré moi, je rentre dans Paris,
Qu'en tous lieux les chagrins m'attendent au passage.
Un cousin, abusant d'un fâcheux parentage [6],
Veut qu'encor tout poudreux, et sans me débotter,
Chez vingt juges pour lui j'aille solliciter :
Il faut voir de ce pas les plus considérables ;
L'un demeure au Marais et l'autre aux Incurables [7].

1. René Brulart, comte de Broussin, fils de Louis Brulart, seigneur du Broussin et du Rancher, et de Madeleine Colbert. Il était fort habile dans l'art de la bonne chère. C'était lui qui se piquait de donner des repas d'érudition, de sentir dans une omelette le goût des champignons foulés par le pied d'une mule. Broussin est la forme ordinaire.
2. Imitation de MARTIAL, liv. I, épigr. LVI.
3. Fameux traiteur. (BOILEAU, 1713.) — Il demeurait rue des Bons-Enfants, l'enseigne des Bons-Enfants. (SAINT-SURIN.)
4. Imitation d'HORACE, liv. II, sat. VI, v. 60-62.
La Fontaine a dit de la solitude, dans le songe d'un *habitant du Mogol :*

> Lieux que j'aimai toujours, ne pourrai-je jamais
> Loin du monde et du bruit goûter l'ombre et le frais !
> Oh ! qui m'arrêtera sous vos sombres asiles !
> Quand pourront les neuf Sœurs, loin des cours et des villes,
> M'occuper tout entier !

5. Imitation d'HORACE, liv. I, ép. VI, v. 9.
Voici l'imitation de ces vers faite par Delille, *l'Homme des champs*

> O champs ! ô mes amis ! Quand vous verrai-je encore ?
> Quand pourrai-je, tantôt goûtant un doux sommeil,
> Et des bons vieux auteurs amusant mon réveil,
> Tantôt ornant sans art mes rustiques demeures,
> Tantôt laissant couler mes indolentes heures,
> Boire l'heureux oubli des soins tumultueux,
> Ignorer les humains, et vivre ignoré d'eux ?
> (Chant IV, p. 118.)

6. Brossette veut qu'il s'agisse ici de Balthazar Boileau en particulier ; cela n'est pas nécessaire. — Racine, dans une de ses lettres à Boileau, XV, lui dit : « *Un cousin abusant d'un fâcheux parentage,* est venu malheureusement me voir, et il ne fait que de sortir de chez moi. »
7. Imitation d'HORACE, liv. II, ép. II, v. 68.
L'hospice des Incurables, consacré aujourd'hui exclusivement aux femmes, est rue de Sèvres, 54. Il a été élevé en 1636, par l'architecte Dubois, sur des terrains appartenant à l'Hôtel-Dieu de Paris, au moyen de legs et donations de diverses personnes, surtout du cardinal de la Rochefoucauld. (M. CHÉRON.)

Je reçois vingt avis qui me glacent d'effroi :
Hier, dit-on, de vous on parla chez le roi,
Et d'attentat horrible on traita la satire.
— Et le roi, que dit-il ? — Le roi se prit à rire [1].
Contre vos derniers vers on est fort en courroux.
Pradon a mis au jour un livre contre vous [2] ;
Et, chez le chapelier du coin de notre place,
Autour d'un caudebec [3] j'en ai lu la préface.
L'autre jour sur un mot la cour vous condamna ;
Le bruit court qu'avant-hier on vous assassina [4] ;
Un écrit scandaleux [5] sous votre nom se donne :
D'un pasquin qu'on a fait, au Louvre on vous soupçonne [6].
— Moi ? — Vous : on nous l'a dit dans le Palais-Royal [7].
    Douze ans [8] sont écoulés depuis le jour fatal
Qu'un libraire, imprimant les essais de ma plume,
Donna, pour mon malheur, un trop heureux volume.
Toujours, depuis ce temps, en proie aux sots discours [9],
Contre eux la vérité m'est un faible secours.
Vient-il de la province une satire fade,
D'un plaisant du pays insipide boutade,
Pour la faire courir on dit qu'elle est de moi ;
Et le sot campagnard le croit de bonne foi [10].

1. Le duc de Montausier ne se lassait point de blâmer les satires de notre poète. Un jour le roi, peu touché des censures que ce seigneur en faisait, se prit à rire et lui tourna le dos. Notre auteur n'avait garde de manquer à faire usage d'un fait qui lui faisait honneur. Quand il récita cette épître au roi, Sa Majesté remarqua principalement cet endroit, et se mit encore à rire. (SAINT-MARC.)
Imitation d'Horace, liv. II, sat. I, v. 82-86.
2. C'est la préface de sa *Phèdre*, toute contre Boileau et Racine, qui a paru en 1677, six ans avant les épîtres VI et VII.
3. Sorte de chapeaux de laine qui se font à Caudebec en Normandie. (BOILEAU, 1713.) — De 1683 à 1697 : *A l'entour d'un castor;* cela fut corrigé sur l'avis de Pradon. (BERRIAT-SAINT-PRIX.)
4. L'abbé Tallemant avait fait courir ce bruit, et Pradon avait dit à la table du premier président de Rouen, Pellot, que Boileau avait reçu des coups de bâton. (SAINT-MARC.) — *Hier*, dans ce vers, n'a qu'une syllabe, tandis que Boileau lui en a donné deux au vers 52 et au vers 19 de la satire III. « C'est, disait-il, parce que le mot *hier* ne serait pas assez soutenu si on ne le faisait que d'une syllabe quand il est seul, au lieu qu'il est assez soutenu quand il est joint à un autre mot, comme *avant-hier.* » (BROSSETTE.)
5. Un écrit satirique contre le duc de Nevers. (BROSSETTE.) — C'est un sonnet sur les mêmes rimes que celui que Mme Deshoulières avait fait sur la *Phèdre* de Racine.
6. « *Pasquin,* nom d'une statue mutilée, en marbre, qui est au coin du palais des Ursins, à Rome, et à laquelle on attache des satires et des railleries en vers ou en prose. » (E. LITTRÉ, *Dictionnaire de la langue française.*) De là écrit satirique.
7. Allusion aux nouvellistes qui s'assemblent dans le jardin de ce palais. (BOILEAU, 1713.)
8. La première édition des *Satires* a paru en mars 1666.
9. V. HORACE, liv. II, sat. VI, v. 40-45.
10. C'est ainsi qu'aux eaux de Bourbon un capucin le félicitait d'une méchante

J'ai beau prendre à témoin et la cour et la ville :
— Non ; à d'autres, dit-il ; on connaît votre style.
Combien de temps ces vers vous ont-ils bien coûté ?
— Ils ne sont point de moi, Monsieur, en vérité :
Peut-on m'attribuer ces sottises étranges ?
— Ah ! Monsieur, vos mépris vous servent de louanges [1].

Ainsi de cent chagrins dans Paris accablé,
Juge si, toujours triste, interrompu, troublé,
Lamoignon, j'ai le temps de courtiser les Muses.
Le monde cependant se rit de mes excuses,
Croit que, pour m'inspirer sur chaque événement,
Apollon doit venir au premier mandement.

III

Le public ne veut pas que Boileau reste insensible à la gloire du roi.

Un bruit court que le roi va tout réduire en poudre,
Et dans Valencienne est entré comme un foudre ;
Que Cambrai, des Français l'épouvantable écueil,
A vu tomber enfin ses murs et son orgueil [2] !
Que, devant Saint-Omer, Nassau, par sa défaite,
De Philippe vainqueur rend la gloire complète [3].
Dieu sait comme les vers chez vous s'en vont couler !
Dit d'abord un ami qui veut me cajoler [4],
Et, dans ce temps guerrier et fécond en Achilles,
Croit que l'on fait des vers comme l'on prend les villes ;
Mais moi, dont le génie est mort en ce moment,

---

satire contre le mariage. Plus Boileau désavouait cet écrit ridicule, plus le capucin s'obstinait à le louer sur sa modestie.

1. Gacon (*Epître à Fléchère*) dit à ce sujet :

En vain même Boileau désavoue aujourd'hui
Mille insipides vers qui ne sont pas de lui ;
Il sufût qu'on les voie imprimés dans son livre,
Et que pour vrais Boileau le marchand vous les livre ;
Mille faux connaisseurs, les croyant de sa main,
Admirent sous son nom le plus froid écrivain.

2. Valenciennes fut assiégée et emportée d'assaut en mars 1677 ; Cambrai fut pris le 17 d'avril 1677, après vingt jours de siège.

3. La bataille de Cassel, gagnée par Monsieur, Philippe de France, frère unique du roi, en 1677 (le 11 d'avril). (Boileau, 1713.) — Après la victoire de Cassel, Monsieur reprit le siège interrompu de Saint-Omer, qui capitula le 20 d'avril.

4. *Cajoler*, employer des paroles, des manières caressantes pour gagner quelqu'un. De 1683 à 1701, il y avait *cageole*. L'étymologie de ce mot est rendue plus sensible par cette orthographe. *Cageole*, petite *cage*. Espagnol, *gayola* ; portugais, *gaiola* (geôle). — Traiter comme un oiseau qui est en cage, ou plutôt chanter comme un oiseau qui est en cage, et de là flatter ; car *cageoler* a aussi signifié *chanter*. (V. Littré, *Dictionnaire de la langue française*.)

Je ne sais que répondre à ce vain compliment ;
Et, justement confus de mon peu d'abondance,
Je me fais un chagrin du bonheur de la France.

IV

Le vrai bonheur.

Qu'heureux est le mortel qui, du monde ignoré,
Vit content de soi-même en un coin retiré !
Que l'amour de ce rien qu'on nomme renommée
N'a jamais enivré d'une vaine fumée ;
Qui de sa liberté forme tout son plaisir,
Et ne rend qu'à lui seul compte de son loisir[1] !
Il n'a point à souffrir d'affronts ni d'injustices,
Et du peuple inconstant il brave les caprices.
Mais nous autres faiseurs de livres et d'écrits,
Sur les bords du Permesse aux louanges nourris[2],
Nous ne saurions briser nos fers et nos entraves,
Du lecteur dédaigneux honorables esclaves.
Du rang où notre esprit une fois s'est fait voir,
Sans un fâcheux éclat nous ne saurions déchoir.
Le public, enrichi du tribut de nos veilles,
Croit qu'on doit ajouter merveilles sur merveilles.
Au comble parvenus il veut que nous croissions :
Il veut en vieillissant que nous rajeunissions[3].

---

1. O bienheureux celui qui peut de sa mémoire
 Effacer pour jamais les vains désirs de gloire
 Dont l'inutile soin traverse nos plaisirs,
 Et qui, loin retiré de la foule importune,
 Vivant dans sa maison, content de sa fortune,
 A selon son pouvoir mesuré ses désirs.
    (RACAN, *Stances sur la retraite.*)

2. *Nourrir, nourriture* signifiaient encore au XVIIe siècle *élever, éducation.*
« Parmi de si bonnes lois, ce qu'il y ait de meilleur, c'est que tout le monde
était *nourri* dans l'esprit de les observer... les pères *nourrissaient* leurs enfants
dans cet esprit. » (BOSSUET, *Hist. univ.*, 3e partie, ch. III et V.) — *Aux* était employé avec le sens de *dans*, de *par :*

 Et laver mon offense *au* sang d'un scélérat.
    (MOL., *Amph.*, III, v.)

 Aux ballades surtout vous êtes admirable.
    (ID., *Femmes sav.*, III.)

3. Il veut que ses dehors gardent un même cours,
 Qu'ayant fait un miracle elle en fasse toujours :
 Après une action pleine, haute, éclatante,
 Tout ce qui brille moins remplit mal son attente :
 Il veut qu'on soit égal en tout temps, en tous lieux ;
 Il n'examine point si lors on pouvait mieux,
 Ni, que, s'il ne voit pas sans cesse une merveille,
 L'occasion est moindre et la vertu pareille :

Cependant tout décroît ; et moi-même, à qui l'âge
D'aucune ride encor n'a flétri le visage [1],
Déjà moins plein de feu, pour animer ma voix,
J'ai besoin du silence et de l'ombre des bois [2] :
Ma muse, qui se plaît dans leurs routes perdues,
Ne saurait plus marcher sur le pavé des rues.
Ce n'est que dans ces bois, propres à m'exciter,
Qu'Apollon quelquefois daigne encor m'écouter.

V

Boileau explique son absence de Paris. Éloge de Lamoignon.

Ne demande donc plus par quelle humeur sauvage,
Tout l'été, loin de toi, demeurant au village,
J'y passe obstinément les ardeurs du Lion [3],
Et montre pour Paris si peu de passion.
C'est à toi, Lamoignon, que le rang, la naissance,
Le mérite éclatant et la haute éloquence
Appellent dans Paris aux sublimes emplois,
Qu'il sied bien d'y veiller pour le maintien des lois.
Tu dois là tous tes soins au bien de ta patrie :
Tu ne t'en peux bannir que l'orphelin ne crie [4],
Que l'oppresseur ne montre un front audacieux ;
Et Thémis pour voir clair a besoin de tes yeux.
Mais pour moi, de Paris citoyen inhabile,
Qui ne lui puis fournir qu'un rêveur inutile,
Il me faut du repos, des prés et des forêts.
Laisse-moi donc ici, sous leurs ombrages frais,
Attendre que septembre ait ramené l'automne,

> Son injustice accable et détruit les grands noms ;
> L'honneur des premiers faits se perd par les seconds ;
> Et quand la renommée a passé l'ordinaire,
> Si l'on n'en veut déchoir, il ne faut plus rien faire.
> (CORNEILLE, *Horace*, acte V, scène I)

1. Il était dans sa quarante et unième année.
2. Voir la note du vers 81.
3. Le soleil passe dans le signe du *Lion* du 23 juillet au 23 août.
4. *Tu ne t'en peux bannir*, la multiplicité des *t* rend ces vers durs. (LE BRUN.)
— J.-B. Rousseau a imité ce passage :

> Ministre de la paix, qui gouvernez les rênes
> D'un empire puissant autant que glorieux,
> Vous ne pouvez longtemps vous dérober aux chaînes
>   De vos emplois laborieux.
> Bientôt l'État privé d'une de ses colonnes
> Se plaindrait d'un repos qui trahirait le sien,
> L'orphelin vous crierait : Hélas ! tu m'abandonnes !
>   Je perds mon plus ferme soutien.
>   (Livre II, ode VII, à S. A. M. le comte de Zinzindorf.

Et que Cérès contente ait fait place à Pomone.
Quand Bacchus comblera de ses nouveaux bienfaits
Le vendangeur ravi de ployer sous le faix,
Aussitôt ton ami, redoutant moins la ville,
T'ira joindre à Paris, pour s'enfuir à Bâville [1].
Là, dans le seul loisir que Thémis t'a laissé,
Tu me verras souvent à te suivre empressé,
Pour monter à cheval rappelant mon audace,
Apprenti cavalier galoper sur ta trace [2].
Tantôt sur l'herbe assis, au pied de ces coteaux
Où Polycrène [3] épand ses libérales eaux,
Lamoignon, nous irons, libres d'inquiétude,
Discourir des vertus dont tu fais ton étude [4];
Chercher quels sont les biens véritables ou faux,
Si l'honnête homme en soi doit souffrir des défauts;
Quel chemin le plus droit à la gloire nous guide,
Ou la vaste science, ou la vertu solide [5].

1. Maison de campagne de M. de Lamoignon. (BOILEAU, 1713.) — C'est une seigneurie considérable, à 9 lieues de Paris, du côté de Chartres et d'Etampes. (SAINT-MARC.) — C'est aujourd'hui un hameau de soixante-seize habitants, dépendant de la commune de Saint-Chéron, département de Seine-et-Oise, arrondissement de Rambouillet. (M. CHÉRON.) — M. Sainte-Beuve, dans une épître à madame la comtesse Molé, intitulée : *La Fontaine de Boileau*, a dit :

> Dans les jours d'autrefois qui n'a chanté Bâville ?
> Quand septembre apparu délivrait de la ville
> Le grave parlement assis depuis dix mois,
> Bâville se peuplait des hôtes de son choix,
> Et, pour mieux animer son illustre retraite,
> Lamoignon conviait et savant et poète.
> Mais voici Despréaux, amenant sur ses traces
> L'agrément sérieux, l'à-propos et les grâces.

2. Ce vers est bien expressif.
3. Fontaine à une demi-lieue de Bâville, ainsi nommée par feu M. le premier président de Lamoignon. (BOILEAU, 1713.) — Le nom de cette fontaine est formé de deux mots grecs; plusieurs poètes l'ont chantée, entre autres le P. Commire et le P. Rapin.

> La fontaine en tes vers Polycrène épanchée
> Que le vieux villageois nomme aussi la Rachée.
> (SAINTE-BEUVE.)

4.
> Aux humains inconnu, libre d'inquiétude,
> C'est là que de lui-même il faisait son étude.
> (VOLTAIRE, *Henriade*, I, v. 201.)

5. Imitation d'Horace, liv. II, sat. VI, v. 72-76.
M. Sainte-Beuve, cité plus haut, dit encore :

> Mais aujourd'hui laissons tout sujet de satire ;
> A Bâville aussi bien on t'en eût vu sourire,
> Et tu tâchais plutôt d'en détourner le cours.
> Avide d'ennoblir tes tranquilles discours,
> De chercher, tu l'as dit, sous quelque frais ombrage,
> Comme en un Tusculum, les entretiens du sage,
> Un concert de vertu, d'éloquence et d'honneur,
> Et quel vrai but conduit l'honnête homme au bonheur.
> Ainsi donc ce jour-là, venant de ta fontaine,
> Nous suivions au retour les étangs et la plaine ;
> Nous foulions lentement ces doux prés arrosés, etc., etc.
> (SAINTE-BEUVE, *Pensées d'août*.)

C'est ainsi que chez toi tu sauras m'attacher,
Heureux si les fâcheux, prompts à nous y chercher,
N'y viennent point semer l'ennuyeuse tristesse!
Car, dans ce grand concours d'hommes de toute espèce,
Que sans cesse à Bâville attire le devoir,
Au lieu de quatre amis qu'on attendait le soir,
Quelquefois de fâcheux arrivent trois volées,
Qui du parc à l'instant assiègent les allées.
Alors, sauve qui peut! et quatre fois heureux
Qui sait pour s'échapper quelque antre ignoré d'eux!

ÉPITRE VII[1]

A MONSIEUR RACINE[2]

I

Éloge du talent de Racine.

Que tu sais bien, Racine, à l'aide d'un acteur,
Émouvoir, étonner, ravir un spectateur!
Jamais Iphigénie, en Aulide immolée[3],

---

1. Composée en 1677.
2. Jean Racine, né à la Ferté-Milon en 1639, reçu à l'Académie française en 1673, mort le 22 avril 1699. Les comédiens de l'hôtel de Bourgogne avaient représenté la *Phèdre* de Racine le premier jour de l'année 1677; deux jours après, Pradon fit représenter la sienne sur le théâtre de la troupe du roi. Le duc de Nevers, la duchesse de Bouillon, sa sœur, qui n'aimaient pas Racine, n'oublièrent rien de ce qui pouvait procurer un succès brillant à son rival. Quelque mauvaise que fût sa tragédie, elle parut avec éclat et se soutint pendant quelque temps. Enfin le public ouvrit les yeux. La *Phèdre* de Pradon tomba dans un mépris si général, qu'on ne l'a plus osé faire paraître depuis. Mais Racine éprouva un grand chagrin de cette injustice, et renonça au théâtre. Cette épître a pour objet de le consoler. Voici le sonnet qui courut dans Paris à l'occasion de la *Phèdre* de Racine. Il était de madame Deshoulières, on l'attribua d'abord au duc de Nevers :

> Dans un fauteuil doré, Phèdre tremblante et blême
> Dit des vers où d'abord personne n'entend rien;
> Sa nourrice lui fait un sermon fort chrétien
> Contre l'affreux dessein d'attenter sur soi-même.
>
> Hippolyte la hait presque autant qu'elle l'aime :
> Rien ne change son cœur ni son chaste maintien.
> La nourrice l'accuse; elle s'en punit bien :
> Thésée a pour son fils une rigueur extrême.
>
> Il meurt enfin, traîné par ses coursiers ingrats;
> Et Phèdre, après avoir pris de la mort aux rats,
> Vient, en se confessant, mourir sur le théâtre.

3. *Iphigénie* fut représentée en 1674. — Le sacrifice de la fille d'Agamemnon et de Clytemnestre avait été mis à la scène par Euripide. Le grec, dans cet auteur, ἐν Αὐλίδι porte, *à Aulis*. L'*Aulide* n'était pas une province, Aulis n'était qu'une bourgade, ayant un port sur l'Euripe entre l'Eubée et la Béotie.

N'a coûté tant de pleurs à la Grèce assemblée,
Que dans l'heureux spectacle à nos yeux étalé [1]
En a fait sous son nom verser la Champmêlé [2].
Ne crois pas toutefois, par tes savants ouvrages [3],
Entraînant tous les cœurs, gagner tous les suffrages.
Sitôt que d'Apollon un génie inspiré
Trouve loin du vulgaire un chemin ignoré,
En cent lieux contre lui les cabales s'amassent;
Ses rivaux obscurcis autour de lui croassent [4],
Et son trop de lumière importunant les yeux
De ses propres amis lui fait des envieux ;
La mort seule ici-bas, en terminant sa vie,
Peut calmer sur son nom l'injustice et l'envie [5],
Faire au poids du bon sens peser tous ses écrits,
Et donner à ses vers leur légitime prix.

II

Hommage à Molière. Les effets de l'Envie.

Avant qu'un peu de terre obtenu par prière,
Pour jamais sous la tombe eût enfermé Molière [6],

---

1. *Etaler* se dit quelquefois dans le sens de faire paraître sur le théâtre, mais il s'y ajoute toujours une idée d'éclat et de solennité. « Ces beautés... ont fait leur effet en ma faveur, mais je me ferais scrupule d'en *étaler* de pareilles à l'avenir sur notre théâtre. » (Corn., *Cid exam.*)

> Voulez-vous sur la scène étaler des ouvrages
> Où tout Paris en foule apporte ses suffrages?
> (Boileau, *Art poét.*, II.)

2. Célèbre comédienne. (Boileau, 1713.) — Marie Desmares, fille d'un président au parlement de Rouen, née dans cette ville en 1644, morte à Auteuil en 1698. Elle épousa un acteur du théâtre de Rouen, Charles Chevillet, sieur de Champmeslé, et débuta avec lui, en 1669, au théâtre du Marais, à Paris; ils passèrent de là au théâtre de l'hôtel de Bourgogne, puis à celui de la rue Guénégaud.

3. *Savants*, bien composés, fruit d'un art supérieur et consommé.

4. « Je ne doute point que le public ne soit étourdi et fatigué d'entendre, depuis quelques années, de vieux corbeaux croasser autour de ceux qui, d'un vol libre et d'une plume légère, se sont élevés à quelque gloire par leurs écrits. » (La Bruyère, *Discours à l'Académie française*, préface.)

> Or, à présent que le Parnasse
> Est vilainement infesté,
> Ce n'est plus qu'un mont déserté
> Où maint et maint corbeau croasse.
> (La Fare, à *Rousseau*.)

5. Imitation d'Horace, liv. III, ode xxiv, v. 31-32; liv. II, ép. i, v. 12-14; de Properce, liv. III, élégie i, v. 21-24; d'Ovide, *Amours*, liv. I, élégie xv, v. 39-40.

6. Molière étant mort (le 15 février 1673), les comédiens se disposaient à lui faire un convoi magnifique; mais M. de Harlay, archevêque, ne voulut pas permettre qu'on l'inhumât. (En sa qualité de comédien Molière était soumis à l'excommunication.) Sur les prières de la femme de Molière, le roi fit dire à ce prélat qu'il fît en sorte d'éviter l'éclat et le scandale. M. l'archevêque révoqua donc sa défense, à condition que l'enterrement serait fait sans pompe et sans bruit. Il fut fait par deux prêtres qui accompagnèrent le corps sans chanter; et on l'enterra

Mille de ces beaux traits aujourd'hui si vantés
Furent des sots esprits sous nos yeux rebutés.
L'ignorance et l'erreur à ces naissantes pièces,
En habits de marquis, en robes de comtesses [1],
Venaient pour diffamer son chef-d'œuvre nouveau,
Et secouaient la tête à l'endroit le plus beau.
Le commandeur [2] voulait la scène plus exacte [3].
L'un, défenseur zélé des bigots mis en jeu,
Pour prix de ses bons mots le condamnait au feu [4];
L'autre, fougueux marquis, lui déclarant la guerre,
Voulait venger la cour immolée au parterre [5].
Mais, sitôt que d'un trait de ses fatales mains,
La Parque l'eut rayé du nombre des humains,
On reconnut le prix de sa muse éclipsée.
L'aimable comédie, avec lui terrassée,

dans le cimetière qui est derrière la chapelle de saint Joseph, dans la rue Montmartre. Tous ses amis y assistèrent, ayant chacun un flambeau à la main. (BROSSETTE.)

1. Molière s'en est bien vengé dans la *Critique de l'École des femmes*, scène III :
CLIMÈNE. Hé ! de grâce, ma chère, faites-moi vite donner un siège. — URANIE. à Galopin. Un fauteuil promptement. — CLIMÈNE. Ah ! mon Dieu ! — URANIE. Qu'est-ce donc ? — CLIMÈNE. Je n'en puis plus. — URANIE. Qu'avez-vous ? — CLIMÈNE. Le cœur me manque. — URANIE. Sont-ce des vapeurs qui vous ont prise ? — CLIMÈNE. Non. — URANIE. Voulez-vous qu'on vous délace ? — CLIMÈNE. Mon Dieu, non. Ah ! — URANIE. Quel est donc votre mal, et depuis quand vous a-t-il prise ? — CLIMÈNE. Il y a plus de trois heures, et je l'ai rapporté du Palais-Royal. — URANIE. Comment ? — CLIMÈNE. Je viens de voir, pour mes péchés, cette méchante rapsodie de *l'École des femmes*. Je suis encore en défaillance du mal de cœur que cela m'a donné, et je pense que je n'en reviendrai de plus de quinze jours...
Scène V. LE MARQUIS. Sur quoi en étiez-vous, Mesdames, lorsque je vous ai interrompues ? — URANIE. Sur la comédie de *l'École des femmes*. — CLIMÈNE. Hé bien, Monsieur, comment la trouvez-vous, s'il vous plaît ? — LE MARQUIS. Tout à fait impertinente. — CLIMÈNE. Ah ! que j'en suis ravie ! — LE MARQUIS. C'est la plus méchante du monde. Comment, diable ! à peine ai-je pu trouver place. J'ai pensé être étouffé à la porte, et jamais on ne m'a tant marché sur les pieds. Voyez comme mes canons et mes rubans en sont ajustés, de grâce. »
2. Le commandeur de Souvré.
3. Du Broussin, ami du commandeur, pour lui faire sa cour, sortit un jour de *l'École des femmes*, au second acte, en disant tout haut qu'il ne savait pas comment on pouvait avoir la patience d'écouter une pièce où l'on violait ainsi les règles. (SAINT-MARC.)
4. MM. Daunou et Amar pensent que Boileau veut désigner Bourdaloue.
5. « Tu es donc, marquis, de ces messieurs du bel air, qui ne veulent pas que le parterre ait du sens commun, et qui seraient fâchés d'avoir ri avec lui, fût-ce de la meilleure chose du monde ? Je vis l'autre jour, sur le théâtre, un de nos amis, qui se rendit ridicule par là. Il écouta toute la pièce avec un sérieux le plus sombre du monde, et tout ce qui égayait les autres ridait son front. A tous les éclats de risée, il haussait les épaules, et regardait le parterre en pitié, et quelquefois aussi, le regardant avec dépit, il lui disait tout haut : *Ris donc, parterre, ris donc*. Ce fut une seconde comédie que le chagrin de notre ami. Il la donna en galant homme à toute l'assemblée, et chacun demeura d'accord qu'on ne pouvait pas mieux jouer qu'il fit. » L'original de cette scène était un bel-esprit nommé Plapisson. — Villiers fit représenter, contre Molière, en 1664, une comédie en un acte et en prose, qu'il intitula : *La Vengeance des marquis*.

En vain d'un coup si rude espéra revenir,
Et sur ses brodequins ne put plus se tenir [1].
Tel fut chez nous le sort du théâtre comique.

Toi donc qui, t'élevant sur la scène tragique,
Suis les pas de Sophocle, et, seul de tant d'esprits [2],
De Corneille vieilli sais consoler Paris [3],
Cesse de t'étonner si l'envie animée,
Attachant à ton nom sa rouille envenimée,
La calomnie en main quelquefois te poursuit [4].
En cela, comme en tout, le ciel qui nous conduit,
Racine, fait briller sa profonde sagesse.
Le mérite en repos s'endort dans la paresse;
Mais par les envieux un génie excité
Au comble de son art est mille fois monté [5].
Plus on veut l'affaiblir, plus il croît et s'élance.
Au Cid persécuté Cinna dut sa naissance,
Et peut-être ta plume aux censeurs de Pyrrhus [6]
Doit les plus nobles traits dont tu peignis Burrhus.

III

**Boileau s'applique à profiter de ses utiles ennemis,
Il brigue les suffrages des lecteurs éclairés.**

Moi-même, dont la gloire ici moins répandue
Des pâles envieux ne blesse point la vue,
Mais qu'une humeur trop libre, un esprit peu soumis,

1. « *Put plus* est un peu rude à l'oreille. Mais Boileau avait raison. » (VOLTAIRE, *Dict. phil.*, ART DRAMATIQUE.)
2. Si Boileau n'avait eu en vue que le sujet de *Phèdre*, il aurait dû citer Euripide, à qui Racine avait emprunté sa pièce; mais il pensait à l'art exquis des ouvrages de son ami; il ne pouvait pas mieux faire alors que de citer Sophocle.
3. *Suréna*, la dernière tragédie de Corneille, a été jouée à la fin de l'année 1674. Corneille avait alors soixante et onze ans.
4. Allusion à l'affaire du sonnet cité plus haut. — *La calomnie en main*, c'est-à-dire armée de l'écrit réputé calomnieux; comme Sévère, du glaive destiné à venger son affront :
   Je l'ai vu cette nuit, ce malheureux Sévère,
   La vengeance à la main, l'œil ardent de colère.
         (*Polyeucte*, acte I, scène III.)
5.   L'envie est un mal nécessaire;
   C'est un petit coup d'aiguillon
   Qui vous force encore à mieux faire.
   Dans la carrière des vertus,
   L'âme noble en est excitée :
   Virgile avait son Mévius,
   Hercule avait son Eurysthée.
         (VOLTAIRE, *Epitre au président Hénault*.)
6. Ce que les censeurs, et particulièrement le prince de Condé, condamnaient le plus dans ce personnage, c'était son caractère, qu'ils trouvaient trop emporté, trop violent, trop farouche. On accusa même Pyrrhus d'être un brutal et de plus un malhonnête homme, dans une comédie en trois actes représentée par la troupe du roi. Elle était du nommé de Subligny.

De bonne heure a pourvu d'utiles ennemis [1],
Je dois plus à leur haine, il faut que je l'avoue,
Qu'au faible et vain talent dont la France me loue.
Leur venin, qui sur moi brûle de s'épancher,
Tous les jours en marchant m'empêche de broncher.
Je songe, à chaque trait que ma plume hasarde,
Que d'un œil dangereux leur troupe me regarde.
Je sais sur leurs avis corriger mes erreurs,
Et je mets à profit leurs malignes fureurs.
Sitôt que sur un vice ils pensent me confondre,
C'est en me guérissant que je sais leur répondre,
Et plus en criminel ils pensent m'ériger,
Plus, croissant en vertu, je songe à me venger [2].
Imite mon exemple, et lorsqu'une cabale,
Un flot de vains auteurs follement te ravale [3],
Profite de leur haine et de leur mauvais sens,
Ris du bruit passager de leurs cris impuissants [4].
Que peut contre tes vers une ignorance vaine?
Le Parnasse français, ennobli par ta veine,
Contre tous ces complots saura te maintenir,
Et soulever pour toi l'équitable avenir.
Et qui, voyant un jour la douleur vertueuse [5]
De Phèdre malgré soi, perfide, incestueuse [6],
D'un si noble travail justement étonné,
Ne bénira d'abord le siècle fortuné

1. Boileau citait cette maxime de Plutarque : « Il faut avoir des amis et des ennemis; des amis pour nous apprendre notre devoir, et des ennemis pour nous obliger à le faire. »
2. Les amis de notre auteur, voulant un jour le détourner de la satire, lui représentaient qu'il s'attirerait beaucoup d'ennemis qui ne manqueraient pas de le décrier et de noircir sa réputation. « Je sais un bon moyen de me venger d'eux, répondit-il froidement : c'est que je serai honnête homme. » (BROSSETTE.)
3. On lisait dans les éditions de 1683 et 1685 : *Un tas de vains auteurs.* — *Ravaler*, au figuré, déprimer, rabaisser. « Ce n'est qu'une pièce de théâtre que je lui présente, mais qui l'entretiendra de Dieu : la dignité de la matière est si haute que l'impuissance de l'artisan ne la peut *ravaler.* » (CORNEILLE, *Polyeucte.*)

(La raison) soumettant à ses lois la partie animale,
Dont l'appétit grossier aux bêtes nous ravale.
(MOLIÈRE, *Femmes savantes.*)

« La duchesse fut indignée d'un choix qui semblait *ravaler* son mérite beaucoup plus que les autres. » (HAMILT., *Gramm.*, 10.)
4. La *Phèdre* de Pradon fut jouée seize fois de suite ; pendant les six premières représentations, la pièce de Racine semblait abandonnée. « L'auteur fut au moment, dit Louis Racine, de craindre pour elle une véritable chute. »
5. De 1683 à 1713, on lisait : *Eh! qui.*
6. Phèdre est engagée par sa destinée et par la colère des dieux dans une passion illégitime, dont elle a horreur toute la première; elle fait tous ses efforts pour la surmonter ; elle aime mieux se laisser mourir que de la déclarer à personne; et lorsqu'elle est forcée de la découvrir, elle en parle avec une confusion qui fait bien voir que son crime est plutôt une punition des dieux qu'un mouvement de ses volontés. » (*Préf. de Phèdre.*)

Qui, rendu plus fameux par tes illustres veilles,
Vit naître sous ta main ces pompeuses merveilles [1] ?
 Cependant laisse ici gronder quelques censeurs,
Qu'aigrissent de tes vers les charmantes douceurs [2].
Eh ! qu'importe à nos vers que Perrin les admire [3] ;
Que l'auteur du Jonas [4] s'empresse pour les lire ;
Qu'ils charment de Senlis le poète idiot [5],
Ou le sec traducteur du français d'Amyot [6] :
Pourvu qu'avec éclat leurs rimes débitées
Soient du peuple, des grands, des provinces goûtées ;
Pourvu qu'ils sachent plaire au plus puissant des rois,
Qu'à Chantilly Condé les souffre quelquefois [7] ;
Qu'Enghien en soit touché ; que Colbert et Vivonne [8],
Que la Rochefoucauld, Marsillac et Pomponne [9],
Et mille autres qu'ici je ne puis faire entrer,
A leurs traits délicats se laissent pénétrer?
Et plût au ciel encor, pour couronner l'ouvrage,
Que Montausier voulût leur donner son suffrage [10] !

1. Ces merveilles étaient plus touchantes que pompeuses. (VOLTAIRE, *Comment. sur Pulchérie.*)
2. « Boileau, en traitant des sujets simples, ne tombe point dans le bas, il est familier, mais toujours élégant... Lisez ces deux vers dans cette belle épître à Racine : *Cependant*, etc., vous ne verrez dans cette simplicité que les termes les plus nobles. » (VOLTAIRE, *Mélanges.*)
3. « Il a traduit l'*Enéide* et a fait le premier opéra qui ait paru en France. » (BOILEAU, 1713.)
4. Coras.
5. Linière. (BOILEAU, 1713.)
6. François Tallemant, abbé du Val-Chrétien. prieur de Saint-Irénée, premier aumônier de madame, duchesse d'Orléans, reçu le 10 mai 1651 à l'Académie française ; né à Paris ou à la Rochelle en 1620, mort le 6 de mai 1693. Indépendamment des *Vies des hommes illustres de Plutarque*, il a traduit l'*Histoire de la république de Venise*, de Nani. C'est le frère de Gédéon Tallemant des Réaux, l'auteur des *Historiettes*. (M. CHÉRON.)
7. Louis II de Bourbon, prince de Condé, surnommé le Grand Condé, né en 1621, mort en 1686. Il passa le commencement et la fin de sa vie dans son château de Chantilly. Son fils, Henri-Jules de Bourbon, né en 1643, mort en 1709, porta jusqu'à la mort de son père le titre de duc d'Enghien. (M. CHÉRON.)
8. Jean-Baptiste Colbert, marquis de Seignelay, ministre et secrétaire d'État, commandeur et grand trésorier des ordres du roi, contrôleur général des finances, surintendant des bâtiments, arts et manufactures de France, né à Paris, le 21 d'août 1619, mort à Paris le 6 de septembre 1683. (M. CHÉRON.) Pour Vivonne, voir épître IV.
9. François VI, duc de la Rochefoucauld, chevalier des ordres du roi et gouverneur du Poitou, né le 15 décembre 1613, mort à Paris le 17 de mars 1680 ; c'est l'auteur des *Maximes*. Son fils François VII porta jusqu'à la mort de son père le titre de prince de Marsillac. — Simon Arnauld, marquis de Pomponne, fils de Robert Arnauld d'Andilly et petit-fils d'Antoine Arnauld, né en 1618, mort à Fontainebleau le 29 de septembre 1699. Il fut successivement ambassadeur en Suède, secrétaire d'Etat pour les affaires étrangères et ministre d'Etat. (M. CHÉRON.)
10. A la suite de la publication de cette épître, Montausier se réconcilia avec Boileau. — Charles de Sainte-Maure, duc de Montausier, pair de France, etc., et mari de Julie d'Angennes, mademoiselle de Rambouillet, né en 1610, mort le 17 de mai 1690. (M. CHÉRON.)

Imitation d'HORACE, livre I, satire I, v. 79-92.

C'est à de tels lecteurs que j'offre mes écrits ;
Mais pour un tas grossier de frivoles esprits,
Admirateurs zélés de toute œuvre insipide,
Que, non loin de la place où Brioché [1] préside,
Sans chercher dans les vers ni cadence ni son,
Il s'en aille admirer le savoir de Pradon.[2] !

ÉPITRE VIII [3]

AU ROI

I

Éloge du roi et de ses exploits guerriers.

Grand roi, cese de vaincre ou je cesse d'écrire.
Tu sais bien que mon style est né pour la satire ;

1. Fameux joueur de marionnettes, logé proche des comédiens. (BOILEAU, 1713.) — Jean Brioché demeurait près du Pont-Neuf, au bout de la rue Guénégaud ; le théâtre où fut jouée la *Phèdre* de Pradon était vis-à-vis l'autre extrémité, rue Mazarine. (BROSSETTE.)

2. Un jour, au sortir d'une des tragédies de Pradon, M. le prince de Conti, l'aîné, lui dit qu'il avait mis en Europe une ville d'Asie. « Je prie Votre Altesse de m'excuser, répondit Pradon, car je ne sais pas très bien la chronologie. »
« Il faudrait relire ici en entier l'*Épître à Racine* après *Phèdre* (1677), qui est le triomphe le plus magnifique et le plus inaltéré de ce sentiment de justice, chef-d'œuvre de la poésie critique, où elle sait être tour à tour et à la fois étincelante, échauffante, harmonieuse, attendrissante et fraternelle. Il faut surtout relire ces beaux vers au sujet de la mort de Molière sur lesquels a dû tomber une larme vengeresse, une larme de Boileau. Et quand il fait, à la fin de cette épître, un retour sur lui-même et sur ses ennemis : Et qu'importe, etc., etc., quelle largeur de ton, et, sans une seule image, par la seule combinaison des syllabes, quelle majesté ! — Et dans ces noms qui suivent, et qui ne semblent d'abord qu'une simple énumération, quel choix, quelle gradation sentie, quelle plénitude poétique ! Le roi d'abord à part et seul dans un vers ; Condé de même, qui le méritait bien par son sang royal, par son génie, sa gloire et son goût fin de l'esprit ; Enghien, son fils, a un demi-vers ; puis vient l'élite des juges du premier rang, tous ces noms qui, convenablement prononcés, forment un vers si plein et si riche, comme certains vers antiques. — Mais dans le nom de Montausier, qui vient le dernier à titre d'espoir et de vœu, la malice avec un coin de grâce reparaît : Ce sont là de ces tours délicats de flatterie, comme en avait Boileau ; ce satirique, qui savait si bien piquer au vif, est le même qui a pu dire :

La louange agréable est l'âme des beaux vers.

Nous atteignons, par cette Épître à Racine, au comble de la gloire et du rôle de Boileau. Il s'y montre en son haut rang au centre du groupe des illustres poètes du siècle, calme, équitable, certain, puissamment établi dans son genre qu'il a graduellement élargi, n'enviant celui de personne, distribuant sobrement la sentence, classant même ceux qui sont au-dessus de lui... *His dantem jura Catonem :* le *maître du chœur*, comme dit Montaigne ; un de ces hommes à qui est déférée l'autorité et dont chaque mot porte. » (SAINTE-BEUVE, *Causeries du Lundi*, t. IV, p. 411.)

3. Pour remercier le roi de la pension qu'il lui avait donnée. Boileau avait composé cette épître en 1675, elle ne parut que dans les derniers mois de 1677, la fin de l'année 1675 ayant été marquée par des revers.

Mais mon esprit contraint de la désavouer,
Sous ton règne étonnant ne veut plus que louer.
Tantôt, dans les ardeurs de ce zèle incommode[1],
Je songe à mesurer les syllabes d'une ode ;
Tantôt, d'une Énéide auteur ambitieux,
Je m'en forme déjà le plan audacieux :
Ainsi, toujours flatté d'une douce manie,
Je sens de jour en jour dépérir mon génie ;
Et mes vers en ce style, ennuyeux, sans appas,
Déshonorent ma plume, et ne t'honorent pas.

 Encor si ta valeur, à tout vaincre obstinée,
Nous laissait, pour le moins, respirer une année,
Peut-être mon esprit, prompt à ressusciter,
Du temps qu'il a perdu saurait se racquitter[2].
Sur ses nombreux défauts, merveilleux à décrire,
Le siècle m'offre encor plus d'un bon mot à dire.
Mais à peine Dinant et Limbourg sont forcés,
Qu'il faut chanter Bouchain et Condé terrassés[3].
Ton courage, affamé de péril et de gloire[4],
Court d'exploits en exploits, de victoire en victoire.
Souvent ce qu'un seul jour te voit exécuter
Nous laisse pour un an d'actions à compter.

II

Les bienfaits du roi dans la paix.

 Que si quelquefois, las de forcer des murailles[5],
Le soin de tes sujets te rappelle à Versailles,
Tu viens m'embarrasser de mille autres vertus :
Te voyant de plus près, je t'admire encor plus.
Dans les nobles douceurs d'un séjour plein de charmes,
Tu n'es pas moins héros qu'au milieu des alarmes :

---

1. *Ardeurs*, désir impétueux.
  Tout ce que peut le monde offrir à mes ardeurs
  De mérites, d'appas, de biens et de grandeurs.
    (Corneille, *la Suiv.*, acte IV, scène vii.)
« J'avais toutes les ardeurs du monde d'entrer dans votre alliance. »
    (Molière, *Pourceaugnac*, acte III, scène ix.)
2. Expression prosaïque et sans dignité.
3. Dinant et Limbourg furent pris en 1675. Louis XIV en personne prit Condé le 26 d'avril 1676, et Monsieur prit Bouchain le 11 de mai de la même année. (M. Chéron.)
4.   Ce cœur nourri de sang et de guerre affamé.
    (Racine, *Mithrid.*, II, iii, 1673.)
5. Est-ce avec intention que Boileau a rendu si pénible le début de ce vers ?

De ton trône agrandi portant seul tout le faix[1],
Tu cultives les arts, tu répands les bienfaits ;
Tu sais récompenser jusqu'aux muses critiques.
Ah ! crois-moi, c'en est trop. Nous autres satiriques[2],
Propres à relever les sottises du temps,
Nous sommes un peu nés pour être mécontents.
Notre muse, souvent paresseuse et stérile,
A besoin, pour marcher, de colère et de bile.
Notre style languit dans un remercîment ;
Mais, grand roi, nous savons nous plaindre élégamment.

III

Le satirique oublie son humeur pour louer le roi.

Oh ! que si je vivais sous les règnes sinistres
De ces rois nés valets de leurs propres ministres,
Et, qui, jamais en main ne prenant le timon[3],
Aux exploits de leur temps ne prêtaient que leur nom ;
Que, sans les fatiguer d'une louange vaine,
Aisément les bons mots couleraient de ma veine !
Mais toujours sous ton règne il faut se récrier ;
Toujours, les yeux au ciel, il faut remercier.
Sans cesse à l'admirer ma critique forcée
N'a plus en écrivant de maligne pensée ;
Et mes chagrins sans fiel et presque évanouis[4]
Font grâce à tout le siècle en faveur de Louis.
En tous lieux cependant la Pharsale approuvée[5],

---

1. *De ton trône agrandi portant seul tout le faix.* On s'assied sur un trône, on n'en porte pas le faix ; sans doute la poésie a ses libertés, mais il faut respecter le sens étymologique des mots.
2. Allusion à la pension de 2 000 livres que le roi lui avait accordée après lui avoir entendu réciter les derniers vers de la première épître.
3.   Ai-je mis dans sa main le timon de l'Etat
       Pour le conduire au gré du peuple et du sénat ?
                      (Racine, *Britann.*, 1, 1, 45.)
4. *Chagrins,* pris dans le sens d'humeur qui s'inquiète et se tourmente.

    Mais toi dont la valeur d'Amurat oubliée
    Par de communs chagrins à mon sort s'est liée.
                      (Racine, *Bajazet*, IV, vii.)

    Et jamais leurs chagrins (des sultans) ne nous laissent vieillir.
                      (*Ibid.*, I, i.)

    J'affectai les chagrins d'une injuste marâtre.
                      (Racine, *Phèdre*, I, iii.)

5. La *Pharsale* de Brébeuf. (Boileau, 1713.) — Guillaume de Brébeuf, né à Thorigny en 1618, mort à Venoix en décembre 1661. La *Pharsale*, dont il est ici question, est une traduction en vers de celle de Lucain. « La *Pharsale* de Bré-

Sans crainte de mes vers, va la tête levée ;
La licence partout règne dans les écrits.
Déjà le mauvais sens, reprenant ses esprits,
Songe à nous redonner des poèmes épiques[1],
S'empare des discours mêmes académiques[2] ;
Perrin a de ses vers obtenu le pardon,
Et la scène française est en proie à Pradon[3].
Et moi, sur ce sujet loin d'exercer ma plume,
J'amasse de tes faits le pénible volume[4],
Et ma muse, occupée à cet unique emploi,
Ne regarde, n'entend, ne connaît plus que toi[5].

Tu le sais bien pourtant, cette ardeur empressée
N'est point en moi l'effet d'une âme intéressée.
Avant que tes bienfaits courussent me chercher,
Mon zèle impatient ne se pouvait cacher.
Je n'admirais que toi. Le plaisir de le dire
Vint m'apprendre à louer au sein de la satire ;
Et, depuis que tes dons sont venus m'accabler,
Loin de sentir mes vers avec eux redoubler,
Quelquefois, le dirai-je ? un remords légitime,
Au fort de mon ardeur, vient refroidir ma rime.
Il me semble, grand roi, dans mes nouveaux écrits,
Que mon encens payé n'est plus de[6] même prix.
J'ai peur que l'univers, qui sait ma récompense,

---

bœuf gâta bien de la jeunesse qui se laissa éblouir à la pompe de ses vers. En effet, ils ont de l'éclat ; mais après tout, ce qui paraît grand et élevé dans ce poème, quand on y regarde de près, ne passe parmi les intelligents que pour un faux brillant, plein d'affectation. » (Le P. Rapin, *Réflexions sur l'Art poétique.*)

1. *Childebrand* et *Charlemagne*, poèmes qui n'ont pas réussi. (BOILEAU, 1713.) — Le premier est de Jacques Carrel de Sainte-Garde, né à Rouen au commencement du XVIIe siècle, mort vers 1684 ; il a publié, en outre, la *Défense des beaux esprits de ce temps contre un satirique*, par Lerac. Le poème de *Charlemagne* est de Louis le Laboureur, bailli du duché de Montmorency, mort le 21 de juin 1679. — Le *Charlemagne* avait paru en 1664, et le *Childebrand* en 1666. L'idée n'est donc pas tout à fait exacte.

2. *Mêmes*, adverbe, s'est écrit longtemps avec un *s*. Les poètes étaient libres d'admettre ou de rejeter cette lettre.

3. Pour Perrin, pour Pradon, voir l'épitre précédente. — Voici un exemple de la versification de Perrin. Il traduit comme il suit deux vers de Virgile, *Énéide*, v. 481 :

> Dans ses os fracassés enfonce son étcuf ;
> Et tout tremblant et mort, à bas tombe le bœuf.

4. C'est en 1677 que Racine et Boileau furent nommés historiographes du roi.

5.   Sa vertu l'abandonne, et son âme enivrée
   N'aime, ne voit, n'entend, ne connaît que d'Estrée.
          (VOLTAIRE, *Henriade*, ch. IX, v. 237-238.)

6. C'est le texte de 1701, in-12, dernière édition, revue par Boileau. Il nou paraît préférable à *du* qu'on lit dans toutes les autres, soit anciennes, soit modernes. (BERRIAT-SAINT-PRIX.)

N'impute mes transports à ma reconnaissance,
Et que par tes présents mon vers discrédité
N'ait moins de poids pour toi dans la postérité.
    Toutefois je sais vaincre un remords qui te blesse.
Si tout ce qui reçoit des fruits de ta largesse
A peindre tes exploits ne doit point s'engager,
Qui d'un si juste soin se pourra donc charger ?
Ah ! plutôt de nos sons redoublons l'harmonie :
Le zèle à mon esprit tiendra lieu de génie.
Horace tant de fois dans mes vers imité,
De vapeurs [1], en son temps, comme moi tourmenté,
Pour amortir le feu de sa rate indocile [2],
Dans l'encre quelquefois sut égayer sa bile [3].
Mais de la même main qui peignit Tullius [4],
Qui d'affronts immortels couvrit Tigellius [5],
Il sut fléchir Glycère, il sut vanter Auguste [6],
Et marquer sur la lyre une cadence juste.
Suivons les pas fameux d'un si noble écrivain.
A ces mots, quelquefois prenant la lyre en main,
Au récit que pour toi je suis prêt [7] d'entreprendre,

---

1. Ce mot signifie ici humeur chagrine et satirique.
2. Les anciens ont cru que la rate était le réservoir de l'humeur mélancolique, de là vient qu'on dit de ceux qui se réjouissent qu'ils s'épanouissent la rate. (TRÉVOUX.)
3. « L'expression d'*égayer sa bile dans l'encre* est plaisante et originale ; mais c'est dommage qu'il n'y eût point d'*encre* au temps d'Horace. » (LE BRUN.) — Erreur : les anciens avaient de l'*encre ;* seulement elle était moins fluide que la nôtre. Les manuscrits d'Herculanum, ville qui ne fut détruite que quatre-vingt-six ans après Horace, sont écrits avec de l'*encre*. (*Encycl. antiq.*, mot ENCRE. (BERRIAT-SAINT-PRIX.) Les papyrus de l'Égypte, qui viennent de bien plus loin, sont écrits avec de l'*encre*. Il y en avait même une espèce dont nous ne connaissons plus le secret, c'était une *encre blanche*. D'ailleurs on aurait dû savoir qu'Horace parle lui-même d'*encre*. Livre II, ép. I, v. 236.
L'*atramentum* était un liquide noir employé à différents usages, comme vernis par les peintres (PLINE, *Hist. nat.*, t. XXXV, 36, 18), par les cordonniers pour teindre leur cuir (PLINE, *Hist. nat.*, t. XXXIV, 32) ; et aussi comme encre (CIC., *ad. Q. frat.* 11-15). L'*atramentarium*, c'était notre encrier.
4. Sénateur romain. César l'exclut du sénat, mais il y rentra après sa mort. (BOILEAU, 1713.) — Horace en parle, livre I, satire VI, v. 23, 25. On sait que le personnage dont parle Horace s'appelle *Tillius*. Mais Tillius et Tullius sont des noms qui se confondent et se prennent l'un pour l'autre. Suétone parle de *Tillius Cimber*, peut-être le frère de celui-ci.
5. Fameux musicien, fort chéri d'Auguste. (BOILEAU, 1713.) — Cf. Horace, livre I, satire IV, v. 72, et satire x, v. 80.
6. Cf. Horace, livre I, ode XIX.
7. C'est le texte de 1683 à 1713. Un grand nombre d'éditeurs ont corrigé le texte de Boileau et mis *près de*. C'était méconnaître la tradition du XVIIe siècle, qui a toujours dit *prêt de* dans le sens de *disposé à*. « Psyché était honteuse de son peu d'amour, toute prête de réparer cette faute si son mari le souhaitait. » (LA FONTAINE, *Psyché*, I, p. 85). — « Le voilà prêt de faire en tout vos volontés. » (MOLIÈRE, *le Dépit amoureux*, III, VIII.) « Aujourd'hui les grammairiens ont décidé qu'il fallait dire en ce sens *prêt à*. Cette décision est arbitraire, car l'usage admettait la préposition *de* ; et il n'y a rien dans *prêt* qui exclue cette proposition. »

Je crois voir les rochers accourir pour m'entendre [1] ;
Et déjà mon vers coule à flots précipités,
Quand j'entends le lecteur qui me crie : Arrêtez :
Horace eut cent talents ; mais la nature avare
Ne vous a rien donné qu'un peu d'humeur bizarre :
Vous passez en audace et Perse et Juvénal ;
Mais sur le ton flatteur Pinchêne [2] est votre égal.
A ce discours, grand roi, que pourrais-je répondre ?
Je me sens sur ce point trop facile à confondre ;
Et, sans trop relever des reproches si vrais,
Je m'arrête à l'instant, j'admire et je me tais.

ÉPITRE IX [3]

A M. LE MARQUIS DE SEIGNELAY [4]

SECRÉTAIRE D'ÉTAT.

I

Rien n'est beau que le vrai.

Dangereux ennemi de tout mauvais flatteur,
Seignelay, c'est en vain qu'un ridicule auteur,
Prêt à porter ton nom « de l'Èbre [5] jusqu'au Gange » [6],
Croit te prendre aux filets d'une sotte louange.
Aussitôt ton esprit, prompt à se révolter,
S'échappe, et rompt le piège où l'on veut l'arrêter [7].
Il n'en est pas ainsi de ces esprits frivoles
Que tout flatteur endort au son de ses paroles,
Qui, dans un vain sonnet, placés au rang des dieux,
Se plaisent à fouler l'Olympe radieux [8] ;

(LITTRÉ, Diction. de la langue française.) Cependant prêt à est plus conforme à l'analogie latine paratus ad.
1. Allusion à un passage de Virgile, églogue VI, 27.
2. Neveu de Voiture. Il avait fait imprimer un gros recueil de poésies contenant « les éloges du roi, des princes et princesses de son sang et de toute sa cour ».
3. Composée au commencement de 1675, avant l'épître VIII.
4. Jean-Baptiste Colbert, ministre et secrétaire d'État, mort en 1690, fils de Jean-Baptiste Colbert, ministre et secrétaire d'État. (BOILEAU, 1713.) — Le fils aîné du grand Colbert, né à Paris en 1651, mourut le 3 de novembre 1690.
5. Rivière d'Espagne. (BOILEAU, 1713.)
6. Rivière des Indes. (BOILEAU, 1713.)
7. Imitation d'Horace, liv. II, sat. I, v. 18-20.
8. Allusion plaisante à des vers de Virgile où Daphnis vient prendre sa place parmi les dieux. Egl. V, v. 55-56.

Et, fiers du haut étage où la Serre[1] les loge,
Avalent sans dégoût le plus grossier éloge.
Tu ne te repais point d'encens à si bas prix.
Non que tu sois pourtant de ces rudes esprits
Qui regimbent toujours, quelque main qui les flatte [2].
Tu souffres la louange adroite et délicate,
Dont la trop forte odeur n'ébranle point les sens.
Mais un auteur novice à répandre l'encens,
Souvent à son héros, dans un bizarre ouvrage,
Donne de l'encensoir au travers du visage [3] ;
Va louer Monterey [4] d'Oudenarde forcé,
Ou vante aux électeurs Turenne repoussé [5].
Tout éloge imposteur blesse une âme sincère.
Si, pour faire sa cour à ton illustre père,
Seignelay, quelque auteur, d'un faux zèle emporté,
Au lieu de peindre en lui la noble activité,
La solide vertu, la vaste intelligence,
Le zèle pour son roi, l'ardeur, la vigilance,
La constante équité, l'amour pour les beaux-arts,
Lui donnait les vertus d'Alexandre ou de Mars,
Et, pouvant justement l'égaler à Mécène,
Le comparait au fils de Pélée [6] ou d'Alcmène [7] :
Ses yeux, d'un tel discours faiblement éblouis [8],

1. Boileau, dans la satire III, a déjà donné une atteinte à cet auteur ridicule. Il met lui-même en note sur ce nom : « Ecrivain célèbre pour son galimatias. » Outre sept tragédies jouées de 1641 à 1644, il a laissé le *Secrétaire de la cour ou Manuel de lettres*, qui a eu trente éditions. C'était, dit Saint-Marc, un fade panégyriste qui se flattait d'être fort capable de composer des éloges, suivant l'usage où l'on était en ce temps-là de faire des portraits en vers ou en prose.
2. Imitation d'Horace, livre II, sat. I, v. 20.
3. *Encens, encensoir*, images tirées des cérémonies de l'Eglise où l'on *encense* les hauts dignitaires du chœur; de là hommages et flatteries excessives :

> L'autre jour, suivant à la trace
> Deux ânes qui, prenant tour à tour l'encensoir,
> Se louaient tour à tour, comme c'est la manière.
> (La Fontaine, *Fables*, IX, v.)

4. Gouverneur des Pays-Bas. (Boileau, 1713.) — Condé força Monterey de lever le siège d'Oudenarde le 12 de septembre 1674.
5. Il les avait battus à la bataille de Turckheim en Alsace le 5 de janvier 1675. — « Le poète, pour démasquer la flatterie, la suppose stupide et grossière, absurde et choquante au point de louer un général d'armée sur sa défaite... Est-ce là présenter le miroir aux flatteurs ? » (Marmontel, *Élém. de littér.*, t. III, p. 255.) Mais Boileau parle d'un flatteur novice.
6. Achille. (Boileau, 1713.)
7. Hercule. (Boileau, 1713.)
8.
> .....L'éloquence éclatante
> De maître Petit-Jean m'éblouit...
> (Racine, *les Plaideurs*, acte III, scène III.)

Cette citation est pour répondre à la critique de le Brun, qui ne veut pas qu'on puisse être ébloui d'un discours. Il est vrai que Racine prépare mieux son image par le mot *éclatante*.

Bientôt dans ce tableau reconnaîtraient Louis,
Et glaçant d'un regard la muse et le poète,
Imposeraient silence à sa verve indiscrète.
Un cœur noble est content de ce qu'il trouve en lui,
Et ne s'applaudit point des qualités d'autrui.
Que me sert en effet qu'un admirateur fade
Vante mon embonpoint, si je me sens malade,
Si dans cet instant même un feu séditieux
Fait bouillonner mon sang et pétiller mes yeux [1] ?
Rien n'est beau que le vrai : le vrai seul est aimable [2] ;
Il doit régner partout, et même dans la fable :
De toute fiction l'adroite fausseté
Ne tend qu'à faire aux yeux briller la vérité.

II

Boileau explique le mérite de ses vers.

Sais-tu pourquoi mes vers sont lus dans les provinces,
Sont recherchés du peuple, et reçus chez les princes ?
Ce n'est pas que leurs sons, agréables, nombreux [3],
Soient toujours à l'oreille également heureux ;
Qu'en plus d'un lieu le sens n'y gêne la mesure [4],
Et qu'un mot quelquefois n'y brave la césure :
Mais c'est qu'en eux le vrai, du mensonge vainqueur,
Partout se montre aux yeux, et va saisir le cœur ;
Que le bien et le mal y sont prisés au juste ;
Que jamais un faquin n'y tint un rang auguste ;

---

1. Boileau avait déjà dit, épître III, v. 36 :

    Le feu sort de vos yeux pétillants et troublés :
    Votre pouls inégal marche à pas redoublés.

2. « Boileau a dit, après les anciens :

    Le vrai seul est aimable.
    Il doit régner partout, et même dans la fable.

Il a été le premier à observer cette loi qu'il a donnée. Presque tous ses ouvrages respirent ce vrai, c'est-à-dire qu'ils sont une copie fidèle de la nature. Ce vrai doit se trouver dans l'historique, dans le moral, dans la fiction, dans les sentences, dans les descriptions, dans l'allégorie. » (VOLTAIRE, du Vrai dans les ouvrages, Mélanges, etc.)

3. Nombreux, c'est-à-dire harmonieux. Le nombre résulte de l'arrangement et du choix des mots dans la prose aussi bien que dans les vers.

4. « M. Despréaux me fit comprendre... que, par le sens gênant la mesure, il avait voulu exprimer certaines transpositions forcées, dont les meilleurs auteurs ne sauraient se défendre, mais dont ils tâchent de sauver la dureté par toutes les souplesses de leur art. Dans ces situations, disait-il, vous diriez que le vers grimace, ou fait certaines contorsions. Un grand poète, en de pareilles extrémités, par toutes les finesses de son art, cherche à adoucir ce qui de soi-même est rude. » (MONCHESNAY, Bolœana, p. 70-71.)

Et que mon cœur, toujours conduisant mon esprit,
Ne dit rien aux lecteurs qu'à soi-même il n'ait dit [1].
Ma pensée au grand jour partout s'offre et s'expose ;
Et mon vers, bien ou mal, dit toujours quelque chose.
C'est par là quelquefois que ma rime surprend ;
C'est là ce que n'ont point Jonas ni Childebrand [2],
Ni tous ces vains amas de frivoles sornettes,
Montre, Miroir d'amour, Amitiés, Amourettes [3],
Dont le titre souvent est l'unique soutien,
Et qui, parlant beaucoup, ne disent jamais rien [4].
Mais peut-être, enivré des vapeurs de ma muse,
Moi-même en ma faveur, Seignelay, je m'abuse.
Cessons de nous flatter. Il n'est d'esprit si droit
Qui ne soit imposteur et faux par quelque endroit.
Sans cesse on prend le masque, et, quittant la nature,
On craint de se montrer sous sa propre figure.
Par là le plus sincère assez souvent déplaît,
Rarement un esprit ose être ce qu'il est.

III

Chacun pris en son air est agréable en soi.

Vois-tu cet importun que tout le monde évite,
Cet homme à toujours fuir, qui jamais ne vous quitte ?
Il n'est pas sans esprit ; mais, né triste et pesant,

---

1. « On admire dans ce passage un sentiment juste de toutes les convenances les plus délicates... Boileau ne détaille pas tous les mérites de sa poésie, quoiqu'ils soient réels et nombreux ; il ne parle que des défauts, quoiqu'ils soient rares et légers... Loin d'attribuer ses succès à la beauté de ses vers, il ne veut en être redevable qu'à une qualité dont il lui est permis de s'applaudir, parce qu'elle n'est qu'un devoir essentiel au poète satirique, l'amour du *vrai*, et cela même fait rentrer dans mon sujet ce qu'il a dit de lui-même. Voilà comme on sait composer : et quelle heureuse élégance dans ces vers mêmes où il ne parle que des défauts de ses vers ! » (LA HARPE, *Lycée*, VIII, 381.)

2. Le *Jonas* de Coras et le *Childebrand* de Carel de Sainte-Garde. Voir l'épître VII.

3. *La Montre d'amour*, petit ouvrage galant, Paris, 1671, in-12, de Bonnecorse, qui a publié en outre : *l'Amant raisonnable*, Paris, 1671, in-12, et le *Lutrigot*, pièce en vers contre le *Lutrin*. — *Le Miroir ou la Métamorphose d'Orante*, est un conte de Charles Perrault en prose mêlée de vers qu'on trouve dans le *Recueil de divers ouvrages en prose et en vers*, par M. Perrault, 2ᵉ édition. Paris, 1636, in-12, p. 48-71. — *Amitiés, Amours et Amourettes*, par René le Pays. Paris, 1672, in-12. Voir satire III, vers 180.

4.   Celle qui toujours parle et ne dit jamais rien.
                    (Satire x, v. 687.)

Molière, le *Misanthrope*, acte II, scène v :

    C'est un parleur étrange et qui trouve toujours
    L'art de ne vous rien dire avec de grands discours.

Il veut être folâtre, évaporé, plaisant ;
Il s'est fait de sa joie une loi nécessaire,
Et ne déplaît enfin que pour vouloir trop plaire.
La simplicité plaît sans étude et sans art.
Tout charme en un enfant dont la langue sans fard [1],
A peine du filet encor débarrassée,
Sait d'un air innocent bégayer sa pensée.
Le faux est toujours fade, ennuyeux, languissant ;
Mais la nature est vraie, et d'abord on la sent ;
C'est elle seule en tout qu'on admire et qu'on aime.
Un esprit né chagrin plaît par son chagrin même [2].
Chacun pris dans son air est agréable en soi :
Ce n'est que l'air d'autrui qui peut déplaire en moi [3].
Ce marquis était né doux, commode, agréable [4] ;
On vantait en tous lieux son ignorance aimable :
Mais, depuis quelques mois devenu grand docteur,
Il a pris un faux air, une sotte hauteur ;
Il ne veut plus parler que de rime et de prose ;
Des auteurs décriés il prend en main la cause ;
Il rit du mauvais goût de tant d'hommes divers,
Et va voir l'opéra seulement pour les vers.
Voulant se redresser, soi-même on s'estropie,
Et d'un original on fait une copie.
L'ignorance vaut mieux qu'un savoir affecté [5].

---

1. Une *langue sans fard* semble d'abord une expression risquée, mais elle se justifierait, s'il en était besoin, par l'usage du xviie siècle :

> Et son frère pipé du fard de mon langage.
> (CORNEILLE, *la Veuve*, acte I, scène II.)

> Moi, qui n'ai jamais vu de fard en son langage.
> (*Clitandre*, acte V, scène IV.)

2. Allusion au duc de Montausier. (BROSSETTE.)

3. La Rochefoucault a dit des enfants : « Chacun veut être un autre, et n'être plus ce qu'il est : ils cherchent une contenance hors d'eux-mêmes, et un autre esprit que le leur ; ils prennent des tons et des manières au hasard... On imite souvent, même sans s'en apercevoir, et on néglige ses propres biens pour des biens étrangers, qui d'ordinaire ne nous conviennent pas. » (*Réflexions et sentences.*)

4. M. le C. D. F. (le comte de Fiesque) avait eu d'abord une ignorance fort aimable, et disait agréablement des incongruités ; mais il perdit la moitié de son mérite dès qu'il voulut être savant et se piquer d'avoir de l'esprit. (SAINT-MARC.)

5. Molière a fait dire à Clitandre :

> . . . . . Je hais seulement
> La science et l'esprit qui gâtent les personnes.
> Ce sont choses de soi qui sont belles et bonnes ;
> Mais j'aimerais mieux être au rang des ignorants
> Que de me voir savant comme certaines gens.

> Vous avez cru fort mal, et je vous suis garant
> Qu'un sot savant est sot plus qu'un sot ignorant.
> (*Les Femmes savantes*, acte IV, scène III.)

Rien n'est beau, je reviens, que par la vérité [1] :
C'est par elle qu'on plaît, et qu'on peut longtemps plaire.
L'esprit lasse aisément, si le cœur n'est sincère.
En vain par sa grimace un bouffon odieux [2]
A table nous fait rire et divertit nos yeux :
Ses bons mots ont besoin de farine et de plâtre.
Prenez-le tête à tête, ôtez-lui son théâtre ;
Ce n'est plus qu'un cœur bas, un coquin ténébreux ;
Son visage essuyé n'a plus rien que d'affreux.
J'aime un esprit aisé qui se montre, qui s'ouvre,
Et qui plaît d'autant plus que plus il se découvre.
Mais la seule vertu peut souffrir la clarté,
Le vice, toujours sombre, aime l'obscurité ;
Pour paraître au grand jour il faut qu'il se déguise ;
C'est lui qui de nos mœurs a banni la franchise.

IV

L'âge d'innocence et de vérité.

Jadis l'homme vivait au travail occupé,
Et, ne trompant jamais, n'était jamais trompé :
On ne connaissait point la ruse et l'imposture ;
Le Normand même alors ignorait le parjure [3].
Aucun rhéteur encore, arrangeant le discours,
N'avait d'un art menteur enseigné les détours.
Mais sitôt qu'aux humains, faciles à séduire,
L'abondance eut donné le loisir de se nuire,
La mollesse amena la fausse vanité,
Chacun chercha pour plaire un visage emprunté.
Pour éblouir les yeux, la fortune arrogante
Affecta d'étaler une pompe insolente ;
L'or éclata partout sur les riches habits ;
On polit l'émeraude, on tailla le rubis,
Et la laine et la soie, en cent façons nouvelles,
Apprirent à quitter leurs couleurs naturelles.

---

1. Pradon disait de ce *je reviens* : « Voilà un retour qui n'est pas beau, et qui n'est là que pour faire d'ennuyeuses répétitions. »
2. Monchesnay, dans le *Bolœana*, p. 62-63, prétend que Boileau a voulu parler ici de Lulli. Il est probable que Boileau parle ici d'une manière générale, comme Pascal dans ses *Pensées* : « Diseur de bons mots, mauvais caractère, » et encore : « Je hais également le bouffon et l'enflé ; on ne ferait son ami ni de l'un ni de l'autre. »
3. Suivant Brossette, Boileau disait de ce vers : « Je date de loin : c'était deux cents ans avant le déluge. »

La trop courte beauté monta sur des patins[1];
La coquette tendit ses lacs tous les matins;
Et, mettant la céruse et le plâtre en usage,
Composa de sa main les fleurs de son visage[2],
L'ardeur de s'enrichir chassa la bonne foi;
Le courtisan n'eut plus de sentiments à soi.
Tout ne fut plus que fard, qu'erreur, que tromperie;
On vit partout régner la basse flatterie.
Le Parnasse surtout, fécond en imposteurs,
Diffama le papier par ses propos menteurs.
De là vint cet amas d'ouvrages mercenaires,
Stances, odes, sonnets, épîtres liminaires[3],
Où toujours le héros passe pour sans pareil,
Et, fût-il louche et borgne[4], est réputé soleil.

V

Le poète ne refuse pas ses louanges au mérite.

Ne crois pas toutefois, sur ce discours bizarre,
Que d'un frivole encens malignement avare,

---

1. *Patin*, soulier à semelle fort épaisse que les femmes portaient autrefois pou se grandir :

>Sur un patin de liège élevant sa chaussure,
>Lise veut être grande en dépit de nature.
>(RÉGNIER, épître II, à M. le Marquis.)

>Vous aurez, maussades actrices,
>Moitié femme et moitié patin.
>(VOLTAIRE, *Lettre au roi de Prusse*, 17 oct. 1780.)

2. L'amant juge sa dame un chef-d'œuvre ici-bas.
Encore qu'elle n'ait sur soi rien qui soit d'elle ;
Que le rouge et le blanc par art la fasse belle,
Qu'elle ente en son palais ses dents tous les matins,
Qu'elle doive sa taille au bois de ses patins,
Que son poil, dès le soir, frisé dans la boutique,
Comme un casque au matin sur sa teste s'applique...
(RÉGNIER, satire IX, v. 184-191.)

3. *Epîtres liminaires*, épîtres dédicatoires mises au seuil, *limen*, au commencement des ouvrages : Molière, en dédiant son *Amphitryon* au prince de Condé, dit : « Monseigneur, n'en déplaise à nos beaux esprits, je ne vois rien de plus ennuyeux que les épîtres dédicatoires ; et Votre Altesse Sérénissime trouvera bon, s'il lui plait, que je ne suive point ici le style de ces messieurs-là et refuse de me servir de deux ou trois misérables pensées qui ont été tournées et retournées tant de fois, qu'elles sont usées de tous les côtés. »

4. Ménage (*Christine*, églogue) dit d'Abel Servien, qui était borgne :

>Le grand, l'illustre Abel, cet esprit sans pareil,
>Plus clair, plus pénétrant que les traits du soleil.

Il avait déjà dit de Chapelain (*Miscellanea*, p. 113) :

>Cet homme merveilleux, dont l'esprit sans pareil
>Surpassait en clarté les rayons du soleil.

J'en veuille sans raison frustrer tout l'univers.
La louange agréable est l'âme des beaux vers.
Mais je tiens, comme toi, qu'il faut qu'elle soit vraie,
Et que son tour adroit n'ait rien qui nous effraie.
Alors, comme j'ai dit, tu la sais écouter,
Et sans crainte à tes yeux on pourrait t'exalter.
Mais sans t'aller chercher des vertus dans les nues,
Il faudrait peindre en toi des vérités connues ;
Décrire ton esprit ami de la raison,
Ton ardeur pour ton roi, puisée en ta maison [1] ;
A servir ses desseins ta vigilance heureuse ;
Ta probité sincère, utile, officieuse.
Tel qui hait à se voir peint en de faux portraits,
Sans chagrin voit tracer ses véritables traits.
Condé même, Condé [2], ce héros formidable,
Et, non moins qu'aux Flamands, aux flatteurs redoutable,
Ne s'offenserait pas si quelque adroit pinceau
Traçait de ses exploits le fidèle tableau ;
Et dans Seneffe [3] en feu contemplant sa peinture,
Ne désavouerait pas Malherbe ni Voiture.
Mais malheur au poète insipide, odieux,
Qui viendrait le glacer d'un éloge ennuyeux ;
Il aurait beau crier : « Premier prince du monde !
« Courage sans pareil ! lumière sans seconde [4] ! »
Ses vers, jetés d'abord sans tourner le feuillet,
Iraient dans l'antichambre amuser Pacolet [5].

1. *Une ardeur* qu'on *a puisée,* ceci n'est pas d'une justesse irréprochable.
2. Louis de Bourbon, prince de Condé, mort en 1685. (BOILEAU, 1714.)
3. Combat fameux de monseigneur le prince. (BOILEAU, 1713.) — Le Grand Condé gagna la bataille de Seneffe le 11 d'août 1674, contre les troupes réunies des Allemands, des Espagnols et des Hollandais commandés par le prince d'Orange. (M. CHÉRON.) — Boileau a écrit ainsi ce mot de 1683 à 1701. « Nous avons cru devoir conserver cette orthographe (on écrit aussi *Senef*), parce qu'en rendant longue l'avant-dernière syllabe de ce mot, elle atténue beaucoup la consonne qui résulte des mots *Senef en feu.* » (BERRIAT-SAINT-PRIX.)
4. Commencement du poème de *Charlemagne.* (BOILEAU, 1713.)
5. Fameux valet de pied de monseigneur le prince. (BOILEAU, 1713.) — Quand M. le Laboureur lui eut présenté son poème de *Charlemagne,* M. le prince en lut quelque chose, après quoi il donna le livre à Pacolet, à qui il renvoyait ordinairement tous les ouvrages qui l'ennuyaient. (SAINT-MARC.) — Cette fin rappelle les vers d'Horace à Auguste, livre II, épître II, v. 265.

ÉPITRE X

PRÉFACE[1]

Je ne sais si les trois nouvelles épîtres que je donne ici au public auront beaucoup d'approbateurs ; mais je sais bien que mes censeurs y trouveront abondamment de quoi exercer leur critique : car tout y est extrêmement hasardé. Dans le premier de ces trois ouvrages, sous prétexte de faire le procès à mes derniers vers, je fais moi-même mon éloge, et n'oublie rien de ce qui peut être dit à mon avantage ; dans le second, je m'entretiens avec mon jardinier de choses très basses et très petites ; et dans le troisième, je décide hautement du plus grand et du plus important point de la religion, je veux dire de l'amour de Dieu[2]. J'ouvre donc un beau champ à ces censeurs, pour attaquer en moi et le poëte orgueilleux, et le villageois grossier, et le théologien téméraire. Quelque fortes pourtant que soient leurs attaques, je doute qu'elles ébranlent la ferme résolution que j'ai prise, il y a longtemps, de ne rien répondre, au moins sur le ton sérieux, à tout ce qu'ils écriront contre moi.

A quoi bon, en effet, perdre inutilement du papier ? Si mes épîtres sont mauvaises, tout ce que je dirai ne les fera pas trouver bonnes ; si elles sont bonnes, tout ce qu'ils diront ne les fera pas trouver mauvaises. Le public n'est pas un juge qu'on puisse corrompre, ni qui se règle par les passions d'autrui. Tout ce bruit, tous ces écrits qui se font ordinairement contre des ouvrages, où l'on court, ne servent qu'à y faire encore plus courir, et à en mieux marquer le mérite. Il est de l'essence d'un bon livre d'avoir des censeurs ; et la plus grande disgrâce qui puisse arriver à un écrit qu'on met au jour, ce n'est pas que beaucoup de gens en disent du mal, c'est que personne n'en dise rien.

Je me garderai donc bien de trouver mauvais qu'on attaque mes trois épîtres. Ce qu'il y a de certain, c'est que je les ai fort travaillées, et principalement celle de l'amour de Dieu, que j'ai retouchée plus d'une fois, et où j'avoue que j'ai employé tout le peu que je puis avoir d'esprit et de lumière, etc., etc.

---

1. Cette préface, composée en 1697, fut publiée en 1698, à la tête des trois dernières épîtres, précédées, dans les éditions in-4°, d'un faux titre : *Epîtres nouvelles*.

ÉPITRE X.

A MES VERS[1]

I

Le poète craint bien d'avoir perdu la faveur du public.

J'ai beau vous arrêter, ma remontrance est vaine ;
Allez, partez, mes Vers, dernier fruit de ma veine[2];
C'est trop languir chez moi dans un obscur séjour :
La prison vous déplaît, vous cherchez le grand jour[3],
Et déjà chez Barbin[4], ambitieux libelles[5],
Vous brûlez d'étaler vos feuilles criminelles.
Vains et faibles enfants de ma vieillesse nés[6],
Vous croyez sur les pas de vos heureux aînés
Voir bientôt vos bons mots, passant du peuple aux princes,
Charmer également la ville et les provinces ;
Et, par le prompt effet d'un sel réjouissant,
Devenir quelquefois proverbes en naissant[7].
Mais perdez cette erreur dont l'appât vous amorce.
Le temps n'est plus, mes Vers, où ma muse en sa force,

---

1. Composée en 1695. Depuis 1677, date de sa nomination à l'emploi d'historiographe du roi, Boileau semblait avoir renoncé à la poésie. En 1693, il donna cependant l'ode sur la prise de Namur; en 1694, la satire contre les femmes. Ce dernier ouvrage déchaîna contre lui une infinité de critiques. Pour répondre à leur censure, il composa cette épître. « Il avait, dit Brossette, une grande prédilection pour cette pièce, et il l'appelait ordinairement *ses inclinations.* » L'idée générale en est prise de la vingtième du premier livre d'Horace ; mais les détails sont tout à fait différents.

2. Martial a fourni aussi quelques traits à Boileau (lib. I, épigr. IV).

3. La Fresnaye-Vauquelin a longuement imité Horace :

> Mon Livre, je voy bien que quelque vain espoir
> T'élève maintenant et le vent décevoir,
> Et je m'apperçoy bien qu'ennuyé tu te fâches
> Entre tant de papiers, et qu'échapper tu tâches
> Pour aller à Paris, pour te faire imprimer,
> Écarrir et laver, pensant te faire aimer
> Estant ainsi vendu par la main d'un libraire,
> Qui tiendra sa boutique au Palais ordinaire...
> Regarde que tu fais, tu veux doncques partir?
> Tu veux donc me laisser? Je veux bien t'avertir
> Que tu te hâtes trop ; quelle mouche te pique
> De te vouloir soumettre à l'injure publique ?
> Tu veux être imprimé? Tu pleures et gémis,
> Alors que je te montre à quelques miens amis...

4. Libraire du palais. (BOILEAU, 1713.) — Thierry était cependant le libraire qu'employait le plus ordinairement Boileau, et il était l'éditeur même de cette épître. Mais l'hiatus a fait ici proscrire son nom.

5. *Libelles,* dans le sens du latin *libellus,* petit livre. Ce mot ne se dit plus aujourd'hui que d'un écrit satirique et clandestin. Boileau mêle ici les deux sens ; car en son temps *libelle* commençait à s'éloigner de la signification latine.

6. *De ma vieillesse nés.* C'est le texte de 1701, in-12.

7. Voltaire distingue, dans les vers de Despréaux, ce qui est devenu proverbe d'avec ce qui mérite de devenir maxime. Les maximes sont nobles, sages et

172　ŒUVRES DE BOILEAU.

Du Parnasse français formant les nourrissons,
De si riches couleurs habillait ses leçons [1]:
Quand mon esprit, poussé d'un courroux légitime,
Vint devant la raison plaider contre la rime,
A tout le genre humain sut faire le procès,
Et s'attaqua soi-même avec tant de succès [2].
Alors il n'était point de lecteur si sauvage
Qui ne se déridât en lisant mon ouvrage,
Et qui, pour s'égayer, souvent dans ses discours,
D'un mot pris en mes vers n'empruntât le secours.
　Mais aujourd'hui qu'enfin la vieillesse venue,
Sous mes faux cheveux blonds [3] déjà toute chenue [4],
A jeté sur ma tête, avec ses doigts pesants,
Onze lustres complets, surchargés de trois ans [5],
Cessez de présumer dans vos folles pensées,
Mes vers, de voir en foule à vos rimes glacées

utiles ; elles sont faites pour les hommes d'esprit et de goût, pour la bonne compagnie. Les proverbes ne sont que pour le vulgaire, et l'on sait que le vulgaire est de tous les états :

« Pour paraître honnête homme, en un mot, il faut l'être.
On me verra dormir au branle de sa roue.
Chaque âge a ses plaisirs, son esprit et ses mœurs.
L'esprit n'est point ému de ce qu'il ne croit pas.
Le vrai peut quelquefois n'être pas vraisemblable...

« Voilà ce qu'on doit appeler des maximes dignes des honnêtes gens. Mais pour des vers tels que ceux-ci :

J'appelle un chat un chat, et Rollet un fripon.
S'en va chercher son pain de cuisine en cuisine.
Quand je veux dire blanc, la quinteuse dit noir.
Aimez-vous la muscade ? on en a mis partout.
La raison dit Virgile, et la rime Quinault.

Ce sont là plutôt des proverbes du peuple que des vers dignes d'être retenus par les connaisseurs. » (*Siècle de Louis XIV*, écrivains français, etc.)

1. Ces vers sont d'une élégance extrêmement heureuse. Ils font allusion à l'*Art poétique*.
2. Allusion aux satires II, VIII et IX.
3. L'auteur avait pris perruque. (BOILEAU, 1713.) — « A propos, vous fronderez la perruque de Boileau, vous avez la tête bien près du bonnet. S'il avait fait une épître à sa perruque, bon, mais il en parle en un demi-vers, pour exprimer en passant une chose difficile à dire dans une épître morale et utile. » (VOLTAIRE, Lettre à d'Alembert, du 8 d'octobre 1760.) — Voir la lettre de Boileau à Maucroix, 29 avril 1695.
4. *Chenue*, toute blanche de vieillesse (*canutus, canities*).

Hommes, enfants, les personnes chenues
Lamentent pêle-mêle aux places et aux rues.
　(GARNIER, *Marc-Ant.*, IV.)

Pour moi je cède au temps, et ma tête chenue
M'apprend qu'il faut quitter les hommes et le jour.
　(Mainard dans Richelet. Voir LITTRÉ, *Dict. de la langue fr.*

5. Cinquante-huit ans ; mais il avait réellement alors cinquante-neuf ans. Imitation d'Horace, liv. I, ép. xx, v. 25-26. Imitation d'Ovide, *Tristes*, liv. IV, élégie x, v. 77.)
Voltaire a dit de ses soixante-seize ans :

Malgré soixante hivers, escortés de seize ans.

Courir, l'argent en main, les lecteurs empressés ;
Nos beaux jours sont finis, nos honneurs sont passés [1].
Dans peu vous allez voir vos froides rêveries
Du public exciter [2] les justes moqueries ;
Et leur auteur, jadis à Régnier préféré [3],
A Pinchêne, à Linière, à Perrin comparé [4].
Vous aurez beau crier : « O vieillesse ennemie !
« N'a-t-il donc tant vécu que pour cette infamie ? [5] »
Vous n'entendrez partout qu'injurieux brocards [6]
Et sur vous et sur lui fondre de toutes parts.

II

Il croit entendre les reproches qu'on lui adresse.

Que veut-il? dira-t-on ; quelle fougue indiscrète
Ramène sur les rangs encor ce vain athlète?
Quels pitoyables vers ! quel style languissant !
Malheureux, laisse en paix ton cheval vieillissant [7],

---

1.   Ainsi que mes beaux jours, mes chagrins sont passés.
                              (Epître V, v. 20.)
Racine fait dire à Mithridate (III, v) :
    Mes ans se sont accrus, mes honneurs sont détruits.

2. *Du public exciter*. C'est le texte de 1698 à 1713. — Brossette donne une autre leçon, *exciter du public*. Saint-Marc cite sur ce vers le passage suivant de La Fresnaye-Vauquelin :

    Et diras en toi-même : Hé ! qu'ay-je voulu faire !
    Et qu'ay-je, misérable indiscret, désiré !
    Lorsque tu te verras d'un moequeur déchiré !

3. Mathurin Régnier, né à Chartres, le 21 décembre 1573, chanoine de Notre-Dame de Chartres, mort à Rouen le 22 d'octobre 1613. La première édition des œuvres de Régnier est de Paris, 1608, in-4°. (M. Chéron.)

4. Sur Pinchêne, voyez épître V, v. 17; sur Linière, satire IX, épître I; sur Perrin, satires III, VIII, IX, épîtres VII, VIII. — Il y avait d'abord à Sanlecque, à Regnard, à Bellocq... « Boileau ne fit pas imprimer les noms de ces auteurs qui avaient publié des satires contre lui : il s'était réconcilié avec le second, et le troisième lui avait fait faire des excuses. » (Brossette.)

5. Vers du Cid. (Boileau, 1713.) — Acte I, scène IV.

6. *Brocard*. « Terme d'ancien droit. Nom des principes ou premières maximes du droit, telles que celles qu'a faites Azo, dites par lui *Brocardica juris*. — Etym., il y a dans le bas latin : *Brocarda, Brocardicum, Brocardicorum jus*, qui signifient sentences de droit contenues dans un ouvrage que compila, dans le XIᵉ siècle, Burchard, évêque de Worms. Burchard ou Brocard donna son nom au livre *Burcardus et Brocardus*, aux sentences *brocardiques*; les sentences mêmes ont donné, par extension et plaisanterie, le leur aux *brocards*, paroles moqueuses. Le *Brocard* a toujours quelque chose de blessant. » (E. Littré, *Dict. de la langue française*.)

7. Imitation d'Ennius (Ennii fragmenta).
Imitation d'Horace, liv. I, ép. I, v. 8-9.

    ..... Defay-toy du vieil cheval, afin
    Que boiteux ne devienne et poussif à la fin ;
    Et de peur qu'au besoin au combat ne te faille,
    Et te face moquer le jour d'une bataille.
                              (La Fresnaye-Vauquelin.)

De peur que tout à coup, efflanqué, sans haleine,
Il ne laisse en tombant son maître sur l'arène [1].
Ainsi s'expliqueront nos censeurs sourcilleux,
Et bientôt vous verrez mille auteurs pointilleux,
Pièce à pièce épluchant vos sons et vos paroles,
Interdire chez vous l'entrée aux hyperboles ;
Traiter tout noble mot de terme hasardeux,
Et dans tous vos discours, comme monstres hideux,
Huer la métaphore et la métonymie
(Grands mots que Pradon croit des termes de chimie) [2] ;
Vous soutenir qu'un lit ne peut être effronté [3] ;
Que nommer la luxure est une impureté [4].
En vain contre ce flot d'aversion publique
Vous tiendrez quelque temps ferme sur la boutique [5] ;
Vous irez à la fin, honteusement exclus,
Trouver au magasin Pyrame et Régulus [6],
Ou couvrir chez Thierry, d'une feuille encor neuve,
Les méditations de Buzée et d'Hayneuve [7],
Puis, en tristes lambeaux semés dans les marchés,
Souffrir tous les affronts au Jonas reprochés [8].

---

1. Regnard en 1694, dans la *Satire des maris*, v. 19-20, 25-26, avait dit de Boileau :

> Mais je n'ai pu souffrir qu'une indiscrète veine
> Le forçât, vieux athlète, à rentrer dans l'arène...
> Et les traits d'un critique, affaibli par les ans,
> Sont tombés de ses mains sans force et languissants.

2. Voir, sur l'ignorance de Pradon, épître VII, le dernier vers.
3. Terme de la dixième satire. (BOILEAU, 1713.)
4. Satire X, v. 141. Perrault, *Apologie des femmes*, blâmait notre poète d'avoir parlé des héros à *voix luxurieuse et de la morale lubrique* des opéras, et condamnait ces expressions comme contraires à la pudeur. Arnauld prit là-dessus sa défense.
5. Imitation d'Horace, liv. I, ép. XX, v. 9-13.
6. Pièces de théâtre de Pradon. (BOILEAU, 1713.) — *Pyrame et Thisbé* fut jouée en 1674, et *Régulus* en 1688.
7. Jean Buzée, de la Société de Jésus, mort le 30 de mai 1611, âgé de soixante-quatre ans. On a de lui, entre autres ouvrages, *Méditation sur les évangiles de toute l'année et sur d'autres sujets.* — Julien Hayneuve, de la Compagnie de Jésus, mort à Paris le 31 de janvier 1663. Il a publié : *Méditations pour le temps des exercices qui se font dans la retraite de huit ou dix jours.* Paris, 1661, in-12, et d'autres ouvrages de même nature.
8. Poëme héroïque non vendu. (BOILEAU, 1713.) — De Coras. Voir satire IX, et épître IX.

> Ou bien tu te verras tout rongé de vermine,
> De tignes ou de rats près de quelque ruine ;
> Et sentant tout le rance et le moisi relent.
> Décousu tu seras en quelque coin, dolent
> De n'avoir creu ton père : enfin aux merceries,
> Aux pignes, aux miroirs, aux hains *, aux drogueries,

* *Hains*, hameçons.

III

Le poète fait son portrait et son apologie.

Mais quoi! de ces discours bravant la vaine attaque,
Déjà, comme les vers de Cinna, d'Andromaque,
Vous croyez à grands pas chez la postérité [1]
Courir, marqués au coin de l'immortalité !
Eh bien ! contentez donc l'orgueil qui vous enivre ;
Montrez-vous, j'y consens : mais du moins dans mon livre,
Commencez par vous joindre à mes premiers écrits.
C'est là qu'à la faveur de vos frères chéris,
Peut-être enfin soufferts comme enfants de ma plume,
Vous pourrez vous sauver, épars dans le volume.
Que si mêmes [2] un jour le lecteur gracieux,
Amorcé par mon nom, sur vous tourne les yeux,
Pour m'en récompenser, mes vers, avec usure,
De votre auteur alors faites-lui la peinture :
Et surtout, prenez soin d'effacer bien les traits
Dont tant de peintres faux ont flétri mes portraits.
Déposez hardiment qu'au fond cet homme horrible,
Ce censeur qu'ils ont peint si noir et si terrible,
Fut un esprit doux, simple, ami de l'équité,
Qui, cherchant dans ses vers la seule vérité,
Fit, sans être malin, ses plus grandes malices :
Et qu'enfin sa candeur seule a fait tous ses vices.
Dites que, harcelé par les plus vils rimeurs,
Jamais, blessant leurs vers, il n'effleura leurs mœurs :
Libre dans ses discours, mais pourtant toujours sage,
Assez faible de corps, assez doux de visage,
Ni petit, ni trop grand, très peu voluptueux [3],

> Aux couteaux, aux daguets, à cent petits fatras,
> Qu'on transporte au Brésil, chétif tu serviras
> D'enveloppe, ou cornets à mettre de l'épice,
> Du clou, de la muguette ou bien de la réglisse
>   Chez un apothicaire.
>   (LA FRESNAYE-VAUQUELIN.)

1. *Chez la postérité* est faible, et *courir chez la postérité* n'est pas heureux. (LE BRUN.)

2. L'usage au XVII° siècle autorisait cette orthographe de *mêmes*. Vaugelas dit : « *Même* et *mêmes*, adverbe; tous deux sont bons, et avec *s* et sans *s*. »

> . . . Dispensez-moi du récit des blasphèmes
> Qu'ils ont vomis tous deux contre Jupiter mêmes.
>   (CORNEILLE, *Polyeucte*, III, II.)

3. Imitation d'Horace, liv. I, ép. xx, v. 19 25.

Ami de la vertu plutôt que vertueux [1].
Que si quelqu'un, mes Vers, alors vous importune
Pour savoir mes parents, ma vie et ma fortune,
Contez-lui qu'allié d'assez hauts magistrats [2],
Fils d'un père greffier, né d'aïeux avocats [3],
Dès le berceau perdant une fort jeune mère [4],
Réduit seize ans après à pleurer mon vieux père [5],
J'allai d'un pas hardi, par moi-même guidé,
Et de mon seul génie en marchant secondé,
Studieux amateur et de Perse, et d'Horace,
Assez près de Régnier m'asseoir sur le Parnasse :
Que, par un coup du sort au grand jour amené,
Et des bords du Permesse à la cour entraîné,
Je sus, prenant l'essor par des routes nouvelles,
Élever assez haut mes poétiques ailes ;
Que ce roi dont le nom fait trembler tant de rois
Voulut bien que ma main crayonnât ses exploits [6] ;
Que plus d'un grand m'aima jusques à la tendresse [7] ;
Que ma vue à Colbert inspirait l'allégresse ;
Qu'aujourd'hui même encor, de deux sens affaibli [8],
Retiré de la cour [9], et non mis en oubli,

1. Ce vers, au jugement de l'auteur même, est un des plus beaux et des plus sensés qu'il ait faits. (BROSSETTE.) — Boileau, suivant Brossette, avait fait mettre les vers de 80 à 86 au bas de son portrait, en arrangeant un peu le premier et le dernier.
2. MM. de Bragelongne ; Amelot, président de la cour des aides ; Gilbert, président aux enquêtes, gendres de M. Dongois ; de Lionne, grand audiencier de France, et plusieurs autres maisons illustres dans la robe. (BROSSETTE.)
3. Son père était Gilles Boileau, greffier de la grand'chambre du parlement de Paris, né à Crosnes (Seine-et-Oise), le 28 de juin 1584, mort à Paris le 2 de février 1657. — Il tirait son origine de Jean Boileau, notaire et secrétaire du roi, qui obtint des lettres de noblesse, pour lui et sa postérité, du mois de septembre 1371. De Jean Boileau à Boileau-Despréaux, il y eut plusieurs avocats célèbres. (M. CHÉRON.)
4. Sa mère, Anne de Nielle, mourut en 1637, âgée de vingt-trois ans, alors que Boileau n'avait encore que onze mois.
5. Son père mourut vingt ans après sa mère. — Il y a une inexactitude en faveur de la mesure du vers ; il aurait fallu dire dix-huit ans et demi. (BERRIAT-SAINT-PRIX, t. III, p. 163 à 165.)
6. Racine et Boileau furent nommés historiographes au mois d'octobre 1677. — *Crayonnât* est une expression modeste et à la louange du roi, dont les exploits déconcertent le pinceau des peintres ; ils n'en peuvent faire qu'une légère esquisse.
7. On cite particulièrement Henriette d'Angleterre, le grand Condé, Vivonne, Lamoignon, Daguesseau, etc. (M. CHÉRON.)
8. La vue et l'ouïe.
9. Il n'allait plus à la cour depuis l'année 1690, et il s'en était retiré pour jouir de la liberté et du repos. Après la mort de Racine, il alla voir le roi pour lui apprendre cette mort, et recevoir ses ordres par rapport à son histoire dont il se trouvait seul chargé. Sa Majesté le reçut avec bonté, et quand il voulut se retirer, en faisant voir sa montre qu'elle tenait par hasard à la main, elle lui dit obligeamment : « Souvenez-vous que j'ai toujours à vous donner une heure par semaine, quand vous voudrez venir. » (SAINT-MARC.)

Plus d'un héros, épris des fruits de mon étude,
Vient quelquefois chez moi goûter la solitude ¹.
   Mais des heureux regards de mon astre étonnant
Marquez bien cet effet encor plus surprenant,
Qui dans mon souvenir aura toujours sa place :
Que de tant d'écrivains de l'école d'Ignace
Étant, comme je suis, ami si déclaré ²,
Ce docteur toutefois si craint, si révéré,
Qui contre eux de sa plume épuisa l'énergie,
Arnauld, le grand Arnauld, fit mon apologie ³.
Sur mon tombeau futur, mes Vers, pour l'énoncer,
Courez en lettres d'or de ce pas vous placer :
Allez, jusqu'où l'Aurore voit en naissant l'Hydaspe ⁴,
Chercher, pour l'y graver, le plus précieux jaspe :
Surtout à mes rivaux sachez bien l'étaler.
   Mais je vous retiens trop. C'est assez vous parler.
Déjà, plein du beau feu qui pour vous le transporte,
Barbin impatient chez moi frappe à la porte :
Il vient pour vous chercher. C'est lui : j'entends sa voix.
Adieu, mes Vers, adieu pour la dernière fois.

ÉPITRE XI ⁵

A MON JARDINIER ⁶

I

Que peut bien penser de Boileau Antoine, son jardinier ?

Laborieux valet du plus commode maître
Qui pour te rendre heureux ici-bas pouvait naître,

---

1. A Auteuil. (BOILEAU, 1713.) — Il y reçut souvent Daguesseau, Pontchartrain, le duc de Bourbon, le prince de Conti, etc. (BROSSETTE.) — « Il est heureux comme un roi, dans sa solitude, ou plutôt dans son hôtellerie d'Auteuil. Je l'appelle ainsi, parce qu'il n'y a point de jour où il n'y ait quelque nouvel écot, et souvent deux ou trois qui ne se connaissent pas trop les uns les autres. Il est heureux de s'accommoder ainsi de tout le monde; pour moi j'aurais cent fois vendu la maison. » (*Racine à son fils*, lett. XLIIᵉ.)
2. Les pères Bourdaloue, Bouhours, Rapin, Gaillard, Thoulier (abbé d'Olivet), etc. (BROSSETTE.)
3. Dans une lettre datée du 5 mai 1694.
4. Fleuve des Indes. (BOILEAU, 1713.)
5. Composée en 1686. — Horace, livre I, épître XIV, s'adresse à son *Villicus*, ou gouverneur de sa maison des champs. Mais Boileau n'a pas suivi le même ordre d'idées.
6. Antoine Riquet ou Riquié, né à Paris, mort le 3 d'octobre 1749 à quatre-vingt-quinze ans. Boileau le trouva établi dans la maison d'Auteuil, lorsqu'il

Antoine, gouverneur de mon jardin d'Auteuil,
Qui diriges chez moi l'if et le chèvrefeuil[1],
Et sur mes espaliers, industrieux génie,
Sais si bien exercer l'art de La Quintinie[2] ;
Oh ! que de mon esprit triste et mal ordonné,
Ainsi que de ce champ par toi si bien orné,
Ne puis-je faire ôter les ronces, les épines,
Et des défauts sans nombre arracher les racines[3] ?
 Mais parle : raisonnons. Quand, du matin au soir,
Chez moi poussant la bêche, ou portant l'arrosoir,
Tu fais d'un sable aride une terre fertile,
Et rends tout mon jardin à tes lois si docile ;
Que dis-tu de m'y voir rêveur, capricieux,
Tantôt baissant le front, tantôt levant les yeux,
De paroles dans l'air[4] par élans envolées
Effrayer les oiseaux perchés dans mes allées?
Ne soupçonnes-tu point qu'agité du démon,
Ainsi que ce cousin[5] des quatre fils Aimon[6],

---

l'acheta en 1685. Il le garda. — Voici à quelle occasion, selon Brossette, Boileau composa cette épître. « Travaillant à son ode sur la prise de Namur, il se promenait dans les allées de son jardin d'Auteuil. Il tâchait d'exciter son feu, et s'abandonnait à l'enthousiasme. Un jour il s'aperçut que son jardinier l'écoutait et l'observait à travers des feuillages. Le jardinier surpris ne savait à quoi attribuer les transports de son maître, et peu s'en fallut qu'il ne le soupçonnât d'avoir perdu l'esprit. Les postures que le jardinier faisait de son côté et qui marquaient son étonnement parurent fort plaisantes au maître : de sorte qu'ils se donnèrent quelque temps la comédie l'un à l'autre. »
 Cette épître rendit ce jardinier célèbre ; et les personnes qui, depuis, visitaient Boileau ne manquaient pas de féliciter Antoine de l'honneur que son maître lui avait fait ; et tous lui enviaient une distinction si glorieuse.
 1. Je vis le jardinier de la maison d'Auteuil
    Qui, chez toi, pour rimer, planta le chèvrefeuil.
        (VOLTAIRE, *Épître à Boileau*, v. 9-10.)
La critique de Voltaire n'est pas tout à fait juste. Le XVIIe siècle écrivait *chèvrefeuil*. (*Dict. de l'Académie*, 1694.) On lit dans madame de Sévigné : *Tout est plein de chèvrefeuils*, p. 143. — La rime n'y est pour rien. Le mot *diriger* est d'une justesse parfaite appliqué à l'if que l'on taillait de manière à lui faire prendre les formes les plus variées, et au *chèvrefeuille*, arbrisseau grimpant, dont les jets ont besoin d'être dirigés.
 2. Célèbre directeur des jardins du roi. (BOILEAU, 1713.) — Jean de la Quintinie, né à Chabanais (Charente) en 1626, mort à Versailles en 1688. On sait que La Quintinie est le créateur du célèbre potager de Versailles. — Il a créé, dit Voltaire, l'art de la culture des arbres et celui de les transplanter. Ses préceptes ont été suivis dans toute l'Europe, et ses talents magnifiquement récompensés par Louis XIV. »
 3. Imitation d'Horace, liv. I, ép. XIV, v. 4-5.
 4. VAR. 1696, 1697. *De paroles en l'air*.
 5. Maugis. (BOILEAU, 1713.) — Il était surnommé « l'Enchanteur, vaillant et preux chevalier, lequel au monde n'avait son pareil en l'art de nécromancie. » — Charlemagne est souvent en butte aux mauvais tours de sa sorcellerie.
 6. Ce roman de chevalerie, composé par Huon de Villeneuve, est arrivé jusqu'à nous sous une forme toute populaire. Il se vend encore aujourd'hui dans les campagnes. Il est de la première moitié du XIIe siècle.

ÉPITRE XI.

Dont tu lis quelquefois la merveilleuse histoire,
Je rumine en marchant quelque endroit du grimoire [1]?
Mais non : tu te souviens qu'au village on t'a dit
Que ton maître est nommé pour coucher par écrit
Les faits d'un roi plus grand en sagesse, en vaillance,
Que Charlemagne aidé des douze pairs de France [2].
Tu crois qu'il y travaille, et qu'au long de ce mur
Peut-être en ce moment il prend Mons et Namur.

Que penserais-tu donc, si l'on t'allait apprendre
Que ce grand chroniqueur des gestes d'Alexandre [3],
Aujourd'hui méditant un projet tout nouveau,
S'agite, se démène, et s'use le cerveau,
Pour te faire à toi-même en rimes insensées
Un bizarre portrait de ses folles pensées?
Mon maître, dirais-tu, passe pour un docteur,
Et parle quelquefois mieux qu'un prédicateur [4].

1. *Grimoire*, livre des sorciers pour évoquer les démons. « Il y eut des livres où les mystères des sorciers étaient écrits ; j'en ai vu un à la tête duquel on avait dessiné assez mal un bouc et une femme à genoux derrière lui ; on appelait ces livres *grimoires* en France, et ailleurs l'*alphabet du diable*. » (VOLTAIRE, *Dict. de phil.*, Bouc.) — Etymologie : *gramare, gramaire*, d'où *grammaire*, XIIIᵉ siècle.

J'irai en l'abcie à nostre abé parler,
Si ferai le gramaire et lire et conjurer.
(*Hist. litt. de la France*, t. XXII, p. 695.)

2. « *Les douze pairs de France ou de Charlemagne* se dit, dans les romans de chevalerie, de douze paladins que l'on suppose avoir été attachés à la personne de Charlemagne, comme les plus braves chevaliers de ses armées. » — C'est en 1252 que pour la première fois *les douze pairs* sont cités dans l'histoire. (Voir LITTRÉ, *Dict. de la langue franç.*, au mot *Pair*.)

3. VAR. *Que ce grand écrivain des exploits d'Alexandre.*
Nouvelle allusion aux romans de chevalerie répandus alors dans le peuple. Le mot *geste*, au moyen âge, signifiait un poème en vers décasyllabiques ou en vers alexandrins, où est racontée d'une façon légendaire l'histoire de personnages historiques et particulièrement de Charlemagne et de ses preux. Au pluriel, ce mot a désigné plus tard des actions belles et mémorables. « Les *gestes*, que M. de Vaugelas ne peut souffrir, ont toujours été un très beau mot, et qui signifie autant tout seul, que hautes ou grandes et héroïques actions, comme quand je dis : *les gestes d'Alexandre le Grand.* » (LA MOTHE LE VAYER.) — Voici le passage de Vaugelas : « Ce mot au pluriel, pour dire *les faits mémorables de guerre*, commence à s'apprivoiser en notre langue, et l'un de nos plus célèbres écrivains l'a employé depuis peu en une très belle épître liminaire, qu'il adresse à un grand prince. Ce n'est pas tant un mot nouveau qu'un vieux mot que l'on renouvelle et que l'on remet en usage, car vous le trouvez dans Amiot et dans les auteurs de son temps ; mais j'apprends qu'il y a plus de cinquante ans qu'on ne le dit que par raillerie, *ses faits et gestes*... » Thomas Corneille ajoute : « Quoy que M. de la Mothe le Vayer défende le mot *gestes*, l'usage ne nous l'a pas rendu plus familier qu'il l'était du temps de M. de Vaugelas. On ne l'emploie que dans le burlesque. » (*Remarques sur la langue française.* 1697, p. 762.)

4. Voici l'original de cette pensée : Un jour M. Despréaux et M. Racine, venant de faire leur cour à Versailles, se mirent dans un carrosse public avec deux bons bourgeois qui s'en retournaient à Paris. Ces deux messieurs étaient contents de leur cour : ils furent extrêmement enjoués pendant tout le chemin,

Sous ces arbres pourtant de si vaines sornettes
Il n'irait point troubler la paix de ces fauvettes,
S'il lui fallait toujours, comme moi, s'exercer,
Labourer, couper, tondre, aplanir, palisser,
Et, dans l'eau de ces puits sans relâche tirée,
De ce sable étancher la soif démesurée.

II.

Le travail du poète n'est pas un badinage.

Antoine, de nous deux, tu crois donc, je le voi[1],
Que le plus occupé dans ce jardin c'est toi?
Oh! que tu changerais d'avis et de langage,
Si deux jours seulement, libre du jardinage,
Tout à coup devenu poète et bel esprit,
Tu t'allais engager à polir un écrit
Qui dît, sans s'avilir, les plus petites choses;
Fît des plus secs chardons des œillets et des roses[2];
Et sût même aux discours de la rusticité
Donner de l'élégance et de la dignité;
Un ouvrage, en un mot, qui, juste en tous ses termes,
Sût plaire à Daguesseau[3], sût satisfaire Termes[4],
Sût, dis-je, contenter, en paraissant au jour,
Ce qu'ont d'esprits plus fins et la ville et la cour!
Bientôt de ce travail revenu sec et pâle,
Et le teint plus jauni que de vingt ans de hâle,
Tu dirais, reprenant ta pelle et ton râteau :
J'aime mieux mettre encor cent arpents au niveau,
Que d'aller follement, égaré dans les nues,

---

et leur conversation fut la plus vive, la plus brillante et la plus spirituelle du monde. Les deux bourgeois étaient enchantés et ne pouvaient se lasser de marquer leur admiration. Enfin, à la descente du carrosse, tandis que l'un d'eux faisait son compliment à M. Racine, l'autre s'arrêta avec M. Despréaux, et l'ayant embrassé bien tendrement : « J'ai été en voyage, lui dit-il, avec des docteurs de Sorbonne, et même avec des religieux, mais je n'ai jamais ouï dire de si belles choses. En vérité, vous parlez cent fois mieux qu'un prédicateur. » (BROSSETTE.)

1. Ancienne orthographe conforme à l'analogie; l's caractérisait la seconde personne dans les verbes, le *t* la troisième.
2. Boileau donne ici même un exemple de ce qu'il recommande.
3. Alors avocat général et maintenant procureur général. (BOILEAU, 1713.) — Il fut nommé chancelier par le Régent en 1717. (Voir satire XI.)
4. Roger de Pardaillan de Gondrin, marquis de Termes, mort au mois de mars 1704. Cf. Saint-Simon, édition Garnier frères, t. VII, p. 176-177. — Boileau disait de lui qu'il était toujours à la pensée d'autrui « et c'est en cela que consiste le savoir-vivre ».

VAR. *Et qui pût contenter, en paraissant au jour,*
Daguesseau dans la ville, et Termes à la cour.

Me lasser à chercher des visions cornues [1] ;
Et, pour lier des mots si mal s'entr'accordants,
Prendre dans ce jardin la lune avec les dents [2].

Approche donc, et viens ; qu'un paresseux t'apprenne,
Antoine, ce que c'est que fatigue et que peine.
L'homme ici-bas, toujours inquiet et gêné [3],
Est, dans le repos même, au travail condamné.
La fatigue l'y suit. C'est en vain qu'aux poètes
Les neuf trompeuses sœurs dans leurs douces retraites
Promettent du repos sous leurs ombrages frais [4] :
Dans ces tranquilles bois pour eux plantés exprès,
La cadence aussitôt, la rime, la césure,
La riche expression, la nombreuse mesure,
Sorcières dont l'amour sait d'abord les charmer,
De fatigue sans fin viennent les consumer.
Sans cesse poursuivant ces fugitives fées [5],
On voit sous les lauriers haleter les Orphées.

III
Le travail a ses avantages.

Leur esprit toutefois se plaît dans son tourment,
Et se fait de sa peine un noble amusement.

---

1. J'ai craint, au bord de l'eau, vos visions cornues ;
    Que cherchant quelque rime, et lisant dans les nues...
          (PIRON, *Métromanie*, acte I, scène VI.)

2. Je ne suis point clerc pour prendre la lune avec les dents. (RABELAIS, liv. II, ch. XII.)

3. Ces mots sont pris dans la rigueur de leur sens étymologique, *sans repos, tourmenté.*

4. Ces vers font songer à Virgile, à Horace, qui soupirent après la campagne, et à La Fontaine qui a dit comme eux :

    Solitude où je trouve une douceur secrète,
    Lieux que j'aimai toujours, ne pourrai-je jamais
    Loin du monde et du bruit goûter l'ombre et le frais !
    Oh ! qui m'arrêtera sous vos sombres asiles !
    Quand pourront les neuf sœurs, loin des cours et des villes,
    M'occuper tout entier.
          (*Fables*, liv. XI, 4.)

Ces poètes ne portaient pas aux champs, comme Boileau, les soucis du métier.

5. Les Muses. (BOILEAU, 1713.) — « L'Epître à son jardinier, dit Marmontel, exigeait le style le plus naturel : et ainsi ces vers y sont déplacés (supposé même qu'ils ne fussent pas mauvais partout) : Boileau avait oublié, en les composant, qu'Antoine devait les entendre. » (*Elém. de littér.*, t. III, p. 250.) — « Cette critique, dit Amar, n'est pas sans fondement ; et Boileau lui-même l'avait bien pressentie, puisqu'il a mis en note *les Muses ;* mais on pardonne aisément cette faute légère contre la vraisemblance, et qui d'ailleurs est la seule dans cette épître, en faveur de deux vers charmants qui excitaient avec raison l'enthousiasme de Le Brun. « Comme ces *fugitives fées*, dit-il, sont d'une touche vapo- « reuse ! l'imagination les poursuit malgré elles. » — N'oublions pas non plus que ces mots de *fées*, de *sorcières* sont suggérés à Boileau par la nécessité de se rendre intelligible. Antoine les connaissait par la lecture des contes populaires et des romans de chevalerie.

Mais je ne trouve point de fatigue si rude
Que l'ennuyeux loisir d'un mortel sans étude,
Qui, jamais ne sortant de sa stupidité,
Soutient, dans les langueurs de son oisiveté,
D'une lâche indolence esclave volontaire [1],
Le pénible fardeau de n'avoir rien à faire [2].
Vainement offusqué de ses pensers épais,
Loin du trouble et du bruit il croit trouver la paix
Dans le calme odieux de sa sombre paresse,
Tous les honteux plaisirs, enfants de la mollesse,
Usurpant sur son âme un absolu pouvoir [3],
De monstrueux désirs le viennent émouvoir,
Irritent de ses sens la fureur endormie,
Et le font le jouet de leur triste infamie.
Puis sur leurs pas soudain arrivent les remords ;
Et bientôt avec eux tous les fléaux du corps,
La pierre, la colique et les gouttes cruelles [4] ;
Guénaud, Rainssant, Brayer [5], presque aussi tristes qu'elles,
Chez l'indigne mortel courent tous s'assembler.
De travaux douloureux le viennent accabler ;
Sur le duvet d'un lit, théâtre de ses gênes [6],
Lui font scier des rocs, lui font fendre des chênes [7],

1. De leur joug rigoureux esclaves volontaires.
(VOLTAIRE, *Henriade*, ch. IV, v. 324.)
2. Voltaire a dit depuis :
Je plains l'homme accablé du poids de son loisir.
(IV° *Disc.*, v. 116.)

Condillac (de *l'Art d'écrire*, 1798, liv. II, ch. 1ᵉʳ, p. 140), en reconnaissant que le dernier vers est beau, prétend que le poète n'y arrive que bien fatigué.
3. Tous les commentateurs mettent en note sur ce vers un passage de Perse, satire V, v. 129.
Le rapprochement est obscur, présenté de cette manière. Il faut savoir que Perse démontre à un homme qui se vante d'être libre et de ne recevoir d'ordres de personne qu'il a dans son cœur des maîtres non moins impérieux que celui qui gourmande un esclave de sa lenteur.
4. VAR. *La goutte aux doigts noués, la pierre, la gravelle,*
D'ignorants médecins encor plus fâcheux qu'elle.
5. Fameux médecins. (BOILEAU, 1713.) — Pour Guénaud, voir satire IV et satire VI. — Pierre Rainssant, de Reims, médecin, antiquaire et garde des médailles de Sa Majesté, se noya dans la pièce d'eau des Suisses, à Versailles, le 7 juin 1689. — Nicolas Brayer, né à Château-Thierry en 1604, mourut à Paris en 1676.
6. Pour ce mot *gênes*, se rappeler son sens primitif de « supplices et de tourments » ; remarquer aussi l'opposition heureuse que ce mot fait avec le *duvet*.
7. Quand Boileau récita sa pièce à M. d'Aguesseau, celui-ci condamna les métaphores de ces deux vers comme trop hardies et trop violentes. Boileau lui répondit que si ce vers n'était pas bon, il fallait brûler toute la pièce. (BROSSETTE.)
Ces métaphores n'ont rien d'excessif, elles font un contraste des plus vifs avec cette *lâche indolence*, cette *sombre paresse* et les *langueurs de l'oisiveté* qui ont séduit le malheureux ; elles sont de plus empruntées fort adroitement à des objets familiers à Antoine.

Et le mettent au point d'envier ton emploi.
Reconnais donc, Antoine, et conclus avec moi,
Que la pauvreté mâle, active et vigilante,
Est, parmi les travaux, moins lasse et plus contente
Que la richesse oisive au sein des voluptés.
  Je te vais sur cela prouver deux vérités :
L'une, que le travail, aux hommes nécessaire,
Fait leur félicité plutôt que leur misère :
Et l'autre, qu'il n'est point de coupable en repos.
C'est ce qu'il faut ici montrer en peu de mots.
Suis-moi donc. Mais je vois, sur ce début de prône [1],
Que ta bouche déjà s'ouvre large d'une aune [2],
Et que, les yeux fermés, tu baisses le menton [3].
Ma foi, le plus sûr est de finir ce sermon.
Aussi bien j'aperçois ces melons qui t'attendent,
Et ces fleurs qui là-bas entre elles se demandent
S'il est fête au village, et pour quel saint nouveau
On les laisse aujourd'hui si longtemps manquer d'eau [4].

1. Encore une de ces expressions prises avec art dans un ordre d'idées familières à Antoine.
2. C'est un vers qu'on aurait dû citer plus souvent comme effet d'harmonie figurative.
3. « L'auteur faisait remarquer cette peinture naïve d'un homme qui s'endort. » (BROSSETTE.)
4. « Cette fin est très heureusement trouvée ; et cette pensée ingénieuse, « ces fleurs qui là-bas entre elles se demandent », est embellie de l'élégance des expressions ». (ANDRIEUX.) — Les trois épîtres X, XI et XII sont, quoi qu'on en ait, tout à fait dignes de Boileau ; la XI° *A son jardinier,* charmante de détails, renferme quelques-uns des vers les plus artistement frappés du poète, et qui lui ont valu le suffrage de Le Brun, l'ami d'André Chénier. » (SAINTE-BEUVE, *Port-Royal,* t. V, p. 343.)

ÉPITRE XII[1]

SUR L'AMOUR DE DIEU

A M. L'ABBÉ RENAUDOT [2].

I

Absurdité de la doctrine qui ne croit pas nécessaire l'amour de Dieu pour aller au ciel.

Quoi donc ! cher Renaudot, un chrétien effroyable,
Qui jamais, servant Dieu, n'eut d'objet que le diable,
Pourra, marchant toujours dans des sentiers maudits,
Par des formalités gagner le paradis !
Et parmi les élus, dans la gloire éternelle,
Pour quelques sacrements reçus sans aucun zèle,
Dieu fera voir aux yeux des saints épouvantés
Son ennemi mortel assis à ses côtés !
Peut-on se figurer d'aussi folles chimères ?
On voit pourtant, on voit des docteurs même austères
Qui, les semant partout, s'en vont pieusement
De toute piété saper le fondement ;
Qui, le cœur infecté d'erreurs si criminelles,
Se disent hautement les purs, les vrais fidèles ;
Traitant d'abord d'impie et d'hérétique affreux
Quiconque ose pour Dieu se déclarer contre eux.
De leur audace en vain les vrais chrétiens gémissent :
Prêts à la repousser, les plus hardis mollissent,
Et, voyant contre Dieu le diable accrédité,

---

1. Cette épître semble avoir été composée en 1697 ; elle parut pour la première fois en 1698. Boileau écrit à Brossette, le 15 novembre 1709 : « Je viens maintenant à un autre éclaircissement beaucoup plus important, que vous me demandez sur mon épître de l'Amour de Dieu, dans votre lettre du 30 juillet 1709, et je vous dirai que vous n'avez pas été bien instruit, puisque M. Arnauld était mort lorsque je fis cette épître qu'il n'a jamais vue. La vérité est que longtemps avant la composition de cette pièce, j'étais fameux pour les fréquentes disputes que j'avais soutenues pour la défense du vrai amour de Dieu, contre beaucoup de mauvais théologiens, de sorte que, me trouvant de loisir un carême, je ne crus pas pouvoir mieux employer ce loisir qu'à exprimer par écrit les bonnes pensées que j'avais là-dessus. » Correspondance entre Boileau et Brossette par M. Laverdet, 1855.
2. Eusèbe Renaudot, prieur de Froway en Bretagne et de Saint-Christophe de Châteaufort, près de Versailles, de l'Académie française, né à Paris en 1646, mort le 1er novembre 1720.

N'osent qu'en bégayant prêcher la vérité.
Mollirons-nous aussi ! Non ; sans peur, sur ta trace,
Docte abbé, de ce pas j'irai leur dire en face :
Ouvrez les yeux enfin, aveugles dangereux.
Oui, je vous le soutiens, il serait moins affreux
De ne point reconnaître un Dieu maître du monde,
Et qui règle à son gré le ciel, la terre et l'onde,
Qu'en avouant qu'il est, et qu'il sut tout former,
D'oser dire qu'on peut lui plaire sans l'aimer.
Un si bas, si honteux, si faux christianisme,
Ne vaut pas des Platons l'éclairé paganisme[1] ;
Et chérir les vrais biens, sans en savoir l'auteur,
Vaut mieux que, sans l'aimer, connaître un créateur.

II

Effets de la foi dans une âme.

Voulez-vous donc savoir si la foi dans votre âme
Allume les ardeurs d'une sincère flamme ?
Consultez-vous vous-même. A ses règles soumis,
Pardonnez-vous sans peine à tous vos ennemis ?
Combattez-vous vos sens ? domptez-vous vos faiblesses ?
Dieu dans le pauvre est-il l'objet de vos largesses ?
Enfin, dans tous ses points pratiquez-vous sa loi ?
Oui, direz-vous. Allez, vous l'aimez, croyez-moi.
Qui fait exactement ce que ma loi commande
A pour moi, dit ce Dieu, l'amour que je demande[2].
Faites-le donc ; et, sûr qu'il nous veut sauver tous,
Ne vous alarmez point pour quelques vains dégoûts
Qu'en sa ferveur souvent la plus sainte âme éprouve.
Marchez, courez à lui : qui le cherche le trouve ;
Et plus de votre cœur il paraît s'écarter,
Plus par vos actions songez à l'arrêter.
Mais ne soutenez point cet horrible blasphème,
Qu'un sacrement reçu, qu'un prêtre, que Dieu même,
Quoi que vos faux docteurs osent vous avancer,
De l'amour qu'on lui doit puisse vous dispenser.

---

1. L'auteur disait encore que cette doctrine était non seulement fausse, mais abominable, et plus contraire à la vraie religion que le luthéranisme et le calvinisme. Br. — V. la préface sur les trois dernières Épîtres.
2. Les quiétistes, dont les erreurs ont été condamnées par les papes Innocent XI et Innocent XII. Despr. — Au lieu de ces deux vers, il y avait d'abord :

>Écoutez la leçon que lui-même nous donne :
>Qui m'aime ? c'est celui qui fait ce que j'ordonne.

III

Scène plaisante.

Je ne m'en puis défendre, il faut que je t'écrive
La figure bizarre, et pourtant assez vive,
Que je sus l'autre jour employer dans son lieu,
Et qui déconcerta ces ennemis de Dieu[1].
Au sujet d'un écrit qu'on nous venait de lire,
Un d'entre eux[2] m'insulta sur ce que j'osai dire
Qu'il faut, pour être absous d'un crime confessé,
Avoir pour Dieu, du moins, un amour commencé.
Ce dogme, me dit-il, est un pur calvinisme.
O ciel! me voilà donc dans l'erreur, dans le schisme,
Et partant réprouvé! Mais, poursuivis-je alors,
Quand Dieu viendra juger les vivants et les morts,
Et des humbles agneaux, objets de sa tendresse,
Séparera des boucs la troupe pécheresse,
A tous il nous dira, sévère ou gracieux,
Ce qui nous fit impurs ou justes à ses yeux.
Selon vous donc, à moi réprouvé, bouc infâme :
Va brûler, dira-t-il, en l'éternelle flamme,
Malheureux qui soutins que l'homme dut m'aimer;
Et qui, sur ce sujet trop prompt à déclamer,
Prétendis qu'il fallait, pour fléchir ma justice,
Que le pécheur, touché de l'horreur de son vice,
De quelque ardeur pour moi sentît les mouvements,
Et gardât le premier de mes commandements !
Dieu, si je vous en crois, me tiendra ce langage.
Mais à vous, tendre agneau, son plus cher héritage,
Orthodoxe ennemi d'un dogme si blâmé :
Venez, vous dira-t-il, venez, mon bien-aimé,
Vous qui, dans les détours de vos raisons subtiles,
Embarrassant les mots d'un des plus saints conciles[3],
Avez délivré l'homme, ô l'utile docteur!
De l'importun fardeau d'aimer son créateur;
Entrez au ciel; venez, comblé de mes louanges,
Du besoin d'aimer Dieu désabuser les anges.
A de tels mots, si Dieu pouvait les prononcer,

---

1. Notre auteur avait eu effectivement avec un théologien la conversation qui est décrite dans les vers suivants. Bn.
2. Le jésuite Cheminais, prédicateur.
3. Le concile de Trente. Despr.

Pour moi je répondrais, je crois, sans l'offenser :
Oh! que pour vous mon cœur moins dur et moins farouche,
Seigneur, n'a-t-il, hélas! parlé comme ma bouche!
Ce serait ma réponse à ce Dieu fulminant.
Mais vous, de ses douceurs objet fort surprenant,
Je ne sais pas comment, ferme en votre doctrine,
Des ironiques mots de sa bouche divine
Vous pourriez, sans rougeur et sans confusion,
Soutenir l'amertume et la dérision.
   L'audace du docteur, par ce discours frappée,
Demeura sans réplique à ma prosopopée.
Il sortit tout à coup, et murmurant tout bas
Quelques termes d'aigreur que je n'entendis pas,
S'en alla chez Binsfeld, ou chez Basile Ponce [1],
Sur l'heure à mes raisons chercher une réponse.
                                  (*Extraits.*)

---

1. Deux défenseurs de la fausse attrition. Despr. — Pierre Binsfeld était suffragant de Trèves, et docteur en théologie. Basile Ponce était de l'ordre de Saint-Augustin. Br.

L'ART POÉTIQUE[1]

AVANT-PROPOS

Voici le jugement de Voltaire sur l'*Art poétique* de Boileau : « L'*Art poétique* de Boileau est admirable, parce qu'il dit toujours agréablement des choses vraies et utiles, parce qu'il donne toujours le précepte et l'exemple, parce qu'il est varié, parce que l'auteur, en ne manquant jamais à la pureté de la langue,

> . . . . . sait d'une voix légère
> Passer du grave au doux, du plaisant au sévère.

« Ce qui prouve son mérite chez tous les gens de goût, c'est qu'on sait ses vers par cœur ; et ce qui doit plaire aux philosophes, c'est qu'il a presque toujours raison.

« Puisque nous avons parlé de la préférence qu'on peut donner quelquefois aux modernes sur les anciens, on oserait présumer ici que l'*Art poétique* de Boileau est supérieur à celui d'Horace. La méthode est certainement une beauté dans un poème didactique; Horace n'en a point. Nous ne lui en faisons pas un reproche, puisque son poème est une épître familière aux Pisons, et non pas un ouvrage régulier comme les *Géorgiques;* mais c'est un mérite de plus dans Boileau, dont les philosophes doivent lui tenir compte.

« L'*Art poétique* latin ne paraît pas, à beaucoup près, si travaillé que le français. Horace y parle presque toujours sur le ton libre et familier de ses autres épîtres. C'est une extrême justesse dans l'esprit, c'est un goût fin, ce sont des vers heureux et pleins de sel, mais souvent sans liaison, quelquefois destitués d'harmonie; ce n'est pas l'élégance et la correction de Virgile. L'ouvrage est très bon ; celui de Boileau paraît encore meilleur ; et si vous en exceptez les tragédies de Racine qui ont le mérite supérieur de traiter les passions et de surmonter toutes les difficultés du théâtre, l'*Art poétique* de Despréaux est sans contredit le poème qui fait le plus d'honneur à la langue française. » (*Dict. phil., Art poétique.*)

« Dans les quatre chants d'un poème très court, le législateur du Parnasse français a embrassé toutes les parties de la littérature :

---

[1]. L'*Art poétique* fut composé de 1669 à 1674. Lorsqu'il parut en 1674, in-4º, es ennemis de Boileau (Desmarets, Sainte-Garde, etc.) prétendirent que ce n'était qu'une traduction d'Horace. L'auteur leur répondit : « Dans mon ouvrage qui est d'onze cents vers, il n'y en a pas plus de cinquante ou soixante tout au plus imités d'Horace, ils ne peuvent pas faire un plus bel éloge du reste qu'en le supposant traduit de ce grand poète...

non seulement il a exposé tous les principes de l'art d'écrire, mais il a défini tous les genres, crayonné l'historique de quelques-uns, caractérisé un assez grand nombre de poètes anciens et modernes, esquissé le tableau des révolutions du goût depuis François Ier jusqu'à Louis XIV, et tracé aux auteurs des règles de conduite. On a peine à concevoir comment il a pu renfermer tant de choses dans un cadre si étroit ; et cependant cette extrême brièveté ne dérobe rien à la grâce et à l'agrément : l'auteur de l'*Art poétique* est précis sans être sec ; il a su trouver encore dans un espace si restreint de la place pour les ornements. » (Voir le début du IVe chant. Dussault, *Ann. litt.*, 1818, I, 276.)

Marmontel, qu'on n'accusera pas de partialité pour Boileau, s'exprime ainsi : « Cet ouvrage excellent, l'*Art poétique français*, fait tout ce qu'on peut attendre d'un poème : il donne une idée précise et lumineuse de tous les genres... Il définit les divers genres de poésie, à commencer par les petits poèmes ; et la plupart de ces définitions sont elles-mêmes des modèles du style, du ton, du coloris qui conviennent à leur objet... Aristote et Horace avaient vu l'art dans la nature ; Despréaux ne semble l'avoir vu que dans l'art même, et ne s'être appliqué qu'à bien dire ce qu'on savait avant lui, mais il l'a dit le mieux possible, et à ce mérite se joint celui de l'avoir appris à un siècle qui l'ignorait ; je parle de la multitude. Quand le goût du public a été formé, la plupart des leçons de Despréaux nous ont dû paraître inutiles ; mais c'est grâce à lui-même et à l'attrait qu'il leur a donné que ses idées sont aujourd'hui communes ; elles ne l'étaient pas de son temps... Si le goût de la nation s'est perfectionné, peut-être en est-elle redevable en partie au bon esprit de Despréaux : son *Art poétique* est depuis un siècle dans les mains des enfants et pour des raisons que je ne dis pas, il est plus que jamais nécessaire à la génération. » (*Encycl.*, mot *Poétique*.)

CHANT I

C'est en vain qu'au Parnasse un téméraire auteur
Pense de l'art des vers atteindre la hauteur :
S'il ne sent point du ciel l'influence secrète,
Si son astre en naissant ne l'a formé poète [1],

[1] On a beaucoup critiqué ce début. Desmarets et Pradon ne voulaient pas qu'on dît la *la hauteur d'un art*. M. Géruzez (édit. class.) dit : « Le Parnasse étant une montagne, on pense à sa cime, qu'il est difficile de gravir, et non à la hauteur de l'art des vers, qui est une figure intellectuelle, déplacée en regard d'une image physique, comme celle du Parnasse, montagne de la Thessalie. Dans le dernier distique, on ne voit pas comment le *poète captif*, c'est-à-dire enfermé dans *son génie étroit*, pourrait en sortir pour éprouver si Pégase est rétif. Le langage figuré s'adresse à l'imagination, et puisqu'il l'éveille, il doit la satisfaire. » Ces censures sont trop rigoureuses.

Dans son génie étroit il est toujours captif [1] :
Pour lui Phébus est sourd, et Pégase est rétif.
O vous donc qui, brûlant d'une ardeur périlleuse,
Courez du bel esprit la carrière épineuse [2],
N'allez pas sur des vers sans fruit vous consumer [3],
Ni prendre pour génie un amour de rimer ;
Craignez d'un vain plaisir les trompeuses amorces,
Et consultez longtemps votre esprit et vos forces [4],
 La nature, fertile en esprits excellents,
Sait entre les auteurs partager les talents :
L'un peut tracer en vers une amoureuse flamme ;
L'autre d'un trait plaisant aiguiser l'épigramme [5] :
Malherbe d'un héros peut vanter les exploits ;
Racan chanter Philis, les bergers et les bois [6] :
Mais souvent un esprit qui se flatte et qui s'aime
Méconnaît son génie, et s'ignore soi-même [7] :

1. Il faut se garder de prendre le mot *génie* dans le sens que nous lui donnons aujourd'hui ; il avait alors la signification latine d'*ingenium*, c'est-à-dire de *dispositions naturelles*.
2. *Bel esprit* désigne aujourd'hui « un genre d'esprit qui ne manque ni de distinction ni d'élégance, mais qui tombe facilement dans la prétention. » Il s'entendait alors dans un sens très favorable. C'est ainsi que Perrault (*Parallèles*, III, 32, publiés plus de quinze ans après l'*Art poétique*) écrit : « Quelque grand génie qu'Homère ait reçu de la nature, car c'est peut-être le plus vaste et le plus bel esprit qui ait jamais été. »
3. Imitation d'HORACE, *Art poétique*, v. 385.
4. Imitation d'HORACE, *Art poétique*, v. 38-40.
5. La Fresnaye-Vauquelin avait dit :

>Comme tout peintre n'est parfait en chaque part
>De tout ce que requiert la règle de son art...
>Des poètes ainsi, l'un fait une épigramme,
>L'autre une ode, un sonnet en l'honneur d'une dame,
>L'un une comédie, et l'autre. d'un ton haut,
>Tragique fait armer le royal échafaut.
>L'un fait une satire, et l'autre une idyllie.
>Qui jusqu'aux petits chants des pasteurs s'humilie,
>Et peu, qui sont bien peu, la trompette entonnant,
>Font bruire d'un rebat l'air autour résonnant.

6. La vogue de l'*Aminta* du Tasse, du *Pastor fido* de Guarini, de l'*Astrée* de d'Urfé avait mis à la mode en France, vers la fin du XVIe siècle, des compositions où sous le nom de *Bergeries* on mêlait à la peinture des mœurs des bergers les délicatesses de la galanterie la plus raffinée. Racan a racheté ses faiblesses en ce genre par de beaux vers tels que ceux-ci, il dit d'un berger

>La fortune lui rit, tout lui vient à souhait
>De vingt paires de bœufs il sillonne la plaine,
>Tous les ans ses acquêts augmentent son domaine
>Dans les champs d'alentour on ne voit aujourd'hui.
>Que chèvres et brebis qui sortent de chez lui
>Sa maison se fait voir par-dessus le village,
>Comme fait un grand chêne au-dessus d'un bocage...

7. On a critiqué beaucoup ces vers ; on y a relevé la répétition fréquente du mot *esprit* ; un *esprit qui méconnaît et qui méconnaît son génie* a semblé peu juste à Condillac ; on a blâmé l'emploi de *soi-même*. On se serait épargné tant de peine si l'on avait voulu se rappeler que Boileau parlait la langue de son temps, où l'on disait méconnaître pour « s'oublier, s'ignorer soi-même, par

L'ART POÉTIQUE, CHANT I.

Ainsi tel[1] autrefois qu'on vit avec Faret[2]
Charbonner de ses vers les murs d'un cabaret[3],
S'en va, mal à propos, d'une voix insolente,
Chanter du peuple hébreu la fuite triomphante,
Et, poursuivant Moïse au travers des déserts,
Court avec Pharaon se noyer dans les mers.
  Quelque sujet qu'on traite, ou plaisant, ou sublime,
Que toujours le bon sens s'accorde avec la rime[4] :
L'un l'autre vainement ils semblent se haïr ;
La rime est une esclave, et ne doit qu'obéir.
Lorsqu'à la bien chercher d'abord on s'évertue[5],
L'esprit à la trouver aisément s'habitue ;

aveuglement ou infatuation » (Trévoux) ; que la grammaire permettait l'emploi constant de *soi-même*, là où nous mettons lui-même. Tout se réduit donc à la répétition du mot *esprit*, qui revient aux vers 8, 12, 13 et 19.

1. Saint-Amant, auteur de *Moïse sauvé*. (Boileau, 1712.) — Voir satires I, IX, *Art poétique*, III. — Saint-Amant, à qui Boileau n'a pas refusé tout esprit, dissipa sa jeunesse et sa verve dans les cabarets et dans les tabagies. Voici quelques vers d'un sonnet dont il avait sans doute charbonné les murs :

> Voici le rendez-vous des enfants sans soucy,
> Que pour me divertir quelquefois je fréquente ;
> Le maître a bien raison de se nommer La Plante,
> Car il gaigne son bien par une plante aussi (le tabac).

2. Faret, auteur du livre intitulé l'*Honnête homme*, et ami de Saint-Amant. (Boileau, 1713.) — Nicolas Faret, de Bresse, un des premiers de l'Académie française en 1633. Il fut secrétaire, puis intendant du comte d'Harcourt, et mourut le 21 de novembre 1646, âgé de cinquante ans.
Dans sa comédie des *Académiciens*, publiée en 1650, Saint-Évremond fait dire à Saint-Amant qui s'adresse à Faret :

> Nous reviendrons tantôt, allons, mon cher Faret,
> Trouver proche d'ici quelque bon cabaret.

Plus loin, au retour du cabaret, le même auteur met les paroles suivantes dans la bouche de Faret :

> Si l'esprit et la suffisance,
> Si l'avantage de raison,
> Ne paraissent point dans l'enfance
> Et demeurent comme en prison,
> C'est qu'on suce le lait d'une pauvre nourrice ;
> Et Dieu qui conduit tout sagement à sa fin,
> De nos divins talents réserve l'exercice
> Pour le temps précieux que nous boirons du vin.

Pellisson fait remarquer qu'il n'était pas débauché autant qu'on le jugerait par là, « bien qu'il ne haît pas la bonne chère et le divertissement. » Il dit lui-même, en quelque endroit de ses œuvres, que la commodité de son nom, qui rimait à cabaret, était en partie cause du bruit (de la réputation) que M. de Saint-Amant lui avait donné. (*Histoire de l'Académie française.*)
3. Imitation de Martial, liv. XII, épigr. LXI.
4. Fénelon confirme par ses observations la justesse du précepte de Boileau : « Souvent la rime qu'un poète va chercher bien loin le réduit à allonger et à faire languir son discours ; il lui faut deux ou trois vers postiches pour en amener un dont il a besoin. On est scrupuleux pour n'employer que des rimes riches, et on ne l'est ni sur le fond des pensées et des sentiments, ni sur la clarté des termes, ni sur la noblesse des expressions. »
5. Mot plein de vigueur qui rend tout entière la pensée du poète.

> Ma constance contre elle à regret s'évertue.
> (Corneille, *Horace*, II, v.)

Au joug de la raison sans peine elle fléchit[1],
Et, loin de la gêner, la sert et l'enrichit[2].
Mais lorsqu'on la néglige, elle devient rebelle,
Et pour la rattraper le sens court après elle.
Aimez donc la raison : que toujours vos écrits
Empruntent d'elle seule et leur lustre et leur prix[3].
　　La plupart, emportés d'une fougue insensée,
Toujours loin du droit sens vont chercher leur pensée :
Ils croiraient s'abaisser, dans leurs vers monstrueux,
S'ils pensaient ce qu'un autre a pu penser comme eux.
Évitons ces excès : laissons à l'Italie
De tous ces faux brillants l'éclatante folie[4].

1. *Au joug de la raison*, tournure élégante et facile.
> Il faut fléchir au temps sans obstination.
> 　　　　(MOLIÈRE, *le Misanthrope*, acte I, scène 1re.)
> Faites qu'à mes désirs je la puisse fléchir.
> 　　　　(CORNEILLE, *Cinna*, acte III, scène III.)

2. « Tout ainsi que la voix, contrainte dans l'étroit canal d'une trompette, sort plus aiguë et plus forte, ainsi me semble-t-il que la sentence, pressée aux pieds nombreux de la poésie, s'élance bien plus brusquement et me fiert d'une plus vive secousse. » (MONTAIGNE.) La Faye dit aussi :
> De la contrainte rigoureuse
> Où l'esprit semble resserré,
> Il reçoit cette force heureuse
> Qui l'élève au plus haut degré:
> Telle, dans les canaux pressée,
> Avec plus de force élancée,
> L'onde s'élève dans les airs ;
> Et la règle qui semble austère
> N'est qu'un art plus certain de plaire,
> Inséparable des beaux vers.

« C'est une attention curieuse à donner à la lecture des bons poètes, que de voir combien d'images nouvelles, de tours originaux, d'expressions de génie, de pensées qu'ils n'auraient pas eues sans la contrainte de la rime, leur ont été données par elle ; et combien d'heureuses rencontres ils ont faites en la cherchant. » (MARMONTEL, *Élém. de littér.*, Rime.) Suivant Brossette, Boileau cita à l'appui de ce qu'il disait de la rime ces deux vers d'un poète très médiocre, d'Alibray, dans sa *Métamorphose de Montmaur en marmite* :
> Son collet de pourpoint s'étend et orme un cercle,
> Son chapeau de docteur s'aplatit en couvercle.

3. Imitation d'HORACE, *Art poétique*, v. 309.
Quelques critiques ont dit que le mot *seule* était inutile, qu'il était inexact que la raison *seule* fît toutes les beautés d'une œuvre ; on peut leur répondre par ces vers de M. J. Chénier :
> C'est le bon sens, la raison qui fait tout
> Vertu, génie, esprit, talent et goût.
> Qu'est-ce vertu ? raison mise en pratique
> Talent ? raison produite avec éclat.
> Esprit ? raison qui finement s'exprime ;
> Le goût n'est rien qu'un bon sens délicat
> Et le génie est la raison sublime.
> 　　　　(*La Raison*, Discours, t. VIII, p. 248.)

4. Dans *Il Pastor fido* de Guarini, le berger Mirtile se plaint ainsi du départ d'Amarillis
> Ahi dolente partita!
> Ah fin della mia vita ?
> Da te parto, e non moro ? E pure io provo
> La pena della morte,

Tout doit tendre au bon sens : mais, pour y parvenir,
Le chemin est glissant et pénible à tenir :
Pour peu qu'on s'en écarte, aussitôt on se noie [1],
La raison pour marcher n'a souvent qu'une voie.

   Un auteur quelquefois trop plein de son objet
Jamais sans l'épuiser n'abandonne un sujet.
S'il rencontre un palais, il m'en dépeint la face [2];
Il me promène après de terrasse en terrasse ;
Ici s'offre un perron ; là règne un corridor,
Là ce balcon s'enferme en un balustre d'or.
Il compte des plafonds les ronds et les ovales ;
« Ce ne sont que festons, ce ne sont qu'astragales [3]. »
Je saute vingt feuillets pour en trouver la fin,
Et je me sauve à peine au travers du jardin [4].
Fuyez de ces auteurs l'abondance stérile,

> E sento nel partire
> Un *vivace morire*
> Che dà vita al dolore.
> Per far *che mora immortalmente* il core.

« Une mort vivante ! un cœur qui *meurt immortellement !* quelle folie, en effet ! » (AMAR.) — J.-B. Marino, qui vint en France sous Louis XIII et infecta la société parisienne de ses jeux de mots, a poussé jusqu'à la folie ces excès monstrueux, dans une pièce intitulée *I Baci, les Baisers :* les baisers sont tour à tour une *médecine,* une *trompette,* un *combat,* une *offense.* La bouche était une *douce guerrière,* une *prison agréable,* un *corail mordant,* une *mort vivante.* — On peut faire remonter ce travers jusqu'à Pétrarque.

1. On a trouvé que le mot *chemin* n'amène pas assez bien l'image de *se noyer* ; il y a désaccord entre ces deux mots. — « La raison tient de la vérité, on n'y arrive que par un chemin, on s'en écarte par mille. » (LA BRUYÈRE.) Ce rapprochement permet de sentir davantage la précision du vers suivant de Boileau.

2. Scudéri, livre III d'*Alaric,* emploie près de cinq cents vers à la description d'un palais ; il commence par la façade, pour finir par le jardin :

> D'un fort grand pavillon la superbe façade
> Arrête ses regards (d'Alaric), comme sa promenade,
> Il s'arrondit en dôme, et le bronze doré
> Couvre les ornements dont il est décoré.
> Il est ouvert partout, et ses larges arcades
> De cuivre de Corinthe ont quatre balustrades.

3. Vers de Scudéri. (BOILEAU, 1713.) — On lit dans *Alaric,* liv. III :

> Ce ne sont que festons, ce ne sont que couronnes,
> Bases et chapiteaux, pilastres et colonnes, etc.

On appelle *astragales* de petites moulures rondes dont on orne le haut et le bas des colonnes ; elles ont la forme d'anneaux et de bracelets.

4. « Pour réhabiliter un peu ce palais si décrié, il convient d'en citer quelques vers tirés de la description de l'escalier :

> D'un marbre blanc et pur cent nymphes bien rangées,
> De grands paniers de fleurs sur leurs têtes chargées,
> Où l'art et la nature ont mis leurs ornements,
> Semblent vouloir monter aux beaux appartements ;
> Leur main gauche soutient ces paniers magnifiques,
> Leur droite tient les plis de leurs robes antiques,
> Et l'art a fait changer, par ses nobles efforts,
> Les veines de ce marbre aux veines de leurs corps. »
>
>   (GÉRUZEZ.)

Boileau ne refusait pas à Scudéri d'avoir fait de temps en temps quelques bons vers, il blâmait son *abondance stérile.* Il ne semble pas qu'il ait eu tort.

Et ne vous chargez point d'un détail inutile.
Tout ce qu'on dit de trop est fade et rebutant :
L'esprit rassasié le rejette à l'instant[1].
Qui ne sait se borner ne sut jamais écrire.
  Souvent la peur d'un mal nous conduit dans un pire[2].
Un vers était trop faible, et vous le rendez dur :
J'évite d'être long, et je deviens obscur[3] ;
L'un n'est pas trop fardé, mais sa muse est trop nue ;
L'autre a peur de ramper, il se perd dans la nue[4].
  Voulez-vous du public mériter les amours[5],
Sans cesse en écrivant variez vos discours.
Un style trop égal et toujours uniforme
En vain brille à nos yeux, il faut qu'il nous endorme.
On lit peu ces auteurs, nés pour nous ennuyer,
Qui toujours sur un ton semblent psalmodier[6].
  Heureux qui, dans ses vers, sait d'une voix légère
Passer du grave au doux, du plaisant au sévère !
Son livre, aimé du ciel, et chéri des lecteurs,

---

1. Horace a dit plus élégamment la même chose. Voltaire a dit à son tour :
>   Mais malheur à l'auteur qui veut toujours instruire
>   Le secret d'ennuyer est celui de tout dire.
>   (VOLTAIRE, *Discours*, VI, v. 171-172.)

2. Imitation d'HORACE, *Art poétique*, v. 31.
3. Imitation d'HORACE, *Art poétique*, v. 25-26.
4. Imitation d'HORACE, *Art poétique*, v. 230.
5. Condillac a blâmé ce mot *amours*, pris dans le sens de *suffrages* et *applaudissements*. Ce n'était peut-être pas là l'intention de Boileau, il employait le mot *amours* dans le sens absolu où Massillon le prend dans cette phrase : « La nature a mis en nous des haines et des amours. » (*Carême*, serm. sur les Offenses.) « Telle est la première source de nos amours et de nos haines. » (*Ibid.*) « L'excès de nos afflictions est toujours la peine de nos amours injustes. » (MASS., *Avent*, Afflict.) — Le même philosophe critique l'expression *variez vos discours*. « Varier ses discours, dit-il, c'est proprement écrire sur différents sujets. » C'était l'usage alors d'employer *discours* pour toute espèce de composition considérée surtout par rapport à la diction.
>   Ils attifent leurs mots, enjolivent leur phrase,
>   Affectent leur discours tout si relevé d'art
>   Et peignent leurs défauts de couleur et de fard.
>   (REGNIER, satire IX.)
>   De vouloir sottement que mon discours se dore
>   Aux dépens d'un sujet que tout le monde adore.
>   (*Ibid.*)

« Vous savez que c'est le goût de notre siècle d'aimer le naturel dans les discours. » (BAYLE, lettre 93, 18 mai 1691.)

6. Voltaire reconnaît la justesse de ce précepte et juge qu'il est bien difficile de le suivre, dans ce passage de son *Epître à Horace* :
>   Notre langue un peu sèche et sans inversions
>   Peut-elle subjuguer les autres nations ?
>   Nous avons la clarté, l'agrément, la justesse,
>   Mais égalerons-nous l'Italie et la Grèce ?
>   Est-ce assez, en effet, d'une heureuse clarté,
>   Et ne péchons-nous pas par l'uniformité ?

Est souvent chez Barbin entouré d'acheteurs [1].
  Quoi que vous écriviez, évitez la bassesse :
Le style le moins noble a pourtant sa noblesse.
Au mépris du bon sens [2], le burlesque effronté [3]
Trompa les yeux d'abord, plut par sa nouveauté :
On ne vit plus en vers que pointes triviales ;
Le Parnasse parla le langage des halles [4] ;
La licence à rimer alors n'eut plus de frein :
Apollon travesti devint un Tabarin [5].
Cette contagion infecta les provinces,
Du clerc et du bourgeois passa jusques aux princes.
Le plus mauvais plaisant eut ses approbateurs :

1. Imitation d'Horace, *Art poétique*, v. 343-346.
2. Suivant Brossette, la première composition était celle-ci : *Sous l'appui de Scarron.*
3. Le style burlesque fut extrêmement en vogue depuis le commencement du dernier siècle jusque vers l'an 1660, qu'il tomba. (Boileau, 1713.) Voir la note qui termine la préface du *Lutrin*. Saint-Marc cite un chanoine d'Embrun, Jacques Jacques, qui aurait mis en vers burlesques la passion de Jésus-Christ. Le *Virgile travesti*, de Scarron, a seul survécu à cette vogue, et encore est-il bien difficile aujourd'hui de le lire en entier. (M. Chéron.)
4. Voici quelques exemples de ce langage trivial. Scarron mettait parmi les *nippes* qu'Enée avait pu sauver du sac de Troie :

> La béquille de Priamus,
> Le livre de ses orémus,
> Un almanach fait par Cassandre,
> Où l'on pourrait ne rien comprendre,

Il disait, en désignant Didon :

> C'était une grosse dondon,
> Grasse, vigoureuse, bien saine,
> Un peu camuse à l'africaine,
> Mais agréable au dernier point.

Voici la première entrevue d'Enée et de Didon

> La reine donc fut étonnée
> De l'apparition d'Enée,
> Et lui dit, parlant un peu gras,
> L'ayant pris par le bout du bras
> (C'est par la main que je veux dire) :
> « Comment vous portez-vous, beau sire ?
> — Moi, lui dit-il, je n'en sais rien,
> Si vous êtes bien, je suis bien ;
> Et j'ai pour le moins la migraine.
> S'il faut que vous soyez malsaine,
> Vous vous portez bien, Dieu merci ;
> Je me porte donc bien aussi. »

« Votre père, disait Boileau à Racine le fils, avait quelquefois la faiblesse de lire Scarron, et d'en rire ; mais il se cachait bien de moi pour cela. »
5. On ignore le lieu et la date de la naissance de Tabarin ; il paraît cependant à peu près certain qu'il était d'origine italienne et que Tabarin n'était qu'un nom de tréteaux. Il servit de 1618 à 1630 de compère à Montdor, un charlatan qui débitait un onguent quelconque sur la place Dauphine et serait mort de mort violente dans une terre qu'il avait acquise aux environs de Paris. Ses parades ont été publiées pour la première fois sous le titre de *Recueil général des rencontres, questions,... tabariniques*. Paris, 1622, petit in-12 ; et récemment sous le titre de *Œuvres complètes de Tabarin*, par Gustave Aventin (Veinant). Paris, P. Jannet, 1858, 2 vol. in-16. (M. Chéron.)

Et, jusqu'à d'Assoucy[1], tout trouva des lecteurs.
Mais de ce style enfin la cour désabusée[2]
Dédaigna de ces vers l'extravagance aisée[3],

---

1. Pitoyable auteur qui a composé l'*Ovide en belle humeur*. (BOILEAU, 1713.) — Charles Coypeau, sieur d'Assoucy, né à Paris en 1604, mort vers 1679. Outre une partie des *Métamorphoses* d'Ovide, il mit encore en vers burlesques le *Ravissement de Proserpine*, de Claudien; il publia aussi trois volumes du *Recueil de ses poésies* et ses *Aventures* de voyage. (M. CHÉROX.) Voir dans le *Voyage de Chapelle et de Bachaumont* l'histoire de ce poète : « Puis insensiblement la conversation tomba sur d'Assoucy,... Une de ces dames (*les Précieuses de Montpellier*) prit la parole, et s'adressant à celle qui nous avait paru la principale et la maîtresse précieuse :

> Ma bonne, est-ce celui qu'on dit
> Avoir autrefois tant écrit,
> Même composé quelque chose
> En vers sur la métamorphose ?
> Il faut donc qu'il soit bel esprit ?
> — Aussi l'est-il, et l'un des vrais.
> Reprit l'autre, et des premiers faits.
> Ses lettres lui furent scellées
> Dès les premières assemblées,
> J'ai la liste de ces messieurs,
> Son nom est en tête des leurs.

D'Assoucy ne pouvait se consoler de ce vers de Boileau : « Ah! cher lecteur, « disait-il, si tu savais comme ce *tout trouva* me tient au cœur, tu plaindrais « ma destinée. J'en suis inconsolable, et je ne puis revenir de ma pâmoison « principalement quand je pense qu'au préjudice de mes titres, dans ce vers « qui me tient lieu d'un arrêt de la cour du parlement, je me vois déchu de « tous mes honneurs, et que ce Charles d'Assoucy, d'empereur du burlesque « qu'il était, premier de ce nom, n'est aujourd'hui, si on le veut croire, que le « dernier reptile du Parnasse et le marmiton des Muses... » Il mettait très haut son talent et le genre dans lequel il s'exerçait : « Quoi qu'on dise de l'*héroïque*, « il s'en faut bien qu'il soit de si difficile accès que le *fin burlesque*, qui est le « *dernier effort de l'imagination et la pierre de touche du bel esprit*, et non « pas encore de tout esprit ; car, pour y réussir, il ne suffit pas d'avoir de « l'esprit comme un autre, il faut être doué d'*un génie particulier*, qui est si « rare, principalement en notre climat, que hors de deux personnes (Scarron et « d'Assoucy), chacun sait que tout ce qui s'est mêlé de ce burlesque n'a fait que « barbouiller du papier. » (*Aventures d'Italie*, p. 252.) — Desmarets disait à propos de ces vers de Boileau : « Les plus fins esprits ne seront pas de son avis, « puisque l'on a vu ce genre d'écrire des choses aussi délicates et aussi divertissantes qui se soient jamais vues. »

2. Voici comment d'Assoucy expliquait la chute du genre burlesque : « Si l'on me demande pourquoi ce burlesque, qui a tant de parties excellentes et de discours agréables, après avoir si longtemps diverti la France, a cessé de divertir notre cour, c'est que Scarron a cessé de vivre, et que j'ai cessé d'écrire, et si je voulais continuer mon *Ovide en belle humeur*, cette même cour, qui se divertit encore aujourd'hui des vers que je lui présente, s'en divertirait comme auparavant, et nos libraires, qui ont imprimé tant de fois cet ouvrage, en feraient encore autant d'éditions. »

3. On ne sera pas fâché d'avoir un exemple du style de d'Assoucy. Il dépeint ainsi qu'il suit l'âge d'or :

> Heureux temps ! heureuse saison
> Où n'était médecin ni mule,
> Juge, prison, ni bascule;
> Meurtres, ni vols, ni feux, ni fers,
> Grippemineaux ni gris ni verds,
> Ni gond, ni clou, ni clef, ni coffre,
> Ni magistrat, ni lifrelofre,
> Vente, ni troc, combat, ni choc,
> Cappe ni froc, griffe ni croc, etc.

Distingua le naïf du plat et du bouffon[1],
Et laissa la province admirer le Typhon[2].
Que ce style jamais ne souille votre ouvrage.
Imitons de Marot[3] l'élégant badinage,
Et laissons le burlesque aux plaisants du pont Neuf[4].
    Mais n'allez point aussi, sur les pas de Brébeuf[5],
Même en une Pharsale, entasser sur les rives
« De morts et de mourants cent montagnes plaintives[6]. »
Prenez mieux votre ton. Soyez simple avec art,
Sublime sans orgueil, agréable sans fard.
    N'offrez rien au lecteur que ce qui peut lui plaire.
Ayez pour la cadence une oreille sévère :
Que toujours dans vos vers le sens coupant les mots,

---

1. *Bouffon* (étym. ital. *buffone*, *buffare*, railler, proprement *bouffer*, se gonfler la face), adjectif employé substantivement, qui désigne dans les ouvrages d'esprit le caractère d'un comique bas.

2. *Typhon*, ou la *Gigantomachie*, ou la *Guerre des dieux contre les géants*, poème de Scarron, publié en 1644. — Il paraît, d'après Brossette, que Boileau en trouvait le début assez fin

> Je chante, quoique d'un gosier
> Qui ne mâche point de laurier,
> Non Hector, non le brave Énée,
> Non Amphiare ou Capanée,
> Non le vaillant fils de Thétis :
> Tous ces gens-là sont trop petits
> Et ne vont pas à la ceinture
> De ceux dont j'écris l'aventure.
> Je chante cet homme étonnant
> Devant qui Jupin le tonnant,
> Plus vite qu'un trait d'arbalète,
> S'enfuit sans oser tenir tête ; etc.

Desmarets disait de Boileau et du *Typhon* : « ... Par ces deux vers, il fait voir la faiblesse de son goût ou la malice de son envie... Cette pièce de *Typhon* est le plus agréable et le plus délicat ouvrage de Scarron, l'un des plus beaux esprits de France, à la délicatesse duquel Boileau n'arrivera jamais... Ce style burlesque n'est plat qu'étant traité par des esprits plats. »

3. « J'ose croire que Despréaux aurait dit *le naïf badinage*, si ce mot plus vrai n'eût rendu son vers moins coulant. » (VOLTAIRE, *Disc. de récept. à l'Académie française.*) — N'oublions pas ce jugement de La Bruyère, il justifie bien celui de Boileau : « Marot, par son tour et son style, semble avoir écrit depuis Ronsard : il n'y a guère entre le premier et nous que la différence de quelques mots. » Le même écrivain dit encore en parlant de La Fontaine : « Un autre, plus égal que Marot et plus poète que Voiture, a le jeu, le tour et la naïveté de tous les deux. »

4. Les vendeurs de mithridate et les joueurs de marionnettes se mettent depuis longtemps sur le pont Neuf. (BOILEAU, 1713.)

5. Voir l'épître VII, v. 53.

6.   De mourants et de morts cent montagnes plaintives,
        D'un sang impétueux cent vagues fugitives, etc.
                    (BRÉBEUF, *la Pharsale*, liv. VII.)

Corneille, *Nicomède* :

Des montagnes de morts, des rivières de sang.

Suspende l'hémistiche, en marque le repos[1].
Gardez qu'une voyelle à courir trop hâtée
Ne soit d'une voyelle en son chemin heurtée[2].
Il est un heureux choix de mots harmonieux.
Fuyez des mauvais sons le concours odieux :
Le vers le mieux rempli, la plus noble pensée
Ne peut plaire à l'esprit quand l'oreille est blessée[3].

   Durant les premiers ans du Parnasse françois[4]
Le caprice tout seul faisait toutes les lois.
La rime, au bout des mots assemblés sans mesure,
Tenait lieu d'ornements, de nombre et de césure.
Villon[5] sut le premier, dans ces siècles grossiers,

---

1. Le commentateur Saint-Marc fait sur ce passage une observation fort juste, que l'école moderne a reprise après lui. Après avoir dit que Desmarets et Pradon reprochaient à Despréaux de n'avoir pas toujours bien observé la règle qu'il donnait, il ajoute : « La césure coupe nos *vers alexandrins* en deux hémistiches égaux, et le défaut de variété dans la mesure les rend nécessairement d'une monotonie qui devient insupportable à la longue. Il faut donc remédier autant qu'il est possible à cet inconvénient, varier les césures, peser sur quelques-unes, glisser légèrement sur d'autres, en employer même dans certains cas de vicieuses. En un mot, il ne faut rien négliger de ce qui peut nous sauver l'ennui du mécanisme de nos vers. Il y aurait là-dessus des règles de bon sens et de goût à prescrire. » Les poètes de l'école romantique ont su tirer de beaux effets de ce déplacement de la césure dans les vers qu'ils appelaient *brisés*. Il y a pourtant un écueil à éviter, c'est de détruire l'harmonie propre à notre vers. Boileau d'ailleurs a souvent usé de cette liberté : « tantôt il coupe le dernier hémistiche en deux (sat. VI, v. 67 ; sat. VIII, v. 214) ; tantôt il le brise en plusieurs membres (sat VI, v. 95 ; sat. VIII, v. 205, 244, 258, 290, 292, 294, etc.) ; quelquefois il ose ne pas marquer l'hémistiche (sat. IV, v. 44 ; *Lutrin*, ch, I, v. 9 et 10). » Clément, *Nouv. observ.* :

    Chacun prétend passer : l'un mugit, — l'autre jure :
    La bourse, — il faut se rendre, ou bien non, — résistez.
    La même erreur les fait diversement errer.

2. Ces deux vers énergiques et pittoresques (Beauzée) unissent l'exemple au précepte. Sans manquer aux règles de la versification, Boileau a trouvé l'art de joindre l'exemple de l'hiatus au précepte qui le proscrit : *trop hâtée* forme réellement un hiatus à l'oreille ; il en est de même de *en son chemin heurtée*.
3. La Fresnaye-Vauquelin veut aussi que les vers soient

    D'une rime coulante
    Qui se rende à l'oreille agréable et plaisante.

Cicéron en dit autant pour la prose. (*Orat.*)
4. La prononciation de *françois* et de *lois* rendait alors cette rime possible : *françouès, louès*. — Lévesque de la Ravallière avait déjà fait remarquer l'erreur de Boileau sur ce point : « Loin, disait-il, qu'alors *les mots fussent assemblés sans mesure*, les poètes anciens étaient versificateurs très exacts ; quelques modernes ne s'accommoderaient point de la règle qu'ils observaient pour la rime, non qu'ils fussent absolument assujettis à la marche égale de la rime féminine après la masculine : cet entrelacement n'était pas de règle étroite, quoiqu'il ne leur fût pas entièrement inconnu. On en a trouvé le modèle dans leurs pièces ; quelques chansons de Thibaut, et surtout les deux premières, offrent ce mélange exact. » (*Les Poésies du roi de Navarre*, t. Ier, p. 225.)
5. « L'ancienne versification est le fondement de la nôtre, et rien n'est plus faux que l'opinion de Boileau. Bien des siècles avant Villon, toutes les règles de la versification avaient été trouvées, et, durant un long intervalle de temps, appliquées dans une foule innombrable de compositions grandes et petites. Villon n'eut rien à débrouiller ; il ne fit, lui et ses successeurs que se servir des créa-

Débrouiller l'art confus de nos vieux romanciers [1].
Marot bientôt après fit fleurir les ballades [2],

tions d'un âge primordial. Cet âge primordial est celui où la langue naquit des ruines du latin. Ce fut des mêmes ruines que sortit la versification... Le latin avait un vers très harmonieux, un vers qui nous plaît encore particulièrement... le vers saphique. Ce vers appartenait à l'ode, à la chanson, aux chants d'église; ce furent ces circonstances qui, le rendant familier et populaire, permirent de le transformer et d'y trouver les éléments du vers nouveau. Celui-ci est uniquement fondé sur l'accent (plus le nombre des syllabes); toute considération de la quantité prosodique des syllabes est exclue. Formé de dix syllabes (ou de onze quand la dernière est muette), l'harmonie qui lui est propre résulte de l'arrangement de deux accents ainsi distribués : un à la quatrième syllabe ou à la sixième, l'autre à la dixième; le reste des accents est facultatif, et sert au poète à varier la modulation et à la conformer au sentiment qui l'inspire. *Voiez l'orguel de France la loée* est un vers du XIe siècle et pourrait être un vers du XIXe. L'ancien décasyllabe français se présente sous deux formes : il est à césure ou sans césure (la césure est nommée *hémistiche* dans le vers alexandrin). La césure, quand elle existe, est placée à la quatrième syllabe, ou elle l'est à la sixième; presque toutes les chansons de geste sont écrites dans le premier système, quelques-unes seulement dans le second. Ces deux modes de versification traitent la césure comme la fin du vers, c'est-à-dire qu'une syllabe muette, quand elle s'y trouve en plus, ne compte pas; cette manière de versifier est bonne, satisfaisante pour l'oreille, et il est dommage qu'elle se soit perdue. — Notre décasyllabe actuel est exactement l'ancien décasyllabe avec la césure, à la quatrième syllabe, sauf la faculté que nous avons perdue de ne pas compter une muette en plus après la césure. — A côté du décasyllabe qui est le vers fondamental de la versification créée dans les langues romanes, pour remplacer la versification de l'antiquité classique, viennent se ranger les autres espèces de vers, d'abord l'alexandrin avec l'hémistiche après la sixième syllabe, et comportant, comme le décasyllabe, à cet hémistiche une syllabe muette en plus; puis les petits vers de huit syllabes, de sept, de cinq, de quatre, de trois, combinés par les poètes en des arrangements très variés. De ce côté-là, la versification moderne n'a rien ajouté. — Le vers saphique, d'où le décasyllabe procède, n'est point rimé; aussi la rime n'est-elle point essentielle au décasyllabe roman, et aujourd'hui encore l'Italie use des vers blancs; nous pourrions en user de même. Toutefois, de très bonne heure, la rime s'introduisit dans la poésie romane, du moins sous forme d'assonance. Les plus anciens poèmes ne sont pas rimés, à proprement parler; ils sont assonants, c'est-à-dire que l'oreille s'y contente de syllabes où tantôt les voyelles se ressemblent, mais non les articulations, et tantôt les articulations se ressemblent, mais non les voyelles; la *Chanson de Roland* et quelques autres poèmes sont écrits en assonances. Le sentiment qui avait amené l'assonance ne tarda pas à se montrer plus exigeant, et dès le XIIe siècle, la rime complète, exacte, devint une loi impérieuse de la versification, si bien qu'à cette époque on remania les anciennes compositions pour les mettre au goût du jour... Nous n'avons, quant à la rime, rien innové, sauf la règle du croisement des rimes masculines et des rimes féminines, règle qui fut étrangère aux compositions de nos aïeux et dont le mérite est d'ailleurs contestable. — On remarquera la contradiction implicite qui entachait le jugement du XVIIe siècle sur notre ancienne versification; ce siècle admirait l'Italie dont il se reconnaissait l'élève, comme de l'Espagne, à certains égards. Traiter d'*art confus et grossier* l'art de versifier de ces pays qui versaient alors leur influence sur la France, aurait paru un sacrilège aux hommes de cet âge; et pourtant cet art de versifier italien ou espagnol n'est pas autre que celui de nos vieux romanciers; tout à l'origine est commun en ce genre entre les nations romanes. » (E. LITTRÉ, *Dictionnaire de la langue française*, complément de la préface, XLIII.) — Villon naquit à Paris en 1431. Villon n'était qu'un sobriquet voulant dire *fripon*, son nom véritable était François Corbeuil.

1. La plupart de nos anciens romans français sont en vers confus et sans ordre, comme le roman de la *Rose* et plusieurs autres. (BOILEAU, 1713.) On vient de voir, dans la note précédente, combien ce jugement est faux.

2. « *Ballades*, ancienne poésie française composée de trois couplets et d'un envoi sur les mêmes rimes, avec un refrain qui termine chaque couplet. » (TRÉVOUX.)

Tourna des triolets [1], rima les mascarades,
A des refrains réglés asservit les rondeaux [2],
Et montra pour rimer des chemins tout nouveaux [3].
Ronsard, qui le suivit, par une autre méthode [4],
Réglant tout, brouilla tout, fit un art à sa mode,
Et toutefois longtemps eut un heureux destin [5],
Mais sa muse en français parlant grec et latin [6],

1. « *Triolets*, ancienne poésie plaisante et satirique, composée de huit vers sur deux rimes, dont le premier se répète après le troisième et les deux premiers après le cinquième. » (Trévoux.) — « *Mascarades*, vers faits pour les personnages d'un ballet. « (*Id.*) — Il est à remarquer qu'on ne trouve dans les œuvres de Marot ni *triolets* ni *mascarades*.

2. *Rondeau*, petite pièce de poésie française, composée de treize vers, dont huit d'une rime et cinq de l'autre. Elle est divisée en trois couplets, et à la fin du second et du troisième le commencement du rondeau est répété, en sens équivoque, s'il est possible.

3. Pas plus que Villon, Marot n'a rien inventé en poésie ; il n'a fait que se servir des termes anciens.

4. Ronsard naquit le 10 septembre 1526 au château de la Poissonnière, dans le Vendômois ; il mourut en 1585. On sait tout le mépris de la Renaissance pour le moyen âge. Du Bellay, dans son *Illustration de la langue française*, disait à son poète : « Toi donc qui te destines au service des Muses, tourne-toi aux auteurs grecs et latins, même italiens et espagnols, d'où tu pourras tirer une forme de poésie plus exquise que de nos auteurs français... Lis donc, et relis jour et nuit les exemplaires grecs et latins, et laisse-moi aux jeux floraux de Toulouse et au Puy de Rouen toutes ces vieilles poésies françaises, comme rondeaux, ballades, virelais, chants royaux, chansons, et telles autres épiceries qui corrompent le goût de notre langue... Jette-toi à ces plaisantes épigrammes, à l'exemple d'un Ovide, d'un Tibulle et d'un Properce... Remplace-moi les chansons par les odes, les coq-à-l'âne par la satire, les farces et moralités par les comédies et les tragédies. Choisis-moi, à la façon de l'Arioste, quelqu'un de ces beaux vieux romans français, comme un *Lancelot*, un *Tristan*, ou autres, et fais-en renaître au monde une admirable *Iliade* ou une laborieuse *Énéide*. » — Tels étaient le plan et les espérances de Ronsard. Il avait de grandes qualités d'esprit, d'originalité et d'invention ; il ne lui manqua que de savoir se régler. — Cf. Sainte-Beuve, *Tableau de la poésie française au xvi° siècle*. Paris, 1843, in-12.

5. Ronsard eut une réputation immense ; Marguerite de Savoie, sœur de Henri II, Marie Stuart, Charles IX, l'honorèrent de leur amitié. La reine Élisabeth lui envoya un diamant de grand prix ; le Tasse, venu à Paris en 1571, s'estima heureux de lui être présenté et d'obtenir son approbation pour quelques chants du *Godefroy*, dont il lui fit lecture. Il y eut un poème italien composé par Sperone Speroni à la louange de Ronsard, et ses œuvres étaient publiquement lues, expliquées aux écoles françaises de Flandre, d'Angleterre, de Pologne et jusqu'à Dantzick. « Nul alors, dit Pasquier, ne mettait la main à la plume qui ne le célébrât par ses vers. Sitôt que les jeunes gens s'étaient frottés à sa robe, ils se faisaient accroire d'être devenus poètes. »

6. « Boileau, entre autres exemples, citait ce vers où Ronsard (liv. I, sonnet 68) dit à sa maîtresse :

Êtes-vous pas ma seule entéléchie ?

pour ma seule perfection. » (Brossette.) — Il citait encore ceux-ci qui sont au commencement de l'épitaphe du tombeau de Marguerite de France et de François Ier :

Ah ! que je suis marry que la muse françoise
Ne peut dire ces mots, comme fait la grégeoise,
Ocymore, dyspotme, oligochronien !
Certes, je les dirais du sang valésien.

Marc-Antoine Muret écrit dans la préface de son commentaire sur le premier livre des *Amours* de Ronsard : « Je puis bien dire qu'il y avait quelques sonnets

Vit dans l'âge suivant, par un retour grotesque,
Tomber de ses grands mots le faste pédantesque [1].
Ce poète orgueilleux, trébuché de si haut
Rendit plus retenus Desportes et Bertaut [2].

dans ce livre, qui d'homme n'eussent jamais été bien entendus, si l'auteur ne les eût ou à moi ou à quelque autre familièrement déclarés. » Muret interprétait ce mot d'*entéléchie* rapporté par Boileau : « Ma seule perfection, ma seule âme, qui causez en moi tout mouvement, tant naturel que volontaire. » Ces reproches sont bien exagérés. Il est bien vrai qu'il a dit dans son *Art poétique* : « Tu composeras hardiment des mots à l'imitation des Grecs et des Latins, et tu n'auras souci de ce que le vulgaire te dira. » Il est plus vrai qu'il n'y a pas plus dans ses ouvrages d'une douzaine de ces mots malencontreux qui lui ont fait sa réputation de barbarie. Il ne la mérite pas. Ronsard n'était pas un pédant « embabouiné » de grec et de latin. Il en voulait aux *latineurs* et *grécaniseurs*. Il ne cessait de dire que c'est un crime de lèse-majesté d'abandonner le langage de son pays, « vivant et florissant pour vouloir déterrer je ne sçay quelle cendre des anciens et abbayer les verves des trépassez. » Il disait encore : « Je supplie très humblement ceux auxquels les Muses ont inspiré leur faveur de n'estre plus latineurs ni grécaniseurs, comme ils sont plus par ostentation que par devoir, et prendre pitié, comme bons enfants, de leur pauvre mère naturelle ; ils en rapporteront plus d'honneur et de réputation à l'advenir que s'ils avoient... recousu ou rabobiné je ne sçay quelles vieilles rapetasseries de Virgile et de Cicéron. »

1. Pradon a pris la peine inutile de faire cette prédiction : « ... Boileau paraîtra peut-être dans cent ans plus ridicule que Ronsard ne le paraît à présent. » — La Bruyère en jugeait mieux quand il disait : « Ronsard et les auteurs ses contemporains ont plus nui au style qu'ils ne lui ont servi : ils l'ont retardé dans le chemin de la perfection ; ils l'ont exposé à la manquer pour toujours et à n'y plus revenir. »

2. Philippe Desportes, oncle de Régnier, abbé de Tiron, de Josaphat, des Vaux-Cernay, de Bon-Port et d'Aurillac, chanoine de la Sainte-Chapelle et poète favori de Henri III ; né à Chartres, en 1545, mort le 5 d'octobre 1606. On a de lui des sonnets, des élégies, des chansons, des psaumes en vers. Faible d'idées et de style, Desportes eut pour mérite la correction et une grâce un peu mignarde. Malherbe lui disait un jour à table : « Votre potage vaut mieux que vos psaumes. » On a souvent cité de lui les jolis vers de cette chanson que fredonnait à Blois Henri de Guise, quelques minutes avant de tomber sous le poignard des assassins :

> Rosette, pour un peu d'absence,
> Votre cœur vous avez changé ;
> Et moi, sachant cette inconstance,
> Le mien autre part j'ai rangé.
> Jamais plus beauté si légère
> Sur moi tant de pouvoir n'aura
> Nous verrons, volage bergère,
> Qui premier s'en repentira.

Jean Bertaut, évêque de Séez, abbé d'Aulnay, premier aumônier de Catherine de Médicis, conseiller d'État, secrétaire du cabinet et lecteur de Henri III et l'un des catéchistes de Henri IV ; né à Caen en 1570, mort à Séez le 8 de juin 1611. — Bertaut, moins vif, moins dégagé que Desportes, n'a laissé dans la mémoire des amateurs que deux passages pleins de douce mélancolie :

> Mes plaisirs se sont envolez,
> Cédans au malheur qui m'outrage ;
> Mes beaux jours se sont escoulez
> Comme l'eau qu'enfante un orage,
> En s'escoulant ne m'ont laissé
> Rien que le regret du passé.

Voici l'autre

> Félicité passée
> Qui ne peux revenir,
> Tourment de ma pensée,
> Que n'ai-je, en te perdant, perdu le souvenir !

Enfin Malherbe[1] vint, et, le premier en France,
Fit sentir dans les vers une juste cadence,
D'un mot mis en sa place enseigna le pouvoir[2],
Et réduisit la muse aux règles du devoir.
Par ce sage écrivain la langue réparée[3]
N'offrit plus rien de rude à l'oreille épurée.
Les stances avec grâce[4] apprirent à tomber,
Et le vers sur le vers n'osa plus enjamber.
Tout reconnut ses lois ; et ce guide fidèle
Aux auteurs de ce temps sert encor de modèle.
Marchez donc sur ses pas ; aimez sa pureté,
Et de son tour heureux imitez la clarté.
Si le sens de vos vers tarde à se faire entendre,
Mon esprit aussitôt commence à se détendre ;
Et, de vos vains discours prompt à se détacher,
Ne suit point un auteur qu'il faut toujours chercher.

    Il est certains esprits dont les sombres pensées
Sont d'un nuage épais toujours embarrassées ;
Le jour de la raison ne le saurait percer.
Avant donc que d'écrire apprenez à penser[5].

---

1. « Malherbe fit pour la langue française ce que son maître Henri IV fit pour la France ; grâce au roi, les Français furent une nation, et, par Malherbe, le français fut un idiome. Malherbe chassa les mots étrangers qui avaient fait invasion sous les auspices de Ronsard... Il fit avec un admirable discernement le départ de la langue noble et de la langue vulgaire, sans toutefois établir de barrière insurmontable... Le génie de Malherbe semblait prédestiné à l'accomplissement de cette œuvre. Plus étendu, il aurait eu moins d'énergie : plus passionné et plus riche d'idées, il aurait dédaigné un travail qui demandait plutôt un grammairien qu'un poète inspiré... Malherbe a su faire de la langue un emploi poétique. Certes ce ne serait pas une gloire médiocre que d'avoir connu et déterminé le génie de notre idiome, introduit dans les vers une harmonie régulière, une dignité soutenue, et modifié le rhythme et la prosodie. Mais Malherbe a fait plus, en revêtant de ce langage plein et sonore des idées élevées et quelquefois des sentiments touchants. « (Géruzez, *Hist. de la littér. franç.*, p. 244.) — Voir dans Sainte-Beuve, *Causeries du lundi*, t. VIII, un article sur Malherbe et son école.

2. « Il faut toujours avoir devant les yeux ce vers... C'est le mot propre qui distingue les orateurs et les poètes de ceux qui ne sont que diserts et versificateurs. » (Voltaire, *Comment. sur les Hor.*, sc. I.)

3. Sur la fin du XVIIIᵉ siècle, Fénelon exprimait un regret qui peut remonter jusqu'à Malherbe et l'atteindre : « ... Notre langue manque d'un grand nombre de mots et de phrases. Il me semble même qu'on l'a gênée et appauvrie depuis environ cent ans, en voulant la purifier. Il est vrai qu'elle était encore un peu uniforme et trop *verbeuse*. Mais le vieux langage se fait regretter quand nous le retrouvons dans Marot, dans Amyot, dans le cardinal d'Ossat, dans les ouvrages les plus enjoués et dans les plus sérieux. Il avait je ne sais quoi de court, de naïf, de hardi, de vif et de passionné. On a retranché, si je ne me trompe, plus de mots qu'on n'en a introduit. » (*Lettre écrite à l'Académie française.*)

4. Inversion heureuse, qui fait image, et nous montre le pouvoir d'un mot mis en sa place.

5. Imitation d'Horace, *Art poétique*, v. 309.
Fénelon dit de l'orateur : « Je voudrais qu'il fût naturellement sensé.

Selon que notre idée est plus ou moins obscure,
L'expression la suit, ou moins nette, ou plus pure.
Ce que l'on conçoit bien s'énonce clairement,
Et les mots pour le dire arrivent aisément [1].

Surtout, qu'en vos écrits la langue révérée
Dans vos plus grands excès vous soit toujours sacrée.
En vain vous me frappez d'un son mélodieux,
Si le terme est impropre, ou le tour vicieux ;
Mon esprit n'admet point un pompeux barbarisme,
Ni d'un vers ampoulé l'orgueilleux solécisme [2].
Sans la langue, en un mot, l'auteur le plus divin [3]
Est toujours, quoi qu'il fasse, un méchant écrivain.

Travaillez à loisir, quelque ordre qui vous presse,
Et ne vous piquez point d'une folle vitesse [4];
Un style si rapide, et qui court en rimant,
Marque moins trop d'esprit que peu de jugement.
J'aime mieux un ruisseau qui, sur la molle arène,

qu'il ramenât tout au bon sens; qu'il fît de solides études, qu'il s'exerçât à raisonner avec justesse et exactitude, se défiant de toute subtilité. » (*Lettre à l'Académie*,)

1. Imitation d'HORACE, *Art poétique*, v. 40, 41, 311.
« Il pense (l'orateur) et la parole suit. *Il ne dépend point des paroles*, dit saint Augustin, *mais les paroles dépendent de lui*. Un homme qui a l'âme forte et grande avec quelque facilité naturelle de parler et un grand exercice ne doit jamais craindre que les termes lui manquent. » (FÉN., *ibid.*)

2. On fait un barbarisme quand on introduit dans la langue un mot qui lui est étranger; un solécisme, quand on viole les règles de la syntaxe.

3. On a beaucoup critiqué cette expression *le plus divin*, rapprochée de celle-ci : *méchant écrivain*; on a cru y voir un sacrifice de la raison à la rime. Boileau a dû céder sans doute à la difficulté de rimer avec *écrivain*, mais il a dit ce qu'il voulait dire : c'est que les dons les plus précieux de l'esprit et de l'imagination sont vains sans la correction. — On lit dans Voltaire, s'adressant à d'Alembert : « Nous répétions souvent ensemble ces deux vers de Boileau qui doivent être la règle de tout homme qui écrit... et nous entendions par les défauts du langage, non seulement les solécismes et les barbarismes dont le théâtre a été infecté, mais l'obscurité, l'impropriété, l'insuffisance, l'exagération, la bassesse, l'enflure, l'incohérence des expressions. Quiconque n'a pas évité continuellement tous ces écueils ne sera jamais compté parmi nos poètes. » (*Epit. dédicat. de la tragédie de don Pèdre.*)

4. Scudéri disait toujours pour s'excuser de travailler si vite, qu'il avait ordre de finir. (BOILEAU, 1713.) — « Notre poète observait exactement ce précepte. Non seulement il composait suivant la disposition d'esprit où il se trouvait sans forcer jamais son génie; mais quand il avait achevé un ouvrage, il ne le publiait que longtemps après, afin d'avoir le loisir de le perfectionner, suivant le conseil d'Horace qui recommande de garder neuf ans son manuscrit en portefeuille. Un ami, voulant l'exhorter à produire son *Art poétique*, lui disait que le public l'attendait avec impatience. « Le public, répondit-il, ne s'informera pas « du temps que j'y aurai employé ». D'autres fois il disait la même chose de la postérité. » BROSSETTE.) — La Fresnay-Vauquelin disait, mais avec une autre intention :

On rendrait son esprit tout morne et rebouché,
Qui le tiendrait toujours au labeur attaché :
Il faut espier l'heure, attendre qu'à la porte
Frappe le Délien, qui la matière apporte :
Lors doucement les vers de leur gré couleront...

Dans un pré plein de fleurs lentement se promène,
Qu'un torrent débordé qui, d'un cours orageux,
Roule, plein de gravier, sur un terrain fangeux.
Hâtez-vous lentement [1] ; et, sans perdre courage,
Vingt fois sur le métier remettez votre ouvrage :
Polissez-le sans cesse et le repolissez [2] ;
Ajoutez quelquefois, et souvent effacez [3].

C'est peu qu'en un ouvrage où les fautes fourmillent,
Des traits d'esprit semés de temps en temps pétillent.
Il faut que chaque chose y soit mise en son lieu ;
Que le début, la fin répondent au milieu ;
Que d'un art délicat les pièces assorties
N'y forment qu'un seul tout de diverses parties ;
Que jamais du sujet le discours s'écartant
N'aille chercher trop loin quelque mot éclatant.

Craignez-vous pour vos vers la censure publique ?
Soyez-vous à vous-même un sévère critique [4].
L'ignorance toujours est prête à s'admirer [5].
Faites-vous des amis prompts à vous censurer ;
Qu'ils soient de vos écrits les confidents sincères,
Et de tous vos défauts les zélés adversaires.
Dépouillez devant eux l'arrogance d'auteur ;
Mais sachez de l'ami discerner le flatteur [6] :
Tel vous semble applaudir, qui vous raille et vous joue.
Aimez qu'on vous conseille et non pas qu'on vous loue.

Un flatteur aussitôt cherche à se récrier ;
Chaque vers qu'il entend le fait extasier.
Tout est charmant, divin, aucun mot ne le blesse ;
Il trépigne de joie, il pleure de tendresse [7] ;
Il vous comble partout d'éloges fastueux :
La vérité n'a point cet air impétueux [8].

---

1. « Maxime d'un grand sens et familière à l'empereur Auguste, à Titus, à plusieurs autres grands hommes. Voir les *Adages* d'Érasme. » (Saint-Marc.) Dans une pièce intitulée : *Estrennes de quatre animaux envoyés par une dame à monsieur Esprit*, Voiture fait dire à la tortue :

> Vous autres beaux esprits battez trop de païs,
> Croyez-moi, suivez mon avis,
> . . . .
> Faites tous comme moy, hastez-vous lentement,
> Ne formez qu'un dessein, suivez-le constamment.

2. Imitation d'Horace, *Art poétique*, v. 291-294.
3. Imitation d'Horace, liv. I, sat. x. v. 73.
4. Imitation d'Horace, liv. II, ép. ii, v. 109-110.
5. Horace, liv. II, ép. ii, v. 106-107.
6. Horace, *Art poétique*, v. 420, 424-436.
7. Horace, *Art poétique*, v. 428-430.
8. Horace, *Art poétique*, v. 431-433.

Un sage ami, toujours rigoureux, inflexible[1],
Sur vos fautes jamais ne vous laisse paisible :
Il ne pardonne point les endroits négligés,
Il renvoie en leur lieu les vers mal arrangés,
Il réprime des mots l'ambitieuse emphase;
Ici le sens le choque, et plus loin c'est la phrase.
Votre construction semble un peu s'obscurcir :
Ce terme est équivoque; il le faut éclaircir.
C'est ainsi que vous parle un ami véritable.
  Mais souvent sur ses vers un auteur intraitable
A les protéger tous se croit intéressé,
Et d'abord prend en main le droit de l'offensé.
De ce vers, direz-vous, l'expression est basse.
— Ah ! monsieur, pour ce vers je vous demande grâce,
Répondra-t-il d'abord. — Ce mot me semble froid ;
Je le retrancherais. — C'est le plus bel endroit !
— Ce tour ne me plaît pas. — Tout le monde l'admire.
Ainsi toujours constant à ne se point dédire,
Qu'un mot dans son ouvrage ait paru vous blesser,
C'est un titre chez lui pour ne point l'effacer.
Cependant, à l'entendre, il chérit la critique[2];
Vous avez sur ses vers un pouvoir despotique,
Mais tout ce beau discours dont il vient vous flatter
N'est rien qu'un piège adroit pour vous les réciter.
Aussitôt il vous quitte ; et, content de sa muse,
S'en va chercher ailleurs quelque fat qu'il abuse :
Car souvent il en trouve : ainsi qu'en sots auteurs,
Notre siècle est fertile en sots admirateurs;
Et, sans ceux que fournit la ville et la province,
Il en est chez le duc, il en est chez le prince.
L'ouvrage le plus plat a, chez les courtisans,

---

1. Horace, *Art poétique*, v. 445-449 ; liv. II, ép. II, v. 111-125.
2. Voir la scène du sonnet dans le *Misanthrope*, acte I.

> Et comme votre esprit a de grandes lumières,
> Je viens pour commencer entre nous ce beau nœud,
> Vous montrer un sonnet que j'ai fait depuis peu,
> Et savoir s'il est bon qu'au public je l'expose.
>   ALCESTE.
> Monsieur, je suis mal propre à décider la chose.
> Veuillez m'en dispenser.
>   ORONTE.
>   Pourquoi ?
>   ALCESTE.
>   J'ai le défaut
> D'être un peu plus sincère en cela qu'il ne faut.
>   ORONTE.
> C'est ce que je demande, et j'aurais lieu de plainte,
> Si, m'exposant à vous pour me parler sans feinte,
> Vous alliez me trahir, et me déguiser rien.

De tout temps rencontré de zélés partisans ;
Et, pour finir enfin par un trait de satire,
Un sot trouve toujours un plus sot qui l'admire [1].

CHANT II

Telle qu'une bergère [2], au plus beau jour de fête,
De superbes rubis ne charge point sa tête,
Et, sans mêler à l'or l'éclat des diamants,
Cueille en un champ voisin ses plus beaux ornements :
Telle, aimable en son air, mais humble dans son style,
Doit éclater sans pompe une élégante idylle [3].
Son tour simple et naïf n'a rien de fastueux,
Et n'aime point l'orgueil d'un vers présomptueux.
Il faut que sa douceur flatte, chatouille, éveille,
Et jamais de grands mots n'épouvante l'oreille [4].

1.   Il n'est, je le vois bien, si poltron sur la terre,
    Qui ne puisse trouver un plus poltron que soi.
    (LA FONTAINE, liv. II, fable XIV, *le Lièvre et les Grenouilles*.)

2. Le *Journal des Savants*, février 1722, a cru découvrir dans ce vers une *faute considérable de langue en ce que* la phrase n'est susceptible d'aucune construction... *telle qu'une bergère*, c'est comme si l'on disait... *telle qu'est une bergère*; il s'ensuit que pour rendre la phrase correcte, il faut que le substantif soit suivi de *qui*. — Quand on ne pourrait pas répondre avec la grammaire qu'après *tel que*, la proposition se construit d'une manière pleine et séparée ; puis on répète *tel* devant une autre proposition également complète (*Gram. franc.* de P.-A. Lemaire, p. 193), on voit par l'usage constant de nos poètes que cette construction est autorisée par une double ellipse. Malherbe a dit :

    Tel qu'à vagues épandues,
    Marche un fleuve impétueux,
    De qui les neiges fondues
    Rendent le cours furieux, etc.
    Tel, et plus épouvantable
    S'en allait ce conquérant,
    A son pouvoir indomptable
    Sa colère mesurant.

3. « *Idylle* (en grec ιδύλλιον, petit tableau, diminutif d'ιϐδος), petit poème dont le sujet est ordinairement pastoral ou relatif à des objets champêtres. — L'églogue, ouvrage de poésie pastorale où l'on introduit des bergers qui conversent ensemble. Il n'y a aucune différence fondamentale entre les églogues et les idylles. Toutefois, si l'on veut accepter la légère distinction que l'usage semble avoir établie, l'églogue veut plus d'action et de mouvement : les églogues de Virgile. L'idylle peut ne contenir que des peintures, des sentiments, des comparaisons champêtres ; Mme Deshoulières a fait de jolies Idylles. « (E. LITTRÉ, *Dict. de la langue française*.)

4. Desmarets, Pradon, Saint-Marc, Condillac ont relevé dans ce morceau si orné, si délicat et si fin, toutes sortes de fautes de sens et de goût : on ne partage pas leur sentiment. Ce passage reste digne de toutes sortes d'éloges, et Marmontel a été bien inspiré quand il a dit : : « Lorsque Despréaux a peint l'Idylle comme une bergère en habit de fête, il l'a parfaitement définie telle que nous la concevons ; une simplicité élégante en fait le mérite : elle ne mêle

Mais souvent dans ce style un rimeur aux abois
Jette là, de dépit, la flûte et le hautbois ;
Et, follement pompeux, dans sa verve indiscrète,
Au milieu d'une églogue entonne la trompette[1].
De peur de l'écouter, Pan fuit dans les roseaux ;
Et les Nymphes, d'effroi, se cachent sous les eaux.
Au contraire cet autre, abject en son langage,
Fait parler ses bergers comme on parle au village.
Ses vers plats et grossiers, dépouillés d'agrément,
Toujours baisent la terre, et rampent tritement :
On dirait que Ronsard, sur « ses pipeaux rustiques »,
Vient encor fredonner ses idylles gothiques,
Et changer, sans respect de l'oreille et du son,
Lycidas en Pierrot, et Philis en Toinon[2].

point les diamants à sa parure ; mais elle a un chapeau de fleurs. » (*Élém. de litt.*)

« Un quatrain de l'ode burlesque de Scarron, *Héro et Léandre*, a pu fournir à Boileau l'image qui donne tant de charme à ces vers :

> Avec l'émail de nos prairies,
> Quand on le sait bien façonner,
> On peut aussi bien couronner
> Qu'avec l'or et les pierreries.

« Si on ajoute à ce rapprochement ces vers de Segrais :

> Telle que se fait voir, de fleurs couvrant sa tête,
> Une blonde bergère, un beau jour d'une fête,

on aura une juste idée de l'art de Boileau dans l'imitation qu'il sait rendre originale. » (Géruzez, *Œuvres poétiques de Boileau*.)

1. A l'exception de Racan et de Segrais, chez qui l'on trouve quelques vers élégants empreints d'une poésie champêtre, tous les écrivains du xviie siècle ont échoué dans ce genre. Il faut se souvenir de ces vers de Racan pour justifier Boileau des éloges qu'il lui donne : le poète parle de l'homme qui vit dans la retraite :

> Il voit de toutes parts combler d'heur sa famille
> La javelle à plein poing tomber sous la faucille,
> Le vendangeur ployer sous le faix des paniers,
> Et semble qu'à l'envi les fertiles montagnes.
> Les humides vallons et les grasses campagnes
> S'efforcent à remplir sa cave et ses greniers.

Il ne faut pas non plus oublier les vers suivants de Ménage pour comprendre la justesse de cette critique. Le poète, dans son églogue adressée à Christine, reine de Suède, fait dire à Ménalque :

> Un jour qui n'est pas loin ses superbes armées
> Joindront à ces lauriers les palmes idumées,
> Et l'on verra périr l'infidèle croissant
> A l'aspect lumineux de cet astre naissant.
> Mais sache encor, Daphnis, que sa main adorable,
> En adresse, en valeur, à nulle autre semblable,
> Au milieu de la guerre et dans les champs de Mars,
> Cultive les vertus et fait fleurir les arts.
> Son esprit grand et vaste embrasse toute chose,
> Et l'histoire, et la fable, et les vers, et la prose.
> Elle sait des métaux les nobles changements ;
> Des globes azurés les divers mouvements, etc.

2. Ronsard, dans ses églogues, appelle Henri II, *Henriot* ; Charles IX, *Carlin* ; Catherine de Médicis, *Catin* ; etc. Il emploie aussi les noms de *Margot*, *Pierrot*, *Michau*, et autres semblables. (Brossette.) — Là n'est pas le plus grand mal, tous ces noms diminutifs n'avaient rien de bas et d'indécent ; mais ces per-

Entre ces deux excès la route est difficile [1].
Suivez, pour la trouver, Théocrite et Virgile [2] :
Que leurs tendres écrits, par les Grâces dictés,
Ne quittent point vos mains, jour et nuit feuilletés [3].
Seuls, dans leurs doctes vers, ils pourront vous apprendre
Par quel art sans bassesse un auteur peut descendre ;
Chanter Flore, les champs, Pomone, les vergers ;
Au combat de la flûte animer deux bergers,
Des plaisirs de l'amour vanter la douce amorce ;
Changer Narcisse en fleur, couvrir Daphné d'écorce ;
Et par quel art encor l'églogue quelquefois
Rend dignes d'un consul la campagne et les bois [4].
Telle est de ce poëme et la force et la grâce.

D'un ton un peu plus haut, mais pourtant sans audace,
La plaintive élégie, en longs habits de deuil [5],

sonnages n'ont rien de naïf et de champêtre ; leurs conversations sont bien éloignées du ton pastoral. Margot et Catin y célèbrent la science profonde de Turnèbe et de Vatable. Du reste, Vauquelin de la Fresnaye n'approuvait pas l'emploi de ces noms. Il dit dans l'avertissement de ses *Idillies et Pastoralles* que « les noms de Guillot, de Pierrot, Mario, au lieu de Tyrsis, Tityre, Lycoris, ne contentent pas assez son opinion. »

1. Si l'on en croit le *Bolœana*, Despréaux disait que l'églogue était un genre de poésie où notre langue ne pouvait réussir qu'à demi, que presque tous nos auteurs y avaient échoué et n'avaient pas seulement frappé à la porte de l'églogue ; qu'on était fort heureux quand on pouvait attraper quelque chose de ce style comme Racan et Segrais. Notre temps, plus favorisé que celui de Boileau et que le XVIIIe siècle, a vu chez nous un poëte pastoral qui sut unir la vérité de Théocrite et l'élégance de Virgile au sentiment profond de la nature. Ces vers d'André Chénier me paraissent répondre aux vœux de Boileau :

> Mon visage est flétri des regards du soleil ;
> Mon pied blanc sous la ronce est devenu vermeil ;
> J'ai suivi tout le jour le fond de la vallée ;
> Des bêlements lointains partout m'ont appelée :
> J'ai couru, tu fuyais sans doute loin de moi ;
> C'était d'autres pasteurs. . . . .
> . . . . Dis-moi, fais-moi connaître
> Où sont donc tes troupeaux, où tu les mènes paitre ?...
> (Idyl. VII, *Lyd.*)

Et encore ceux-ci :

> Je sais quand le midi leur fait désirer l'ombre,
> Entrer à pas muets sous le roc frais et sombre,
> D'où, parmi le cresson et l'humide gravier,
> La Naïade se fraie un oblique sentier.

2. Théocrite naquit à Syracuse, vécut à la cour des rois d'Alexandrie et mourut vers 280 avant Jésus-Christ. Ses Idylles resteront comme le modèle le plus parfait de ce genre de poésie. Virgile l'a beaucoup imité en donnant à son tour moins de naïveté et plus d'élégance.

Vauquelin de la Fresnaye dit que Théocrite

> Mourant, sa musette à Corydon laissa
> Corydon, Mantouan, qui depuis la haussa
> D'un ton si haut qu'enfin les forêts chevelues
> Des consules romains dignes furent rendues.

3. Imitation d'HORACE, *Art poétique*, v. 268-269.
4. Virgile, églogue IV, vers 3. (BOIDEAU, 1713.)
5. L'*Élégie* (ἐλεγεία, étym. ἒ hélas ! λέγειν, dire) fut d'abord un chant de tristesse et de deuil. — Il semble que Boileau ait eu en vue les vers d'Ovide sur la mort de Tibulle.

Sait, les cheveux épars, gémir sur un cercueil.
Elle peint des amants la joie et la tristesse [1];
Flatte, menace, irrite, apaise une maîtresse.
Mais, pour bien exprimer ces caprices heureux,
C'est peu d'être poète, il faut être amoureux.

Je hais ces vains auteurs dont la muse forcée
M'entretient de ses feux, toujours froide et glacée ;
Qui s'affligent par art, et, fous de sens rassis,
S'érigent, pour rimer, en amoureux transis.
Leurs transports les plus doux ne sont que phrases vaines;
Ils ne savent jamais que se charger de chaînes,
Que bénir leur martyre, adorer leur prison,
Et faire quereller les sens et la raison [2].
Ce n'était pas jadis sur ce ton ridicule
Qu'Amour dictait les vers que soupirait Tibulle [3],

---

1. Ce fut Mimnerme, dit-on, qui lui fit chanter *des amants la joie et la tristesse.* C'est ainsi qu'elle se présente dans Ovide : « Vint l'élégie, ses cheveux parfumés rattachés par un nœud. »

On ne comprendra bien tout le mérite des vers de Boileau qu'en les rapprochant de ceux de Vauquelin de la Fresnaye sur le même sujet :

> Les vers que les Latins d'inégale jointure
> Nommoient une élégie, aigrète en sa pointure,
> Servoient tant seulement aux bons siècles passez,
> Par dire après la mort les faits des trépassez,
> Depuis à tous sujets..., etc., etc.

2. Ces phrases vaines, ces amoureux qui s'affligent par art, ces martyres, ces chaînes, tout cela se trouve dans les *Troubadours*, dans les Italiens qui les imitèrent, et surtout dans *Pétrarque.* Voici des exemples de ce style forcé :

> Benedetto sia'l giorno, e'l mese et l'anno
> E la stagione, e'l tempo, e l'ora e'l punto,
> E'l bel paese, e'l loco ov'io fui giunto
> Da duo begli occhi, che legato m'hanno.
>
> E benedetto il primo dolce affanno
> Ch'i ebbi ad esser con Amor congiunto :
> E l'arco, e le saette ond'io fu punto;
> E le piaghe ch'infin'al cor mi vanno.
>
> Benedette le voci tante ch'io,
> Chiamando il nome di mia donna, ho sparte;
> E i sospiri, e le lagrime, e'l desio.
>
> E benedette sian tutte le carte
> Ov'io fama lei acquisto : e'l penser mio.
> Ch'è sol di lei, sicch' altra non v'ha parte.
>
> (Sonnet LXVIII.)

Et encore :

> Pasco'l cor di sospir, ch'altro non chiede;
> E di lagrime vivo, a pianger nato;
> Ne di ciò duolmi; perchè in tale stato
> E dolce il pianto più, ch'altri non crede.

Il y a dans le sonnet d'*Uranie*, de Voiture :

> Je bénis mon martyre et content de mourir.

Voir notre étude sur les *Troubadours et Pétrarque*, thèse pour le doctorat ès lettres, Paris, 1857.

3. *Soupirer des vers* a été inspiré par TIBULLE, liv. I, élégie VI. v. 35; liv. IV, élégie V, v. 11.

Tibulle, né l'an 44, mort l'an 18 avant l'ère vulgaire, a laissé quatre livres d'élégies. (M. CHÉRON.) — Joachim Du Bellay avait dit, au XVI° siècle :

> Les vers que je soupire aux bords ausoniens.

Ou que, du tendre Ovide animant les doux sons[1],
Il donnait de son art les charmantes leçons.
Il faut que le cœur seul parle dans l'élégie.

L'ode[2], avec plus d'éclat, et non moins d'énergie[3],
Élevant jusqu'au ciel son vol ambitieux,
Entretient dans ses vers commerce avec les dieux[4].
Aux athlètes dans Pise[5] elle ouvre la barrière,
Chante un vainqueur poudreux au bout de la carrière,
Mène Achille sanglant au bord du Simoïs,
Ou fait fléchir l'Escaut sous le joug de Louis.
Tantôt, comme une abeille ardente à son ouvrage[6],
Elle s'en va de fleurs dépouiller le rivage ;
Elle peint les festins, les danses et les ris :
Vante un baiser cueilli sur les lèvres d'Iris,
« Qui mollement résiste, et, par un doux caprice,
« Quelquefois le refuse, afin qu'on le ravisse. »
Son style impétueux souvent marche au hasard :
Chez elle un beau désordre est un effet de l'art[7].

1. Ovide, qui mourut en exil, probablement l'an 17 de notre ère, a laissé quinze livres de *Métamorphoses*, six livres de *Fastes*, l'*Art d'aimer*, des *Héroïdes*, des *Élégies*, etc. (M. Chéron.) — Ovide a moins de tendresse que de bel esprit coquet.
2. *Ode* chez les anciens, poème destiné à être chanté ; aujourd'hui poème divisé en strophes semblables par le nombre et la mesure des vers. L'ode héroïque est celle dont le sujet et le style sont nobles, élevés ; l'ode anacréontique est celle dont le sujet et le style sont légers, gracieux. Nous devons à Ronsard ce nom d'*odes*. « Et osay, le premier des nostres, enrichir ma langue de ce nom d'*odes*. » (Ronsard, *Épître au lecteur*, Odes.) — « Introduisons entre autres deux nouvelles espèces de poésies : les odes dont nous empruntasmes la façon des Grecs et des Latins. « (Pasquier, *Recherches*, liv. VII, p. 611. E. Littré, *Dict. de la langue française*.)
3. « Et *non moins d'énergie* ne signifie rien du tout. Le poète abaisse les ailes de l'ode au lieu de les élever. J'ai osé me permettre de corriger ainsi ce vers :

L'ode avec plus d'éclat, de flamme, d'énergie.

Il me semble plus fort et plus rapide... » (Le Brun.) La correction n'a point été admise ; elle était inutile ; *non moins d'énergie* a un sens et veut dire avec autant d'énergie et d'éclat.
4. Voir Horace, *Art poétique*, v. 83-85.
5. Pise, en Élide, où l'on célébrait les jeux Olympiques. (Boileau, 1713.)
6. Après avoir caractérisé dignement l'ode héroïque, Boileau passe à l'ode légère et gracieuse. Pindare et Horace représentent l'un et l'autre genre. On peut emprunter à Horace la peinture du talent de ces deux poètes et en même temps de ces deux espèces d'odes. (Imitation d'Horace, liv. II, ode xii.)
7. On ne saurait croire combien ces deux vers, mal entendus, ont fait faire d'extravagances. On s'est persuadé que l'ode appelée *pindarique* ne devait aller qu'en bondissant. De là tous ces mouvements qui ne sont qu'au bout de la plume, et ces formules de transports : *Qu'entends-je ? Où suis-je ? Que vois-je ?* qui ne se terminent à rien. » (Marmontel, *Élém. de littér.*, art. Ode.) — « Avec un peu de réflexion, il est facile de l'entendre ; et quand on ne veut rien outrer, tout s'éclaircit. Le poète lyrique est censé céder au besoin de répandre au dehors les idées dont il est assailli, de se livrer aux mouvements qui l'agitent, de nous présenter les tableaux qui frappent son imagination : il est donc dispensé de préparation, de méthode, de liaisons marquées. Comme rien n'est si rapide

Loin ces rimeurs craintifs dont l'esprit flegmatique
Garde dans ses fureurs un ordre didactique[1] ;
Qui, chantant d'un héros les progrès éclatants,
Maigres historiens, suivront l'ordre des temps.
Ils n'osent un moment perdre un sujet de vue :
Pour prendre Dôle, il faut que Lille soit rendue[2] ;
Et que leur vers exact, ainsi que Mézerai[3],
Ait fait déjà tomber les remparts de Courtrai.
Apollon de son feu leur fut toujours avare.
  On dit, à ce propos, qu'un jour ce dieu bizarre,
Voulant pousser à bout tous les rimeurs françois,
Inventa du sonnet les rigoureuses lois[4],

que l'inspiration, il peut parcourir le monde dans l'espace de cent vers, entrer dans son sujet par où il veut, y rapporter des épisodes qui semblent s'en éloigner ; mais à travers ce *désordre*, qui est *un effet de l'art*, l'art doit toujours le ramener à son objet principal. Quoique la course ne soit pas mesurée, je ne dois pas le perdre entièrement de vue : car alors je ne me soucierais plus de le suivre. S'il n'est pas obligé d'exprimer les rapports qui lient ses idées, il doit faire en sorte que je les aperçoive, puisque enfin c'est un principe général, que ceux à qui l'on parle, de quelque manière que ce soit, doivent savoir ce qu'on veut leur dire. Tout consiste donc à procéder par des mouvements et à étaler des tableaux : c'est là le véritable enthousiasme de l'ode. » (LA HARPE, *Cours de litt.*, t. VI, ch. ix.) — Telle est la marche de Pindare ; ses transports n'ont rien de désordonné, tout se tient dans ses odes, seulement comme la pensée le presse, elle déborde, et la liaison des idées est négligée par lui, il rejette ces procédés communs de l'art ; c'est au lecteur de les suppléer, mais la suite qui manque en apparence existe en réalité. Sous ce délire apparent du génie il y a un ordre juste et exact.

1. M. Victor Hugo a écrit dans la préface de la première édition de ses odes : « L'ode française, généralement accusée de froideur et de monotonie, paraissait peu propre à retracer ce que les trente dernières années de notre histoire présentent de touchant et de terrible, de monstrueux et de merveilleux. L'auteur de ce recueil, en réfléchissant sur cet obstacle, a cru découvrir que cette froideur n'était point dans l'essence de l'ode, mais seulement dans la forme que lui ont donnée jusqu'ici les poètes lyriques. Il lui a semblé que la cause de cette monotonie était dans l'abus des apostrophes, des exclamations, des prosopopées et autres figures véhémentes que l'on prodiguait dans l'ode. Il a donc pensé que si on plaçait le mouvement de l'ode dans les idées plutôt que dans les mots, si, de plus, on en asseyait la composition sur une idée fondamentale quelconque, qui fût appropriée au sujet, et dont le développement s'appuyât dans toutes ses parties sur le développement de l'événement qu'elle raconterait, en substituant aux couleurs usées et fausses de la mythologie païenne les couleurs neuves et vraies de la théogonie chrétienne, on pourrait jeter dans l'ode quelque chose de l'intérêt du drame.

2. Lille et Courtrai furent prises en 1667 et Dôle en 1668.

3. François-Eudes de Mézeray, historiographe de France, reçu à l'Académie française en 1649, secrétaire perpétuel de cette académie, né à Mézeray près d'Argentan l'an 1610, mort à Paris le 9 juillet 1683. La première édition de son *Histoire de France* est de Paris, 1643-1651, 3 vol. in-folio, et la première édition de son *Abrégé chronologique* est de Paris, 1668, 3 vol. in-4°. On regarde Mézeray comme l'auteur des satires imprimées sous le nom de Sandricourt. (M. CHÉRON.)

4. On attribue aujourd'hui l'invention du sonnet à Girard de Borneil, troubadour du xiii° siècle, mort en 1278. Guittonne d'Arezzo, né vers 1230, mort à Florence en 1224, donna à cette composition des formes plus fixes. Dante parle de ce poète au chant XXIV du *Purgatoire*. Nous donnons ici un de ses sonnets

Gran piacer, signor mio, e gran desire
Avrei d'essere avanti al divin trono,

Voulut qu'en deux quatrains de mesure pareille
La rime avec deux sons frappât huit fois l'oreille ;
Et qu'ensuite six vers artistement rangés
Fussent en deux tercets par le sens partagés.
Surtout de ce poème il bannit la licence :
Lui-même en mesura le nombre et la cadence,
Défendit qu'un vers faible y pût jamais entrer,
Ni qu'un mot déjà mis osât s'y remontrer.
Du reste il l'enrichit d'une beauté suprême :
Un sonnet sans défauts vaut seul un long poème.
Mais en vain mille auteurs y pensent arriver ;
Et cet heureux phénix est encore à trouver [1].
A peine dans Gombaut, Maynard et Maleville [2],

> Dove si prenderà pace, e perdono
> Di suo ben fatto e d'ogni suo fallire.
>
> E gran piacer avrei or di sentire
> Quella sonante tromba, e quel gran suono
> E d'udir dire : ora venuto sono
> A chi da pace, a chi da crudel martire.
>
> Questo tutto vorrei, caro signore :
> Perchè fia scritto a ciascheduno nel volto
> Quel, che gia tenne ascoso dentro al core.
>
> Allor vedrete alla mia fronte avolto
> Un breve che dirà, che il crudo amore
> Per voi mi prese, e mai non m'a disciolto.

Cet art de composition a fait donner aux Italiens la gloire de l'invention qui doit revenir aux Français. Vauquelin de la Fresnaye dit avec beaucoup de vérité, que les *troubadours* trouvèrent cette *rime, de son se fist sonnet*, et qu'ainsi cet *Art renouvelé Aux Français les premiers fut révélé*. Le bien disant Pétrarque les imita, en récompense il fait mémoire de *Rambaud*, de *Fouques*, de *Remon*, de *Hugues*, d'*Arnaud* (*Trionfo d'Amore*) ; mais il fit tant que *l'Italien est estimé l'autheur De ce dont le Français est premier inventeur*.

1. M. Sainte-Beuve a, lui aussi, défendu le sonnet ; il a réuni dans le suivant les noms des principaux auteurs qui ont manié ce genre :

> Et que le Tasse aux fers soulage un peu son cœur.
> Ne ris point du sonnet, ô critique moqueur ;
> Par amour autrefois en fit le grand Shakspeare ;
> C'est sur ce luth heureux que Pétrarque soupire,
> Et le mêle au cyprès qui ceint son front vainqueur.
> Camoëns de l'exil abrège la longueur,
> Car il chante en sonnets l'amour et son empire.
> Dante aime cette fleur de myrte, et la respire ;
> Spencer, s'en revenant de l'île des féeries,
> Exhale en longs sonnets ses tristesses chéries ;
> Milton, chantant les siens, ranimait son regard.
> Moi, je veux rajeunir le doux sonnet en France,
> Du Bellay, le premier, l'apporta de Florence,
> Et l'on en sait plus d'un de notre vieux Ronsard.

2. Jean Ogier de Gombault, calviniste, l'un des premiers de l'Académie française, gentilhomme ordinaire de la chambre du roi ; né à Saint-Just Lussac, près de Brouage, mort en 1666, âgé de près de cent ans. Outre ses poésies, et une tragédie, les *Danaïdes*, on a publié de lui : *Traitez et lettres touchant la religion*. Amsterdam, 1676, in-12. — François Maynard, né à Toulouse, fils de Géraud Maynard, conseiller au parlement de Toulouse ; il fut président au présidial d'Aurillac et eut, avant sa mort, un brevet de conseiller d'État. Il avait été dans sa jeunesse secrétaire de la reine Marguerite, aimé de Desportes et camarade de Régnier. Il fut nommé pour être de l'Académie française le 12 de février 1634 et mourut le 28 de décembre 1646, âgé de soixante-huit ans. Il y a quelques pièces

En peut-on admirer deux ou trois entre mille.
Le reste, aussi peu lu que ceux de Pelletier,
N'a fait, de chez Sercy [1], qu'un saut chez l'épicier.
Pour enfermer son sens dans la borne prescrite.
La mesure est toujours trop longue ou trop petite.
L'épigramme, plus libre en son tour plus borné,
N'est souvent qu'un bon mot de deux rimes orné [2]
Jadis de nos auteurs les pointes ignorées [3]

de lui dans un recueil de 1626 et dans le *Cabinet satirique*. — Claude de Malleville, né à Paris d'un officier de la maison de Retz, l'un des premiers de l'Académie française. Il fut secrétaire du maréchal de Bassompierre, puis du cardinal de Bérulle, de rechef de M. de Bassompierre et enfin secrétaire du roi ; il mourut en 1547, âgé environ de cinquante ans. Ses *Poésies* ont été réunies. Paris, 1649, in-4º. (M. Chéron.) — Suivant Brossette, Despréaux donnait le prix au sonnet que Malleville fit pour *la belle Matineuse* :

> Le silence régnait sur la terre et sur l'onde,
> L'air devenait serein et l'Olympe vermeil ;
> Et l'amoureux Zéphyre, affranchi du sommeil,
> Ressuscitait les fleurs, d'une haleine féconde !
>
> L'Aurore déployait l'or de sa tresse blonde,
> Et semait de rubis le chemin du soleil ;
> Enfin ce dieu venait au plus grand appareil.
> Qu'il soit jamais venu pour éclairer le monde,
>
> Quand la jeune Philis au visage riant,
> Sortant de son palais plus clair que l'orient,
> Fit voir une lumière, et plus vive et plus belle.
>
> Sacré flambeau du jour, n'en soyez point jaloux,
> Vous parûtes alors aussi peu devant elle,
> Que les feux de la nuit avaient fait devant vous.

1. Libraire du palais. (Boileau, 1713.) — Charles de Sercy, qui publia tant de recueils de *Poésies choisies*, demeurait au palais, dans la salle Dauphine, à la Bonne-Foy couronnée. (M. Chéron.) — C'est au *Recueil* de Sercy que Madelon fait allusion, quand elle parle de *ces messieurs des pièces choisies*. (Amar.) « Encore son très féal épicier en jeu ! Cela rend son style d'un méchant goût. » (Pradon.)

2. La Harpe n'approuve point cette définition de l'épigramme qui lui semble ne caractériser guère que l'épigramme médiocre ; Le Brun croit que l'épigramme est autre chose qu'un bon mot de deux rimes orné. L'épigramme est une espèce de petit poème qui a son caractère et son rythme particulier. Si l'on voulait prendre Boileau à la rigueur de la lettre, ces reproches seraient fondés ; mais Boileau, par son exemple même, a prouvé qu'on pouvait donner quelque étendue à l'épigramme. Il ne faut pas oublier qu'avant tout elle est un *bon mot*, et que ce *bon mot* brillera d'autant plus qu'il sera mieux et plus vite amené, sans être noyé dans un fatras de mots. Vauquelin de la Fresnaye la caractérise avec justesse quand il veut que

> Surtout brève, r'entrante, et subtile elle soit :
> De poème le nom trop longue elle reçoit ;
> Elle sent l'héroïc et tient du satyrique ;
> Toute grave et moqueuse elle enseigne et si[*] pique.
> L'épigramme n'étant qu'un propos raccourci,
> Comme une inscription, courte on l'escrit aussi.

3. *Pointe*, trait subtil, recherché, jeu de mots. — « Le style n'est pas plus élevé ici que dans *Melite* ; mais il est plus net et plus dégagé des pointes dont l'autre est semée, qui ne sont, à en bien parler, que de fausses lumières dont le brillant marque bien quelque vivacité d'esprit, mais sans aucune solidité de raisonnement. » (Corneille, *la Veuve*, examen.) — « La *pointe*, dit Cyrano de Bergerac, n'est pas d'accord avec la raison : c'est l'agréable jeu de l'esprit, et merveilleux en ce point qu'il réduit toutes choses sur le pied nécessaire à ses

Et si, en même temps.

Furent de l'Italie en nos vers attirées.
Le vulgaire, ébloui de leur faux agrément,
A ce nouvel appât courut avidement.
La faveur du public excitant leur audace,
Leur nombre impétueux inonda le Parnasse.
Le madrigal d'abord en fut enveloppé [1];
Le sonnet orgueilleux lui-même en fut frappé [2];
La tragédie [3] en fit ses plus chères délices ;

agréments, sans avoir égard à leur propre substance. S'il faut que pour la *pointe* l'on fasse d'une belle chose une laide, cette étrange et prompte métamorphose se peut faire sans scrupule, et toujours on a bien fait pourvu qu'on ait bien dit : on ne pèse pas les choses ; pourvu qu'elles brillent, il n'importe; et, s'il s'y trouve d'ailleurs quelques défauts, ils sont purifiés par ce feu qui les accompagne. » (Préface aux *Entretiens pointus*.) Voici quelques exemples de ce qu'on appelait des *pointes*. « Timandre, parlant d'une arcade que l'on voulait élever en un troisième étage pour joindre deux bâtiments opposés, fut averti par Socrate que c'était des desseins en l'air. — Socrate, dans le même entretien, ayant bu un grand verre d'eau pour se refaire, dit qu'il s'était rhabillé avec une pièce de verrerie. — Pareillement de M. Lenfant, mal peint et sans bordure, il dit que c'était l'enfant gâté et débordé. » — Ces *pointes* s'appellent en italien *concetti*, en espagnol *agudezas*.

1. C'était un genre d'ornement qui convenait surtout au madrigal, petite poésie amoureuse qui consiste « en quelque pensée tendre et délicate ».

Brûlé de plus de feux que je n'en allumai.

Ce vers de Racine offre une pointe digne d'un madrigal.
2. C'est une pointe que ce vers :

Belle Philis,
On désespère alors qu'on espère toujours.

3. La *Sylvie* de Mairet. (BOILEAU, 1713.) — Jean Mairet, né à Besançon en 1604, mort en 1686, sans avoir été de l'Académie française. Outre la *Sylvie*, jouée quand il n'avait encore que dix-sept ans, Mairet a composé *Sophonisbe*, *Chriséide et Arimand*, le *Grand et dernier Solyman*, l'*Illustre corsaire*, le *Roland furieux*, la *Sidonie*, toutes tragi-comédies. On a publié ses *Œuvres lyriques*, contenant des odes, stances, sonnets, etc. Paris, 1631, in-4°. (M. CHÉRON.)
— On peut voir nombre de pointes dans le *Cid*, dans la *Toison d'or* ; c'est là que la rivale de Médée, Hypsipyle, lui dit

Je n'ai que des attraits, mais vous avez des charmes.

« On croyait être obligé à s'impatienter dans le spectacle le plus grand et le plus passionné, à moins qu'un héros langoureux ne vînt l'interrompre. Encore fallait-il que ses soupirs fussent ornés de pointes, et que son désespoir fût exprimé par des espèces d'épigrammes... De là vient cette passion si façonnée

Impitoyable soif de gloire
Dont l'aveugle et noble transport
Me fait précipiter ma mort
Pour faire vivre ma mémoire, etc.
(CORN., *Œdipe*.)

On n'osait mourir de douleur sans faire des pointes et des jeux d'esprit en mourant. » (FÉNELON, *Lettre à l'Académie*.) — Dans une pièce de Rotrou, *Don Bernard de Cabrère*, le héros aime la princesse *Violante*, et veut lui nommer l'objet de son amour cependant au respect qu'il lui doit : il se tire d'embarras par un calembour :

L'interest de l'amy m'esloigne de l'amante ;
Mais le temps éteindra cette ardeur... violente:
Je l'ai nommée : adieu !
(M. E. Despois dans son édit. de la *Lettre de Fénelon à l'Académie*.)

Dans le *Venceslas*, du même auteur, Ladislas s'excuse d'avoir été très hardi :

Mais un amour enfant peut manquer de conduite ;

L'élégie en orna ses douloureux caprices ;
Un héros sur la scène eut soin de s'en parer,
Et sans pointe un amant n'osa plus soupirer :
On vit tous les bergers, dans leurs plaintes nouvelles,
Fidèles à la pointe encor plus qu'à leurs belles ;
Chaque mot eut toujours deux visages divers :
La prose la reçut aussi bien que les vers ;
L'avocat au palais en hérissa son style [1],
Et le docteur [2] en chaire en sema l'Évangile.

La raison outragée enfin ouvrit les yeux,
La chassa pour jamais des discours sérieux ;
Et, dans tous ces écrits la déclarant infâme,
Par grâce lui laissa l'entrée en l'épigramme,
Pourvu que sa finesse, éclatant à propos,
Roulât sur la pensée, et non pas sur les mots.
Ainsi de toutes parts les désordres cessèrent.
Toutefois à la cour les Turlupins [3] restèrent,

et bientôt après :

De l'indigne brasier qui consumait son cœur
Il ne lui reste plus que la seule rougeur.

1. A l'exemple de Cicéron, qui plaisantait sur le nom de Verres, l'appelant le *balai de la Sicile*, par allusion au mot *verrere*, qui veut dire *balayer*, et sa justice, *jus verrinum*, en jouant sur le sens de ces deux mots *jus*, qui veut dire *droit* et *sauce*, et *verres* qui signifie *verrat*, Gaultier (1631), plaidant pour une mère qui désavouait sa fille, et parlant de la tourière de Saint-Marcel sous la tutelle de qui la jeune fille avait été placée, disait : « Cette tourière, plus fameuse par les tours de souplesse de son esprit fourbe et malicieux que par le *tour* de son monastère, mériterait d'être appelée à plus juste titre *la fourrière et la courrière du mensonge*. »

2. Le petit père André, augustin. (Boileau, 1713.) — André Boullanger, de l'ordre des augustins réformés ; né à Paris vers 1578, mort dans la même ville le 21 de septembre 1657. Le petit père André, qui exerça pendant plus de cinquante ans la prédication avec un grand succès, est le dernier représentant de ces prédicateurs au style trivial, mais énergique, qui furent si populaires au XVIe siècle. Il n'a publié que l'*Oraison funèbre de Marie de Lorraine, abbesse de Chelles*. Paris, 1627, in-8°. (M. Chéron.) Tallemant dit de ce religieux : « Il a toujours prêché en bateleur, non qu'il eût dessein de faire rire, mais il était bouffon naturellement, et avait même quelque chose de Tabarin dans la mine. Il parlait en conversation comme il prêchait. Il y tâchait si peu, que quand il avait dit des gaillardises il se donnait la discipline ; mais il y était né et ne s'en pouvait tenir... Parlant de saint Luc, il disait « que c'était le peintre de la reine « mère, à meilleur titre que Rubens, qui a peint la galerie de Luxembourg ; car « il est le peintre de la reine mère de Dieu. » — Il prêchait sur les paroles : J'ai acheté une métairie, je m'en vais la voir. « Vous êtes un sot ! dit-il, vous la « deviez aller voir avant que de l'acheter. » — Fléchier n'a pas été exempt de ce défaut ; dans l'*Oraison funèbre du duc de Beaufort*, qui se distinguait par ses premiers exploits, lors de l'avènement de Louis XIV au trône nous trouvons que « l'orient de ce beau soleil fut l'orient de la gloire du duc de Beaufort, et que le signe du Lion une fois joint à ce soleil, brilla de son plus bel éclat et fut embrasé de ses plus beaux feux. » (Amar.)

3. Henri Legrand, comédien de l'hôtel de Bourgogne, mort en 1654. Il portait le nom de Turlupin dans la farce et celui de Belleville dans les pièces de style noble. — Molière, *Critique de l'école des femmes*, scène Ire : « Mais à propos d'extravagants, ne voulez-vous pas me défaire de votre marquis incommode ?

Insipides plaisants, bouffons infortunés,
D'un jeu de mots grossier partisans surannés.
Ce n'est pas quelquefois qu'une muse un peu fine
Sur un mot, en passant, ne joue et ne badine,
Et d'un sens détourné n'abuse avec succès ;
Mais fuyez sur ce point un ridicule excès,
Et n'allez pas toujours d'une pointe frivole [1]
Aiguiser par la queue une épigramme folle.
  Tout poème est brillant de sa propre beauté.
Le rondeau, né gaulois, a la naïveté [2].
La ballade asservie à ses vieilles maximes [3],

Pensez-vous me le laisser toujours sur les bras, et que je puisse durer à ses turlupinades perpétuelles ?... La belle chose de faire entrer aux conversations du Louvre de vieilles équivoques ramassées parmi les boues des halles et de la place Maubert! La jolie façon de plaisanter pour des courtisans, et qu'un homme montre d'esprit quand il vient vous dire : Madame, vous êtes dans la place Royale, et tout le monde vous voit de trois lieues de Paris, car chacun vous voit de bon œil ; à cause que Bonneuil est un village à trois lieues d'ici ! Cela n'est-il pas bien galant et bien spirituel ? » C'était une pointe.

1. On remarquera que d'*une pointe* est mis pour *au moyen d'une pointe*.

2. « Tout ainsi qu'au cercle que le François appelle *rondeau*, après avoir discouru toute la circonférence, on rentre tousiours au premier point duquel le discours avoit esté commencé ; ainsi, au poème dit *Rondeau*, après avoir tout dit, on retourne toujours au premier carme, ou hemistiche, pris en son commencement. » (CHARLES FONTAINE, *Art poétique françois*, liv. II, ch. III.) — Le *rondeau* se compose de treize vers de huit ou dix syllabes sur deux rimes, l'une masculine et l'autre féminine. Ces treize vers doivent être partagés en trois couplets : le premier de cinq, le second de trois et le dernier de cinq vers. En voici le mécanisme expliqué par Voiture :

> Ma foi, c'est fait de moi ; car Isabeau
> M'a conjuré de lui faire un rondeau :
> Cela me met en une peine extrême.
> Quoi ! treize vers, huit en *eau*, cinq en *ême*.
> Je lui ferois aussitôt un bateau.
>   En voilà cinq pourtant en un monceau.
> Faisons-en sept en invoquant Brodeau,
> Et puis mettons, par quelque stratagème,
>   Ma foi, c'est fait.
> Si je pouvois encor de mon cerveau
> Tirer cinq vers, l'ouvrage seroit beau.
> Mais cependant me voilà dans l'onzième,
> Et si je crois que je fais le douzième,
> En voilà treize ajustés au niveau.
>   Ma foi, c'est fait.

3. *Ballade* (*ballade*, prov.; *ballata*, ital., danse ; *ballare*, danser), pièce de vers coupée en stances égales et suivies d'un envoi d'un nombre de vers ordinairement moindre : toutes les stances et l'envoi lui-même sont terminés par le vers qui sert de refrain. Molière disait dans les *Femmes savantes*.

> La ballade, à mon goût, est une chose fade ;
> Ce n'en est plus la mode ; elle sent son vieux temps.

(La ballade peut avoir vingt-huit, trente-cinq ou quarante-deux vers.)
L'école de Ronsard avait mis ces petits poèmes en oubli. Vauquelin de la Fresnaye dit en vers ce que Du Bellay avait dit en prose :

> . . . Ta muse ne soit jamais embesongnée
> Qu'aux vers dont la façon ici t'est enseignée,
> Et des vieux chants royaux décharge le fardeau,
> Oste-moy la ballade, oste-moy le rondeau.

Et même :

Souvent doit tout son lustre au caprice des rimes.
Le madrigal, plus simple et plus noble en son tour [1],
Respire la douceur, la tendresse et l'amour.
L'ardeur de se montrer, et non pas de médire,
Arma la Vérité du vers de la satire [2].
Lucile le premier osa la faire voir [3],

1. « *Madrigal* fut d'abord un ancien terme de musique. C'était une pièce composée pour les voix sans accompagnement, qui était fort en usage au commencement du XVIᵉ siècle; il ne cessa d'être à la mode qu'après le triomphe de la musique dramatique. Les *madrigaux* étaient écrits pour quatre, cinq, six ou sept voix, dans un style rempli de combinaisons recherchées et d'imitations. » (Fétis, *Dictionnaire de musique*.) — Par transformation du madrigal de la musique, on appelle ainsi une pièce de poésie renfermant en un petit nombre de vers une pensée ingénieuse et galante :

> A la Saint-Jean je promets madrigaux,
> Courts et troussés et de taille mignonne.
> Longue lecture en été n'est pas bonne.
>   (La Fontaine, *Poésies mêlées*.)

Étym., italien, *madriale*, *madrigale* et *mandriale*. — Ménage le tire de *mandra*, troupeau ; de sorte que le *madrigal* serait la chanson du troupeau. Mais la forme primitive est, en bas latin, *matriale;* et elle désigne une sorte de chanson. On lit dans un texte du XIVᵉ siècle : « Frater Georgius novitius, adhuc puer, quidquid erat in arte musicæ, circa matrialia, etiam difficillima, decantabat. » (*Archivio Storico italiano*, t. VI, p. 2, p. 534.) Là s'arrêtent les documents, et présentement il n'est pas possible d'aller au delà de *madriale*. (E. Littré, *Dictionnaire de la langue française*.) — Au XVIIᵉ siècle, M. de la Sablière, qui faisait beaucoup de *madrigaux*, s'était appelé *le grand madrigalier de France;* Mᵐᵉ Deshoulières s'est distinguée dans ce genre alors en faveur. Amar, dans son *Commentaire*, cite deux *madrigaux*, l'un de Cotin et l'autre de Pradon. Nous les donnons ici. Il paraîtra piquant de voir cités avec éloges ces deux grands ennemis de Boileau.

> Iris s'est rendue à ma foi :
> Qu'eût-elle fait pour sa défense ?
> Nous n'étions que nous trois : elle, l'Amour et moi ;
> Et l'Amour fut d'intelligence.
>   (Cotin.)

> Vous n'écrivez que pour écrire :
> C'est pour vous un amusement.
> Moi, qui vous aime tendrement,
> Je n'écris que pour vous le dire.
>   (Pradon.)

2. Desmarets et Pradon ont critiqué ces vers. Le premier disait : « *L'ardeur... de se montrer...*, c'est pour dire le désir qu'on a de faire parler de soi. Mais ce ne doit pas être le but de la satire. Sa fin doit être de réprimer le vice et d'exciter la vertu, mais ce n'est pas le moyen de faire bien parler de soi, que de parler mal d'autrui. — Pradon, de son côté : « *L'ardeur de se montrer*, pour dire, faire parler de soi, voilà une ardeur de se montrer qui obscurcit la pensée. » — Saint-Marc juge qu'ils sont de mauvaise foi. Boileau parle évidemment de la vérité, dont le propre est de vouloir *se montrer*.

3. Lucilius osa le premier faire des vers en ce genre. (Horace, liv. II, sat 1, v. 63-64.) Lucilius flagella Rome. (Perse, sat. I, v. 114.) La *Chronique* d'Eusèbe renfermant les quarante-six ans de vie qu'elle donne à Lucilius entre la CLVIIIᵉ et la CLXIXᵉ olympiade, le fait mourir en l'an de Rome 651... « La vie de Lucilius est pour nous bien peu remplie, sinon d'œuvres, du moins d'événements. Sa naissance à Suessa-Aurunca, sa mort et ses honorables funérailles à Naples ; dans l'intervalle, la part qu'il prit, bien jeune encore, à la dernière campagne de la guerre de Numance ; son honorable et douce intimité pendant quelques années avec Scipion Emilien et Lélius; des voyages, dont un de Rome à Capoue et jusqu'au détroit de Sicile lui a fourni le sujet d'un récit enjoué devenu sa troisième satire ; des procès soit au sénat,

Aux vices des Romains présenta le miroir,
Vengea l'humble vertu de la richesse altière,
Et l'honnête homme à pied du faquin en litière [1].
Horace à cette aigreur mêla son enjoûment [2] ;
On ne fut plus ni fat ni sot impunément ;
Et malheur à tout nom, qui, propre à la censure,
Put entrer dans un vers sans rompre la mesure !
    Perse, en ses vers obscurs, mais serrés et pressants [3],
Affecta d'enfermer moins de mots que de sens.
    Juvénal, élevé dans les cris de l'école [4],
Poussa jusqu'à l'excès sa mordante hyperbole.
Ses ouvrages, tout pleins d'affreuses vérités [5],
Étincellent pourtant de sublimes beautés ;
Soit que, sur un écrit arrivé de Caprée [6],
Il brise de Séjan la statue adorée ;
Soit qu'il fasse au conseil courir les sénateurs [7],
D'un tyran soupçonneux pâles adulateurs ;
Ou que, poussant à bout la luxure latine,
Aux portefaix de Rome il vende Messaline [8],
Ses écrits pleins de feu partout brillent aux yeux.
    De ces maîtres savants disciple ingénieux,
Régnier [9], seul parmi nous formé sur leurs modèles,

---

devant lequel on l'accusait de faire paître ses troupeaux sur les terres du domaine public, soit, sans succès, au tribunal de C. Célius contre un acteur qui l'avait désigné outrageusement par son nom en plein théâtre, celui-là peut-être que le satirique avait lui-même si plaisamment appelé un *Oreste enroué;* enfin quelques particularités où se révèle l'existence d'un homme de bonne naissance et de fortune aisée, ayant une maison de ville, des terres, des esclaves, et consacrant aux lettres un grand loisir : voilà tout ce que l'on sait de la vie de Lucilius. » (*Étude sur la poésie latine*, par M. Patin, t. II, p. 373.) — Ennius avait composé dans un genre appelé *satura*, c'est-à-dire, suivant l'étymologie, un plat où se trouvaient mêlés des fruits de toute sorte, des pièces faites de vers de mesure différente. Varron y avait ajouté un mélange de vers et de prose, ce qu'il avait appelé lui-même *Satires ménippées*. Lucilius a donné à ce poème la forme que nous lui voyons dans Horace. On fixe à trente le nombre des satires qu'il avait écrites.

1. Juvénal, sat. I, v. 165-167, parle du talent de Lucilius redouté de tous ceux qui n'avaient pas la conscience tranquille.
2. C'est à peu près le sentiment de Perse, sat. I, v. 116-118.
3. Perse naquit l'an 34 de J.-C., à Volaterra. Il mourut à peine âgé de vingt-huit ans. Sa vertu stoïcienne lui a inspiré de très beaux vers. Il n'a laissé que six satires.
4. Decimus Junius Juvenalis naquit à Aquinum vers l'an 42 après J.-C. Il fut l'élève de Fronton et de Quintilien. Un histrion favori d'Adrien se crut désigné dans un de ses ouvrages, et il le fit reléguer à Syène, dans la Haute-Égypte, avec le titre de préfet d'une cohorte. On a de lui seize satires.
5. *Tout pleins*, texte de 1674 à 1173.
6. Satire x, vers 71-72, 62-63. (Boileau, 1713.)
7. Satire iv, vers 72-76. (Boileau, 1713.)
8. Satire iv, vers 116-132. (Boileau, 1713.)
9. Mathurin Régnier, chanoine de Chartres, neveu de Philippe Desportes ; né à Chartres le 21 de décembre 1573, mort à Rouen le 22 d'octobre 1613. Il a

Dans son vieux style encore a des grâces nouvelles.
Heureux si ses discours, craints du chaste lecteur,
Ne se sentaient des lieux où fréquentait l'auteur [1],
Et si, du son hardi de ses rimes cyniques,
Il n'alarmait souvent les oreilles pudiques !
Le latin, dans les mots, brave l'honnêteté [2] :
Mais le lecteur français veut être respecté ;
Du moindre sens impur la liberté l'outrage,
Si la pudeur des mots n'en adoucit l'image.
Je veux dans la satire un esprit de candeur,
Et fuis un effronté qui prêche la pudeur.

    D'un trait de ce poëme en bons mots si fertile
Le Français, né malin, forma le vaudeville [3],
Agréable indiscret, qui, conduit par le chant,
Passe de bouche en bouche et s'accroît en marchant.
La liberté française en ses vers se déploie ;
Cet enfant de plaisir veut naître dans la joie [4].

laissé seize satires, des épîtres, des élégies, des odes, des stances et des épigrammes. La première édition de ses satires est de Paris, 1708. in-4°. (M. Chéron.) Vauquelin de la Fresnaye fait une *Histoire de la satire en France* : on jugera si Boileau n'a pas eu raison de n'en rien dire :

> Depuis, les coc-à-l'asne à ces vers succédèrent,
> Qui les rimeurs françois trop longtemps possédèrent
> Dont Marot eut l'honneur. Aujourd'hui toutefois,
> Le satyre latin s'en vient estre françois ;
> Si parmi les travaux de l'estude sacrée,
> Se plaire en la satyre à Desportes agrée :
> Et si le grand Ronsard de France l'Apollon
> Veut poindre nos forfaits de son vif éguillon,
> Si Doublet animé de Jumel qui préside
> Sçavant au Parlement de nostre gent Druide
> Met ses beaux vers au jour, nous enseignants moraux
> Soit en deuil, soit en joye, à se porter égaux :
> Et si mes vers gaillards, suivant la vieille trace,
> Du piquant Aquinois et du mordant Horace
> Ne me deçoivent point, par l'humeur remontreux
> Qu'au satyre au follet souffla d'un chesne creux.

1. *Fréquenter*, au XVIIe siècle, avait le sens d'*aller souvent* ; il n'était donc pas incorrect de dire alors *où fréquentait l'auteur*. Molière a dit de même :

> Sans doute et je le vois qui fréquente chez nous.
> (*Femmes savantes*, acte II, sc. II.)

2. Boileau veut dire que pour nous, Français, un terme indécent en latin choque moins nos oreilles ; il a raison ; si l'on voulait étendre plus loin le sens de ce qu'il dit, il serait dans l'erreur ; il n'y aurait qu'à rappeler ici ce qu'il dit lui-même dans une lettre à Brossette (6 octobre 1701) : « On peut voir sur ce point une lettre de Cicéron à Papirius Pætus, qui commence par ces mots : *Amo verecundiam, tu potius libertatem loquendi.* » Cette lettre, la vingt-deuxième du livre IX, *Ad familiares*, est pleine de détails curieux, qui montrent jusqu'où les Romains portaient la délicatesse, et avec quel soin scrupuleux ils évitaient les mots qui pouvaient avoir un sens impur. (Conf. Aristote. *Rhét.*, liv. III.)

3. Ce mot vient-il de *Voix de ville*, chanson populaire, ou bien de *Vau-de-Vire*, ou *Val-de-Vire* en Normandie, où chantait Olivier Basselin au XVe siècle ? (M. Chéron.) — Vauquelin de la Fresnaye écrit *Vau-de-Vire* :

> Chantant en nos festins, ainsi les vau-de-viré
> Qui sentent le bon temps nous font encore rire, etc., etc.

4. C'est le texte de 1674 à 1713 (trente-quatre éditions, dont douze originales)

Toutefois n'allez pas, goguenard dangereux [1],
Faire Dieu le sujet d'un badinage affreux.
A la fin tous ces jeux que l'athéisme élève
Conduisent tristement le plaisant à la Grève [2].
Il faut, même en chansons, du bon sens et de l'art.
Mais pourtant on a vu le vin et le hasard
Inspirer quelquefois une muse grossière,
Et fournir, sans génie, un couplet à Linière.
Mais pour un vain bonheur qui vous a fait rimer,
Gardez qu'un sot orgueil ne vous vienne enfumer.
Souvent l'auteur altier de quelque chansonnette
Au même instant prend droit de se croire poète :
Il ne dormira plus qu'il n'ait fait un sonnet ;
Il met tous les matins six impromptus au net,
Encore est-ce un miracle, en ses vagues furies,
Si bientôt, imprimant ses sottes rêveries,
Il ne se fait graver au-devant du recueil,
Couronné de lauriers par la main de Nanteuil [3].

et de Brossette, Souchay, Dumont, Saint-Marc, Saint-Surin. (Berriat-Saint-Prix.
— Dans d'autres éditions on lit *du plaisir*, cela n'est pas exact.

1. Goguenard, qui plaisante en se moquant. Etym. dérivé de *gogue*, plaisanterie, divertissement. Origine incertaine. — Bas-breton, *gôguéa*, tromper, se moquer ; kimery, *goyan*, satire. (E. Littré, *Dict. de la langue française*.)

2. « Ces deux vers ont trait à la triste fin de Petit, auteur du *Paris ridicule*, poème d'un burlesque très ingénieux et bien supérieur à la *Rome ridicule* de Saint-Amand, dont il est une imitation. Petit fut découvert assez singulièrement pour l'auteur de quelques chansons impies et libertines qui couraient dans Paris. Un jour qu'il était hors de chez lui, le vent enleva de dessus une table placée sous la fenêtre de sa chambre quelques carrés de papier, qui tombèrent dans la rue. Un prêtre, qui passait par là, les ramasse, et, voyant que c'étaient des vers impies, il va sur-le-champ les remettre entre les mains du procureur du roi. Au moyen des mesures qui furent prises, Petit fut arrêté dans le moment qu'il rentrait, et l'on trouva dans ses papiers les brouillons des chansons qui couraient alors. Malgré tout ce que purent faire des personnes du premier rang que sa jeunesse intéressait pour lui, il fut condamné à être pendu et brûlé. Ce poète, très bien fait de sa personne, était fils d'un tailleur de Paris, et très en état de se faire un grand nom par un meilleur usage de ses talents. Je tiens ce détail de quelqu'un qui l'avait connu, lui et sa famille. » (Saint-Marc.) — Claude Petit, ou Lepetit, était né vers 1640, et mourut probablement à la fin de 1665.

3. Fameux graveur. (Boileau, 1713.) — Robert Nanteuil, né à Reims en 1630, mort à Paris le 18 de décembre 1678. Nanteuil a gravé en 1658 un portrait du père de Boileau. Cf. Robert Dumesnil, tome IV, n° 43 de l'œuvre de Nanteuil. M. Chénon.) — Boileau voulait terminer ce chant par les deux vers qui suivent, et qu'il supprima, selon Brossette, pour ne pas déplaire à MM. de l'Académie française :

Et dans l'Académie, orné d'un nouveau lustre,
Il fournira bientôt un quarantième illustre.

On regrettera toujours de ne trouver, parmi ces définitions si justes et si vraies des petits genres de poésie, aucune mention de la fable. C'est un oubli qu'il est aussi difficile d'expliquer que d'excuser.

CHANT III

Il n'est point de serpent ni de monstre odieux
Qui, par l'art imité, ne puisse plaire aux yeux [1] :
D'un pinceau délicat l'artifice agréable
Du plus affreux objet fait un objet aimable [2].
Ainsi, pour nous charmer, la Tragédie en pleurs
D'Œdipe tout sanglant fit parler les douleurs [3],

---

1. « C'est dans le chapitre quatrième de sa *Poétique* (d'Aristote) que Boileau a puisé ces beaux vers. Voici ce que dit Aristote : « L'imitation et l'harmonie « ont produit la poésie... Nous voyons avec plaisir, dans ses tableaux, des ani- « maux affreux, des hommes morts ou mourants, que nous regarderions avec « chagrin et avec frayeur dans la nature. Plus ils sont bien imités, plus ils « vous causent de satisfaction. » (VOLTAIRE, *Dict. philosophique*.) — Aristote dit encore dans sa *Rhétorique*, liv. I, chap. IX, « que tout ce qui sera imité parfaitement sera très agréable, comme sont les ouvrages de peinture, de sculpture, de poésie, en un mot, tout ce qui consiste en imitation, quand bien même ce qui aurait été imité serait très désagréable en soi; car enfin, le plaisir qu'on a de voir une belle imitation ne vient point précisément de ce qui a été imité, mais bien de notre esprit, qui fait alors en lui-même cette réflexion et ce raisonnement qu'en effet il n'est rien de plus ressemblant, et qu'on dirait que c'est la chose même et non pas une simple représentation. » Boileau ajoutait qu'il ne faut pas que l'imitation soit entière, parce qu'une ressemblance trop parfaite inspirerait autant d'horreur que l'original même. Voilà pourquoi il introduit avec tant de goût dans ces vers les mots suivants : *D'un pinceau délicat l'artifice agréable.* « L'illusion, dit en effet M. Cousin, est si peu le but de l'art, qu'elle peut être complète et n'avoir aucun charme... Il y a plus, lorsque l'illusion va trop loin, le sentiment de l'art disparaît pour faire place à un sentiment purement naturel, quelquefois insupportable. Si je croyais qu'Iphigénie est en effet sur le point d'être immolée par son père à vingt pas de moi, je sortirais de la salle en frémissant d'horreur. » (*Du vrai, du beau et du bien*, p. 183.)

2. Vauquelin de la Fresnaye avait dit avant Boileau :

> C'est un art d'imiter, un art de contrefaire
> Que toute poésie, ainsi que de pourtraire,
> Et l'imitation est naturelle en nous :
> Un autre contrefaire il est facile à tous :
> Et nous plait en peinture une chose hideuse,
> Qui serait à la voir en essence fâcheuse.
> Comme il fait plus beau voir un singe bien pourtrait,
> Un dragon écaillé proprement contrefait.
> Un visage hideux de quelque laid Thersite,
> Que le vray naturel qu'un sçavant peintre imite :
> Il est aussi plus beau voir d'un pinceau parlant
> Dépeinte dans les vers la fureur de Roland,
> Et l'amour forcené de la pauvre Climène,
> Que de voir tout au vray la rage qui les mène.

3. Sophocle. (BOILEAU, 1713.) — Boileau fait allusion à la scène si touchante où, dans Sophocle, Œdipe, qui vient de se crever les yeux, paraît sur le théâtre : «... Mes fils, Créon, n'en prends aucun souci : ce sont des hommes... quelque part qu'ils vivent, ils ne sauraient manquer. Mais, hélas ! mes malheureuses filles, qui jamais n'eurent d'autre table que celle de leur père, qui partageaient avec lui tout ce qu'il touchait, ah ! je te les confie. Je voudrais les presser sur mon cœur et gémir avec elles. Permets, prince noble, généreux prince. Si mes mains les touchaient, je croirais les voir encore. Tu consens. Mais, ô dieux ! ne les entends-je pas qui pleurent à mes côtés? Créon a eu pitié de moi. Il a fait venir près de moi ces enfants qui me sont si chères. » (Vers 1425-1451.)

D'Oreste parricide exprima les alarmes [1],
Et, pour nous divertir, nous arracha des larmes [2].

Vous donc qui, d'un beau feu pour le théâtre épris,
Venez en vers pompeux y disputer le prix,
Voulez-vous sur la scène étaler des ouvrages
Où tout Paris en foule apporte ses suffrages,
Et qui, toujours plus beaux, plus ils sont regardés,
Soient au bout de vingt ans encor redemandés [3]?
Que dans tous vos discours la passion émue
Aille chercher le cœur, l'échauffe et le remue [4].
Si d'un beau mouvement l'agréable fureur
Souvent ne nous remplit d'une douce « terreur »,
Ou n'excite en notre âme une « pitié » charmante [5],
En vain vous étalez une scène savante :
Vos froids raisonnements ne feront qu'attiédir
Un spectateur toujours paresseux d'applaudir,
Et qui, des vains efforts de votre rhétorique
Justement fatigué, s'endort, ou vous critique [6].

1. Euripide. (*Oreste*, v. 211.) — Le malheureux Oreste se réveille, sort d'un pénible accablement et s'écrie : « Toi qui charmes les sens, qui apaises les souffrances, doux Sommeil, que tu m'es venu à propos dans ma détresse! Oubli des maux! dieu bienfaisant! que ton secours a de puissance, qu'il semble désirable aux infortunés! Mais, où étais-je donc, et comment me trouvé-je en ce lieu? Je ne sais plus ce que j'ai fait dans mon égarement. » Bientôt il retombe dans ses alarmes : « Je t'en conjure, ô ma mère, ne lance point contre moi ces femmes aux yeux sanglants, à la tête hérissée de vipères. Les voilà! les voilà qui bondissent à mes côtés... Ô Phébus! ils me tueront, ces chiens dévorants, ces êtres hideux et farouches, ces prêtresses des morts, ces terribles déesses! » (M. Patin, *Tragiques grecs; Euripide*. t. I, 247.) — Longin a cité et commenté quelques vers de cette scène, et Boileau les a traduits :

> Mère cruelle, arrête, éloigne de mes yeux
> Ces filles de l'enfer, ces spectres odieux.
> Ils viennent; je les vois; mon supplice s'apprête.
> Quels horribles serpents leur sifflent sur la tête!

2. Divertir (*divertere*), c'est tourner l'esprit de quelqu'un vers un autre côté; c'est, en effet, ce qu'on demande aux jeux du théâtre, on veut qu'ils nous fassent oublier nos occupations de tous les jours.

3. Imitation d'Horace, *Art poétique*, v. 190.

4. Horace parle aussi de cette puissance d'émouvoir les âmes qui est la force du poète dramatique. Livre II, ép. I, v. 210.

5. « Ces trois épithètes, dit La Harpe, ne sont pas accumulées sans dessein; elles indiquent assez clairement que la terreur et la pitié doivent avoir leur douceur et leur charme, et que quand nous nous rassemblons au théâtre, les impressions mêmes qui nous font le plus de mal doivent pourtant nous faire plaisir, parce que, sans cela, il n'y aurait aucune différence entre la réalité et l'illusion. » (*Cours de littérature*, 1821, t. IX, p. 341.)

6. « Au reste, il n'était point content de la tragédie d'*Othon*, qui se passait toute en raisonnements, et où il n'y avait point d'action tragique. Corneille avait affecté d'y faire parler trois ministres d'État, dans le temps où Louis XIV n'en avait pas moins que Galba, c'est-à-dire MM. Le Tellier, Colbert et de Lionne. M. Despréaux ne se cachait point d'avoir attaqué directement *Othon* dans les quatre vers de son *Art poétique* :

> Vos froids raisonnements, etc. »
> (*Bolæana*, p. 132.)

Le secret est d'abord de plaire et de toucher [1] :
Inventez des ressorts qui puissent m'attacher [2].
 Que dès les premiers vers l'action préparée
Sans peine du sujet aplanisse l'entrée [3].
Je me ris d'un acteur qui, lent à s'exprimer [4],
De ce qu'il veut d'abord ne sait pas m'informer,
Et qui, débrouillant mal une pénible intrigue,
D'un divertissement me fait une fatigue.
J'aimerais mieux encor qu'il déclinât son nom [5],
Et dît : Je suis Oreste ou bien Agamemnon,
Que d'aller, par un tas de confuses merveilles,
Sans rien dire à l'esprit, étourdir les oreilles [6] :
Le sujet n'est jamais assez tôt expliqué.
 Que le lieu de la scène y soit fixe et marqué.
Un rimeur, sans péril, delà les Pyrénées,
Sur la scène en un jour renferme des années.
Là souvent le héros d'un spectacle grossier,
Enfant au premier acte, est barbon au dernier [7].

1. Imitation d'Horace.
2. « Que ceux qui travaillent pour la scène tragique aient toujours ce précepte gravé dans leur mémoire. » (VOLTAIRE, *Commentaire sur Pompée*, acte IV, scène IV, v. 1er.)
3. On appelle *exposition* ces premières scènes d'un poème dramatique, où le sujet s'offre aux spectateurs. Il est difficile de n'y rien omettre, de ne dire que ce qu'il faut, de faire avancer le drame, et d'animer l'intérêt dès le début. Nous avons dans les œuvres de Racine plusieurs de ces expositions parfaites. Les connaisseurs citent surtout celle de *Bajazet*. — Douze éditions originales, de 1674 à 1713, portent *aplanisse*; d'autres donnent par erreur *m'aplanisse*.
4. C'est le texte de 1674 à 1713. — Brossette, in-4° et in-12, a mis d'un *auteur*, et cette leçon a été adoptée dans plus de quarante éditions. (BERRIAT-SAINT-PRIX.)
5. Il y a de pareils exemples dans Euripide. (BOILEAU, 1713.) — Boileau vise ici le début d'*Hippolyte*, et celui des *Phéniciennes*.
6. Ces vers, suivant Brossette, seraient la critique du début de *Cinna*, Voltaire et La Harpe soutiennent qu'il s'agit du début d'*Héraclius*. Phocas ouvre ainsi cette pièce :

> Crispe, il n'est que trop vrai, la plus belle couronne
> N'a que de faux brillants dont l'éclat l'environne :
> Et celui dont le ciel pour un sceptre fait choix,
> Jusqu'à ce qu'il le porte, en ignore le poids.
> Mille et mille douceurs y semblent attachées,
> Qui ne sont qu'un amas d'amertumes cachées ;
> Qui croit les posséder les sent s'évanouir,
> Et la peur de les perdre empêche d'en jouir.

Corneille disait lui-même de cette pièce : « Il y a des intrigues qui commencent dès la naissance du héros, comme celle d'*Héraclius*; mais ces grands efforts d'imagination en demandent un extraordinaire à l'attention du spectateur, et l'empêchent souvent de prendre un plaisir entier aux premières représentations, tant elles le fatiguent. » (*Troisième Discours sur le poème dramatique*.)

7. Lope de Vega, poète espagnol qui a composé un très grand nombre de comédies, représente dans une de ses pièces l'histoire de *Valentin et Orson*, qui naissent au premier acte et sont fort âgés au dernier. (BROSSETTE.) — Lope se justifiait par le goût du public pour ces spectacles grossiers : « J'ai travaillé quelquefois, disait-il, selon les règles de l'art ; mais quand j'ai vu des monstres spécieux triompher sur notre théâtre, et que ce triste travail remportait les applaudissements des dames et du vulgaire, je me suis remis à cette manière bar-

Mais nous, que la raison à ses règles engage,
Nous voulons qu'avec art l'action se ménage ;
Qu'en un lieu, qu'en un jour, un seul fait accompli
Tienne jusqu'à la fin le théâtre rempli [1].

Jamais au spectateur n'offrez rien d'incroyable [2] :
Le vrai peut quelquefois n'être pas vraisemblable [3].
Une merveille absurde est pour moi sans appas :
L'esprit n'est point ému de ce qu'il ne croit pas.
Ce qu'on ne doit pas voir, qu'un récit nous l'expose :
Les yeux en le voyant saisiraient mieux la chose ;
Mais il est des objets que l'art judicieux
Doit offrir à l'oreille et reculer des yeux [4].

Que le trouble, toujours croissant de scène en scène,
A son comble arrivé se débrouille sans peine [5].
L'esprit ne se sent point plus vivement frappé,
Que lorsqu'en un sujet d'intrigue enveloppé,
D'un secret tout à coup la vérité connue
Change tout, donne à tout une face imprévue [6].

---

bare de composer, renfermant les préceptes sous la clef toutes les fois que j'ai entrepris d'écrire, et bannissant de mon cabinet Térence et Plaute pour n'être pas importuné de leurs raisons, car la vérité ne laisse pas de crier dans plusieurs bons livres. » (*Nouvel art de faire des comédies en ce temps*.)

1. Nos auteurs dramatiques avaient suivi longtemps cette liberté espagnole. Mairet le premier, studieux imitateur des Grecs et des Italiens, composa en 1625 une pastorale, *Silvanire*, où il se proposa de les imiter dans « l'ordre et la conduite de son poëme ». Il le fit même précéder d'une poétique où les trois fameuses unités commencent à se poser, non pas encore comme prescriptions absolues, mais au moins comme un système et comme une justification de l'œuvre nouvelle. Elles demandent modestement qu'on les tolère. Chapelain vint bientôt consacrer ces règles par son autorité. « Un jour, dans une conférence littéraire tenue au palais Cardinal, Chapelain démontra qu'on devait indispensablement observer dans les compositions dramatiques les trois unités de temps, de lieu et d'action. Rien ne surprit tant que cette doctrine. Elle n'était pas seulement nouvelle pour le cardinal, elle l'était pour tous les poètes qu'il avait à ses gages. Il donna dès lors une pleine autorité sur eux à M. Chapelain. » (D'Olivet, *Hist. de l'Académie française*, p. 100.) — Mairet fit ensuite la *Sophonisbe*, la première tragédie où les règles furent appliquées. (Voir le *troisième discours* de Corneille sur le poème dramatique.)

2. Imitation d'Horace, *Art poétique*, v. 338.

3. « Lorsque les choses sont vraies, il ne faut point se mettre en peine de la vraisemblance. » (Corneille, *Discours II sur la tragédie*.)

4. Imitation d'Horace, *Art poétique*, v. 180-188.
On saisira mieux l'art délicat avec lequel Boileau imite et traduit Horace, si l'on prend la peine de lire ces vers de Vauquelin de la Fresnaye :

> Et bien que ce qu'on oit émeuve beaucoup moins
> Que cela dont les yeux sont fidelles témoins,
> Toutefois il ne faut lors montrer la personne,
> Quand la honte ou l'horreur du fait les gens étonne :
> Ainsi la faut cacher, et par discours prudens
> Faut conter aux oyants ce qui s'est fait dedans.

5. « C'est le dénouement qui doit se faire par des moyens vraisemblables et naturels, comme dans l'*Œdipe* de Sophocle, dans *Phèdre*, *Cinna*, *Polyeucte*. » (Batteux, *Remarques sur Despréaux*, cité par Saint-Surin.)

6. « C'est ce qu'on appelle, en termes d'art, reconnaissance ou agnition, comme dit Corneille. Ces reconnaissances donnent lieu aux révolutions subites,

La tragédie, informe et grossière en naissant,
N'était qu'un simple chœur, où chacun en dansant [1],
Et du dieu des raisins entonnant les louanges,
S'efforçait d'attirer de fertiles vendanges.
Là, le vin et la joie éveillant les esprits,
Du plus habile chantre un bouc était le prix [2].
Thespis [3] fut le premier qui, barbouillé de lie,
Promena par les bourgs [4] cette heureuse folie;
Et, d'acteurs mal ornés chargeant un tombereau [5],
Amusa les passants d'un spectacle nouveau.
Eschyle [6] dans le chœur jeta les personnages,

qu'on appelle *péripéties*. (Batteux, *Remarques sur Despréaux*.) — Tel est, par exemple, dans l'*Œdipe roi* de Sophocle, le secret de sa naissance, qui, loin de dissiper ses alarmes, ne fait que le rendre le plus malheureux des hommes en lui révélant son funeste état.

1. La tragédie prit naissance au sein des rites dionysiaques. « Les louanges du dieu (Bacchus) étaient célébrées par des chœurs, dont la distribution naturelle en coryphées et en choristes, qui prenaient tour à tour la parole, probablement aussi en demi-chœurs qui se répondaient, eût seulement conduit à l'invention du dialogue, s'il eût été besoin de l'inventer. Dans les chants, qui avaient déjà quelque chose de dramatique, mais qui n'étaient pas le drame, on intercala plus tard, soit pour varier l'intérêt de la composition par des intermèdes, soit pour ménager aux exécutants quelques moments de repos, par l'intervention de l'artiste spécialement chargé de ces intermèdes, des récits où étaient primitivement rappelées les aventures de la divinité que l'on fêtait, mais qui ne tardèrent pas à leur devenir étrangers. Une telle innovation fut d'abord réprouvée par les vieillards et par les magistrats, comme irrespectueuse et impie; mais elle passa, à la faveur du plaisir et des suffrages de la foule. C'est à elle, chose singulière! que l'on doit véritablement la découverte de l'art dramatique et des divers genres dans lesquels il ne tarda pas à se partager, particulièrement de la tragédie. On avait déjà le dialogue : elle mit sur le chemin de l'action. Ces récits, qui coupaient par intervalles les chants du chœur, furent bientôt destinés à faire connaître, non plus seulement des événements passés, mais un événement que l'on supposait présent, et dont ils retraçaient les progrès. L'action exposée au commencement par des récits, et à laquelle on n'assistait qu'en imagination, fut insensiblement amenée par l'introduction successive d'un second, d'un troisième acteur sur ce qui n'était d'abord qu'une sorte de tribune d'où leur devancier s'entretenait avec le chœur et qui devint une scène. » (M. Patin, *Études sur les Tragiques grecs*, t. I, p. 8.)

2. Horace, *Art poétique*, v. 220, en dit autant.

3. Thespis vivait au vi[e] siècle avant l'ère vulgaire. — Suidas rapporte à la LXIe olympiade, environ 536 ou 535 av. J.-C., l'invention qui rendit Thespis fameux dans l'antiquité : « Thespis a-t-il mérité tant de gloire uniquement pour avoir composé à loisir des récits, primitivement improvisés, dont on entremêlait les chants du chœur; pour avoir remplacé leur narrateur fortuit par une sorte d'acteur préparé à son rôle, ou bien encore pour avoir dégagé de l'alliage étranger qui s'y mêlait, dans des représentations où figuraient des satyres avec des dieux et des héros, où se confondaient le bouffon et le sérieux, l'élément pur de la future tragédie? » (M. Patin, *ibid.*, p. 17.) — Il ne faut pas croire trop légèrement ce qu'a dit Horace, sur la foi de quelques scoliastes, de *son tombereau*, de ses *acteurs mal ornés et barbouillés de lie*, de cette *heureuse folie* qu'il promenait par les bourgs, et qu'on a représentée comme si grossière et si barbare : c'est plutôt là l'histoire de Susarion que l'histoire de Thespis. (M. Patin, *ibid.*, p. 17.) — On lui attribuait une pièce du nom d'*Alceste*. Phrynichus semble plutôt en avoir été l'auteur.

4. Les bourgs de l'Attique. (Boileau, 1713.)

5. Boileau suit ici Horace, *Art poétique*, v. 275-277.

6. Eschyle, né à Éleusis vers l'an 525 de l'ère vulgaire, serait mort en Sicile

D'un masque plus honnête habilla les visages,
Sur les ais d'un théâtre en public exhaussé,
Fit paraître l'acteur d'un brodequin chaussé [1].
Sophocle [2] enfin, donnant l'essor à son génie,
Accrut encor la pompe, augmenta l'harmonie,
Intéressa le chœur dans toute l'action,
Des vers trop raboteux polit l'expression,
Lui donna chez les Grecs cette hauteur divine
Où jamais n'atteignit la faiblesse latine [3].
   Chez nos dévots aïeux le théâtre abhorré
Fut longtemps dans la France un plaisir ignoré [4].
De pèlerins, dit-on, une troupe grossière [5]

---

vers l'an 477. Nous avons sept de ses pièces. Les pièces d'Eschyle qui nous restent sont : *les Suppliantes, les Sept Chefs devant Thèbes, les Perses, Prométhée, Agamemnon, les Choéphores, les Euménides.*

1. Boileau suit encore Horace, *Art poétique*, v. 278-280.

2. L'Athénien Sophocle, dont il ne nous reste que sept tragédies, vivait dans le v° siècle avant l'ère vulgaire. On remarquera que Boileau ne dit rien d'Euripide. (M. Chéron.) — Les pièces de Sophocle sont : *Ajax, les Trachiniennes, Philoctète, Œdipe roi, Œdipe à Colone, Antigone, Électre.*

3. Voyez Quintilien, liv. X, chap. i. (Boileau, 1713.) — Cette citation est erronée. Quintilien, au lieu indiqué, loue la tragédie, et n'avoue la *faiblesse latine* que quant à la comédie. Saint-Marc conjecture avec assez de vraisemblance que la mémoire de Boileau étant fort affaiblie lorsqu'il rédigeait ses notes (si toutefois celle-ci n'est pas de ses éditeurs), il aura d'autant plus aisément appliqué à la tragédie le mot de Quintilien sur la comédie qu'il ne nous reste presque rien des tragédies latines louées par le rhéteur. (B.-S.-P.) — Quoi qu'il en soit, le jugement de Boileau reste vrai sur la tragédie latine.

4. Rien n'est moins exact que ce passage. Le théâtre proscrit par l'Église reparut dans l'Église même. D'abord enfermé dans l'enceinte du chœur, le drame ne fut autre chose que les cérémonies du culte catholique, destinées à faire comprendre à la foule le sens historique ou moral qu'elles renfermaient. La liturgie du moyen âge, dont plusieurs restes sont conservés encore dans nos églises, ressuscita les représentations dramatiques. Noël, l'Épiphanie, le vendredi saint, Pâques, le lundi et le mardi de cette grande fête, l'Ascension, la Pentecôte, donnaient lieu à de véritables spectacles joués devant les fidèles. Peu à peu le drame sortit de l'étroit espace où il était enfermé. Le peuple y prit part dans des fêtes comme celles de l'*Ane* et des *Fous*. Bientôt après, il sortit de l'église et se représenta devant le porche. Nous avons un mystère d'*Adam* joué au xi° siècle à Valenciennes. C'est là un vrai spectacle avec toute la magnificence et l'éclat d'une cérémonie religieuse. Tandis que dans les couvents reparaissaient des imitations de Térence ou de Plaute, la foule sortie des villes et des villages s'assemblait sur les places publiques pour assister à la représentation de la vie et de la mort de Jésus ou du martyre des saints que l'Église vénère. Ces jeux, qui commençaient par les chants du *Veni Creator* et finissaient par le *Te Deum*, duraient quelquefois une semaine entière. Des prêtres avaient composé la pièce, des prêtres y jouaient les principaux rôles. L'Église favorisait ces distractions pieuses où elle trouvait le moyen d'instruire les peuples de ses dogmes et de sa doctrine. (Voir notre *Histoire de la littérature française depuis ses origines*, 1er volume, Lemerre.)

5. Leurs pièces sont imprimées. (Boileau, 1713.) — Cette tradition de pèlerins nouvellement revenus des lieux saints où ils avaient adoré le tombeau de Notre-Seigneur n'est rien moins que certaine. Boileau veut sans doute parler de ces bourgeois pieux qui s'établirent en confrérie à Saint-Maur, près de Vincennes en 1398, où ils représentèrent sur un théâtre et dans un lieu fermé les mystères de la *Passion de Notre-Seigneur Jésus-Christ.* « En 1402, ils obtinrent du roi Charles VI les permissions les plus amples de représenter où et quand il leur

En public à Paris y monta la première ;
Et, sottement zélée en sa simplicité,
Joua les saints, la Vierge et Dieu, par piété.
Le savoir, à la fin dissipant l'ignorance,
Fit voir de ce projet la dévote imprudence.
On chassa ces docteurs prêchant sans mission [1] :
On vit renaître Hector, Andromaque, Ilion [2].
Seulement, les acteurs laissant le masque antique [3],
Le violon tint lieu de chœur et de musique [4].
  Bientôt l'amour, fertile en tendres sentiments,
S'empara du théâtre, ainsi que des romans.

plairait tel mystère qu'ils voudraient choisir dans les vies des saints, dans l'Ancien ou le Nouveau Testament. » (*Mélanges de litt.*, publiés par J. B. Suard, 1804, t. IV.) — Ces acteurs vinrent s'établir à Paris et vécurent d'abord en bonne intelligence avec l'Eglise. Leurs représentations, qui avaient lieu le dimanche à la suite des offices, continuaient encore l'enseignement religieux. Mais l'esprit d'impiété et de plaisanterie s'y mêla bientôt. On déserta les églises et l'on osa se permettre de railler les mystères les plus sacrés. Le voisinage des *Farces, Sotties et Moralités* nuisait d'ailleurs à la sainteté des *Mystères* et des *Miracles*. Le parlement s'en émut, et, en 1548, il donna un arrêt portant défense de jouer les choses saintes. Consulter là-dessus dans le tome V des Mémoires de la Société des antiquaires, les *Remarques de M. Berriat-Saint-Prix sur les jeux des Mystères;* et les *Origines du théâtre moderne*, par M. Ch. Magnin, Paris, 1838.

1. Le mot *mission* est de toute justesse ici. « Mission, ordre, pouvoir, commission, envoi, pour prêcher l'Evangile. » (Trévoux.) Il faudrait aujourd'hui *prêchant*. Le participe présent suivait encore au pluriel l'analogie latine.

2. Ce ne fut que sous Louis XIII que la tragédie commença à prendre une bonne forme en France. (Boileau, 1713.) — Dès 1552, Etienne Jodelle avait fait jouer, en présence de Henri II, au collège d'Harcourt (aujourd'hui lycée Saint-Louis), *Cléopâtre captive*, tragédie sur le patron de celle des Grecs. — « Les sujets chrétiens cédèrent naturellement le pas à des sujets antiques : les Grecs et les Romains firent leur entrée sur notre théâtre et y mirent le pied pour longtemps ; la famille des Atrides, Agamemnon en tête, nous arriva à toutes voiles. Ce fut, comme on disait, toute une flottille de héros d'Ilion ; Francus ramenait Hector. Il y eut pourtant, même dans cette école, quelques essais de tragédie sacrée, et j'y rapporte le *Sacrifice d'Abraham*, de Théodore de Bèze. » (Sainte-Beuve, *Port-Royal*, t. I.) — En 1639, Du Ryer donna son *Saül*, Baro son *Saint-Eustache*. Un an plus tard, Corneille, par *Polyeucte*, rouvrait soudainement le genre sacré et recueillait glorieusement l'héritage de notre ancien théâtre.

3. Ce masque antique s'appliquait sur le visage de l'acteur et représentait le personnage qu'on introduisait sur la scène. (Boileau, 1713.) — « La partie du masque qui couvrait la figure était de bois (Prudent, *Adv. Symmach.*, II, 646 ; Virgile, *Georg.*, II, 387), et à cela s'ajoutait une perruque en rapport avec le caractère du masque, de sorte que non seulement les traits, mais toute la tête de l'acteur, étaient couverts et déguisés (Aulu-Gelle, V, 67). De plus, chaque âge et chaque condition de la vie, de la jeunesse à la décrépitude, du héros à l'esclave, avait son masque particulier, dont le caractère était assez bien connu pour que les spectateurs devinassent, aussitôt qu'un personnage paraissait sur la scène, sa qualité et sa condition. Pour la tragédie, il y avait vingt-cinq masques différents, six pour des vieillards, sept pour les jeunes gens, neuf pour les femmes et trois pour les esclaves. Dans la comédie il y avait quarante-trois types différents : neuf pour vieillards, dix pour jeunes gens, sept pour esclaves mâles, trois pour vieilles femmes et quatorze pour jeunes femmes. » (Antony Rich, *Dict. des Antiquités romaines et grecques*.) On peut voir des modèles de ces masques sur la frise de l'Opéra national à Paris.

4. *Esther* et *Athalie* ont montré combien l'on a perdu en supprimant les chœurs et la musique. (Boileau, 1713.) — Voltaire, qui a mis un chœur dans sa tragédie d'*Œdipe*, a dit avec justesse : « M. Racine, qui a introduit des chœurs

De cette passion la sensible peinture
Est pour aller au cœur la route la plus sûre [1].
Peignez donc, j'y consens, les héros amoureux ;
Mais ne m'en formez pas des bergers doucereux [2] :
Qu'Achille aime autrement que Thyrsis et Philène [3],
N'allez pas d'un Cyrus nous faire un Artamène [4] ;
Et que l'amour, souvent de remords combattu,

dans *Athalie* et dans *Esther*, s'y est pris avec plus de précaution que les Grecs : il ne les a guère fait paraître que dans les entr'actes, encore a-t-il bien de la peine à le faire avec la vraisemblance qu'exige toujours l'art du théâtre... Le chœur serait absolument déplacé dans *Bajazet*, dans *Mithridate*, dans *Britannicus*, et généralement dans toutes les pièces dont l'intrigue n'est fondée que sur les intérêts de quelques particuliers ; il ne peut convenir qu'à des pièces où il s'agit du salut de tout un peuple. » (Œuvres complètes de Voltaire, 18, t. I, p. 50 et s.)

1. C'est, en outre, la seule passion, ou à peu près, qui convienne à notre tragédie telle que l'ont faite les trois unités. Ce sentiment qui éclate et porte aux grands crimes comme aux grands dévouements a tout l'empire sur une scène où nos poèmes tragiques ne sont que des *crises*, suivant l'expression célèbre de Napoléon s'adressant à Gœthe, tandis que le drame allemand ou anglais n'est le plus souvent qu'une histoire.

2. Boileau fait allusion aux *Pastorales* qui eurent la vogue au théâtre de 1618 à 1636 et au delà encore. « L'*Astrée* d'Honoré d'Urfé était alors la lecture, la passion du grand monde ; le roman passa sur le théâtre... La vogue fut aux pastorales. L'*Aminte*, le *Pastor fido*, la *Diane*, furent les classiques du genre. On ne vit plus que Tircis et Céladons, on n'entendit plus qu'Idalies et Chloris. Ce ne fut partout que bergers au doux langage, que bergères épousées par des princes, miroirs magiques, amourettes contrariées et triomphantes, innocences accusées puis reconnues avec éclat, grands druides qui menacent d'immoler de jolies coupables et se contentant enfin de les marier. Le grand monde était doux et compatissant pour ces faiblesses de cœur ; il goûtait fort les dénouements heureux, il se plut à désarmer de son poignard la grave Melpomène. » (Demogeot, *Tableau de la Littérature française*, etc., p. 444.) — Théophile avait donné *Pirame* ; Racan, *Arténice* ; Coignée de Bourron, *Iris* ; Borée, *la Justice d'Amour* ; le sieur de la Croix, *la Climène* ; Pichon, *Rosiléon* ; Simon du Cros, *la Philis de Scire* ; un anonyme, *la Folie de Silène* ; Rayssèguier, *les Amours d'Astrée et de Céladon* ; Gombault, *Amaranthe* ; Mairet, *Chryséide et Arimand*, épisode tiré du III° volume de l'*Astrée*, et enfin *Silvie*, dont l'auteur osait dire en s'adressant à Corneille : « Ma *Silvie* et votre *Cid* ou celui de Guillen de Castro, comme il vous plaira, sont les deux pièces de théâtre dont les beautés fantastiques ont le plus abusé d'honnêtes gens... Il est encore vrai que le charme de ma *Silvie* a duré plus longtemps que celui du *Cid*. »

3. Philène est un personnage de la *Silvie* de Mairet ; c'est Thélame, prince de Sicile, qui prend tous les jours l'habit de berger pour vivre plus librement avec la bergère Sylvie, dont l'esprit ne le ravit pas moins que la beauté. Voici un échantillon de leur conversation :

PHILÈNE.
Beau sujet de mes feux et de mes infortunes.
Ce jour te soit plus doux et plus heureux qu'à moi !

SILVIE.
Injurieux berger qui toujours m'importunes,
Je te rends ton souhait et ne veux rien de toi.

PHILÈNE.
Comme avecque le temps toute chose se change,
De même ta rigueur un jour s'adoucira.

SILVIE.
Ce sera donc alors que d'une course étrange
Ce ruisseau révolté contre sa source ira.

4. Nom de Cyrus dans le roman de Mlle de Scudéry. (Voir le *Dialogue des Héros de roman*.)

Paraisse une faiblesse et non une vertu [1].

Des héros de roman fuyez les petitesses :
Toutefois aux grands cœurs donnez quelques faiblesses.
Achille déplairait, moins bouillant et moins prompt :
J'aime à lui voir verser des pleurs pour un affront [2].
A ces petits défauts marqués dans sa peinture,
L'esprit avec plaisir reconnaît la nature.
Qu'il soit sur ce modèle en vos écrits tracé :
Qu'Agamemnon soit fier, superbe, intéressé ;
Que pour ses dieux Énée ait un respect austère ;
Conservez à chacun son propre caractère.
Des siècles, des pays, étudiez les mœurs [3] :
Les climats font souvent les diverses humeurs.

Gardez donc de donner, ainsi que dans Clélie [4],
L'air ni l'esprit français à l'antique Italie ;
Et, sous des noms romains faisant notre portrait,
Peindre Caton galant et Brutus dameret [5].
Dans un roman frivole aisément tout s'excuse ;
C'est assez qu'en courant la fiction amuse ;
Trop de rigueur alors serait hors de saison :
Mais la scène demande une exacte raison ;
L'étroite bienséance y veut être gardée.

D'un nouveau personnage inventez-vous l'idée,
Qu'en tout avec soi-même il se montre d'accord,
Et qu'il soit jusqu'au bout tel qu'on l'a vu d'abord [6].

Souvent, sans y penser, un écrivain qui s'aime
Forme tous ses héros semblables à soi-même [7] :

---

1. Racine dit dans la préface de *Phèdre* : « Ce que je puis assurer, c'est que je n'ai point fait de pièce où la vertu soit plus mise en jour que dans celle-ci ; les moindres fautes y sont sévèrement punies : la seule pensée du crime y est regardée avec autant d'horreur que le crime même ; les faiblesses de l'amour y passent pour de vraies faiblesses ; les passions n'y sont présentées aux yeux que pour montrer tout le désordre dont elles sont cause ; et le vice y est peint partout avec des couleurs qui en font connaître et haïr la difformité. »
2. Cf. *Iliade*, chant 1er.
3. Imitation d'Horace, *Art poétique*, v. 119-123.
4. Roman de Mlle de Scudéry. (Voir le *Dialogue des héros de roman*.)
5. Voir le *Dialogue des Héros de roman*. — « *Peindre* pour *de peindre*; la suppression de l'article *de* rend ce vers plus rapide et plus poétique. (Le Brun.) — Tout en avouant que la répétition de *l'article* aurait été sans grâce, M. Daunou dit que la phrase avait besoin d'être mieux construite. (Berriat-Saint-Prix.) On remarquera que *de* est une préposition et non pas un *article*. — Junius Brutus, d'après le roman de Mlle de Scudéry, était doux, civil, complaisant, agréable ; il avait l'esprit galant, adroit, délicat et admirablement bien tourné. (IIe part., p. 197.) De plus, dit-on, il connaît si parfaitement toutes les délicatesses de l'amour... qu'il n'y a pas un galant en Grèce ni en Afrique qui sache mieux que lui l'art de conquérir un illustre cœur. » Page 161. (Saint-Marc.)
6. Imitation d'Horace, *Art poétique*, v. 125-127.
7. C'était l'usage du xviie siècle d'employer ainsi ce pronom en suivant l'ana-

Tout a l'humeur gasconne en un auteur gascon ;
Calprenède et Juba parlent du même ton [1].
    La nature est en nous plus diverse et plus sage [2] ;
Chaque passion parle un différent langage :
La colère est superbe et veut des mots altiers ;
L'abattement s'explique en des termes moins fiers [3].
    Que devant Troie en flamme Hécube désolée
Ne vienne pas pousser une plainte ampoulée,
Ni sans raison décrire en quel affreux pays
« Par sept bouches l'Euxin reçoit le Tanaïs [4] ».
Tous ces pompeux amas d'expressions frivoles
Sont d'un déclamateur amoureux des paroles [5].

logie de la construction latine ; plus tard, la grammaire a demandé que l'on mît *lui-même* dans ce cas et dans les autres semblables.

1. Héros de la *Cléopâtre* (de La Calprenède). (BOILEAU, 1713.) — Gaultier de Costes de la Calprenède, chevalier, sieur de Toulgou, Saint-Jean, Vatimény, etc., gentilhomme ordinaire de la chambre du roi ; né au château de Toulgou, près Sarlat (Dordogne), mort au Grand-Andely en octobre 1663. On a de lui : la *Mort de Mithridate*, *Édouard*, la *Bradamante*, la *Clarionte*, le *Comte d'Essex*, la *Mort des enfants d'Hérode*, tragédies ; *Cassandre*, *Faramond*, *Cléopâtre*, romans. (M. CHÉRON.) — Voici comment Mme de Sévigné parle de la *Cléopâtre* de cet auteur : « Je reviens à nos lectures, et sans préjudice de *Cléopâtre* que j'ai gagé d'achever : vous savez comme je soutiens mes gageures. Je songe quelquefois d'où vient la folie que j'ai pour ces sottises-là ; j'ai peine à le comprendre. Vous vous souvenez peut-être assez de moi pour savoir que je suis assez blessée des méchants styles ; j'ai quelque lumière pour les bons, et personne n'est plus touchée que moi des charmes de l'éloquence. Le style de la Calprenède est maudit en mille endroits : de grandes périodes de roman, de méchants mots, je sens tout cela. J'écrivis l'autre jour une lettre à mon fils de ce style, qui était fort plaisante. Je trouve donc qu'il est détestable, et je ne laisse pas de m'y prendre comme à de la glu. La beauté des sentiments, la violence des passions, la grandeur des événements et le succès miraculeux de leur redoutable épée, tout cela m'entraîne comme une petite fille : j'entre dans leurs affaires ; et si je n'avais M. de la Rochefoucauld et M. d'Hacqueville pour me consoler, je me pendrais de trouver encore en moi cette faiblesse. » (Lettre à Mme de Grignan, 12 juillet 1671. Voir encore la lettre du 15 juillet 1671, et celle du 9 août de la même année, t. II, éd. Hachette.)

2. Imitation d'Horace, *Art poétique*, v. 105-109.

3. « Quelques grammairiens soutiennent qu'on doit faire sentir l'*r* dans *altiers*, et ils s'appuient sur ces deux vers de Boileau : La colère est superbe, etc., etc. Mais d'autres leur répliquent par ces deux vers du même auteur :

    Ce perruquier superbe est l'effroi du quartier,
    Et son courage est peint sur son visage altier.
                      (*Lutrin*, ch. I, v. 223.)

« La vérité est que la rime d'*altier* et de *fier* n'est plus qu'une rime pour les yeux, et doit être bannie aujourd'hui ; mais autrefois elle était exacte ; Chifflet (*Gramm.*, p. 188) note que *altier* se prononce comme *enfer*, *hiver*. Mais alors il ne rimait pas avec *quartier*. » (É. LITTRÉ. *Diction. de la langue française*.) Racine use de la même liberté dans ces vers :

    Attaquons dans leurs murs ces conquérants si fiers ;
    Qu'ils tremblent à leur tour pour leurs propres foyers.
                      (*Mithr.*, II, 1.)

4. Sénèque le Tragique. (BOILEAU, 1713.) Boileau désigne un passage de la *Troade*.

5. Quoique Boileau ne nomme pas ici Corneille, on peut croire qu'il pensait à lui, car après avoir cité le *qu'il mourût* de ce poète, il ajoute : « Ce sont là de

Il faut dans la douleur que vous vous abaissiez[1].
Pour me tirer des pleurs, il faut que vous pleuriez.
Ces grands mots dont alors l'acteur emplit sa bouche
Ne partent point d'un cœur que sa misère touche[2].

Le théâtre, fertile en censeurs pointilleux[3],
Chez nous pour se produire est un champ périlleux.
Un auteur n'y fait pas de faciles conquêtes ;
Il trouve à le siffler des bouches toujours prêtes.
Chacun le peut traiter de fat et d'ignorant[4] ;
C'est un droit qu'à la porte on achète en entrant[5].
Il faut qu'en cent façons, pour plaire, il se replie ;
Que tantôt il s'élève, et tantôt s'humilie,
Qu'en nobles sentiments il soit partout fécond ;
Qu'il soit aisé, solide, agréable, profond ;
Que de traits surprenants sans cesse il nous réveille ;
Qu'il coure dans ses vers de merveille en merveille[6] ;
Et que tout ce qu'il dit, facile à retenir,
De son ouvrage en nous laisse un long souvenir.
Ainsi la Tragédie agit, marche, et s'explique[7].

ces choses que Longin appelle sublimes, et qu'il aurait beaucoup plus admirées dans Corneille, s'il avait vécu du temps de Corneille, que ces grands mots dont Ptolémée remplit sa bouche au commencement de la *Mort de Pompée*, pour exagérer les vaines circonstances d'une déroute qu'il n'a point vue. » (Préface du *Traité du sublime*.)

1. Imitation d'Horace, *Art poétique*, v. 95-98. *Art poétique*, v. 102-103.
2. *Misère*, dans le sens d'état malheureux, est du beau style :

Hécube près d'Ulysse acheva sa misère.
(RACINE, *Andr.*, I, II.)

Les amis de mon père
Sont autant d'inconnus que glace ma misère.
(RACINE, *Brit.*, I, IV.)

Peut-être je devrais, plus humble en ma misère.
(RACINE, *Mithr.*, I, II.)

3. *Pointilleux*, qui aime à pointiller (disputer, contrarier pour des riens), contester.

Et le mien et le tien, deux frères pointilleux.
(BOILEAU, sat. XI.)

4. « Ce mot de *fat*, appliqué à un auteur, est infâme et bas. » (DESMARETS.) Ce mot de fat est juste ; il désigne un auteur qui est à la fois sans jugement et plein de complaisance pour lui-même. — « Un fat, dit La Bruyère, est celui que les sots croient un homme de mérite. Le fat est entre l'impertinent et le sot, il est composé de l'un et de l'autre. »

5. Voir la satire IX :

Un clerc pour quinze sous, sans craindre le holà,
Peut aller au parterre attaquer Attila ;
Et si le roi des Huns ne lui charme l'oreille,
Traiter de Visigoths tous les vers de Corneille.

6. Nous signalerons encore ici les vers d'Horace sur les talents variés d'un poète dramatique. (Lib. II, ép. 1, v. 211.)

7. *S'explique* dans le sens du latin *explicat*, se développe, se déroule. Du reste rien de plus juste que ces trois verbes appliqués à l'action dramatique, qu s'avance à travers les obstacles et les péripéties.

D'un air plus grand encor la poésie épique [1],
Dans le vaste récit d'une longue action [2],
Se soutient par la fable et vit de fiction [3].
Là pour nous enchanter tout est mis en usage.

1. « D'un air plus grand encore, etc. » Cette transition ressemble beaucoup à celle-ci du chant II, vers 38 :
> D'un ton un peu plus haut, mais pourtant sans audace,
> La plaintive élégie, etc.

Elle ne diffère pas beaucoup de cette autre du même chant, vers 58 :
> L'ode avec plus d'éclat et non moins d'énergie, etc.

« C'est un des défauts de notre auteur d'avoir trop souvent employé les mêmes tours, ou du moins des tours qui se ressemblent. » (SAINT-MARC.) « Boileau procède volontiers par couplets... il est un poète de verve courte et saccadée, non continue... il ne rejoint pas toujours très exactement ces morceaux successifs, ni par d'assez habiles soudures. » (SAINTE-BEUVE, Port-Royal, V.)

2. Boileau définit avec justesse en deux mots le caractère du poème épique, ou épopée : « C'est, dit l'Académie, une grande composition en vers où le poète raconte quelque action héroïque, qu'il embellit d'épisodes, de fictions et d'ornements merveilleux. » Aristote demande pour cette composition une seule action entière, parfaite, ayant un commencement, un milieu, une fin ; ce doit être un organisme entier qui doit procurer un plaisir qui lui est propre. (ARIST., Poétiq., ch. XXIII.) Il faut remarquer que le poème épique n'est pas une de ces œuvres qui peuvent se produire en tout temps. « La faculté qu'on nomme épique est moins le privilège d'un peuple que celui d'une génération dans la vie d'un grand peuple. Il faut, pour que cette faculté se développe, des conditions historiques auxquelles le génie ne peut pas suppléer par lui seul. L'épopée véritable naît d'un travail où l'imagination populaire a autant de part que le génie d'un écrivain qui la rédige... » (E. EGGER, l'Hellénisme en France, t. II, p. 192.) — Il y a des épopées naturelles, celles d'Homère par exemple ; il y en a d'artificielles, celle de Virgile en est le chef-d'œuvre. « L'Iliade n'est pas une machine que l'on décompose pièce à pièce pour en étudier les rouages et en reproduire patiemment le mécanisme ; c'est une œuvre vivante, que l'on voit naître, se développer, s'embellir d'une immortelle poésie sous le souffle du génie grec, en présence des plus brillants spectacles de la nature... L'invention épique n'est pas une œuvre de calcul ni de réflexion qu'on puisse ramener à des recettes, à des procédés d'une sûre application. Elle rentre dans l'ordre des choses naturelles où le génie de tout un peuple a autant de part que la raison savante d'un poète privilégié. » (EGGER, ibid., p. 192.) C'est ce que ne comprirent pas, au XVIIe siècle, les poètes qui entreprirent de donner à la France un poème épique : Saint-Amant avec son idylle héroïque de Moïse sauvé (1653), Georges Scudéry avec son Alaric (1654), Chapelain avec sa Pucelle d'Orléans (1656), Desmarets de Saint-Sorlin avec son Charlemagne (1664), Carel de Sainte-Garde avec son Childebrand (1666).

3. La fable et la fiction constituent dans le poème épique ce qu'on appelle le merveilleux. « C'est, dit Delille, le merveilleux qui met à la disposition du poète tous les lieux, tous les événements, tous les hommes, le ciel, la terre et les enfers : lui seul peut satisfaire ce besoin que nous avons de choses extraordinaires : lui seul peut, au gré du poète, retarder, précipiter, prolonger l'action épique... » Préface de l'Enéide traduite en vers.

Vauquelin de la Fresnaye dépeint aussi la richesse et l'ampleur du poème épique :

> C'est un tableau du monde, un miroir qui rapporte
> Les gestes des mortels en différente sorte.
> On y voit peint au vray le gendarme vaillant,
> Le sage capitaine une ville assaillant...
> Les astres on y voit et la terre deserite,
> L'Océan merveilleux quand Aquilon l'irrite :
> Les amours, les duels, les superbes dédains...
> Les enfers ténébreux, les secrètes magies,
> Les augures par qui les citez sont régies,
> Les fleuves serpentans, bruyants en leurs canaux, etc.

Tout prend un corps, une âme, un esprit, un visage.
Chaque vertu devient une divinité :
Minerve est la prudence, et Vénus la beauté,
Ce n'est plus la vapeur qui produit le tonnerre ;
C'est Jupiter armé pour effrayer la terre ;
Un orage terrible aux yeux des matelots,
C'est Neptune en courroux qui gourmande les flots ;
Écho n'est plus un son qui dans l'air retentisse [1],
C'est une nymphe en pleurs qui se plaint de Narcisse [2].
Ainsi, dans cet amas de nobles fictions [3],
Le poète s'égaye en mille inventions,
Orne, élève, embellit, agrandit toutes choses,
Et trouve sous sa main des fleurs toujours écloses.
Qu'Énée et ses vaisseaux, par le vent écartés,
Soient aux bords africains d'un orage emportés ;
Ce n'est qu'une aventure ordinaire et commune,
Qu'un coup peu surprenant des traits de la fortune.
Mais que Junon, constante en son aversion [4],
Poursuive sur les flots les restes d'Ilion ;

---

1. La nymphe Echo, rebutée par Narcisse, se cacha dans les bois. — Narcisse, amoureux de sa propre beauté, se noya dans la source où il en voyait l'image.

2.
  Savante antiquité, beauté toujours nouvelle,
   Monuments de génie, heureuses fictions,
    Environnez-moi des rayons
    De votre lumière immortelle ;
  Vous savez animer l'air, la terre et les mers ;
    Vous embellissez l'univers.
  Cet arbre à tête longue, aux rameaux toujours verts,
   C'est Atys aimé de Cybèle...
    (VOLTAIRE, *Apologie de la Fable.*)

3. Mais ce don heureux de créer ces inventions charmantes résulte d'un état psychologique et moral qui n'est que le privilège des premiers hommes. A cette époque éloignée le *symbole* ne paraît point, c'est la divinisation de la nature physique. Ces inventions sont le reflet de ce qu'a inspiré de bonne heure à l'homme le spectacle de la nature ; c'est le produit direct du génie poétique et anthropomorphique qui personnifie tous les objets, tous les phénomènes, et est la forme nécessaire et constante de l'imagination à son éveil. La puissance cachée et mystérieuse qui dirige la nature, l'entretient et vit en elle, voilà ce que l'homme primitif adore. Il invoque et glorifie tous les phénomènes dont le retour et la succession constituent le monde. « Il rend à ces forces latentes un culte de reconnaissance et d'amour, de respect et de crainte ; il les appelle des *dieux* et dans son langage figuré il les transforme en êtres pareils à ceux qu'il voit, qu'il sent, qu'il entend, qu'il touche, mais en leur attribuant une puissance infiniment supérieure. » (M. MAURY, *Croyances et légendes de l'antiquité*, p. 87.)
— Plus tard ces conceptions deviennent complexes, multiples et variées, l'état de foi et de simplicité naïve qui les a produites cesse, et ces idées ne sont plus que des machines et des ressorts poétiques usés par un emploi indiscret. C'est de la mythologie prise à cet âge qu'on peut dire, avec Chateaubriand, qu'elle ôtait à la création sa gravité, sa grandeur et sa solitude. Prise d'une manière générale, cette opinion serait légère et absolument fausse. (Voir *Génie du christianisme*, 11ᵉ partie. — *Poétique du christianisme*.)

4. Allusion au 1ᵉʳ livre de l'*Énéide*.

Qu'Éole, en sa faveur, les chassant d'Italie[1],
Ouvre aux vents mutinés les prisons d'Éolie :
Que Neptune en courroux, s'élevant sur la mer,
D'un mot calme les flots, mette la paix dans l'air,
Délivre les vaisseaux, des syrtes les arrache[2] ;
C'est là ce qui surprend, frappe, saisit, attache.
Sans tous ces ornements le vers tombe en langueur,
La poésie est morte, ou rampe sans vigueur ;
Le poète n'est plus qu'un orateur timide,
Qu'un froid historien d'une fable insipide.

C'est donc bien vainement que nos auteurs déçus[3],
Bannissant de leurs vers ces ornements reçus,
Pensent faire agir Dieu, ses saints et ses prophètes,
Comme ces dieux éclos du cerveau des poètes ;
Mettent à chaque pas le lecteur en enfer ;
N'offrent rien qu'Astaroth, Belzébuth, Lucifer.
De la foi d'un chrétien les mystères terribles[4]
D'ornements égayés ne sont point susceptibles :
L'Évangile à l'esprit n'offre de tous côtés
Que pénitence à faire, et tourments mérités ;
Et de vos fictions le mélange coupable

---

1. Allusion au 1er livre de l'*Enéide*, vers 50.
2. Vers 76, 79, *Enéide*, liv. 1, v. 125-126, 142-146.
3. L'auteur avait en vue Saint-Sorlin Desmarets, qui a écrit contre la Fable. (BOILEAU, 1713.) — Il publia : 1° la *Comparaison de la langue et de la poésie française avec la grecque et la latine*, etc., 1670 ; 2° un discours pour prouver que les sujets chrétiens sont les seuls propres à la poésie héroïque, en tête du poème de *Clovis ou la France chrétienne*, dans l'édition de 1673 ; 3° la *Défense du poème héroïque*, avec quelques remarques sur les œuvres satiriques du sieur Despréaux, dialogue en vers et en prose, 1674 ; 4° la *Défense de la poésie et de la langue française* avec des vers dithyrambiques sur le même sujet à M. Perrault, 1675. (S.-SURIN.)
4. Voir dans le *Génie du christianisme* les chapitres que Chateaubriand a consacrés à l'examen de cette question ; voici comment il termine ces études : « D'après ces considérations sur l'usage du merveilleux chrétien dans la poésie, on peut du moins douter que le merveilleux du paganisme ait sur le premier un avantage aussi grand qu'on l'a généralement supposé. On oppose toujours Milton, avec ses défauts, à Homère avec ses beautés : mais supposons que le chantre d'*Éden* fût né en France, sous le siècle de Louis XIV, et qu'à la grandeur naturelle de son génie il eût joint le goût de Racine et de Boileau ; nous demandons quel fût devenu alors le *Paradis perdu*, et si le *merveilleux* de ce poème n'eût pas égalé celui de l'*Iliade* et de l'*Odyssée*... Au reste, nous pouvons nous dispenser de faire lutter le christianisme avec la mythologie, sous le seul rapport du merveilleux... Fût-il certain, comme il est douteux, que le christianisme ne pût fournir un *merveilleux* aussi riche que celui de la fable, encore est-il vrai qu'il y a une certaine poésie de l'âme, une sorte d'imagination du cœur, dont on ne trouve aucune trace dans la mythologie. Or les beautés touchantes qui émanent de cette source feraient seules une ample compensation pour les ingénieux mensonges de l'antiquité. Tout est machine et ressort, tout est extérieur, tout est fait pour les yeux dans les tableaux du paganisme ; tout est sentiment et pensée, tout est intérieur, tout est créé pour l'âme dans les peintures de la religion chrétienne. » (Voir sur cette même question Marmontel, *Éléments de littérature*. — *Merveilleux*.)

Même à ses vérités donne l'air de la fable[1].
Et quel objet enfin à présenter aux yeux
Que le diable toujours hurlant contre les cieux[2],
Qui de votre héros veut rabaisser la gloire,
Et souvent avec Dieu balance la victoire[3] !
Le Tasse, dira-t-on, l'a fait avec succès[4].

1. « Si la gravité du christianisme ne peut descendre jusqu'aux jeux de la mythologie, celle-ci, au contraire, prenant toutes les formes du génie poétique dont elle est la fille, peut imiter les effets majestueux du christianisme... L'Elysée, par exemple, tel qu'il est peint dans le *Télémaque*, n'appartient point au système du paganisme, mais à celui d'une religion qui n'admet qu'une joie sainte et des voluptés pures comme elle... Longtemps après Homère, Apulée raconte la fable de Psyché ; soudain Vénus a une rivale, et l'Olympe une déesse de plus. On sent que de telles licences sont interdites dans une religion où tout doit inspirer le respect et combattre les sens, où les faits et la doctrine sont immuables comme la vérité. » (De Fontanes, *Mercure de France*, fructidor an X, septembre 1802, p. 594-603.)

2. Voyez le Tasse. (Boileau, 1713.)

3. « Avant le poète anglais (Milton), le Dante et le Tasse avaient peint le monarque de l'enfer. L'imagination du Dante, épuisée par neuf cercles de torture, n'a fait de Satan enclavé au centre de la terre qu'un monstre odieux ; le Tasse, en lui donnant des cornes, l'a presque rendu ridicule. Entraîné par ces autorités, Milton a eu un moment le mauvais goût de mesurer son Satan, mais il le relève bientôt d'une manière sublime. Ecoutez le prince des ténèbres s'écrier du haut de la montagne de feu, d'où il contemple pour la première fois son empire : « Adieu, champs fortunés qu'habitent les joies éternelles. Horreurs, je vous salue ! je vous salue, monde infernal ! Abîme, reçois ton nouveau monarque. Il t'apporte un esprit que ni temps ni lieux ne changeront jamais... Du moins ici nous serons libres ; ici nous régnerons : régner, même aux enfers, est digne de mon ambition. » (*Génie du christianisme*, t. II, p. 282.) — Voltaire dit dans son étude sur le Tasse : « Il a eu l'inadvertance de donner aux mauvais esprits les noms de Pluton et d'Alecton, et d'avoir confondu les idées païennes avec les idées chrétiennes. Il est vrai que Pluton, Proserpine, Rhadamante, Tisiphone, sont des noms plus agréables que Belzébuth et Astaroth ; nous rions du mot de *diable*, nous respectons celui de *furie*. Voilà ce que c'est que d'avoir le mérite de l'antiquité ; il n'y a pas jusqu'à l'enfer qui n'y gagne. » (*Poésies*, t. I.)

4. Le Tasse naquit à Sorento, le 11 mars 1544. A l'âge de dix-sept ans il composa son poème de *Renaud*, qui fut comme le précurseur de sa *Jérusalem*. A vingt-deux ans, il commença ce poème ; il le donna tout entier au public à l'âge de trente ans. Il a choisi pour sujet l'événement le plus épique de nos temps modernes. Suivant l'abbé d'Olivet, Boileau, près de mourir, maintenait encore son jugement sur le *clinquant du Tasse opposé à tout l'or de Virgile*. Tout en lui reconnaissant un génie sublime, étendu, heureusement né à la poésie, et à la grande poésie, il le blâmait de n'avoir pas assez écouté le bon sens, d'avoir surchargé ses descriptions d'ornements superflus, de mêler souvent des traits d'esprit à la peinture des passions, de rechercher des images trop fleuries, des tours affectés, des pointes et des pensées frivoles... Toutes ces critiques, qui peuvent être justes dans les détails, n'empêchent pas ce poème d'être une œuvre vraiment épique. Voltaire dit avec une autre exagération « qu'on ne fait nulle difficulté de le mettre à côté de Virgile et d'Homère malgré ses fautes, et malgré la critique de Despréaux. » On peut approuver ce jugement, mais on trouve que l'auteur de la *Henriade* va trop loin quand il dit : « que ce poète a autant de feu qu'Homère, que ses caractères sont mieux annoncés, plus fortement décrits et mieux soutenus. » Après cela Voltaire avoue qu'on trouve dans la *Jérusalem* environ deux cents vers où l'auteur se livre à des jeux de mots et à des *concetti* puérils ; il blâme, dans l'épisode d'Armide, des excès d'imagination qui, assurément, ne seraient pas admis en France ni en Angleterre. « Dix princes chrétiens, ajoute-t-il, métamorphosés en poissons, et un perroquet chantant des chansons de sa propre composition, sont des fables bien étranges aux yeux d'un lecteur sensé, accoutumé à n'approuver que ce qui est naturel. »

Je ne veux point ici lui faire son procès :
Mais, quoi que notre siècle à sa gloire publie,
Il n'eût point de son livre illustré l'Italie,
Si son sage héros, toujours en oraison,
N'eût fait que mettre enfin Satan à la raison,
Et si Renaud, Argant, Tancrède et sa maîtresse
N'eussent de son sujet égayé la tristesse.
  Ce n'est pas que j'approuve, en un sujet chrétien,
Un auteur follement idolâtre et païen [1].
Mais, dans une profane et riante peinture,
De n'oser de la fable employer la figure,
De chasser les Tritons de l'empire des eaux,
D'ôter à Pan sa flûte, aux Parques leurs ciseaux,
D'empêcher que Caron, dans la fatale barque,
Ainsi que le berger ne passe le monarque :
C'est d'un scrupule vain s'alarmer sottement,
Et vouloir aux lecteurs plaire sans agrément.
Bientôt ils défendront de peindre la Prudence,
De donner à Thémis ni bandeau ni balance,
De figurer aux yeux la Guerre au front d'airain,
Ou le Temps qui s'enfuit une horloge à la main [2] ;

1. Voyez l'Arioste. (BOILEAU, 1713.) — Saint-Marc fait observer avec raison qu'il eût mieux valu renvoyer au poème de Sannazar, *De partu Virginis*. Il aurait pu, s'il les avait connues, y ajouter les *Lusiades* de Camoëns (1569). Le poète imagine de faire sortir une île de la mer pour le rafraîchissement de Gama et de sa flotte. « C'est là que Vénus, aidée des conseils du Père éternel, et secondée en même temps des flèches de Cupidon, rend les Néréides amoureuses des Portugais. Dans une tempête, Gama adresse ses prières à Jésus-Christ, et c'est Vénus qui vient à son secours. Il semble tout naturel au poète que Bacchus et la Vierge Marie se trouvent ensemble. »

2. « L'*horloge*, qui, au grand amusement de Voltaire, désigne au Brutus de Shakespeare l'heure où il doit frapper César, cette *horloge*, qui existait, comme on voit, bien avant qu'il y eût des horlogers, se trouve, au milieu d'une brillante description mythologique, placée par Boileau à la main du Temps. Le canon dont Calderon arme les soldats d'Héraclius, et Milton les archanges des ténèbres, est tiré, dans l'*Ode sur Namur*, par *dix mille vaillants Alcides qui en font pétiller les remparts*. Et certes, puisque les *Alcides* du législateur du Parnasse tirent du canon, le *Satan* de Milton peut à toute force considérer cet anachronisme comme de bonne guerre. Si dans un siècle littéraire encore barbare le père Lemoyne, auteur d'un poème de *Saint-Louis*, fait sonner les *Vêpres siciliennes par les cors des noires Euménides*, un âge éclairé nous montre J.-B. Rousseau envoyant (dans son *Ode au comte de Luc*, dont le mouvement lyrique est fort remarquable) *un prophète fidèle jusque chez les dieux interroger le sort ;* et, en trouvant fort ridicules les Néréides dont Camoëns obsède les compagnons de Gama, on désirerait, dans le célèbre *Passage du Rhin* de Boileau, voir autre chose que des *Naïades craintives* fuir devant Louis, par la grâce de Dieu, roi de France et de Navarre, accompagné de ses maréchaux de camp et armées. » (VICTOR HUGO, *Odes et ballades*, préface de 1824.) — Sur le mot *horloge*, on peut répondre qu'il ne désigne pas seulement un cadran marquant les heures au moyen d'un pendule et d'un contre-poids, mais toute sorte d'instruments servant à mesurer le temps. La clepsydre était une horloge ; le *sablier* qu'on met dans la main du Temps n'est rien autre chose qu'une horloge. On disait du cadran solaire : *horloge au soleil* ; on disait *horloge de sable, horloge d'eau*.

Et partout des discours, comme une idolâtrie,
Dans leur faux zèle, iront chasser l'allégorie.
Laissons-les s'applaudir de leur pieuse erreur [1];
Mais, pour nous, bannissons une vaine terreur.
Et, fabuleux chrétiens, n'allons point dans nos songes
Du Dieu de vérité faire un dieu de mensonges.

    La fable offre à l'esprit mille agréments divers :
Là tous les noms heureux semblent nés pour les vers,
Ulysse, Agamemnon, Oreste, Idoménée,
Hélène, Ménélas, Pâris, Hector, Énée.
O le plaisant projet d'un poète ignorant,
Qui de tant de héros va choisir Childebrand [2] !
D'un seul nom quelquefois le son dur ou bizarre
Rend un poème entier ou burlesque ou barbare.

1. Sur ce point, comme sur quelques autres, Bossuet (*Lettre à Santeuil*, du 15 d'avril 1697) s'est déclaré contre Despréaux, et a déterminé d'autres théologiens à réprouver les Tritons, Pan, les Parques et Thémis ; mais Racine fils, l'auteur des poèmes de la *Religion* et de la *Grâce*, a été moins scrupuleux, et, à notre avis, plus raisonnable. (Daunou.) — Bossuet, dans la lettre dont parle Daunou, laisse entrevoir l'espérance qu'il a de convertir l'auteur de l'*Art poétique*. « Je m'en vais, dit-il, préparer les voies à notre illustre Boileau. » — Voici ce que disaient les vers latins de Santeuil, ils ont été traduits par Corneille (1670) :

    Otez à Pan sa flûte, adieu les pâturages ;
    Otez Pomone et Flore, adieu les jardinages :
    Des roses et des lis le plus superbe éclat
    Sans la fable en nos vers n'aura rien que de plat.
    . . . .
    Qu'ont la terre et la mer, si l'on n'ose décrire
    Ce qu'il faut de tritons à pousser un navire,
    Cet empire qu'Éole a sur les tourbillons,
    Bacchus sur les coteaux, Cérès sur les sillons ?
    Tous ces vieux ornements, traitez-les d'antiquailles :
    Moi, si je peins jamais Saint-Germain et Versailles,
    Les nymphes, malgré vous, danseront tout autour...

2. Héros des *Sarrasins chassés de France*, poème en seize livres, par Carel de Sainte-Garde, qui en publia quatre en 1667, et à qui son emploi, dit-il, fit suspendre la publication des autres. (B.-S.-P.) — Dans la *Défense des beaux esprits*, Carel de Sainte-Garde répond ainsi à Boileau : « En quoi trouvez-vous le nom de Childebrand si rude ? Est-ce à cause du *ch* ? Le nom d'Achille, que vous trouvez si agréable, a la même incommodité. Est-ce à cause de ce qu'il signifie ? Il signifie en allemand, que l'on parlait en ce temps-là en la cour de France, *Bouclier de feu*. Peut-on rien imaginer de plus haut ni de plus propre pour un guerrier, qui soutient l'effort des ennemis, et qui, en les soutenant, les consume ? Qu'est-ce donc que vous demandez ? C'est un nom obscur, me direz-vous. Et quand cela serait ?... Avec cela, qui est-ce qui vous a dit que Childebrand est obscur ? Nous n'avons point d'historiens qui ne l'aient publié. — De Serres, Dupleix et le sieur de Mézerai disent tous qu'il fut envoyé par Charles Martel, son frère, au-devant des Sarrazins qui ravageaient la Guyenne. Il n'y a que le savant satirique qui ne le connaisse pas, et à qui son nom déplaise ; j'en suis bien fâché... Après tout, qui a jamais nommé pour cela le poème du sieur de Sainte-Garde ni burlesque, ni barbare ? M. le marquis d'Angeau, qui en vit une partie lorsqu'il vint à Madrid, ne se choqua point du nom du héros et témoigna de l'admiration pour les vers. Les quatre livres imprimés ont reçu l'approbation universelle de tous les habiles gens qui les ont vus... Mais, mon petit maître, qui est-ce qui en pourrait dire plus de nouvelles que vous ? N'en avez-vous pas fait une lecture si attachée, que vous en prenez même des vers tout entiers ? » (Pages 36-37. — S.-Surin.)

Voulez-vous longtemps plaire, et jamais ne lasser ?
Faites choix d'un héros propre à m'intéresser,
En valeur éclatant, en vertus magnifique :
Qu'en lui, jusqu'aux défauts, tout se montre héroïque ;
Que ses faits surprenants soient dignes d'être ouïs[1] ;
Qu'il soit tel que César, Alexandre, ou Louis,
Non tel que Polynice et son perfide frère[2].
On s'ennuie aux exploits d'un conquérant vulgaire.
N'offrez point un sujet d'incidents trop chargé[3].
Le seul courroux d'Achille, avec art ménagé[4],
Remplit abondamment une Iliade entière :
Souvent trop d'abondance appauvrit la matière.

Soyez vif et pressé dans vos narrations ;
Soyez riche et pompeux dans vos descriptions.
C'est là qu'il faut des vers étaler l'élégance[5].
N'y présentez jamais de basse circonstance.
N'imitez pas ce fou[6] qui, décrivant les mers
Et peignant au milieu de leurs flots entr'ouverts
L'Hébreu sauvé du joug de ses injustes maîtres,
Met, pour les voir passer, les poissons aux fenêtres[7] ;
Peint le petit enfant qui « va, saute, revient,
« Et joyeux à sa mère offre un caillou qu'il tient[8]. »

---

1. « *D'être ouïs* n'est mis ici que pour rimer à Louis... On dit que les faits d'un héros sont dignes d'être racontés, célébrés, mais non pas d'être ouïs. » (DESMARETS, 98. — B.-S.-P.)

2. Polynice et Étéocle, frères ennemis, auteurs de la guerre de Thèbes. Voyez la *Thébaïde* de Stace. (BOILEAU, 1713.) — Stace était de Naples, il y naquit en 61 après Jésus-Christ. Il mourut en 96.

3. Ces *incidents* prennent le nom d'*épisodes*, ils diversifient le sujet et introduisent la variété dans l'unité d'action.

4. C'est ce qu'annonce le poète dès ses premiers vers.

5. De 1674 à 1685 on lisait :

   C'est là qu'il faut *du* vers étaler l'élégance.

6. Saint-Amant. (BOILEAU, 1713.)

7.   Les poissons ébahis les regardent passer.
                (*Moïse sauvé* de Saint-Amant. — BOILEAU, 1713.

Despréaux donne *les*, c'est une erreur ; il faut *le*, parce qu'il s'agit du *fidèle exercite*. — Voici le passage :

   Là, quelque juste effroy qui ses pas sollicite,
   S'oublie à chaque objet le fidèle *exercite* ;
   Et là près des remparts que l'œil peut transpercer,
   Les poissons esbahis le regardent passer.

Croirait-on que Perrault (*Parallèles*, III, 262 à 265) cherche à justifier ce vers si ridicule de Saint-Amant ?... (B.-S.-P.)

8. Voici les vers de Saint-Amant (dans *Moïse sauvé*) :

   Là l'enfant éveillé, courant sous la licence
   Que permet à son âge une libre innocence,
   Va, revient, tourne, saute ; et par maint cri joyeux,
   Témoignant le plaisir que reçoivent ses yeux,
   D'un étrange caillou qu'à ses pieds il rencontre,
   Fait au premier venu la précieuse montre ;
   Ramasse une coquille, et d'aise transporté,
   La présente à sa mère avec naïveté.

Sur de trop vains objets c'est arrêter la vue.
Donnez à votre ouvrage une juste étendue.
    Que le début soit simple et n'ait rien d'affecté.
N'allez pas dès l'abord, sur Pégase monté[1],
Crier à vos lecteurs, d'une voix de tonnerre :
« Je chante le vainqueur des vainqueurs de la terre[2]. »
Que produira l'auteur après tous ces grands cris ?
La montagne en travail enfante une souris[3].
Oh ! que j'aime bien mieux cet auteur plein d'adresse[4]
Qui, sans faire d'abord de si haute promesse,
Me dit d'un ton aisé, doux, simple, harmonieux[5] :
« Je chante les combats, et cet homme pieux
« Qui, des bords phrygiens conduit dans l'Ausonie,
« Le premier aborda les champs de Lavinie[6] ! »
Sa muse en arrivant ne met pas tout en feu,
Et pour donner beaucoup, ne nous promet que peu[7].

1. Imitation d'HORACE, *Art poétique*, v. 136-139.
2. *Alaric*, poème de Scudéri, l. I. (BOILEAU; 1713.) — « C'est une faute, dit le censeur... Ah! que la faute est belle, qui déplaît à un critique de sa force et qui ne déplaît point à Stace, à Lucain, à Silius Italicus, à Claudien, qui ont donné une entrée pompeuse à leurs poèmes héroïques ! » SAINTE-GARDE. — (B.-S.-P. Voici le début de ce poème :

> Je chante le vainqueur des vainqueurs de la terre
> Qui sur le Capitole osa porter la guerre,
> Et qui sut renverser, par l'effort de ses mains,
> Ce trône des Césars et l'orgueil des Romains,
> L'invincible Alaric, ce guerrier héroïque,
> Qui s'éloignant du Nord et de la mer Baltique
> Fit trembler l'Apennin au bruit de ses exploits,
> Fit gémir sous ses fers la maîtresse des rois,
> Vengea de mille affronts les peuples et les princes,
> Fit servir à leur tour les tyrans des provinces,
> Et qui sur l'Aventin plantant ses étendards,
> Triompha glorieux au noble Champ de Mars.

3. La Fontaine, *la Montagne qui accouche*, liv. V, fable x.
4. *Adresse*, habileté à s'y prendre soit dans les exercices du corps, soit dans les choses de l'intelligence.

> Certes, ma sœur, le conte est fait avec adresse.
>   (CORNEILLE, *Pompée*, I, III.)

> Le ciel punit ma faute et confond votre adresse.
>   (RACINE, *Bajazet*, II, v.)

Horace a traduit dans ces vers le début de l'*Odyssée*.
Vauquelin de la Fresnaye a fait de même :

> O combien mieux a dit d'Ulysse la trompette,
> Qui rien messéamment en ses œuvres ne traite !
> Muse, dis-moy celuy qui tant a voyagé
> Après Ilion pris et son mur saccagé :
> Pratiqué tant de mœurs et tant d'âmes diverses,
> Et tant souffert de maux dessus les ondes perses ?

5. Imitation d'HORACE, *Art poétique*, v. 140-142.
6. VIRGILE, *Énéide*, liv. I, v. 5-7.
Desmarets, Pradon et Sainte-Garde ont beaucoup blâmé cette traduction, ils y ont repris de la faiblesse, de la cacophonie, l'omission de certains mots du texte. Ces censeurs rigoureux auraient dû voir que Boileau ne prétend point à une traduction complète du texte, il lui suffit d'en rendre librement l'esprit et le tour.
7. Imitation d'HORACE, *Art poétique*, v. 143-144.

Bientôt vous la verrez, prodiguant les miracles,
Du destin des Latins prononcer les oracles,
De Styx et d'Achéron peindre les noirs torrents [1],
Et déjà les Césars dans l'Élysée errants [2].

De figures sans nombre égayez votre ouvrage [3] ;
Que tout y fasse aux yeux une riante image :
On peut être à la fois et pompeux et plaisant [4] :
Et je hais un sublime ennuyeux et pesant.
J'aime mieux Arioste [5] et ses fables comiques
Que ces auteurs toujours froids et mélancoliques,
Qui dans leur sombre humeur se croiraient faire affront
Si les Grâces jamais leur déridaient le front.

On dirait que pour plaire, instruit par la nature,
Homère ait à Vénus dérobé sa ceinture [6].
Son livre est d'agréments un fertile trésor :

1. « Dans une lettre que j'écrivis à M. Despréaux, le 31 décembre 1708, je lui demandai si ce vers ne serait pas plus régulier en mettant *du Styx, de l'Achéron*. Il me répondit le 7 de janvier : « Vous croyez que *du Styx, de l'Achéron peindre les noirs torrents*, serait mieux. Permettez-moi de vous dire que vous avez en cela l'oreille un peu prosaïque, et qu'un homme vraiment poëte ne me fera jamais cette difficulté, parce que *de Styx et d'Achéron* est beaucoup plus soutenu que *du Styx, de l'Achéron*. *Sur les bords fameux de Seine et de Loire* serait bien plus noble dans un vers que *sur les bords fameux de la Seine et de la Loire*. Mais ces agréments sont des mystères qu'Apollon n'enseigne qu'à ceux qui sont véritablement initiés dans son art, etc., etc. » (Brossette.)

2. Allusion à la fin du VIe livre de l'*Énéide* ; c'est la suite des héros romains qu'Anchise fait passer sous les yeux de son fils.

3. « Voilà la quatrième fois, dans un espace qui n'est pas, absolument parlant, bien considérable, que le verbe *égayer* se trouve employé. Notre auteur a déjà dit, vers 174, 200 et 216 :

> Le poète s'égaye en mille inventions,
> D'ornements égayés ne sont point susceptibles.
> N'eussent de son sujet égayé la tristesse...

« On n'aime point à trouver ces marques de stérilité dans un auteur de premier ordre. » (Saint-Marc.)

4. *Plaisant* est pris ici dans le sens de *placens*, qui plaît.

> Plaisant séjour des âmes affligées,
> Vieilles forêts de trois siècles âgées.
> (Racan, dans Lavaux.)

> C'est une chose, hélas ! si plaisante et si douce.
> (Molière, *École des femmes*.)

« Pourquoi Dieu vous a-t-il défendu ce qui est si plaisant et si flatteur ? » (Bossuet, *Élévat. à Dieu*, 18e élév. ; 22.) — En 1694 et en 1718, l'Académie conservait encore cette signification. Aujourd'hui, dit Littré, elle tombe en désuétude.

5. Né à Reggio, en 1474, il publia en 1516 son poème de *Roland furieux* (*Orlando furioso*). Ce sont les exploits des paladins de Charlemagne que le poëte italien raconte avec une légère et charmante ironie. Il a eu le mérite de créer des types qui seront immortels ; son poème a quarante chants.

6. *Iliade*, l. XIV, 214. (Boileau, 1173.) — Junon, pour assoupir un instant la vigilance de Jupiter et venir par ce moyen en aide aux Grecs qu'elle protège, emprunte à Vénus sa ceinture. Voir dans Quintilien, *Inst. orat.*, ch. x, l'éloge d'Homère.

Tout ce qu'il a touché se convertit en or[1].
Tout reçoit dans ses mains une nouvelle grâce ;
Partout il divertit et jamais il ne lasse [2].
Une heureuse chaleur anime ses discours :
Il ne s'égare point en de trop longs détours.
Sans garder dans ses vers un ordre méthodique,
Son sujet de soi-même et s'arrange et s'explique [3].
Tout, sans faire d'apprêts, s'y prépare aisément,
Chaque vers, chaque mot court à l'événement.
Aimez donc ses écrits, mais d'un amour sincère ;
C'est avoir profité que de savoir s'y plaire [4].

Un poème excellent, où tout marche et se suit,
N'est pas de ces travaux qu'un caprice produit :
Il veut du temps, des soins ; et ce pénible ouvrage
Jamais d'un écolier ne fut l'apprentissage.
Mais souvent parmi nous un poète sans art,
Qu'un beau feu quelquefois échauffa par hasard,
Enflant d'un vain orgueil son esprit chimérique,
Fièrement prend en main la trompette héroïque :
Sa muse déréglée, en ses vers vagabonds,
Ne s'élève jamais que par sauts et par bonds :
Et son feu, dépourvu de sens et de lecture,
S'éteint à chaque pas faute de nourriture [5] ;
Mais en vain le public, prompt à le mépriser,
De son mérite faux le veut désabuser ;
Lui-même, applaudissant à son maigre génie,

---

1. Imitation d'Ovide, *Métamorphoses*, XI, v. 102-103.
2. Je ne trouve qu'en vous je ne sais quelle grâce,
    Qui me charme toujours, et jamais ne me lasse.
    (Racine, *Esther*, acte II, scène VII.)

3. *S'explique*, c'est-à-dire *se développe*, comme plus haut :

    Ainsi la tragédie agit, marche et s'explique.

4. C'est ce que Quintilien dit de Cicéron. (Quintilien, *Inst. orat.*, l. X. c. 1.)
5. « Qu'est-ce qu'un feu qui n'a ni *sens* ni *lecture* ? demande Condillac (II, 130, liv. II, c. 1), et qui s'éteint à chaque pas ?... Pure chicane d'un prosateur rigoureux, dit François de Neufchâteau. On sent bien que l'auteur de l'*Art poétique* blâme ici l'écrivain paresseux, ignorant, qui peut avoir de la chaleur dans l'élocution (du feu), mais qui, n'ayant ni raisonné, ni lu, manque tout à la fois et de sens et de connaissances ; de manière qu'il reste au-dessous de tous ses sujets et que *son feu s'éteint faute de nourriture*. Voltaire a dit de même :

    L'âme est un feu qu'il faut nourrir
    Et qui s'éteint s'il n'augmente.
    (Voltaire.)

« Et dans les premières éditions du quatrième discours :

    Ce feu follet s'éteint faute de nourriture. »
    (B.-S. P.)

Se donne par ses mains l'encens qu'on lui dénie [1] :
Virgile, au prix de lui, n'a pas d'invention ;
Homère n'entend point la noble fiction [2].
Si contre cet arrêt le siècle se rebelle,
A la postérité d'abord il en appelle [3].
Mais attendant qu'ici le bon sens de retour
Ramène triomphants ses ouvrages au jour,
Leurs tas, au magasin, cachés à la lumière,
Combattent tristement les vers et la poussière.
Laissons-les donc entre eux s'escrimer en repos,
Et, sans nous égarer, suivons notre propos.
   Des succès fortunés du spectacle tragique [4]
Dans Athènes naquit la comédie antique.

---

1. Desmarets prenait pour lui toutes ces critiques, et les réfutait par les louanges qu'il se donnait à lui-même. Dans sa *Défense du Poëme héroïque*, Dorante, l'un des interloculeurs, après avoir fait l'énumération des ouvrages de Desmarets, demande « s'ils feront passer leur auteur pour *écolier*, pour poète *sans art*, pour *muse déréglée* et pour *maigre génie*, et pour *dépourvu de sens et de lecture* celui qui, par un traité auquel nul docte n'a pu répondre, a marqué tant de défauts d'Homère et de Virgile ; et si le poème de Clovis est caché à la lumière et rongé des vers, dont il a vu cinq diverses impressions de Paris, d'Avignon et de Hollande. »

2. Ce sont les propres jugements de Desmarets. Dans son ouvrage de la *Comparaison de la langue et de la poésie française avec la grecque et la latine*, le chapitre x a pour titre : *Des principaux défauts d'Homère*, et le chapitre xi : *Des principaux défauts de Virgile*. « Il disait que l'action de l'*Iliade* n'est point noble ni héroïque, qu'Homère est entièrement défectueux en son sujet ; qu'il est abondant en fictions entassées les unes sur les autres et mal réglées ; en épisodes ennuyeux, en narrations d'une longueur insupportable, et en discours souvent déraisonnables et hors de propos. A l'égard de Virgile, il osait soutenir que ce poète a peu d'invention ; qu'il a fait de grandes fautes dans la narration, dans les caractères, dans les sentiments, dans les comparaisons, qu'il a péché contre la vraisemblance, contre les bienséances, et contre le jugement. » (Brossette.)

3. Desmarets dit en propres termes :
    Car un siècle envieux juge sans équité ;
    Mais j'en appelle à toi, juste postérité.

4. Boileau traduit ici Horace : *La vieille comédie leur succéda*. C'est une erreur historique. La comédie et la tragédie sont nées à peu près en même temps chez les Grecs. Toutes les deux sont sorties du culte de Bacchus : l'une doit son origine aux chœurs dithyrambiques que les villes chantaient en l'honneur de ce dieu, l'autre au contraire naquit dans la campagne. Plusieurs villages ou bourgs de l'Attique se réunissaient pour chanter des chœurs, dans lesquels régnait la licence la plus effrénée. Les acteurs, traînés sur des chariots, se rendaient d'un village à l'autre ; à chaque station leur nombre s'accroissait et ils parcouraient la campagne jusqu'à ce que l'excès de la joie les forçât à chercher le repos. « On sait par quels degrés et par quels auteurs la tragédie s'est perfectionnée. Il n'en est pas de même de la comédie, parce qu'elle n'attira pas dans ses commencements la même attention. Ce fut même assez tard que l'archonte en donna le divertissement au peuple. C'étaient des acteurs volontaires qui n'étaient ni aux gages, ni aux ordres du gouvernement ; mais quand une fois elle a eu pris une certaine forme, elle a eu aussi ses auteurs qui sont renommés. On ne sait cependant ni qui est l'inventeur des masques et des prologues, ni qui a augmenté le nombre des acteurs, ni quelques autres détails ; mais on sait que ce fut Epicharme qui commença à y mettre une action (c'est donc à la Sicile qu'on doit cette partie) et que chez les Athéniens Cratès fut le

Là le Grec, né moqueur, par mille jeux plaisants,
Distilla le venin de ses traits médisants ;
Aux accès insolents d'une bouffonne joie,
La sagesse, l'esprit, l'honneur, furent en proie [1] ;
On vit par le public un poète avoué
S'enrichir aux dépens du mérite joué :
Et Socrate par lui, dans « un chœur de Nuées [2] »,
D'un vil amas de peuple attirer les huées.
Enfin de la licence on arrêta le cours [3] :
Le magistrat des lois emprunta le secours,
Et, rendant par édit les poètes plus sages,
Défendit de marquer les noms et les visages [4].
Le théâtre perdit son antique fureur ;
La comédie apprit à rire sans aigreur,
Sans fiel et sans venin sut instruire et reprendre [5],
Et plut innocemment dans les vers de Ménandre [6].
Chacun, peint avec art dans ce nouveau miroir,
S'y vit avec plaisir, ou crut ne s'y point voir :
L'avare, des premiers, rit du tableau fidèle

premier qui abandonna les actions personnelles, et qui traita les choses dans le général. (ARISTOTE, *Poétique*, ch. v.) Un des plus anciens comiques fut Susarion de Mégare ; entre la cinquantième et la cinquante-quatrième olympiade, il parcourait les campagnes de l'Attique accompagné d'un certain Dolon : un chariot leur tenait lieu de théâtre. Le grammairien Diomède cite avec Susarion Magnès. Cratès vécut au commencement du ve siècle avant Jésus-Christ.

1. « La comédie était, sous une forme fantastique, l'image ou, si l'on veut, la caricature de la vie publique des Athéniens, une répétition des scènes de la rue, de l'agora, quelque chose enfin de vif, de violent, de populacier ; un composé d'ordures, d'obscénités, de mensonges, de folies, de bon sens, de vérités, de peintures, souvent pleines de charme, de fraîcheur et de grâce ; un monstre sans doute, mais un monstre athénien, c'est-à-dire la beauté encore, quoique souillée et flétrie par d'impurs éléments. » (A. PIERRON, *Hist. de la littérature grecque*.)

2. Les *Nuées*, comédie d'Aristophane. (BOILEAU, 1713.) — La réputation de ce poète commença l'an 427 avant Jésus-Christ. Pour s'expliquer les attaques d'Aristophane contre Socrate il faut savoir que cet auteur était un adversaire de toute nouveauté, bonne ou mauvaise, en politique, en morale, en littérature. « C'est le plus aristocrate des poètes, malgré ses semblants de respect pour le peuple ; et le peuple est un des personnages dont il a le plus souvent et le plus heureusement persiflé les vices et les travers. » (A. PIERRON.)

3. Cette licence n'expira qu'avec la liberté publique. Lamachus, un des membres de ce gouvernement que les historiens ont flétri par la dénomination de *trente tyrans*, défendit, 404 ans avant Jésus-Christ, de traduire sur la scène des événements du temps, d'y nommer des personnes vivantes, et de faire usage de *parabases*. On appelait ainsi des passages où le chœur adressait la parole au peuple. Les poètes saisissaient cette occasion, soit pour s'expliquer sur ce qui les regardait personnellement, soit pour raisonner sur les affaires publiques. Alors parut la comédie moyenne.

4. De 1674 à 1678 : *les noms ni les visages*.

5. Imitation d'HORACE, *Art poétique*, v. 281-284.

6. Il ne reste de Ménandre que des fragments, et quelques traductions ou imitations dans les comiques latins ; il naquit à Céphisia, bourg de l'Attique, 342 avant l'ère vulgaire, et mourut vers 390. Cf. G. Guizot, *Ménandre, étude historique et littéraire sur la comédie et la société grecques*. Paris, 1855, in-12.

D'un avare souvent tracé sur son modèle ;
Et mille fois un fat, finement exprimé,
Méconnut le portrait sur lui-même formé.

Que la nature donc soit votre étude unique,
Auteurs qui prétendez aux honneurs du comique.
Quiconque voit bien l'homme, et d'un esprit profond,
De tant de cœurs cachés a pénétré le fond ;
Qui sait bien ce que c'est qu'un prodigue, un avare,
Un honnête homme, un fat, un jaloux, un bizarre,
Sur une scène heureuse il peut les étaler,
Et les faire à nos yeux vivre, agir et parler [1].
Présentez-en partout les images naïves [2] ;
Que chacun y soit peint des couleurs les plus vives.
La nature, féconde en bizarres portraits,
Dans chaque âme est marquée à de différents traits ;
Un geste la découvre, un rien la fait paraître :
Mais tout esprit n'a pas des yeux pour la connaître.
Le temps, qui change tout, change aussi nos humeurs :
Chaque âge a ses plaisirs, son esprit et ses mœurs [3].
Un jeune homme, toujours bouillant dans ses caprices,
Est prompt à recevoir l'impression des vices :
Est vain dans ses discours, volage en ses désirs,
Rétif à la censure, et fou dans les plaisirs.
L'âge viril, plus mûr, inspire un air plus sage,
Se pousse auprès des grands, s'intrigue, se ménage,
Contre les coups du sort songe à se maintenir,
Et loin dans le présent regarde l'avenir.
La vieillesse chagrine incessamment amasse ;
Garde, non pas pour soi, les trésors qu'elle entasse ;
Marche en tous ses desseins d'un pas lent et glacé ;
Toujours plaint le présent et vante le passé :
Inhabile aux plaisirs dont la jeunesse abuse,
Blâme en eux [4] les douceurs que l'âge lui refuse.

---

1. Imitation d'Horace, *Art poétique,* v. 312.
2. *Naïves* (du latin *nativus,* dérivés de *natus*), qui retracent simplement la vérité, la nature, sans artifice, sans effort.
3.   Chaque âge a ses humeurs, ses goûts et ses plaisirs,
    Et comme notre poil [*], blanchissent nos désirs.
                                    (Régnier, sat. v, v. 119-120.)
4. *En eux* se rapporte à la jeunesse, qu'on peut considérer comme un nom collectif.
Racine a dit dans *Athalie,* acte IV, scène III :
    Entre *le pauvre* et vous, vous prendrez Dieu pour juge :
    Vous souvenant, mon fils, que caché sous ce lin,
    Comme *eux* vous fûtes pauvre et comme *eux* orphelin.

[*] Nos cheveux.

Ne faites point parler vos acteurs au hasard,
Un vieillard en jeune homme, un jeune homme en vieillard [1],
Étudiez la cour et connaissez la ville ;
L'une et l'autre est toujours en modèles fertile [2].
C'est par là que Molière, illustrant ses écrits,
Peut-être de son art eût remporté le prix [3],

Et Voltaire dans la *Henriade*, ch. IV, v. 371-373 :

> Au bruit de son trépas, *Paris* se livre en proie
> Aux transports odieux de sa coupable joie ;
> De cent cris de victoire *ils* remplissent les airs.

1. Imitation d'Horace, *Art poétique*, v. 156-178.
Régnier avait traduit ainsi le passage d'Horace :

> Nature ne peut pas l'âge en âge confondre.
> L'enfant qui sait déjà demander et répondre,
> Qui marque assurément la terre de ses pas,
> Avecque ses pareils se plaît en ses ébats ;
> Il fuit, il vient, il parle, il pleure, il saute d'aise.
> Sans raison, d'heure en heure il s'émeut et s'apaise.
>   Croissant l'âge en avant, sans soin de gouverneur,
> Relevé, courageux et cupide d'honneur,
> Il se plaît aux chevaux, aux chiens, à la campagne.
> Facile au vice, il hait les vieux et les dédaigne ;
> Rude à qui le reprend, paresseux à son bien,
> Prodigue, dépensier, il ne conserve rien ;
> Hautain, audacieux, conseiller de soi-même,
> Et d'un cœur obstiné se heurte à ce qu'il aime.
>   L'âge au soin se tournant, homme fait, il acquiert
> Des biens et des amis, si le temps le requiert ;
> Il masque ses discours comme sur un théâtre ;
> Subtil, ambitieux, l'honneur il idolâtre ;
> Son esprit avisé prévient le repentir,
> Et se garde d'un lien difficile à sortir.
>   Maints fâcheux accidents surprenant sa vieillesse,
> Soit qu'avec du souci gagnant de la richesse,
> Il s'en défend l'usage, et craint de s'en servir,
> Ou soit qu'avec froideur il fasse toute chose,
> Imbécile, douteux, qui voudrait et qui n'ose,
> Dilayant, qui toujours a l'œil sur l'avenir,
> De léger il n'espère et croit au souvenir ;
> Il parle de son temps, difficile et sévère,
> Censurant la jeunesse, use des droits de père.
> Il corrige, il reprend, hargneux en ses façons,
> Et veut que tous ses mots soient autant de leçons.
>
> (Satire V, à 191-152.)

L'original de ces peintures se trouve dans Aristote (*Rhétorique*, liv. II. ch. xii et xiii). Voir dans le Panégyrique de saint Bernard par Bossuet une admirable peinture de la jeunesse. Dans ce passage, l'orateur dépasse les poètes en hardiesse. Voir aussi le chant VI° du poème de Delille sur l'*Imagination*.

2. C'étaient, en effet, comme deux mondes divers. On peut voir dans La Bruyère la différence qu'il y avait entre l'un et l'autre. « Paris, pour l'ordinaire le singe de la cour, ne sait pas toujours la contrefaire ; il ne l'imite en aucune manière dans ces dehors agréables et caressants que quelques courtisans, et surtout les femmes, y ont naturellement pour un homme de mérite, et qui n'a même que du mérite... Un homme de robe à la ville et le même à la cour, ce sont deux hommes ; revenu chez soi, il reprend ses mœurs, sa taille et son visage qu'il y avait laissés : il n'est plus ni si embarrassé ni si honnête... La ville dégoûte de la province : la cour détrompe de la ville et guérit de la cour. »

3. Il est surprenant que le xvii° siècle ait ainsi parlé de Molière. On lit dans le chapitre des *Ouvrages de l'Esprit* : « Il n'a manqué à Térence que d'être moins froid : quelle pureté, quelle exactitude, quelle politesse, quelle élégance, quels caractères ! Il n'a manqué à Molière que d'éviter le jargon et le barbarisme et d'écrire purement ; quel feu, quelle naïveté, quelle source de bonne plaisanterie, quelle imitation des mœurs, quelles images, et quel fléau du ridicule ! Mais

Si, moins ami du peuple, en ses doctes peintures.
Il n'eût point fait souvent grimacer ses figures,
Quitté, pour le bouffon, l'agréable et le fin,
Et sans honte à Térence allié Tabarin [1].
Dans ce sac ridicule où Scapin s'enveloppe,
Je ne reconnais plus l'auteur du Misanthrope [2].

quel homme on aurait fait de ces deux comiques. » — Fénelon, dans la *Lettre sur les occupations de l'Académie*, dit à peu près la même chose : « En pensant bien, il parle souvent mal. Il se sert des phrases les plus forcées et les moins naturelles. Térence dit en quatre mots, avec la plus élégante simplicité, ce que celui-ci ne dit qu'avec une multitude de métaphores, qui approchent du galimatias... Il a outré souvent les caractères. Il a voulu, par cette liberté, plaire au parterre, frapper les spectateurs les moins délicats, et rendre le ridicule plus sensible. Mais quoiqu'on doive marquer chaque passion dans son plus fort degré, et par ses traits les plus vifs, pour en mieux montrer l'excès et la difformité, on n'a pas besoin de forcer la nature et d'abandonner la vraisemblance... Enfin je ne puis m'empêcher de croire, avec M. Despréaux, que Molière, qui peint avec tant de force et de beauté les mœurs de son pays, tombe trop bas quand il imite le badinage de la comédie italienne. »

Bayle dans son *Dictionnaire*, article *Poquelin :* « Il avait une facilité incroyable à faire des vers; mais il se donnait trop de liberté d'inventer de nouveaux termes et de nouvelles expressions, il lui échappait même fort souvent des barbarismes. » Vauvenargues dit à son tour : « Sans parler de la supériorité du genre sublime donné à Racine, on trouve dans Molière tant de négligences et d'expressions bizarres et impropres, qu'il y a peu de poètes, si j'ose le dire, moins corrects et moins purs que lui. » Sainte-Beuve, qui rapporte tous ces jugements (*Port-Royal*, t. III, p. 233), semble les approuver : « La vérité est qu'il y a parfois d'assez mauvais vers chez Molière. » Il cite à l'appui les vers suivants tirés du rôle d'Elmire (Orgon étant sous la table) :

> Qu'est-ce que cette instance a dû vous faire entendre,
> Que l'intérêt qu'en vous on s'avise de prendre,
> Et l'ennui qu'on aurait que ce nœud qu'on résout
> Vînt partager du moins un cœur que l'on veut tout?

1. Dans la seconde *Farce tabarinique*, Tabarin met le capitaine Rodomont dans un sac en lui promettant de lui faire voir sa belle et le roue de coups. *Œuvres complètes* de Tabarin, Paris, P. Jannet, 2 vol. in-16, t. I, p. 233. (M. Chéron.) — « On pourrait, dit Voltaire, répondre à Boileau que Molière n'a point allié Térence avec Tabarin dans ses vraies comédies, où il surpasse Térence; qu'il a déféré au goût du peuple, c'est dans ses farces, dont le seul titre annonce du bas comique, et que ce bas comique était nécessaire pour soutenir sa troupe. Molière ne pensait pas que les *Fourberies de Scapin* et le *Mariage forcé* valussent l'*Avare*, le *Tartuffe*, le *Misanthrope*, les *Femmes savantes*, ou fussent du même genre. De plus, comment Despréaux peut-il dire que Molière

> Peut-être de son art eût remporté le prix?

Qui aura donc ce prix, si Molière ne l'a pas? »

Lemercier (t. II, p. 121-123) réfute aussi ce jugement de Boileau. « Molière traitait en son lieu l'*agréable et le fin* mieux que Térence même, et mieux que personne. Le poète latin ne fut que naturel et d'une élégance exquise : l'auteur français lutta victorieusement avec les grâces et la finesse, et l'emporta de plus par le feu, la vigueur, le mouvement et le coloris. Lui seul nous donne l'idée de ce Ménandre tout entier, dont César ne retrouvait qu'une faible moitié dans ce Térence, que les Romains nommaient *un beau parleur*, et qu'ils ne plaçaient qu'au sixième rang des comiques et au quatrième au-dessous de Plaute. »

2. Comédie de Molière. (Boileau, 1713.) — Ce n'est pas Scapin qui s'enveloppe dans un sac, c'est le vieux Géronte à qui Scapin persuade de s'envelopper. Mais cela est dit figurément dans ce vers, parce que Scapin est le héros de la pièce. (Brossette.) — D'ailleurs Brossette, quoiqu'il fût d'avis que *l'enveloppe*

Le comique, ennemi des soupirs et des pleurs,
N'admet point en ses vers de tragiques douleurs[1];
Mais son emploi n'est pas d'aller, dans une place,
De mots sales et bas charmer la populace.

Il faut que ses acteurs badinent noblement[2];
Que son nœud bien formé se dénoue aisément[3];
Que l'action, marchant où la raison la guide,
Ne se perde jamais dans une scène vide ;
Que son style humble et doux se relève à propos ;
Que ses discours, partout fertiles en bons mots,
Soient pleins de passions finement maniées,
Et les scènes toujours l'une à l'autre liées.
Aux dépens du bon sens gardez de plaisanter :
Jamais de la nature il ne faut s'écarter.
Contemplez de quel air un père dans Térence[4]
Vient d'un fils amoureux gourmander l'imprudence :
De quel air cet amant écoute ses leçons,
Et court chez sa maîtresse oublier ces chansons.
Ce n'est pas un portrait, une image semblable ;

irait mieux, avait convenu, sur la demande de Leclerc, que *s'enveloppe* était la vraie leçon de Boileau. (Joly, *Remarques sur Bayle*, p. 634.)

Nous croyons, au reste, que... Brossette est le seul qui ait bien compris Boileau. Il nous parait évident, en effet, que le Satirique, dans ces vers, a bien moins songé à la *personne* de Molière qu'à sa *manière ;* que ce sac n'est là que pour rappeler la scène de l'ouvrage qui se rapproche le plus de la farce ; que Scapin désigne (et la note de Boileau le prouve) non le personnage, mais la pièce, dont le titre eût peut-être embarrassé le vers, et qu'enfin Boileau a voulu dire : *Dans la scène du sac des fourberies de Scapin*, je ne reconnais plus, etc. (B.-S.-P.)

De 1674 à 1713 il a paru quarante éditions, tant françaises qu'étrangères ; de ce nombre, dix ont été revues par Boileau lui-même ; dans toutes il y a *s'enveloppe*.

M. Edouard Fournier, avec cet esprit si naturel chez lui, a soutenu qu'il fallait lire *l'enveloppe*. Cf. Ed. Fournier, *Esprit des autres*, 3ᵉ édition, p. 72-74. (M. Chéron.) — Ajoutons à cette note déjà bien longue l'observation de Lemercier : « Que si le jeu de scène où Géronte est bâtonné dans un sac passe la borne d'une juste plaisanterie, tant d'autres belles scènes rachètent ce défaut, que la pièce n'est pas inférieure en son espèce à celle dont l'auteur eût eu droit de s'honorer le plus... »

1. « La comédie, dit Voltaire, peut donc se passionner, s'emporter, s'attendrir, pourvu qu'ensuite elle fasse rire les honnêtes gens. Si elle manquait de comique, si elle n'était que larmoyante, c'est alors qu'elle serait un genre très vicieux et très désagréable. » (Préface de *Nanine*.)

2. « Ce précepte, dit Saint-Marc, pèche par trop de généralité. Certains personnages de la comédie ne doivent badiner que noblement. Mais un homme de collège, un marchand, un artisan, un valet, une soubrette, une servante, un paysan, doivent badiner chacun d'une manière conforme aux lumières, au goût, aux mœurs de leur état. » Saint-Marc semble oublier ce vers de Boileau :

Le style le moins noble a pourtant sa noblesse.

3. On appelle *nœud* ce qui forme l'intrigue d'une pièce de théâtre.

4. Voyez *Simon* dans l'*Andrienne*, et *Deméa* dans les *Adelphes*. (Boileau, 1713.) — S'il faut en croire Monchesnay, Boileau estimait Térence par-dessus tous les auteurs comiques. Cf. *Bolæana*, p. 48-50.

C'est un amant, un fils, un père véritable.
J'aime sur le théâtre un agréable auteur
Qui, sans se diffamer aux yeux du spectateur,
Plaît par la raison seule, et jamais ne la choque.
Mais pour un faux plaisant, à grossière équivoque [1],
Qui, pour me divertir, n'a que la saleté,
Qu'il s'en aille, s'il veut, sur deux tréteaux monté [2],
Amusant le Pont-Neuf de ses sornettes fades,
Aux laquais assemblés jouer ses mascarades.

CHANT IV [3]

Dans Florence jadis vivait un médecin,
Savant hâbleur, dit-on, et célèbre assassin.
Lui seul y fit longtemps la publique misère [4] :
Là le fils orphelin lui redemande un père ;
Ici le frère pleure un frère empoisonné [5] ;
L'un meurt vide de sang, l'autre plein de séné ;
Le rhume à son aspect se change en pleurésie,

---

1. Les commentateurs appliquent ce vers à Montfleuri le fils, auteur de *la Femme juge et partie*. Ils ajoutent cependant que Colbert, entendant réciter ce morceau de l'*Art poétique*, s'écria : « Voilà Poisson. » (DAUNOU.) — « Colbert ne pouvait souffrir ce comédien depuis qu'un jour, faisant le rôle d'un bourgeois, il avait paru sur le théâtre en pourpoint et en manteau noir, avec un collet de point et un chapeau uni; enfin avec un habillement conforme en tout à celui de M. Colbert, qui, par malheur, était présent, et qui crut que Poisson voulait le jouer, quoique cela fût arrivé sans dessein. » (BROSSETTE.)
2. A la manière des charlatans qui jouaient leurs farces à découvert et en plein air au milieu du Pont-Neuf. Autrefois c'était près de la porte de Nesle, dans la place où l'on a bâti le collège Mazarin. » (BROSSETTE.)
3. « Dans ce dernier chant, qui n'est pas le plus riche, et que des idées générales remplissent presque tout entier, un intérêt profond résulte encore de la sagesse des maximes, de la noblesse des sentiments et de la dignité du style. Despréaux nous peint l'inquiète vanité qui mendie les éloges, la perfide complaisance qui les prodigue, la folle présomption qui croit les avoir mérités. Il veut que la vertu, loi souveraine des écrits comme des actions, proscrive à jamais du Parnasse la basse jalousie et la sordide cupidité. En un mot, il nous entretient des mœurs du poète et son langage est à la fois celui d'un poète et d'un homme de bien. » (DAUNOU.)
4. *La publique misère.* La place de l'adjectif n'est pas indifférente dans un vers. « *La publique misère* est bien, dit Lebrun, surtout après l'avoir fait précéder de *lui seul.* C'est par un semblable artifice que Racine a dit :

De l'absolu pouvoir vous ignorez l'ivresse. »
(*Athalie*, IV, III.)

5.
Ici la fille en pleurs lui redemande un père ;
Là, le frère effrayé pleure au tombeau d'un frère.
(VOLTAIRE, *Henriade*, ch. IV, v. 183-184.)

Et par lui la migraine est bientôt frénésie[1].
Il quitte enfin la ville, en tous lieux détesté.
De tous ses amis morts un seul ami resté
Le mène en sa maison de superbe structure :
C'était un riche abbé, fou de l'architecture.
Le médecin d'abord semble né dans cet art,
Déjà de bâtiments parle comme Mansart[2] :
D'un salon qu'on élève il condamne la face ;
Au vestibule obscur il marque une autre place ;
Approuve l'escalier tourné d'autre façon[3].
Son ami le conçoit et mande son maçon.
Le maçon vient, écoute, approuve et se corrige.
Enfin, pour abréger un si plaisant prodige[4],
Notre assassin renonce à son art inhumain ;

1. Ancien terme de médecine. État de délire, de fureur, qui survient dans quelques maladies de l'encéphale. Aujourd'hui, par extension, il désigne un fol emportement né d'une cause quelconque et comparé à la frénésie du malade. — Rac. lat. *phrenesis*, du grec φρήν, pensée et diaphragme, parce qu'une ancienne physiologie plaçait la pensée dans la région du diaphragme : trouble, maladie de la pensée. (E. LITTRÉ, *Dict. de la langue française*.)

2. François Mansart, célèbre architecte, élève de Germain Gauthier, d'une famille originaire d'Italie ; né à Paris en 1598, mort en 1666. Il restaura l'hôtel de ville de Toulouse, le château de Berny, le château de Blois, commença le Val-de-Grâce et construisit Sainte-Marie de Chaillot ; son neveu et son frère Jules Hardouin, qui prit le nom de Mansart et fut surintendant des bâtiments du roi, naquit à Paris en 1645 et mourut en 1708. On lui doit les châteaux de Marly, du Grand-Trianon, de Clagny, de Versailles, la maison de Saint-Cyr, la place Vendôme, la place des Victoires, le dôme des Invalides. Comme il n'était pas encore célèbre en 1674, il est probable que Boileau parle de François Mansart. (M. CHÉRON.)

3. « Un doute que j'avais marqué à l'auteur sur la netteté de ce vers l'engagea à m'écrire ce qui suit : « Comment pouvez-vous trouver une équivoque dans cette « façon de parler ? Et qui est-ce qui n'entend pas d'abord que le médecin-« architecte *approuve l'escalier*, moyennant qu'il soit *tourné d'une autre ma-« nière* ? Cela n'est-il pas préparé par le vers précédent : *Au vestibule obscur* « *il marque une autre place* ? Il est vrai que, dans la rigueur et dans les étroites « règles de la construction, il faudrait dire : *Au vestibule obscur il marque une* « *autre place que celle qu'on veut lui donner, et approuve l'escalier tourné* « *d'une autre manière qu'il n'est*. Mais cela se sous-entend sans peine ; et où en « serait un poète, si on ne lui passait, je ne dis pas une fois, mais vingt fois « dans un ouvrage, ces *subaudi* ? où en serait M. Racine si on lui allait chica-« ner ce beau vers que dit Hermione de Pyrrhus dans l'*Andromaque* : *Je t'aimais* « *inconstant, qu'eussé-je fait fidèle* ? qui si bien et avec une vitesse si heu-« reuse : *Je t'aimais lorsque tu étais inconstant, qu'eussé-je donc fait si tu avais* « *été fidèle* ? Ces sortes de petites licences de construction non-seulement ne sont « pas des fautes, mais sont même assez souvent un des plus grands charmes de la « poésie, principalement dans la narration, où il n'y a pas temps à perdre. « Ce sont des espèces de latinismes dans la poésie française qui n'ont pas moins « d'agrément que les hellénismes dans la poésie latine. » (BROSSETTE.)

4. Pradon, R. 96, soutient qu'*abréger un prodige* pour abréger le *récit d'un prodige* n'est pas français. Il faut répondre à cette critique par la note précédente. Racine a dit de même :

Ont conté son enfance au glaive dérobée.
(*Athalie*, V, VI.)

Et désormais la règle et l'équerre à la main [1],
Laissant de Galien la science suspecte [2],
De méchant médecin devient bon architecte [3].
  Son exemple est pour nous un précepte [4] excellent.
Soyez plutôt maçon, si c'est votre talent,
Ouvrier estimé dans un art nécessaire,
Qu'écrivain du commun et poète vulgaire ;
Il est dans tout autre art des degrés différents [5],
On peut avec honneur remplir les seconds rangs ;
Mais dans l'art dangereux de rimer et d'écrire,
Il n'est point de degrés du médiocre au pire.
Qui dit froid écrivain dit détestable auteur.
Boyer [6] est à Pinchêne [7] égal pour le lecteur ;

---

1. De 1674 à 1713, *l'équierre*. On a dit *esquire*. Et *que tuz fussent taillé a esquire*. (Rois, p. 445, xiii° siècle.) *Esquierre : Sans compas ou sans esquieret* (R. de la Rose, 11971.) De même au xiv° siècle : *L'aloe qui vole par ondées et plie son vol par esquierres*. (Ménagier, III, 2.) xv° siècle : *ecquerre : De géométrie, qui est l'art et science des mesures et des ecquerres*. (Christine de Pisan.) xvi° siècle : *Nous avons le compas, la reigle, l'escarre, le plomb...* (Palissy, 91.) Étym. : wallon, *skuer ;* provenç., *escaire, scayre ;* ital. *squadro*, du latin fictif *exsquadrare*. (E. Littré, *Dict. de la langue française*.)
2. Célèbre médecin grec, né à Pergame. Il fut le médecin des empereurs Marc-Aurèle, Titus et Commode. Né l'an 131 de J.-C., il mourut vers l'an 200.
3. Claude Perrault, pour se venger de ces vers, composa une fable intitulée *Le Corbeau guéri par la Cigogne, ou l'Ingrat parfait*. Elle était restée manuscrite parmi les papiers de Philippe de la Mare : Joly l'en tira et l'inséra dans ses *Remarques critiques sur le Dictionnaire de Bayle*, p. 632-633. On la remarque au tome IV, p. 233, de l'édition du *Dictionnaire de Bayle* de M. Beuchot. Boileau répondit à cette fable par l'épigramme : *Oui, j'ai dit dans mes vers...* (Daunou.)
4. Perrault se plaignit à Colbert de l'insolence de Boileau : « Il a tort de se plaindre, dit celui-ci, je l'ai fait précepte. » Colbert s'amusa de la plaisanterie.
5. Imitation d'Horace, *Art poétique*, v. 367-374.
« Pleust à Dieu, dit Montaigne, que cette sentence (celle d'Horace) se trouvast au front des boutiques de tous nos imprimeurs, pour en défendre l'entrée à tant de versificateurs... On peut faire le sot partout ailleurs, mais non pas en la poésie. » (*Essais*, liv. II, chap. xvii.)
La Bruyère : « Il y a de certaines choses dont la médiocrité est insupportable, la poésie, la musique, la peinture, le discours public. » (*Des Ouvrages de l'esprit*.)
6. Auteur médiocre. (Boileau, 1713.) — Claude Boyer, poète et prédicateur, de l'Académie française, né à Alby en 1618, mort le 22 juillet 1698. Il est auteur de tragédies, de pastorales, de tragi-comédies, d'opéras et d'un livre intitulé *Caractères des prédicateurs, des prétendants aux dignités ecclésiastiques, de l'âme délicate, de l'amour profane, de l'amour saint, avec quelques autres poésies chrétiennes*, 1695, in-8. Le peu de succès de ses pièces de théâtre inspira l'épigramme suivante à Furetière :

> Quand les pièces représentées
> De Boyer sont peu fréquentées,
> Chagrin qu'il est d'y voir peu d'assistants,
> Voici comme il tourne la chose :
> Vendredi, la pluie en est cause,
> Et dimanche, c'est le beau temps.

On peut voir dans Racine une épigramme sur sa *Judith*. (Chéron.)
7. Pour Pinchesne, voir épître V.

On ne lit guère plus Rampale et Mesnardière[1]
Que Magnon, du Souhait, Corbin et La Morlière[2].
Un fou du moins fait rire, et peut nous égayer,
Mais un froid écrivain ne sait rien qu'ennuyer.
J'aime mieux Bergerac[3] et sa burlesque audace
Que ces vers où Motin[4] se morfond et nous glace.

   Ne vous enivrez point des éloges flatteurs
Qu'un amas quelquefois de vains admirateurs
Vous donne en ces Réduits[5] prompts à crier merveille !
Tel écrit récité se soutient à l'oreille

---

1. Rampale mourut vers 1660 : il est extrêmement peu connu ; on le croit auteur de *Bélinde*, tragi-comédie, de *Sainte Dorothée* ou *la Suzanne chrétienne*, etc. Il a traduit des ouvrages espagnols et italiens, et composé des discours académiques (quoiqu'il n'ait pas été académicien) ; l'un de ces discours est intitulé *De l'inutilité des gens de lettres*. (DAUNOU.) — Hippolyte Jules Pilet de la Mesnardière, docteur en médecine, de l'Académie française, né à Loudun en 1610, mort le 4 de juin 1663. Il a fait une poétique, des tragédies, une critique de la *Pucelle* de Chapelain, une traduction des *Lettres* de Pline, etc., et en outre : *Traité de la mélancolie, scavoir si elle est la cause des effets que l'on remarque dans les possédées de Loudun*. La Flèche, 1635, in-12.

2. Magnon a composé un poème fort long intitulé *l'Encyclopédie*. (BOILEAU, 1713.) — Jean Magnon, ou Maignon, ou Magnion (Papillon), né à Tournus dans le Mâconnais, vint fort jeune à Paris où il composa des tragédies, et fut assassiné par des voleurs sur le Pont-Neuf, en 1662. — Du Souhait avait traduit l'*Iliade* en prose. (BOILEAU, 1713.) La traduction de du Souhait a été imprimée en 1613 et 1627. Il a laissé, en outre, des poésies. — Corbin avait traduit la Bible mot à mot. (BOILEAU.) Jacques Corbin, conseiller du roi, maître des requêtes d'Anne d'Autriche, né à Saint-Gaultier, en Berry, vers 1580, mort en 1653. On lui doit la *Sainte-Franciade ou Vie de saint François*, poème en douze chants, Paris, 1634, in-8 ; des romans, des histoires, des traductions, etc. Il est le père de l'avocat dont il est parlé épître II, v. 36. — La Morlière, méchant poète. (BOILEAU, 1713.) Adrien de la Morlière, chanoine d'Amiens, était né à Chauny, dans l'Ile-de-France. On lui doit : *Recueil des plus nobles et des plus illustres maisons du diocèse d'Amiens et des environs*, 1630, in-folio ; *Antiquités et choses les plus remarquables d'Amiens*, 1642, in-folio ; et enfin des sonnets avec un commentaire. (M. CHÉRON.)

3. Cyrano de Bergerac, auteur du *Voyage de la lune*. (BOILEAU, 1713.) — Savinien Cyrano de Bergerac, né vers 1620 au château de Bergerac, dans le Périgord, mort à Paris en 1655. Son humeur querelleuse est assez connue, Il a laissé une comédie célèbre, *le Pédant joué* ; l'*Histoire comique des états et empires de la lune* a été publiée en 1656. Toutes ses œuvres ont été réunies pour la première fois, Paris, 1577, 2 vol. in-12, et plusieurs fois réimprimées depuis. (M. CHÉRON.)

4. Pierre Motin, dont les pièces les plus remarquables sont des épigrammes imprimées dans des *Recueils*, était de Bourges et mourut vers 1616. Baillet, au tome VII, p. 44, du *Jugement des savants*, a cru à tort que Boileau avait voulu désigner ici Cotin. (M. CHÉRON.)

5. Les éditeurs modernes écrivent *réduits* : la capitale R qui est dans toutes les éditions originales nous paraît cependant nécessaire pour montrer que ce mot n'est pas pris dans un sens ordinaire. On désignait par là (Brossette l'observe aussi) une espèce d'Académie de société, ce qu'on nomme vulgairement un *bureau d'esprit*, où les poètes vont lire leurs vers. Corneille (*Examen à Ariste*) en parle, et il en est aussi question dans Furetière (*Roman bourgeois*, 1704, p. 150 et 158), dans Saint-Simon (II, 422). Corneille, au contraire, se glorifie de ne point aller quêter les voix de Réduit en Réduit. Voir dans les *Femmes savantes* le projet d'un de ces Bureaux d'esprit.

Desmarets disait : « *Réduits prompts à crier merveille !* c'est une façon de parler dont la hardiesse ne sera jamais jugée raisonnable. »

Qui, dans l'impression au grand jour se montrant[1],
Ne soutient pas des yeux le regard pénétrant.
On sait de cent auteurs l'aventure tragique,
Et Gombaud[2] tant loué garde encor la boutique.
 Ecoutez tout le monde, assidu consultant :
Un fat quelquefois ouvre un avis important[3].
Quelques vers toutefois qu'Apollon vous inspire,
En tous lieux aussitôt ne courez pas les lire,
Gardez-vous d'imiter ce rimeur furieux[4],
Qui, de ses vains écrits lecteur harmonieux,
Aborde en récitant quiconque le salue,
Et poursuit de ses vers les passants dans la rue[5].
Il n'est temple si saint, des anges respecté,
Qui soit contre sa muse un lieu de sûreté[6].
 Je vous l'ai déjà dit, aimez qu'on vous censure[7],
Et souple à la raison, corrigez sans murmure.
Mais ne vous rendez pas dès qu'un sot vous reprend[8].

---

1. Chapelain. (BOILEAU, 1713.) — La *Pucelle*, avant l'impression, était une merveille ; elle parut, ce ne fut qu'un poème ennuyeux.
2. Jean Oger de Gombault, gentilhomme de Saintonge, l'un des premiers académiciens, fut en son temps un poète célèbre. Ses *sonnets* et ses *épigrammes* sont les meilleurs de ses ouvrages. Il a fait des pièces de théâtre, entre autres une pastorale, *Amarante*. Il mourut en 1666, âgé de près de cent ans.
3. Traduction d'un vers grec cité par Macrobe, *Saturn.*, VII, et par Aulu-Gelle. *N. Att.*, II, ch. vi. « Un fol enseigne bien un sage. » (RABELAIS, liv. VIII. ch. xxxvi.)
4. Dupérier. (BOILEAU, 1713.) — Il était neveu de celui à qui Malherbe adressa les célèbres stances sur la mort de sa fille.
Il était de Provence, natif d'Aix. Il s'était d'abord adonné à la poésie latine et il avait formé Santeuil dans ce genre. Jaloux des succès de son élève, il se brouilla avec lui et ne fit plus que des vers français.
5. Imitation d'Horace, *Art poétique*, v. 472-475, et de Martial, liv. III, épigr. iv.
Il ne faut pas oublier de citer sur ce passage les vers de Molière :

> Le défaut des auteurs, dans leurs productions,
> C'est d'en tyranniser les conversations,
> D'être, au palais, au cours, aux ruelles, aux tables,
> De leurs vers fatigants lecteurs infatigables.
> Pour moi, je ne vois rien de plus sot, à mon sens,
> Qu'un auteur qui partout va gueuser des encens,
> Qui, des premiers venus saisissant les oreilles,
> En fait le plus souvent les martyrs de ses veilles.

6. Il (Dupérier) récita ses vers à l'auteur malgré lui, dans une église. (BOILEAU, 1713.) — Un jour il accompagna Boileau à l'église et, pendant toute la messe, il ne fit que lui parler d'une ode qu'il avait présentée à l'Académie française pour le prix de l'année 1671. — « Il se plaignait de l'injustice qu'il prétendait qu'on lui avait faite en adjugeant le prix à un autre. A peine put-il se contenir un moment pendant l'élévation. Il rompit le silence, et s'approchant de l'oreille de M. Despréaux : « Ils ont dit, s'écria-t-il assez haut, que mes vers étaient trop *malherbiens*. » (BROSSETTE, cité par SAINT-MARC.)
7. Chant I, v. 192 :

> Aimez qu'on vous conseille, et non pas qu'on vous loue.

8. Boileau disait à ce sujet « qu'il y avait quelquefois autant d'entêtement de la part du critique que de la part de l'auteur. » (*Bolæana*.) « Il y a beaucoup

Souvent dans son orgueil un subtil ignorant
Par d'injustes dégoûts combat toute une pièce,
Blâme des plus beaux vers la noble hardiesse.
On a beau réfuter ses vains raisonnements :
Son esprit se complaît dans ses faux jugements[1],
Et sa faible raison de clarté dépourvue
Pense que rien n'échappe à sa débile vue.
Ses conseils sont à craindre ; et, si vous les croyez[2],
Pensant fuir un écueil, souvent vous vous noyez.

    Faites choix d'un censeur solide et salutaire
Que la raison conduise et le savoir éclaire[3],
Et dont le crayon sûr d'abord aille chercher
L'endroit que l'on sent faible, et qu'on se veut cacher.
Lui seul éclaircira vos doutes ridicules ;
De votre esprit tremblant lèvera les scrupules[4],
C'est lui qui vous dira par quel transport heureux,
Quelquefois dans sa course un esprit vigoureux,
Trop resserré par l'art, sort des règles prescrites,
Et de l'art même apprend à franchir leurs limites[5].
Mais ce parfait censeur se trouve rarement :
Tel excelle à rimer qui juge sottement ;

plus de vivacité que de goût parmi les hommes, ou, pour mieux dire, il y a peu d'hommes dont l'esprit soit accompagné d'un goût sûr et d'une critique judicieuse. » (LA BRUYÈRE, *des Ouvrages de l'esprit*.)

1.   Depuis que dans la tête il s'est mis d'être habile,
    Rien ne touche son goût, tant il est difficile !
    Il veut voir des défauts à tout ce qu'on écrit,
    Et pense que louer n'est pas d'un bel esprit,
    Que c'est être savant que trouver à redire ;
    Qu'il n'appartient qu'aux sots d'admirer et de rire ;
    Et qu'en n'approuvant rien des ouvrages du temps,
    Il se met au-dessus de tous les autres gens.
            (MOLIÈRE, *Misanthrope*, acte II, scène v.)

2. De 1674 à 1682, *si vous le croyez*. « La critique souvent n'est pas une science, c'est un métier où il faut plus de santé que d'esprit, plus de travail que de capacité, plus d'habitude que de génie ; si elle vient d'un homme qui ait moins de discernement que de lecture, et qu'elle s'exerce sur de certains chapitres, elle corrompt et les lecteurs et les écrivains. » (LA BRUYÈRE, *des Ouvrages de l'esprit*.)

3. Horace trace le rôle d'un censeur *solide et salutaire* dans l'épître II, liv. II, v. 109.

4. Boileau veut mettre l'écrivain en garde contre les dégoûts injustes d'une critique ignorante. On peut sur ces vers rappeler ce passage de La Bruyère : « Il n'y a point d'ouvrage si accompli qui ne fondît tout entier au milieu de la critique, si son auteur voulait en croire tous les censeurs, qui ôtent chacun l'endroit qui leur plaît le moins. » (*Des Ouvrages de l'esprit*.)

5. De 1674 à 1682, il y avait *les limites*. — Méchant vers, tant pour la rude inversion que pour l'équivoque. (DESMARETS, 107.) — *Les limites* semblaient, en effet, se rapporter à l'*art* plutôt qu'aux *règles*. La substitution de *leurs* à *les* a fait disparaître cette équivoque. (BROSSETTE.) — Ainsi voilà une correction faite d'après l'avis de Desmarets. (B.-S.-P.)

Tel s'est fait par ses vers distinguer dans la ville
Qui jamais de Lucain n'a distingué Virgile[1].
　Auteurs, prêtez l'oreille à mes instructions.
Voulez-vous faire aimer vos riches fictions?
Qu'en savantes leçons votre muse fertile
Partout joigne au plaisant le solide et l'utile.
Un lecteur sage fuit un vain amusement,
Et veut mettre à profit son divertissement.
　Que votre âme et vos mœurs, peintes dans vos ouvrages[2],
N'offrent jamais de vous que de nobles images.
Je ne puis estimer ces dangereux auteurs
Qui, de l'honneur en vers infâmes déserteurs,
Trahissant la vertu sur un papier coupable[3],
Aux yeux de leurs lecteurs rendent le vice aimable.
　Je ne suis pas pourtant de ces tristes esprits
Qui, bannissant l'amour de tous chastes écrits,
D'un si riche ornement veulent priver la scène,
Traitent d'empoisonneurs et Rodrigue et Chimène[4].
L'amour le moins honnête, exprimé chastement,
N'excite point en nous de honteux mouvement.
Didon a beau gémir, et m'étaler ses charmes ;

---

1. « Le grand Corneille m'a avoué, non sans quelque peine et quelque honte, qu'il préférait Lucain à Virgile. » (HUET, *Origines de Caen*, 1706, 366, chap. XXIX.) Voyez aussi le *Huetiana*, p. 177.

2. Cicéron, *De Orat.*, 2, Sénèque, Léonard de Vinci, ont dit la même chose en d'autres termes : « Dans toutes les éditions l'auteur avait mis « peints dans tous vos ouvrages, » quoique ce mot *peints*, qui est un participe masculin, se rapportât à *âme* et à *mœurs*, qui sont deux mots féminins. Je lui marquai dans une lettre la peine que cela me faisait. Il me répondit en ces termes, le 3 de juillet 1703 : « Je n'ai garde de conserver le solécisme qui est dans ce vers, etc. » (BROSSETTE.) — Voyez la *Correspondance*.

3. Encore une ineptie de Pradon et de Desmarets : « Le papier est fort innocent, c'est celui qui écrit qui est coupable. »

4. Voir la première lettre adressée par Racine à l'auteur des *Hérésies imaginaires* et des *Deux Visionnaires*. Nicole avait écrit ces deux lettres contre Desmarets de Saint-Sorlin ; il les appelait *Visionnaires*, « parce qu'il les écrivait, dit Louis Racine, contre un grand visionnaire, auteur de la comédie des *Visionnaires*. » On y lisait cette phrase, que Racine crut écrite pour lui : « Un faiseur de romans et un poète de théâtre est un empoisonneur public, non des corps, mais des âmes. Il se doit regarder comme coupable d'une infinité d'homicides spirituels, ou qu'il a causés en effet, ou qu'il a pu causer. » Dans un traité *sur la Comédie*, le même écrivain cite quelques exemples tirés des tragédies de Pierre Corneille, pour prouver que, bien que ce grand poète ait tâché de purger le théâtre des vices qu'on lui reproche le plus, ses pièces ne laissent pas d'être contraires à la morale de l'Évangile ; qu'elles corrompent l'esprit et le cœur par les sentiments profanes qu'elles inspirent. (SAINT-SURIN.) — Bossuet, dans sa lettre au P. Caffaro, a traité les divertissements du théâtre avec la dernière rigueur. Il n'épargne pas davantage Chimène et Rodrigue. Fénelon dit qu'il « ne souhaite pas qu'on perfectionne les spectacles, où l'on ne représente les passions corrompues que pour les allumer. » L'imperfection où il croit voir la tragédie le rassure un peu : « La faiblesse du poison diminue le mal. » Voir, pour les sentiments de Boileau, sa lettre à Monchesnay ; elle est de 1707.

Je condamne sa faute en partageant ses larmes.
Un auteur vertueux, dans ses vers innocents,
Ne corrompt point le cœur en chatouillant les sens.
Son feu n'allume point de criminelle flamme [1].
Aimez donc la vertu, nourrissez-en votre âme :
En vain l'esprit est plein d'une noble vigueur :
Le vers se sent toujours des bassesses du cœur [2].
Fuyez surtout, fuyez ces basses jalousies,
Des vulgaires esprits malignes frénésies.
Un sublime écrivain n'en peut être infecté ;
C'est un vice qui suit la médiocrité [3].
Du mérite éclatant cette sombre rivale
Contre lui chez les grands incessamment cabale.
Et, sur les pieds en vain tâchant de se hausser,
Pour s'égaler à lui, cherche à le rabaisser.
Ne descendons jamais dans ces lâches intrigues :
N'allons point à l'honneur par de honteuses brigues.
   Que les vers ne soient pas votre éternel emploi.
Cultivez vos amis, soyez homme de foi :
C'est peu d'être agréable et charmant dans un livre [4],
Il faut savoir encore et converser et vivre.
   Travaillez pour la gloire, et qu'un sordide gain
Ne soit jamais l'objet d'un illustre écrivain.

---

1. C'est ce que finit par reconnaître le grand Arnauld à propos de la *Phèdre* de Racine. Charmé du passage de l'Avertissement mis au-devant de cette pièce, où le poète marquait expressément son désir « de réconcilier la tragédie avec quantité de personnes célèbres par leur piété et par leur doctrine, qui l'ont condamnée dans ces derniers temps, » il se rendit aux raisons que lui exposait Boileau, et dit enfin : « Si les choses sont comme il le dit, il a raison et la tragédie est innocente. » (Sainte-Beuve, *Port-Royal*, t. V, p. 484.)

2. Vérité immortelle rendue d'une manière sublime. (Le Brun.) — Beau vers sorti tout à fait d'une âme essentiellement vertueuse. (Amar.) — Ce vers, le plus beau qu'ait écrit Boileau parmi tant de vers faits de génie, comme dit La Bruyère, a été inspiré au poète par l'homme, au génie par la vertu ; c'est une lumière de l'esprit et du cœur. (M. D. Nisard.)

3. « Ce que vous dites des esprits médiocres est fort vrai et m'a frappé il y a longtemps dans votre poétique. » (Racine à Boileau, lettre du 3 juin 1692.)

4. Si l'on en croit Brossette, le poète avait en vue La Fontaine. Il est certain que La Bruyère dit ceci de notre grand fabuliste : « Un homme paraît grossier, lourd, stupide, il ne sait pas parler, ni raconter ce qu'il vient de voir ; s'il se met à écrire, c'est le modèle des bons contes, il fait parler les animaux, les arbres, les pierres, tout ce qui ne parle point ; ce n'est que légèreté, qu'élégance, que beau naturel et que délicatesse dans ses ouvrages. » (*Des Jugements.*) — Ces vers de Boileau pouvaient aussi dans leur expression générale s'appliquer à P. Corneille, de qui La Bruyère a écrit ces lignes : « Un autre est simple, timide, d'une ennuyeuse conversation : il prend un mot pour un autre, et il ne juge de la bonté de sa pièce que par l'argent qui lui en revient ; il ne sait pas la réciter ni lire son écriture ; laissez-le s'élever par la composition, il n'est pas au-dessous d'Auguste, de Pompée, de Nicomède, d'Héraclius, il est roi, et un grand roi, etc. » (*Des Jugements.*) — Berriat-Saint Prix ne veut pas qu'il soit ici question de la Fontaine. — Segrais reprochait à Boileau lui-même et à Racine de ne savoir parler que de vers.

Je sais qu'un noble esprit peut, sans honte et sans crime,
Tirer de son travail un tribut légitime [1] ;
Mais je ne puis souffrir ces auteurs renommés
Qui, dégoûtés de gloire et d'argent affamés [2],
Mettent leur Apollon aux gages d'un libraire,
Et font d'un art divin un métier mercenaire [3].
   Avant que la raison, s'expliquant par la voix,
Eût instruit les humains, eût enseigné des lois,
Tous les hommes suivaient la grossière nature,
Dispersés dans les bois couraient à la pâture :
La force tenait lieu de droit et d'équité ;
Le meurtre s'exerçait avec impunité.
Mais du discours enfin l'harmonieuse adresse [4]
De ces sauvages mœurs adoucit la rudesse,
Rassembla les humains dans les forêts épars [5],
Enferma les cités de murs et de remparts,
De l'aspect du supplice effraya l'insolence,
Et sous l'appui des lois mit la faible innocence.
Cet ordre fut, dit-on, le fruit des premiers vers [6].

1. Despréaux « m'a assuré, dit Louis Racine, qu'il n'avait fait ces deux vers que pour mon père qui retirait quelque profit de ses tragédies. »
2. Selon Brossette, c'est un trait dirigé contre Corneille. « Boileau le félicitant, dit-il, du succès de ses tragédies et de la gloire qui lui en revenait, *Je suis soûl de gloire*, répondit Corneille, *et affamé d'argent.* » On sait que Corneille n'était pas fort à son aise. Cette boutade a bien pu lui échapper, et Boileau a bien pu écrire ces vers sans vouloir appliquer les deux suivants au même personnage.
3. « Despréaux m'a assuré, dit Louis Racine, que jamais libraire ne lui avait payé un seul de ses ouvrages, ce qui l'avait rendu hardi à railler, dans son *Art poétique*, chant IV, les auteurs qui

    Mettent leur Apollon aux gages d'un libraire. »
    (*Mémoires sur la vie de J. Racine*, t. V, 1808.)

4. Ce dernier hémistiche est très heureux. (Le Brun.)
5. « La poésie a donné au monde les premières lois. C'est elle qui a adouci les hommes farouches et sauvages, qui les a rassemblés des forêts où ils étaient épars et errants, qui les a policés, qui a réglé les mœurs, qui a formé les familles et les nations, qui a fait sentir les douceurs de la société, qui a rappelé l'usage de la raison, cultivé la vertu et inventé les beaux-arts. C'est elle qui a élevé les courages pour la guerre et qui les a modérés pour la paix. » (Fénelon, *Lettre à l'Académie.*)
6. Ce passage traduit d'Horace se trouvait déjà dans le poème de Vauquelin de la Fresnaye :

    On raconte qu'Orphée, des grands dieux interprète,
    Les humains qui vivaient d'une façon infète,
    De massacre et de sang, sceut bien desauvager,
    Et sous plus douces lois hors des bois les ranger.
    C'est pourquoi l'on disait qu'il sçavait bien conduire
    Les tigres, les lions, aux accords de la lyre :
    Et mesme qu'Amphion (le gentil bâtisseur
    Des nobles murs thébains) sceut par la grand'douceur
    De son luth façonné d'une creuse tortue,
    Faire marcher des rocs, mainte roche abattue,
    Qu'il conduisait au lieu qui meilleur lui semblait,
    Et les faisant ranger, en murs les assemblait.

L'ART POÉTIQUE, CHANT IV.

De là sont nés ces bruits reçus dans l'univers,
Qu'aux accents dont Orphée emplit les monts de Thrace,
Les tigres amollis dépouillaient leur audace ;
Qu'aux accords d'Amphion les pierres se mouvaient,
Et sur les murs thébains en ordre s'élevaient.
L'harmonie en naissant produisit ces miracles.
Depuis, le ciel en vers fit parler les oracles [1] ;
Du sein d'un prêtre ému d'une divine horreur [2],
Apollon par des vers exhala sa fureur.
Bientôt ressuscitant les héros des vieux âges,
Homère aux grands exploits anima les courages [3].
Hésiode à son tour, par d'utiles leçons [4],
Des champs trop paresseux vint hâter les moissons,
En mille écrits fameux la sagesse tracée
Fut, à l'aide des vers, aux mortels annoncée ;
Et partout des esprits ses préceptes vainqueurs,
Introduits par l'oreille, entrèrent dans les cœurs [5].
Pour tant d'heureux bienfaits, les Muses révérées
Furent d'un juste encens dans la Grèce honorées ;
Et leur art, attirant le culte des mortels,
A sa gloire en cent lieux vit dresser des autels.
Mais enfin l'indigence amenant la bassesse,
Le Parnasse oublia sa première noblesse.
Un vil amour du gain, infectant les esprits,
De mensonges grossiers souilla tous les écrits ;

---

1. « *Le ciel en vers...* Quelle césure ! Et comment l'auteur veut-il s'ériger en païen, disant que le ciel fit parler en vers les oracles puisque ces oracles étaient de l'enfer et non du ciel ? » — On reconnaîtra sans doute ici le bon sens ordinaire de Desmarets.
2. Voir dans Virgile, *Enéide*, liv. VI, au début, la peinture des transports de la sibylle.
3. Le Brun dit : « Boileau par la beauté de ce vers a consacré au pluriel *les courages*. » — Il n'a fait que suivre l'usage de tout le XVII° siècle :

> Dont j'ai cité les morts pour aigrir les courages.
> (CORNEILLE, *Cinna*, acte I, scène III.)
> La honte suit de près les courages timides.
> (RACINE, *Alex.*, I, II.)
> Quels courages Vénus n'a-t-elle pas domptés ?
> (RACINE, *Phèdre*, I, I.)

« Ce grand prince calma les courages émus. » (BOSSUET, *Or. fun. du prince de Condé.*) — « Il connaissait dans le parti de ces fiers courages dont la force malheureuse et l'esprit extrême ose tout et sait trouver des exécuteurs. » (*Or. fun. de Le Tellier.*)
4. Hésiode, poète didactique, né à Ascra, en Béotie. Hérodote dit qu'il était contemporain d'Homère (IX° siècle av. J.-C.). On a de lui : *les Travaux et les Jours*, la *Théogonie* ou *Généalogie des Dieux*, le *Bouclier d'Hercule*.
5. Imitation d'Horace, *Art poétique*, v. 391-407.
Voir aussi Lucrèce, ch. v, v. 929 et suiv.

Et partout, enfantant mille ouvrages frivoles,
Trafiqua du discours, et vendit les paroles.
 Ne vous flétrissez point par un vice si bas.
Si l'or seul a pour vous d'invincibles appas,
Fuyez ces lieux charmants qu'arrose le Permesse :
Ce n'est point sur ses bords qu'habite la richesse.
Aux plus savants auteurs, comme aux plus grands guerriers,
Apollon ne promet qu'un nom et des lauriers [1].
 Mais quoi! dans la disette une muse affamée
Ne peut pas, dira-t-on, subsister de fumée ;
Un auteur qui, pressé d'un besoin importun,
Le soir entend crier ses entrailles à jeun,
Goûte peu d'Hélicon les douces promenades :
Horace a bu son soûl quand il voit les Ménades,
Et, libre du souci qui trouble Colletet [2],
N'attend pas, pour dîner, le succès d'un sonnet.
 Il est vrai : mais enfin cette affreuse disgrâce
Rarement parmi nous afflige le Parnasse.
Et que craindre en ce siècle, où toujours les beaux-arts
D'un astre favorable éprouvent les regards,
Où d'un prince éclairé la sage prévoyance
Fait partout au mérite ignorer l'indigence [3] ?
 Muses, dictez sa gloire à tous vos nourrissons.
Son nom vaut mieux pour eux que toutes vos leçons.
Que Corneille, pour lui rallumant son audace,
Soit encor le Corneille et du Cid et d'Horace [4] ;

---

1. Dans la *Métromanie*, Piron fait dire à Damis le poète :

> Ce mélange de gloire et de gain m'importune ;
> On doit tout à l'honneur, et rien à la fortune.
> Le nourrisson du Pinde ainsi que le guerrier
> A tout l'or du Pérou préfère un beau laurier.

Imitation de Juvénal, sat. VII, v. 52-62.
2. Voir satire I.
3. Boileau avait déjà exprimé la même idée dans la satire Ire; il y est revenu dans l'épitre Ire, où l'on trouve ces vers :

> Est-il quelque vertu dans les glaces de l'ourse
> Ni dans ces lieux brûlés où le jour prend sa source
> Dont la triste indigence ose encore approcher,
> Et qu'en foule tes dons n'aillent d'abord chercher ?
> C'est par toi qu'on va voir les Muses enrichies
> De leur longue disette à jamais affranchies.

4. « *Ne le suis-je pas toujours ?* » disait Corneille irrité de ce vers. Il avait vieilli et il ne le sentait pas. Fontenelle a marqué en termes admirables les effets de la vieillesse sur le talent de Corneille : « L'espèce d'esprit qui dépend de l'imagination, et c'est ce qu'on appelle communément esprit dans le monde, ressemble à la beauté et ne subsiste qu'avec la jeunesse. Il est vrai que la vieillesse vient plus tard pour l'esprit, mais elle vient. Les plus dangereuses qualités qu'elle lui apporte sont la sécheresse et la dureté ; et il y a des esprits qui en sont naturellement plus susceptibles que d'autres, et qui donnent plus de prise

L'ART POÉTIQUE, CHANT IV.

Que Racine, enfantant des miracles nouveaux,
De ses héros sur lui forme tous les tableaux[1];
Que de son nom, chanté par la bouche des belles,
Benserade en tous lieux amuse les ruelles[2];
Que Segrais dans l'églogue en charme les forêts[3];
Que pour lui l'épigramme aiguise tous ses traits.
Mais quel heureux auteur, dans une autre Énéide,
Aux bords du Rhin tremblant conduira cet Alcide[4]?
Quelle savante lyre, au bruit de ses exploits,
Fera marcher encor les rochers et les bois;
Chantera le Batave, éperdu dans l'orage,
Soi-même se noyant pour sortir du naufrage[5];

aux ravages du temps : ce sont ceux qui avaient de la noblesse, de la grandeur, quelque chose de fier et d'austère... Corneille ne perdit pas en vieillissant l'inimitable noblesse de son génie, mais il s'y mêla quelquefois un peu de dureté. Il avait poussé les grands sentiments aussi loin que la nature pouvait souffrir qu'ils allassent, il commença de temps en temps à les pousser un peu plus loin. » Deux ans après la publication de l'*Art poétique*, Corneille disait à Louis XIV, dans une épître en vers, de ses derniers ouvrages :

. . . . . Les derniers n'ont rien qui dégénère.
Rien qui les fasse croire enfants d'un autre père ;
Ce sont des malheureux étouffés au berceau
Qu'un seul de tes regards tirerait du tombeau.
On voit Sertorius. Œdipe et Rodogune
Rétablis par ton choix dans toute leur fortune ;
Et ce choix montrerait qu'Othon et Suréna
Ne sont pas des cadets indignes de Cinna.

1. On donnait alors les premières représentations d'*Iphigénie*. Amar cite sur ce passage la critique que Voltaire, dans le *Temple du Goût*, fait des personnages trop français mis au théâtre par Racine :

Racine observe les portraits
De Bajazet, de Xipharès,
De Britannicus, d'Hippolyte.
A peine il distingue leurs traits :
Ils ont tous le même mérite :
Tendres, galants, doux et discrets
Et l'amour qui marche à leur suite
Les croit des courtisans français.

2. Les lits, placés la tête au mur, laissaient des deux côtés un espace libre où se réunissaient les visiteurs autour de la maîtresse de maison qui, par une affectation de précieuse, recevait ses visites étant dans son lit.

3. Jean Regnault de Segrais, de l'Académie française, né à Caen en 1625, mort le 25 de mars 1701. Il eut part, dit-on, à la composition des romans de Mme de la Fayette et a laissé des églogues, *Athis*, poème pastoral, et une traduction en vers de l'*Énéide*. (M. Chéron.) — On lit dans le *Temple du Goût* : « Segrais voulut un jour entrer dans le sanctuaire en récitant ce vers de Despréaux :

Que Segrais dans l'églogue en charme les forêts ;

mais la critique ayant lu, par malheur pour lui, quelques pages de son *Énéide* en vers français, le renvoya assez durement, et laissa venir à sa place Mme de la Fayette, qui avait mis sous le nom de Segrais le roman aimable de *Zaïde*, et celui de la *Princesse de Clèves*. »

4. « Alcide n'est là que pour rimer, car Alcide n'est point le héros de l'*Énéide*. » (Desmarets.)

5. Après le passage du Rhin, le roi s'était rendu maître de presque toute la Hollande, et Amsterdam même se disposait à lui envoyer ses clefs. Les Hollandais, pour sauver le reste de leur pays, n'eurent d'autre ressource que de le submerger entièrement en lâchant leurs écluses.

Dira les bataillons sous Mastricht enterrés,
Dans ces affreux assauts du soleil éclairés¹ ?
  Mais tandis que je parle, une gloire nouvelle
Vers ce vainqueur rapide aux Alpes vous appelle,
Déjà Dôle et Salins sous le joug ont ployé ² ;
Besançon fume encor sur son roc foudroyé ³.
Où sont ces grands guerriers dont les fatales ligues
Devaient à ce torrent opposer tant de digues?
Est-ce encor en fuyant qu'ils pensent l'arrêter,
Fiers du honteux honneur d'avoir su l'éviter ⁴ ?
Que de remparts détruits! Que de villes forcées!
Que de moissons de gloire en courant amassées ⁵!
  Auteurs, pour les chanter, redoublez vos transports :
Le sujet ne veut pas de vulgaires efforts ⁶.
Pour moi, qui, jusqu'ici nourri dans la satire,
N'ose encor manier la trompette et la lyre ⁷,
Vous me verrez pourtant, dans ce champ glorieux,
Vous animer du moins de la voix et des yeux ;
Vous offrir ces leçons que ma muse au Parnasse
Rapporta jeune encor du commerce d'Horace ;
Seconder votre ardeur, échauffer vos esprits,
Et vous montrer de loin la couronne et le prix.

---

1. Maëstricht se rendit le 1ᵉʳ de juillet 1653, après seize jours de tranchée ouverte et plusieurs assauts donnés en plein jour.

2. Places de la Franche-Comté prises en plein hiver. (BOILEAU, 1713.) — Cette note est inexacte. Dôle se rendit le 6 de juin 1674, Salins, le 22 ; Besançon avait été soumise le 15 de mai de la même année.

3. Berriat-Saint-Prix fait observer que l'édition de Paris de 1757 ayant mis *sous son roc foudroyé*, cette *légère* bévue se retrouve dans plus de soixante éditions.

4. Montecuculli, général de l'armée d'Allemagne pour les alliés, évita le combat, et s'applaudit de la retraite avantageuse qu'il avait faite.
Voltaire, *Henriade*, IV, 419 :

    Lâches qui dans le trouble et parmi les cabales
    Mettez l'honneur honteux et vos grandeurs vénales.

5.   Songez, seigneur, songez à ces moissons de gloire.
              (RACINE, *Iphigénie*, acte V, scène II.)

6. « Dans la première composition, l'on passait immédiatement du vers 210 (*Dans ces affreux assauts du soleil éclairés*) au vers 223 (*Pour moi qui jusqu'ici nourri dans la satire*). Les douze vers intermédiaires (211 à 222), ces vers si rapides, si énergiques, si pleins d'enthousiasme, furent composés après l'impression, pour ainsi dire, *currente calamo*, et Boileau ne se livre pas à une fiction poétique lorsqu'il s'écrie dans le premier : *Mais tandis que je parle*. Voici nos preuves : 1° L'impression de l'édition in-4° de 1674 fut achevée le 10 juillet (t. I, *Notice bibl.*, s. 1. n° 31) et la prise de Salins, citée au vers 213, p. 260, n'avait été annoncée à Paris que le 20 juin (*Gazette de France* de ce jour)... 2° Le feuillet où se trouvent ces douze vers est au milieu du volume... 3° Il y a été adapté à l'aide d'un carton. (Nos quatre exemplaires et ceux des grandes bibliothèques de Paris ont ce carton.) » (BERRIAT-SAINT-PRIX.)

7. Vingt ans plus tard, l'auteur, malheureusement pour sa gloire, écrira l'*Ode sur la prise de Namur*.

Mais aussi pardonnez, si, plein de ce beau zèle,
De tous vos pas fameux observateur fidèle,
Quelquefois du bon or je sépare le faux,
Et des auteurs grossiers j'attaque les défauts ;
Censeur un peu fâcheux, et souvent nécessaire,
Plus enclin à blâmer que savant à bien faire[1].

[1]. « L'auteur s'est très bien défini lui-même dans ce vers, » disait Pradon. Ce n'est pas chez Pradon qu'il faut aller chercher un jugement éclairé sur l'auteur de l'*Art poétique*. Nous aimons mieux citer celui de Voltaire : « *L'Art poétique* de Boileau est admirable parce qu'il dit toujours agréablement des choses vraies et utiles, parce qu'il donne toujours le précepte et l'exemple, parce qu'il est varié, parce que l'auteur, en ne manquant jamais à la pureté de la langue,

Sait d'une voix légère
Passer du grave au doux, du plaisant au sévère.

Ce qui prouve son mérite chez tous les gens de goût, c'est qu'on sait ces vers par cœur, et ce qui doit plaire aux philosophes, c'est qu'il a presque toujours raison. » (*Dict. philos.*, article *Art poétique*.)

LE LUTRIN

POÈME HÉROÏ-COMIQUE [1]

AU LECTEUR [2]

Je ne ferai point ici comme Arioste [3], qui quelquefois, sur le point de débiter la fable du monde la plus absurde, la garantit vraie d'une vérité reconnue, et l'appuie même de l'autorité de l'archevêque Turpin [4]. Pour moi, je déclare franchement que tout le poème du Lutrin n'est qu'une pure fiction, et que tout y est inventé, jusqu'au nom même du lieu où l'action se passe. Je l'ai appelé Pourges [5], du nom d'une petite chapelle qui était autrefois proche de Montlhéry. C'est pourquoi le lecteur ne doit pas s'étonner que, pour y arriver de Bourgogne, la Nuit prenne le chemin de Paris et de Montlhéry [6].

C'est une assez bizarre occasion qui a donné lieu à ce poème. Il n'y a pas longtemps que, dans une assemblée où j'étais, la conversation tomba sur le poème héroïque. Chacun en parla suivant ses lumières. A l'égard de moi, comme on m'en eut demandé mon avis, je soutins ce que j'ai avancé dans ma poétique : qu'un poème

---

1. De 1674 à 1698 il y a : « Poème héroïque. » — Desmarets fit observer que ce titre qui promet de la grandeur et de la majesté, était trop relevé pour le sujet, et qu'il aurait fallu employer celui de poème héroï-burlesque. En 1701, Boileau lui donne le titre de poème *héroï-comique* à l'imitation de la *Secchia rapita*. (B.-S.-P.)

2. Cet avis a paru avant le *Lutrin* dans les éditions de 1674, in-4°, et 1674 et 1675, petit in-12.

3. Dans son *Roland furieux*. — Date de sa mort, 1533.

4. Turpin, moine de Saint-Denis, puis archevêque de Reims, sur lequel on ne sait autre chose, sinon qu'il assista en 769, avec d'autres prélats français, au concile de Rome où Etienne III fit condamner l'antipape Constantin. Huet, dans son *Origine des romans*, démontre que le livre intitulé *De vita Caroli magni et Rolandi*, attribué à l'archevêque Turpin, et qui raconte les exploits de Charlemagne et de son neveu Roland en Espagne, renferme des faits qui en fixent la composition à la fin du XI° siècle ou au commencement du XII°. Guy Allard, dans sa *Bibliothèque du Dauphiné*, attribue ce roman à un moine de Saint-André de Vienne, qui l'aurait composé l'an 1092. Il a été publié pour la première fois à Francfort-sur-le-Mein, en 1566. (M. CHÉRON).

5. Boileau, qui ne voulait pas désigner la Sainte-Chapelle de Paris, avait d'abord mis Bourges, où il y avait aussi une Sainte-Chapelle.

6. Il résulte des recherches que M. le maire et le curé de Montlhéry ont bien voulu faire en 1826, qu'il n'a jamais existé dans les environs de chapelle ni de hameau nommé Pourges...

héroïque, pour être excellent, devait être chargé de peu de matière[1], et que c'était à l'invention à la soutenir et à l'étendre. La chose fut fort contestée. On s'échauffa beaucoup ; mais après bien des raisons alléguées pour et contre, il arriva ce qui arrive ordinairement en toutes ces sortes de disputes : je veux dire qu'on ne se persuada point l'un l'autre, et que chacun demeura ferme dans son opinion. La chaleur de la dispute étant passée, on parla d'autre chose, et on se mit à rire de la manière dont on s'était échauffé sur une question aussi peu importante que celle-là. On moralisa fort sur la folie des hommes qui passent presque toute leur vie à faire sérieusement de très grandes bagatelles, et qui se font souvent une affaire considérable d'une chose indifférente. A propos de cela, un provincial[2] raconta un démêlé fameux qui était arrivé autrefois dans une petite église de sa province, entre le trésorier et le chantre, qui sont les deux premières dignités de cette église, pour savoir si un lutrin serait placé à un endroit ou à un autre. La chose fut trouvée plaisante. Sur cela un des savants de l'assemblée, qui ne pouvait pas oublier sitôt la dispute, me demanda si moi, qui voulais si peu de matière pour un poème héroïque, j'entreprendrais d'en faire un sur un démêlé aussi peu chargé d'incidents que celui de cette église. J'eus plus tôt dit pourquoi non ? que je n'eus fait réflexion sur ce qu'il me demandait. Cela fit faire un éclat de rire à la compagnie, et je ne pus m'empêcher de rire comme les autres, ne pensant pas en effet moi-même que je dusse jamais me mettre en état de tenir parole. Néanmoins le soir, me trouvant de loisir, je rêvai à la chose, et ayant imaginé en général la plaisanterie que le lecteur va voir, j'en fis vingt vers que je montrai à mes amis. Ce commencement les réjouit assez. Le plaisir que je vis qu'ils y prenaient m'en fit faire encore vingt autres : ainsi de vingt vers en vingt vers, j'ai poussé enfin l'ouvrage à près de neuf cents. Voilà toute l'histoire de la bagatelle que je donne au public. J'aurais bien voulu la lui donner achevée ; mais des raisons très secrètes[3], et dont le lecteur trouvera bon que je ne l'instruise pas, m'en ont empêché. Je ne me serais pourtant pas pressé de le donner imparfait, comme il est, n'eût été les misérables fragments qui en ont couru[4]. C'est un burlesque nouveau, dont je me suis avisé en notre langue ; car, au lieu que dans l'autre burlesque Didon et Énée parlaient comme des harengères et des crocheteurs, dans celui-ci une horlogère et un horloger parlent comme

---

1. Allusion à ces vers de l'*Art poétique*, ch. III :

> N'offrez point un sujet d'incidents trop chargé.
> Le seul courroux d'Achille, avec art ménagé,
> Remplit abondamment une Iliade entière :
> Souvent trop d'abondance appauvrit la matière.

2. On verra dans l'*Avis au lecteur* qui suit que cette circonstance fut inventée pour dépayser le lecteur, comme dit Saint-Marc.

3. Le poème n'était pas achevé, voilà la vraie raison. (BROSSETTE.)

4. Berriat-Saint-Prix dans ses *Notices bibliographiques*, t. I, § 1, n° 31, indique ces fragments :

« Fragments sur le *Lutrin* de la Sainte-Chapelle, p. 13 à 20 de la *Réponse au Pain bénit* du sieur abbé de Marigny, petit in-12 de 20 pages, 1673. Il n'y a pas d'autre indication. »

Didon et Énée [1]. Je ne sais donc si mon poème aura les qualités propres à satisfaire un lecteur, mais j'ose me flatter qu'il aura au moins l'agrément de la nouveauté [2] puisque je ne pense pas qu'il y ait d'ouvrage de cette nature en notre langue, la Défaite des bouts-rimés [3], de Sarrasin, étant plutôt une pure allégorie qu'un poème comme celui-ci [4].

1. En 1704, il les remplaça par un perruquier et une perruquière.
2. La poésie *héroï-comique* n'avait point été inconnue à nos ancêtres. Nous avons eu, nous aussi, et longtemps avant les Italiens, nos épopées burlesques Voici ce qu'en dit V. Le Clerc dans son *Discours sur l'etat des lettres* au xiv° siècle. t. II, p. 15 : « On le louait (Chaucer) aussi d'avoir le premier, longtemps avant Cervantes, laissé voir dans son étrange figure de sir Thopas le côté grotesque ou héroï-comique de la chevalerie; nous pouvons affirmer aujourd'hui que dans ce genre, qui a fait la gloire du Pulci et de l'Arioste, il avait été devancé, ainsi que l'auteur du *Tournoi ridicule de Tottenham*, par le *Dit d'Aventures*, par les *Facettes* trop libres d'Audigier, par le *Siège du château de Neuville*, par le petit poème sur *Charlemagne à Constantinople*, et même par les grandes compositions, telles que le *Moniage Guillaume*, *Raynouart*, *Beaudoin de Sebourg.* »
3. *Dulot vaincu ou la défaite des bouts-rimés* est un poème de Sarrasin, d'environ quatre cents vers, distribués en quatre chants, badinage quelquefois agréable, mais qui n'est aucunement digne d'être comparé au *Lutrin*. Quatorze bouts-rimés, tels que *Piques, Barbes, Jacquemars*, etc., suivent Dulot de la lune à Paris : ils soutiennent une guerre contre une armée poétique commandée par l'Epopée, armée dans laquelle on distingue l'ode, les stances, la chanson, la satire, etc. Dulot fend un madrigal, mais les stances *rasent les barbes;* l'épopée fond sur les *jacquemars* et perce le roi des *piques*. Ces détails, qui ne sont pas très ingénieux, sont surtout fort peu variés.
Jean-François Sarrasin naquit en 1600 à Hermanville, près de Caen, ville où son père était trésorier de France, et mourut à Pézenas en 1654. (Daunou.) — Sarrasin a publié en outre un recueil de *Poésies diverses* et une *Histoire du siège de Dunkerque*. (M. Chéron.)
4. Voir ce que Boileau dit du burlesque au chant 1er de l'*Art poétique*, v. 80 et suiv. Saint-Amant se vantait d'avoir introduit le premier ce genre de composition dans la France. Dans la préface du *Passage de Gibraltar* (t. I, p. 284, édit. Jannet), on peut lire cette curieuse théorie : « Puisque, selon l'opinion du plus grand et du plus judicieux de tous les philosophes, le principal but de la poésie est de plaire, et que la joye est ce qui contribue le plus à l'entretien de la santé, laquelle est une chose si précieuse en cette vie, qu'elle a esté préférée par les plus sages à la sagesse mesme, je tiens pour maxime indubitable que les plus gayes productions de ce bel art, qui, laissant les espines aux sciences, ne se compose que de fleurs, doivent estre les plus recherchées et les plus chéries de tout le monde. Ce n'est pas que je veuille mettre en ce rang les bouffonneries plates et ridicules, qui ne sont pas assaisonnées d'aucune gentillesse ni d'aucune pointe d'esprit, et que je sois de l'advis de ceux qui croyent, comme les Italiens ont fait autrefois à cause de leur Bernia (Bernin) dont ils adoraient les élégantes fadezes, que la simple naïveté soit le seul partage des pièces comiques. Je veux bien qu'elle y soit, mais il faut qu'elle soit entremeslée de quelque chose de vif, de noble et de fort qui la relève. Il faut sçavoir mettre le sel, le poivre et l'ail à propos en cette sauce; autrement, au lieu de chatouiller le goust et de faire épanouir la rate de bonne grâce aux honnêtes gens, on ne touchera ny on ne fera rire que les crocheteurs. Il est vrai que ce genre d'écrire, composé de deux génies si différens, fait un effet merveilleux; mais il n'appartient pas à toutes sortes de plumes de s'en mesler, et, si l'on n'est maistre absolu de la langue, si l'on n'en sçait toutes les galanteries, toutes les propriétés, toutes les finesses, voire mesmes jusques aux moindres vétilles, je ne conseillerai jamais à personne de l'entreprendre; je m'y suis plu de tout temps, parce qu'aymant la liberté comme je fais, je veux mesmes avoir mes coudées franches dans le langage. Or, comme celui-là embrasse, sans contredit, beaucoup plus de termes, de façons de parler et de mots, que l'héroïque tout seul, j'ai bien voulu en prendre la place le premier, afin que si quelqu'un réussit mieux après moy, j'aye à tout le moins la gloire d'avoir commencé... »

AVIS AU LECTEUR[1].

Il serait inutile maintenant de nier que le poëme suivant a été composé à l'occasion d'un différend assez léger, qui s'émut dans une des plus célèbres églises de Paris entre le trésorier et le chantre[2]; mais c'est tout ce qu'il y a de vrai. Le reste, depuis le commencement jusqu'à la fin, est une pure fiction ; et tous les personnages y sont non seulement inventés, mais j'ai eu soin même de les faire d'un caractère directement opposé au caractère de ceux qui desservent cette église, dont la plupart, et principalement les chanoines, sont tous gens, non seulement d'une fort grande probité, mais de beaucoup d'esprit, et entre lesquels il y en a tel à qui je demanderais aussi volontiers son sentiment sur mes ouvrages qu'à beaucoup de messieurs de l'Académie. Il ne faut donc pas s'étonner si per-

---

1. Titre donné en 1701 à la dernière partie de la préface générale des éditions de 1683 à 1698, partie que Boileau a détachée alors pour en faire un avertissement particulier qu'il plaça à la tête du *Lutrin*.

2. Le trésorier était la première dignité du chapitre, et le chantre était la seconde. Voici comment Morand, dans son histoire de la Sainte-Chapelle, rapporte ce différend :

« Le mercredi 4 août 1677, messire Barin, chanoine de la Sainte-Chapelle, fit entendre à la Compagnie que, le dimanche précédent, il avait trouvé devant sa place un pulpitre fort élevé, qu'il disait être une nouveauté; qu'il n'y en avait point eu depuis seize ans qu'il avait l'honneur d'être chantre; que ce pulpitre, dont il n'avait nul besoin, l'empêchait de voir le chœur et d'avoir l'œil sur les chantres; il estimait que c'était une marque d'injure faite à sa personne : pourquoi il l'avait fait ôter le lundi, premier jour du mois, et avait donné assignation aux sieurs Cyreult et Frontin, prêtres et sous-marguilliers, par devant messieurs des requêtes du Palais, pour que défenses leur soient faites de ne plus mettre de pulpitre devant sa place, à peine de cent livres d'amende. Sur quoi, acte donné au sieur chantre, requête et signification du trésorier, prenant fait et cause pour les sous-marguilliers, députation et représentations au trésorier de la part des chanoines, pour l'engager à ne point plaider et à terminer à l'amiable, réponses du trésorier, soutenant qu'ayant fait mettre le pulpitre, selon le droit qu'il en avait, il ne pouvait se soumettre à un arbitrage; vues pacifiques de M. le premier président s'offrant pour médiateur, et demandant au chantre de faire remettre le pulpitre et de s'en rapporter à lui du surplus; résistance du chantre : il demande du temps, il sollicite ses confrères, les conjure de ne pas l'abandonner et de ne pas souffrir qu'il soit obligé de revoir en place l'objet qui faisait son tourment; il fait valoir son grand âge, ses longs services, son zèle et son assiduité. La Compagnie le console de son mieux, député trois chanoines à M. le président, pour le prier de prononcer sur tous les chefs de contestation qui la divisaient, et d'assoupir les différends qui en pourraient naître : c'était demander l'impossible. Aussi ce sage magistrat, satisfait de la déférence des chanoines, et ne pouvant pourvoir à tout, fit entendre au trésorier que le pulpitre n'ayant été mis anciennement en place que pour la commodité de ses prédécesseurs, il n'était pas convenable de l'y faire replacer, s'il déplaisait à M. Barin, et néanmoins, pour accorder quelque satisfaction au trésorier, témoigna le désir de voir le lendemain, 1ᵉʳ septembre, le pulpitre en place lorsqu'il irait à la messe, et engagea le chantre a l'y faire mettre. Ses intentions furent secondées de part et d'autre : dès le même jour, le pulpitre fut remis en place et y resta pendant matines et la grand'messe du lendemain, après laquelle le trésorier le fit ôter. »

sonne n'a été offensé de l'impression de ce poème, puisqu'il n'y a en
effet personne qui y soit véritablement attaqué. Un prodigue ne
s'avise guère de s'offenser de voir rire d'un avare ni un dévot de voir
tourner en ridicule un libertin. Je ne dirai point comment je fus
engagé à travailler à cette bagatelle sur une espèce de défi qui me
fut fait en riant par feu M. le président de Lamoignon[1], qui est celui
que j'y peins sous le nom d'Ariste. Ce détail, à mon avis, n'est pas
fort nécessaire. Mais je croirais me faire un trop grand tort si je
laissais échapper cette occasion d'apprendre à ceux qui l'igno-
rent que ce grand personnage, durant sa vie, m'a honoré de son
amitié. Je commençai à le connaître dans le temps que mes
satires faisaient le plus de bruit; et l'accès obligeant qu'il me
donna dans son illustre maison fit avantageusement mon apologie contre ceux qui voulaient m'accuser alors de libertinage[2] et de
mauvaises mœurs. C'était un homme d'un savoir étonnant, et passionné admirateur de tous les bons livres de l'antiquité ; et c'est ce
qui lui fit plus aisément souffrir mes ouvrages, où il crut entrevoir
quelque goût des anciens. Comme sa piété était sincère, elle était
aussi fort gaie, et n'avait rien d'embarrassant. Il ne s'effraya point du
nom de satires que portaient ces ouvrages, où il ne vit en effet que
des vers et des auteurs attaqués. Il me loua même plusieurs fois
d'avoir purgé, pour ainsi dire, ce genre de poésie de la saleté qui lui
avait été jusqu'alors comme affectée. J'eus donc le bonheur de ne
lui être pas désagréable. Il m'appela à tous ses plaisirs et à tous
ses divertissements, c'est-à-dire à ses lectures et à ses promenades.
Il me favorisa même quelquefois de sa plus étroite confidence, et me
fit voir à fond son âme entière. Et que n'y vis-je point! Quel trésor
surprenant de probité et de justice! Quel fonds inépuisable de piété
et de zèle ! Bien que sa vertu jetât un fort grand éclat au dehors,
c'était toute[3] autre chose au dedans; et on voyait bien qu'il avait
soin d'en tempérer les rayons, pour ne pas blesser les yeux d'un
siècle aussi corrompu que le nôtre. Je fus sincèrement épris de tant
de qualités admirables ; et, s'il eut beaucoup de bonne volonté pour

---

1. Guillaume de Lamoignon, marquis de Basville, comte de Launoy-Courson,
baron de Saint-Yon, né le 23 d'octobre 1617, nommé premier président le 2 d'octobre 1658, mourut le 10 de décembre 1677. — « Racontant un jour le singulier
arbitrage qui lui avait été déféré par ses voisins de la Sainte-Chapelle, le premier
président Lamoignon avait dit en riant à Boileau : « Voilà un sujet de poëme. —
Il ne faut jamais défier un fou, » avait répondu celui-ci, et il se mit en devoir de
tenir la gageure. Comme poëte il s'y est complu et surpassé. Il eut soin de
travestir les masques (il le dit quelques lignes plus haut). On a pu toutefois y
relever nombre de malices à l'adresse de gens d'église plus ou moins connus, et
qui n'étaient pas des amis de ses amis (SAINTE-BEUVE, Port-Royal, t. V, p. 378).
2. Ici *libertinage* est pris dans le sens de licence de l'esprit qui rejette les
croyances religieuses. *Mon frère, ce discours sent le libertinage.* (MOLIÈRE, *Tartufe*, I, VI.) — « Il y en a bien qui ne croient pas, mais par libertinage : peu sont
entre deux. » (PASCAL, *Pensées*, XXV, 47, édit. Havet.)
3. C'est le texte des éditions originales, à l'exception de 1701, in-12, où (peut-
être est-ce une erreur typographique) on a mis *tout autre*, comme il faudrait à
présent (B.-S.-P.).

moi, j'eus aussi pour lui une très forte attache[1]. Les soins que je lui rendis ne furent mêlés d'aucune raison d'intérêt mercenaire; et je songeai bien plus à profiter de sa conversation que de son crédit, il mourut dans le temps que cette amitié était en son plus haut point; et le souvenir de sa perte m'afflige encore tous les jours. Pourquoi faut-il que des hommes si dignes de vivre soient sitôt enlevés du monde, tandis que des misérables et des gens de rien arrivent à une extrême vieillesse[2]! Je ne m'étendrai pas davantage sur un sujet si triste, car je sens bien que, si je continuais à en parler, je ne pourrais m'empêcher de mouiller peut-être de larmes la préface d'un ouvrage de pure plaisanterie[3].

ARGUMENT[4]

Le trésorier remplit la première dignité du chapitre dont il est ici parlé, et il officie avec toutes les marques de l'épiscopat. Le chantre remplit la seconde dignité. Il y avait autrefois dans le chœur, à la place de celui-ci, un énorme pupitre ou lutrin qui le couvrait presque tout entier; il le fit ôter. Le trésorier voulut le faire remettre. De là arriva une dispute qui fait le sujet de ce poème.

NOTE SUR LA SAINTE-CHAPELLE

INDISPENSABLE POUR BIEN COMPRENDRE TOUS LES DÉTAILS DU LUTRIN.

« Tous les rois successeurs de saint Louis s'attachèrent à enrichir cette chapelle, surtout après la canonisation du fondateur. Philippe V,

---

1. *Attache*, sentiment qui attache.

> D'ailleurs pour cet enfant leur attache est visible.
> (RACINE, *Athalie*, III, III.)

— *Plus elle mettra en Dieu seul son attache et sa confiance* (B. 55. Lett. 33). — *Et sa puissante attache aux choses éternelles.* (MOLIÈRE, *Tartufe*, II, II.) — Entre *attache* et *attachement*, on voit que l'usage a introduit cette différence: *attache* exprime toute espèce d'intérêt qui captive; tandis que *attachement* exprime un goût, une affection. (E. LITTRÉ, *Dict. de la langue française*.)

2. Sophocle fait dire à peu près la même chose à Philoctète (v. 446).

3. De 1683 à 1698 il y a: « la préface d'un livre de satires de plaisanteries. » Pradon s'est inscrit en faux contre les paroles de Boileau:

> Que cet homme important, ce grand panégyriste
> Dresse un beau mausolée à la gloire d'Ariste,
> Quand de ses vers malins il le rend protecteur,
> Et de son cher *Lutrin* le complice et l'auteur!
> A l'entendre parler, il en fit ses délices,
> Il adorait sa veine, il aimait ses caprices;
> Sans ce fidèle Achate il n'eût su faire un pas:
> L'un était le David, l'autre le Jonathas.
> Non, je ne puis souffrir une telle imposture:
> C'est pour se faire honneur qu'il lui fait cette injure.
> (Epître à Alcandre.)

4. Cet argument n'est que dans les éditions de 1713.

dit le Long, augmenta considérablement ses bénéfices : ce fut encore lui qui fonda la chantrerie et qui y établit un premier chantre. Clément VII, reconnu en France pour pape, accorda au Trésorier de la Sainte-Chapelle le pouvoir d'user de la mitre, de l'anneau et de tous les ornements pontificaux, à l'exception de la crosse : il lui donna encore le pouvoir de bénir le peuple dans les processions solennelles qui se font dans l'enclos du Palais, pourvu néanmoins que le Légat, l'archevêque de Sens et l'évêque de Paris n'y fussent pas. Voici l'état présent de cette chapelle (1735), à laquelle il est arrivé plusieurs changements successifs. Il y a un trésorier, un chantre, douze chanoines, treize chapelains perpétuels, huit enfants de chœur, leur maître et grand-maître, et autres petits officiers. Le chantre, après avoir été élu par le trésorier et les chanoines, doit être confirmé par le roi. Ceux qui habitent la cour du Palais et qui y demeurent, les bénéficiers et officiers de la Sainte-Chapelle, reconnaissent la Chapelle basse, desservie par un vicaire de la nomination du trésorier, pour leur pa-roisse. » *Histoire de la ville de Paris*, abrégée de celle du R. P. Lobineau, t. I, p. 217. Paris, 1735.

CHANT I

I
Début; invocations.

Je chante les combats, et ce prélat terrible[1],
Qui, par ses longs travaux et sa force invincible,
Dans une illustre église[2] exerçant son grand cœur,
Fit placer à la fin un lutrin dans le chœur[3].
C'est en vain que le chantre[4], abusant d'un faux titre,
Deux fois l'en fit ôter par les mains du chapitre :
Ce prélat, sur le banc de son rival altier,
Deux fois le reportant, l'en couvrit tout entier.
   Muse, redis-moi donc quelle ardeur de vengeance
De ces hommes sacrés rompit l'intelligence,
Et troubla si longtemps deux célèbres rivaux :
Tant de fiel entre-t-il dans l'âme des dévots[5] ?
   Et toi, fameux héros[6] dont la sage entremise
De ce schisme naissant débarrassa l'Eglise,

---

1. Claude Aubry, ancien camérier du cardinal Mazarin, évêque de Coutances en 1656, et trésorier de la Sainte-Chapelle en 1653. En 1658, il permuta l'évêché contre un bénéfice simple, et conserva la trésorerie. (M. Chéron.)
2. Fragment de 1673 : *Dans la Sainte-Chapelle*.
3. Ceci eut lieu le 31 de juillet 1667. — *Lutrin*, pupitre d'église où l'on place les livres de chant. La forme ancienne de ce mot est *letrin*, bas latin *lectrinum* de *lectrum*, pupitre dans Isidore, qui vient de Λεκτρὸν, proprement dit. (E. Littré.)
— De 1674 à 1682, dix éditions, dont cinq originales, donnent *dans un chœur*. —
« On n'a pas assez observé le caractère du poème *héroï-comique*. Il a le grand avantage de la variété, et souvent le charme de la surprise; il s'élève par moments à la pompe héroïque, pour retomber par une chute inattendue dans le comique du sujet; mais cette chute doit être inattendue, sans disparate, et c'est là la grande difficulté de ce genre de poème. Les quatre premiers vers du *Lutrin* en sont un modèle parfait. Les trois premiers sont dignes de l'épopée sérieuse ; le quatrième ramène le lecteur étonné au comique du sujet. Cette composition est une sorte d'espièglerie, si j'ose parler ainsi, et de moquerie continuelle, par laquelle le poète trompe à la fois et amuse notre curiosité. » (Delille, *Énéide*, liv. I, note 6.)
4. Jacques Barrin, fils de M. de la Galissonnière, maître des requêtes. — L'office de chantre de la Sainte-Chapelle fut créé en 1319. (M. Chéron.) Ce dignitaire est le maître du chœur présidant au chant dans une église cathédrale ou collégiale et dans les chapitres. Il porte la chape et le bâton dans les fêtes solennelles et donne le ton aux autres en commençant les psaumes et les antiennes. Le chantre porte dans ses armoiries un bâton de chœur derrière l'écu pour marque de sa dignité. — Boileau avait mis d'abord (1674 à 1682) :

    En vain deux fois le chantre, abusant d'un faux titre,
    Contre ses hauts projets arma tout le chapitre :
    Ce prélat généreux, aidé d'un horloger,
    Soutint jusques au bout l'honneur de son clocher.

5. Imitation de Virgile, *Énéide*.
6. M. le premier président de Lamoignon. (Boileau, 1712.)

Viens d'un regard heureux animer mon projet[1],
Et garde-toi de rire en ce grave sujet.

II
La Discorde s'indigne de la paix qui règne dans la Sainte-Chapelle.

Parmi les doux plaisirs d'une paix fraternelle,
Paris voyait fleurir son antique chapelle[2] :
Ses chanoines vermeils et brillants de santé
S'engraissaient d'une longue et sainte oisiveté.
Sans sortir de leurs lits, plus doux que leurs hermines,
Ces pieux fainéants faisaient chanter matines[3],
Veillaient à bien dîner, et laissaient en leur lieu
A des chantres gagés le soin de louer Dieu[4] ;
Quand la Discorde encor toute noire de crimes[5],
Sortant des Cordeliers pour aller aux Minimes[6],

1. C'est ainsi que Virgile s'adresse à Mécène au IVᵉ livre des *Géorgiques*.
2. Première manière : *Le calme fleurissait dans la sainte Chapelle*, mais ce dernier mot ne désignait pas assez précisément la Sainte-Chapelle de Paris. Dans la première édition faite en 1674, on lisait Bourges au lieu de Paris. (Bnoss.) — La Sainte-Chapelle fut érigée dans l'enceinte du Palais de Justice, sous saint Louis, de 1245 à 1248, par Eudes de Montreuil ; elle était destinée à recevoir la couronne d'épines de Jésus-Christ et d'autres reliques que le roi avait achetées à Baudouin II, dernier empereur latin de Constantinople. Elle contenait une partie de la section judiciaire des archives, avant son intelligente restauration par MM. Lassus et Viollet-le-Duc. Cf. Sébastien Rouillard, *Traité de l'antiquité de la Sainte-Chapelle du Palais*, Paris, 1668, in-8° ; et Félibien, *Histoire de Paris*, t. I, p. 293 et suiv. (M. Chéron.)
3. Première partie de l'office divin, qui se dit ordinairement la nuit après minuit.
4. « Moi, dit le cheffecier, je suis maître du chœur : qui me forcera d'aller à matines ? mon prédécesseur n'y allait point, suis-je de pire condition ? dois-je laisser avilir ma dignité entre mes mains, ou la laisser telle que je l'ai reçue ? Ce n'est point, dit l'écolâtre, mon intérêt qui me mène, mais celui de la prébende ; il serait bien dur qu'un grand chanoine fût sujet au chœur, pendant que le trésorier, l'archidiacre, le pénitencier et le grand vicaire s'en croient exempts. Je suis bien fondé, dit le prévôt, à demander la rétribution sans me trouver à l'office ; il y a vingt années entières que je suis en possession de dormir les nuits, je veux finir comme j'ai commencé, et l'on ne me verra point déroger à mon titre. Que me servirait d'être à la tête d'un chapitre ? Mon exemple ne tire point à conséquence. Enfin, c'est entre eux tous à qui ne louera point Dieu, à qui fera voir par un long usage qu'il n'est point obligé de le faire ; l'émulation de ne se point rendre aux offices divins ne saurait être plus vive ni plus ardente. Les cloches sonnent dans une nuit tranquille ; et leur mélodie, qui réveille les chantres et les enfants de chœur, endort les chanoines, les plonge dans un sommeil doux et facile, et qui ne leur procure que de beaux songes ; ils se lèvent tard et vont à l'église se faire payer d'avoir dormi. » (La Bruyère, *De quelques usages*.)
5. Voltaire, *Henriade*, ch. I, v. 61-66, emploie six vers pour faire ainsi le portrait de la Discorde :

> Ce monstre impétueux, sanguinaire, inflexible,
> De ses propres sujets est l'ennemi terrible :
> Aux malheurs des mortels il borne ses desseins ;
> Le sang de son parti rougit souvent ses mains ;
> Il habite en tyran dans les cœurs qu'il déchire.

6. Il y eut de grandes brouilleries dans ces deux couvents, à l'occasion de quel-

Avec cet air hideux qui fait frémir la Paix,
S'arrêta près d'un arbre au pied de son palais [1].
Là, d'un œil attentif contemplant son empire,
A l'aspect du tumulte, elle-même s'admire.
Elle y voit par le coche et d'Evreux et du Mans [2]
Accourir à grands flots ses fidèles Normands ;
Elle y voit aborder le marquis, la comtesse,
Le bourgeois, le manant[3], le clergé, la noblesse,
Et partout des plaideurs les escadrons épars
Faire autour de Thémis flotter ses étendards.
Mais une église seule, à ses yeux immobile,
Garde au sein du tumulte une assiette tranquille :
Elle seule la brave : elle seule aux procès
De ses paisibles murs veut défendre l'accès.
La Discorde, à l'aspect d'un calme qui l'offense,
Fait siffler ses serpents, s'excite à la vengeance[4] ;
Sa bouche se remplit d'un poison odieux,
Et de longs traits de feu lui sortent par les yeux.
   Quoi ! dit-elle d'un ton qui fit trembler les vitres,
J'aurai pu jusqu'ici brouiller tous les chapitres,
   Diviser Cordeliers, Carmes et Célestins[5] !

ques supérieurs qu'on y voulait élire. (BOILEAU, 1713.) Le couvent des Cordeliers était dans la rue de l'Ecole-de-Médecine et leur église, démolie après 1790, sur la place même qui est devant l'Ecole ; les Minimes étaient près de la place Royale, rue des Minimes ; leur couvent sert aujourd'hui de caserne. — Dans Arioste, saint Michel, allant chercher la Discorde, la trouve dans un chapitre de moines assemblés pour l'élection de leurs supérieurs.
   Le poète italien la représente chargée d'écrits, de procédures, d'actes, etc. ; c'est la Chicane que Boileau va bientôt nous montrer à son tour.
   1. C'est le *mai* que la Basoche, c'est-à-dire la communauté des clercs du Palais, faisait planter tous les ans, le 1er de mai, au pied du grand escalier du Palais, derrière la Sainte-Chapelle. — L'auteur avait d'abord mis :

   S'arrêta près du mai dans la cour du Palais.
                                (BROSSETTE.)

   Cette cour garde encore le nom de *cour du Mai*.
   2. Voir la pièce des *Plaideurs* de Racine.
   3. Dans l'ancien droit féodal, *manant* désignait les vilains, les roturiers, les hommes *de poesté*, sujets de la justice féodale, à raison de ce qu'ils étaient levants et couchants dans le ressort de la juridiction justicière, il désignait aussi les habitants d'un bourg ou d'un village : c'est dans ce sens que Boileau le prend ici pour l'opposer aux bourgeois.
   4.   Pour qui sont ces serpents qui sifflent sur vos têtes ?
                       (RACINE, Andromaque, acte V, scène v.)
       Fait siffler ses serpents et lui parle en ces mots.
                       (VOLTAIRE, Henriade, ch. IV, v. 146.)
   5. Les Carmes occupaient l'emplacement du marché qui porte ce nom, près de la place Maubert ; une partie du couvent des Célestins, en face de la bibliothèque de l'Arsenal, sert aujourd'hui de caserne à la garde de Paris. Les dissensions de ces deux ordres donnèrent lieu à un arrêt du parlement rendu au mois d'avril 1667, sur le réquisitoire de l'avocat général Talon. (M. CHÉRON.)

J'aurai fait soutenir un siège aux Augustins[1] !
Et cette église seule, à mes ordres rebelle,
Nourrira dans son sein une paix éternelle !
Suis-je donc la Discorde ? et, parmi les mortels,
Qui voudra désormais encenser mes autels[2] ?

III

La Discorde pénètre chez le Trésorier.

A ces mots, d'un bonnet couvrant sa tête énorme,
Elle prend d'un vieux chantre et la taille et la forme,
Elle peint de bourgeons son visage guerrier[3],
Et s'en va de ce pas trouver le trésorier.

---

1. Le couvent des Augustins était sur le quai de ce nom, là où était le marché à la volaille et au gibier ; la halle qui y avait été bâtie en 1811 vient d'être démolie et remplacée par des maisons. — « De deux ans en deux ans, les augustins du grand couvent de Paris nomment en chapitre trois de leurs religieux bacheliers, pour faire leur licence en Sorbonne. Il y a trois places fondées pour cela. En 1656, le père Célestin Villiers, prieur de ce couvent, voulant favoriser quelques bacheliers, en fit nommer neuf pour les trois licences suivantes. Ceux qui s'en virent exclus par cette élection prématurée se pourvurent en parlement. Le parlement ordonna que l'on ferait une autre nomination en présence de MM. de Catinat et de Saveuse, conseillers de la cour, et de M. Janart, substitut du procureur général. Les religieux ayant refusé d'obéir, la cour fut obligée d'employer la force pour faire exécuter son arrêt. On manda tous les archers, qui, après avoir investi le couvent, essayèrent d'enfoncer les portes. Mais ils n'en purent venir à bout, parce que les religieux, prévoyant ce qui devait arriver, les avaient fait murer par derrière, et avaient fait provision de cailloux et de toute sorte d'armes. Les archers tentèrent d'autres voies : les uns montèrent sur les toits des maisons voisines pour entrer dans le couvent, tandis que les autres travaillaient à faire une ouverture dans la muraille du jardin du côté de la rue Christine. Les Augustins, s'étant mis en défense, sonnèrent le tocsin, et commencèrent à tirer d'en bas sur les assiégeants. Ceux-ci, postés plus avantageusement qu'eux, et couverts par les cheminées, tirèrent à leur tour sur les moines, dont il y en eut deux de tués et autant de blessés.

« Cependant, la brèche étant faite, les religieux eurent la témérité d'y porter le Saint-Sacrement, espérant arrêter par là les assiégeants. Mais comme ils virent que cette ressource était inutile, et que l'on ne laissait pas de tirer sur eux, ils demandèrent à capituler, et l'on donna des otages de part et d'autre. Le principal article de la capitulation fut que les assiégés auraient la vie sauve, moyennant quoi ils abandonnèrent la brèche et livrèrent leurs portes. Les commissaires du parlement, étant entrés, firent arrêter onze de ces religieux qui furent menés en prison à la Conciergerie, le 23 d'août 1658. Le cardinal Mazarin, qui n'aimait pas le parlement, fit mettre les religieux en liberté, par ordre du roi, après vingt-sept jours de prison. Ils furent mis dans les carrosses du roi, et menés en triomphe dans leur couvent, au milieu des gardes-françaises, rangés en haie depuis la Conciergerie jusqu'aux Augustins. Leurs confrères allèrent les recevoir en procession, ayant des palmes à la main. Ils sonnèrent toutes leurs cloches, et chantèrent le *Te Deum* en action de grâces.

« La Fontaine fit à ce sujet une ballade, dont le refrain est :

Les Augustins sont serviteurs du roi. »

(BROSSETTE.)

2. Virgile, *Énéide*, liv. I, v. 52. (BOILEAU, 1713.)

3. Boutons rouges qui viennent au visage, produits quelquefois par l'excès de la boisson. — « C'était (Riom) un gros garçon court, joufflu, qui, avec force bourgeons, ne ressemblait pas mal à un abcès. » (SAINT-SIMON, 435-54.)

Dans le réduit obscur d'une alcôve enfoncée [1]
S'élève un lit de plume à grands frais amassée :
Quatre rideaux pompeux, par un double contour,
En défendent l'entrée à la clarté du jour.
Là, parmi les douceurs d'un tranquille silence,
Règne sur le duvet une heureuse indolence.
C'est là que le prélat, muni d'un déjeuner,
Dormant d'un léger somme, attendait le dîner.
La jeunesse en sa fleur brille sur son visage :
Son menton sur son sein descend à double étage,
Et son corps, ramassé dans sa courte grosseur,
Fait gémir les coussins sous sa molle épaisseur [2].

La déesse en entrant, qui voit la nappe mise [3],
Admire un si bel ordre, et reconnaît l'Église [4],
Et, marchant à grands pas vers le lieu du repos,
Au prélat sommeillant elle adresse ces mots :
Tu dors, prélat, tu dors ! et là-haut [5], à ta place,
Le chantre aux yeux du chœur étale son audace,

1. Cette description faite de génie, l'auteur n'ayant jamais vu ni l'alcôve ni le lit du trésorier, se trouva conforme à la vérité. (BROSSETTE.) — Il est inutile, après tant de commentateurs, de faire ressortir la perfection de cette peinture, où les mots, dit la Harpe, sont choisis de manière qu'il n'y a pas une seule syllabe qui fasse assez de bruit pour réveiller le prélat qui dort ; où, dit Marmontel, il n'y a pas une épithète qui n'ajoute à l'image.

2. L'auteur ajouta ces quatre vers pour faire une contre-vérité, car le trésorier était maigre, vieux et de grande taille... (BROSSETTE.) — Gresset, dans son *Lutrin vivant*, a essayé de rendre aux chanoines la réputation de sobriété et d'activité que Boileau leur avait ravie :

> Là ne sont point de ces mortels fleuris
> Qui dans les bras d'une heureuse indolence,
> Exempts d'étude et libres d'abstinence,
> N'ont qu'à nourrir leur brillant coloris :
> On ne voit là que pâles effigies,
> Qui du champagne onc ne furent rougies.
> Que maigres clercs, chanoines avortons,
> Sans rabats fins et sans triples mentons ;
> Contraints d'aller, traînant leurs faces blêmes,
> A chaque office et de chanter eux-mêmes.

3. Les grammairiens ont beaucoup blâmé ce *qui* ; c'était une inversion dont le XVIIe siècle offre de fréquents exemples :

> Un homme l'emmenait, qui s'est trouvé fort sot.
> (MOLIÈRE, *l'Étourdi*, II, XIV.)

> Nos pères sur ce point étaient gens bien sensés,
> Qui disaient qu'une femme en sait toujours assez.
> (ID., *Femmes sav.*, II, VII.)

> Viens, tu fais ton devoir, et le fils dégénère
> Qui survit un moment à l'honneur de son père.
> (CORNEILLE, *Cid*, II, II.)

« On ne parlait qu'avec transport de la bonté de cette princesse, qui lui gagna d'abord tous les esprits. » (BOSSUET, *Or. fun. de la duch. d'Orléans.*) — « Il a eu raison d'interdire un prêtre pour toute sa vie, qui, pour se défendre, avait tué un voleur d'un coup de pierre. » (PASCAL, XIVe Prov.)

4. Imitation. (HOMÈRE, *Iliade*, liv. II, v. 23.)

5. La Sainte-Chapelle haute, où les chanoines font l'office, est beaucoup plus élevée que la maison du trésorier, qui est dans la cour du Palais. BROSSETTE.)

Chante les OREMUS, fait des processions,
Et répand à grands flots les bénédictions[1] !
Tu dors ! attends-tu donc que sans bulle et sans titre,
Il te ravisse encor le rochet et la mitre[2] ?
Sors de ce lit oiseux qui te tient attaché,
Et renonce au repos, ou bien à l'évêché[3].

Elle dit : et du vent de sa bouche profane,
Lui souffle avec ces mots l'ardeur de la chicane.
Le prélat se réveille, et, plein d'émotion,
Lui donne toutefois la bénédiction[4].

IV

Effets sur le Trésorier des paroles de la Discorde.

Tel qu'on voit un taureau, qu'une guêpe en furie
A piqué dans les flancs aux dépens de sa vie[5],
Le superbe animal, agité de tourments,
Exhale sa douleur en longs mugissements :
Tel le fougueux prélat, que ce songe épouvante,
Querelle en se levant et laquais et servante ;
Et, d'un juste courroux rallumant sa vigueur,
Même avant le dîner, parle d'aller au chœur.
Le prudent Gilotin, son aumônier fidèle[6],
En vain par ses conseils sagement le rappelle ;
Lui montre le péril ; que midi va sonner ;
Qu'il va faire, s'il sort, refroidir le dîner.

Quelle fureur, dit-il, quel aveugle caprice,
Quand le dîner est prêt, vous appelle à l'office ?
De votre dignité soutenez mieux l'éclat :
Est-ce pour travailler que vous êtes prélat ?
A quoi bon ce dégoût et ce zèle inutile ?
Est-il donc, pour jeûner, quatre-temps ou vigile ?
Reprenez vos esprits, et souvenez-vous bien

---

1. C'était le principal motif de la jalousie du trésorier contre le chantre. Le privilège de bénir est la marque de la supériorité que donne le rang dans l'Eglise.
2. Sorte de surplis à manches étroites que portent les évêques.
3. Pasquier (*Recherches*, liv. III, ch. xxxix) nous explique comment ce mot peut venir ici : « Longtemps après que saint Louis eut bâti cette chapelle, dit Pasquier, elle fut depuis grandement anoblie par le roi Charles V. C'est lui qui obtint du saint-siège permission au trésorier d'icelle d'user de mitre, anneau, et autres ornements pontificaux (excepté la crosse), et donner bénédiction, tout ainsi qu'un évêque célébrant le service divin dedans le pourpris de la Sainte-Chapelle.
4. Mouvement naturel chez un prélat habitué à répandre les bénédictions.
5. Imitation. (VIRGILE, *Géorgiques*, IV, v. 236-238.)
Brossette reprochait à Boileau d'avoir dit de la guêpe ce qui ne convient qu'à l'abeille.
6. Brossette prétend que cet aumônier s'appelait Guéronet, et que plus tard le trésorier lui donna la cure de la Sainte-Chapelle. Il s'appelait en réalité Guironet. (BERRIAT-SAINT-PRIX, t. III, p. 490.)

Qu'un dîner réchauffé ne valut jamais rien.
　　Ainsi dit Gilotin ; et ce ministre sage
Sur table, au même instant, fait servir le potage [1].
Le prélat voit la soupe, et, plein d'un saint respect,
Demeure quelque temps muet à cet aspect.
Il cède, il dîne enfin ; mais toujours plus farouche.
Les morceaux trop hâtés se pressent dans sa bouche [2],
Gilotin en gémit, et, sortant de fureur,
Chez tous ses partisans va semer la terreur [3].

V

Les amis du prélat se rassemblent chez lui.

On voit courir chez lui leurs troupes éperdues,
Comme l'on voit marcher les bataillons de grues [4],
Quand le Pygmée altier [5] redoublant ses efforts,
De l'Hèbre [6] ou du Strymon [7] vient d'occuper les bords.
A l'aspect imprévu de leur foule agréable,
Le prélat radouci veut se lever de table :
La couleur lui renaît, sa voix change de ton [8] ;

---

1. « Le poète pouvait mettre *sur la table à l'instant*, mais *sur table au même instant* est bien plus vif. (LE BRUN.) — « La première locution eût été d'ailleurs bien moins coulante, » dit de Saint-Surin. — Il n'y faut pas tant chercher d'artifice, Boileau parlait la langue de son temps ; on disait *mettre sur table, sur table*, comme dans ce vers de Régnier :

　　　　En forme d'échiquier, les plats rangés sur table.
　　　　　　　　　　　　　　　　　　　　(Satire x.)

2. Moment d'hésitation très naturelle, intervalle mis avec art entre l'appétit naissant qui triomphe et le courroux qui s'affaiblit dans le cœur du prélat... Voilà comment on imite les grandes passions ! » (LEMERCIER, IV, 75.)

3. Brossette expliquait ainsi ce passage : « Les chantres subalternes, dit-il, étaient dans le parti du trésorier contre le chantre et les autres chanoines, parce que ceux-ci leur refusaient de certains droits. »

4. Homère, *Iliade*, liv. III, v. 6. (BOILEAU, 1713.)

5. Nom d'une nation fabuleuse dont le peuple n'avait, suivant les poètes, que la hauteur d'une coudée, et qui guerroyait contre les grues. (Étym., πυγμαῖοι ; qui vient de πυγμή, mesure de 18 doigts, valant 333 millimètres, de πύξ, poing.) — Selon Pline, les Pygmées habitaient des cabanes bâties avec de la boue, des plumes et des coquilles d'œuf, ils étaient sans cesse en guerre avec les grues ; et, comme ils n'auraient pu résister à la multitude toujours croissante de ces oiseaux, ils faisaient chaque année une grande expédition pour les détruire. Armés de flèches et montés sur des béliers et des chèvres, ils descendaient par grandes masses sur les bords de la mer pour s'emparer des œufs et des petits des grues. (*Hist. nat.*, VII, 11.) L'épithète *altier* est fort plaisante, appliquée aux Pygmées.

6. Fleuve de Thrace. (BOILEAU, 1713.)

7. Fleuve de l'ancienne Thrace, depuis la Macédoine. (BOILEAU, 1713.)

8. De 1674 à 1678, on lisait, au lieu de ce vers, celui-ci :

　　　　Son visage n'a plus cet air si furibond.

Despréaux avait supprimé le *d* à cause de la rime. Ses ennemis ne manquèrent pas de lui reprocher cette faute. « Contentez-vous, lui dit Sainte-Garde (p. 61), d'animer les autres de la voix et des yeux (on voulait faire croire que ses vers ne passaient qu'à la faveur de sa déclamation), de peur que vous n'alliez encore faire rimer *furibond* à *jambon*. »

Il fait par Gitotin rapporter un jambon.
Lui-même le premier, pour honorer la troupe,
D'un vin pur et vermeil il fait remplir sa coupe ;
Il l'avale d'un trait, et, chacun l'imitant [1],
La cruche au large ventre est vide en un instant.
Sitôt que du nectar la troupe est abreuvée,
On dessert, et soudain la nappe étant levée,
Le prélat, d'une voix conforme à son malheur,
Leur confie en ces mots sa trop juste douleur :
 Illustres compagnons de mes longues fatigues [2],
Qui m'avez soutenu par vos pieuses ligues,
Et par qui, maître enfin d'un chapitre insensé,
Seul à MAGNIFICAT je me vois encensé,
Souffrirez-vous toujours qu'un orgueilleux m'outrage ;
Que le chantre à vos yeux détruise votre ouvrage,
Usurpe tous mes droits, et, s'égalant à moi,
Donne à votre lutrin et le ton et la loi [3] ?
Ce matin même encor, ce n'est point un mensonge,
Une divinité me l'a fait voir en songe ;
L'insolent s'emparant du fruit de mes travaux,
A prononcé pour moi le BENEDICAT vos [4] !
Oui, pour mieux m'égorger, il prend mes propres armes.

VI

Sidrac ouvre un avis.

Le prélat, à ces mots, verse un torrent de larmes.
Il veut, mais vainement, poursuivre son discours.
Ses sanglots redoublés en arrêtent le cours.
Le zélé Gilotin, qui prend part à sa gloire,
Pour lui rendre la voix fait rapporter à boire ;
Quand Sidrac [5], à qui l'âge allonge le chemin,
Arrive dans la chambre, un bâton à la main.

---

1. VIRGILE, Énéide, liv. I, v. 742.
2. Ce début rappelle le discours d'Agamemnon aux chefs de l'armée grecque. (HOMÈRE, Iliade, II, 110.)
3. « Il est tout simple que le chantre donne le ton au *Lutrin*, mais qu'il prétende aussi donner la loi au chapitre, voilà ce que le trésorier ne peut ni ne doit lui pardonner. (AMAR.) — La remarque de M. Amar est très ingénieuse ; mais, si Despréaux a eu cette pensée, l'a-t-il assez exprimée ? » (DAUNOU.)
4. « Il me semble, disait charitablement Pradon, que cela tourne un peu en ridicule les cérémonies et les termes de notre religion. »
5. L'abbé Jacques Boileau écrit à Brossette, le 12 février 1703 :
« Sidrac est le vrai nom d'un vieux chapelain de la Sainte-Chapelle, c'est-à-dire un chantre musicien dont la voix était une taille fort belle : son personnage n'est point feint. »

Ce vieillard dans le chœur a déjà vu quatre âges[1] :
Il sait de tous les temps les différents usages,
Et son rare savoir, de simple marguillier[2],
L'éleva par degrés au rang de chevecier[3].
A l'aspect du prélat qui tombe en défaillance,
Il devine son mal, il se ride, il s'avance ;
Et d'un ton paternel réprimant ses douleurs :
  Laisse au chantre, dit-il, la tristesse et les pleurs,
Prélat, et, pour sauver tes droits et ton empire,
Écoute seulement ce que le ciel m'inspire.
Vers cet endroit du chœur où le chantre orgueilleux
Montre, assis à ta gauche, un front si sourcilleux[4],
Sur ce rang d'ais serrés qui forment sa clôture[5]

   1. C'est le Nestor du chapitre. Homère, dans l'*Iliade*, chant I, et dans l'*Odyssée*, chant III, dit que Nestor avait déjà régné trois âges.
   2. C'est celui qui a soin des reliques. (BOILEAU, 1713.) — On désignait aussi par ce nom ceux qui étaient chargés de diriger l'administration journalière du temporel d'une paroisse. Etymol., bourguignon *Marillei*, Berry, *Marillier*, du latin *matricularius*, *matricula*, *matricule*, xvᵉ siècle : « Chanoines et marregliers de la Sainte-Chapelle. » (DU CANGE, *Matricularius*.)
   3. C'est celui qui a soin des chapes et de la cire. (BOILEAU, 1713.) — « C'était un sacristain, ordinairement prêtre, et qui, outre les rétributions du chœur, avait deux cents livres de gages. — Dignitaire qui avait soin du chevet de l'église, c'est-à-dire du fond de l'église depuis l'endroit où la clôture commence à tourner en rond ; le même que le trésorier en d'autres églises, parce qu'il garde le trésor de l'église ; il a soin aussi du luminaire de l'église. — xvᵉ siècle. Frère Guillaume, chevassier du sépulcre du dit moustier. » (DU CANGE.) — *Capitium*, étym. italien *capicerio* : bas-latin *capicerius* et *capitarius* qui est la vraie orthographe du *capicium*, chevet d'église, de *caput*, tête (voyez CHEF). (E. LITTRÉ, *Dict. de la langue française*.)
   4. *Sourcilleux*, fier, hautain ; du mot sourcil (*supercilium*), partie du visage où les anciens faisaient résider l'arrogance :

     Avec l'humble innocence elle est plus compatible
       Qu'avec le pouvoir *sourcilleux*.
           (CORNEILLE, *Imit.*, III. v.)

     Pensez-vous regretter ces démarches pompeuses,
     Ces fastueux dehors, ces grandeurs *sourcilleuses* ?
           (ID., *Vict. du roi en* 1667.)

L'auteur disait que ces vers (*Vers cet endroit*, etc., jusqu'à *ombrageaient pleinement*...) lui avaient coûté beaucoup de temps et de peine. (BROSS.)
   5. Saint-Marc fait remarquer que par *clôture* Boileau fait entendre la stalle, le banc, la petite enceinte dans laquelle le chantre se place. — Sur le mot *ais* voici ce que M. Guizot écrit dans son *Traité des synonymes*. « L'ais est le terme propre et générique ; la planche paraît être une espèce d'ais d'une certaine largeur et d'une certaine longueur. L'ais considéré dans sa largeur, ou employé pour servir par sa surface même, est proprement une planche ; s'il ne sert qu'à serrer et à contenir, s'il est placé sur champ, c'est un *ais*. Boileau dit fort bien que *des ais serrés* forment la clôture du chantre dans le chœur. » L'observation paraît ne reposer que sur une distinction bien subtile. *Ais* est dit par tous les auteurs du xviiᵉ siècle dans le sens où nous mettrions *planche*. Etymol. lat. *assis*, planche. Italien *asse*.

     Six douves de poinçon servent d'ais et de barre.
           (RÉGNIER, satire II.)

Seulement il est plus facile à couler dans les vers :

     La table où l'on servit le champêtre repas
     Fut d'ais non façonnés à l'aide du compas.
           (LA FONT., *Phil. et Baucis*.)

278 ŒUVRES DE BOILEAU.

Fut jadis un lutrin d'inégale stucture[1],
Dont les flancs élargis, de leur vaste contour,
Ombrageaient pleinement tous les lieux d'alentour[2].
Derrière ce lutrin, ainsi qu'au fond d'un antre,
A peine sur son banc on discernait le chantre,
Tandis qu'à l'autre banc le prélat radieux,
Découvert au grand jour, attirait tous les yeux[3].
Mais un démon, fatal à cette ample machine,
Soit qu'une main la nuit eût hâté sa ruine,
Soit qu'ainsi de tout temps l'ordonnât le destin,
Fit tomber à nos yeux le pupitre un matin.
J'eus beau prendre le ciel et le chantre à partie[4],
Il fallut l'emporter dans notre sacristie,
Où depuis trente hivers, sans gloire enseveli,
Il languit tout poudreux dans un honteux oubli.
Entends-moi donc, prélat. Dès que l'ombre tranquille
Viendra d'un crêpe noir envelopper la ville,
Il faut que trois de nous, sans tumulte et sans bruit,
Partent à la faveur de la naissante nuit[5],
Et, du lutrin rompu réunissant la masse,
Aillent d'un zèle adroit le remettre en sa place.
Si le chantre demain ose le renverser,
Alors de cent arrêts tu le peux terrasser.
Pour soutenir tes droits, que le ciel autorise,
Abîme tout plutôt, c'est l'esprit de l'Église[6].

1. La place du chantre étant à la première haute stalle à la gauche de l'entrée du chœur, c'est là, et par conséquent sur les *ais* qui séparaient cette place des basses stalles, que fut rétabli ce lutrin.
2. Imitation de VIRGILE, *Géorgiques*, liv. II, v. 296-297.
3. L'harmonie savante de ces vers, le choix élégant et judicieux des mots, peignent à merveille le contraste du chantre et du trésorier.
4. *Prendre à partie* est un terme de palais; prendre quelqu'un à partie, c'est proprement l'attaquer en justice, et par extension imputer à quelqu'un le mal qui est arrivé. *Il n'a point pris le ciel ni le sort à partie.* (CORN., *Héraclius*, III, 3.) Dans le vers de Boileau l'expression n'a pas toute la netteté désirable.
5.   Le signal est donné, sans tumulte et sans bruit :
     C'était à la faveur des ombres de la nuit.
          (VOLTAIRE, *Henriade*, ch. II, v. 175-176.)
6. On a remarqué que le mot *Église* est laissé en blanc, dans les premières éditions, à la fin du vers 70, où il ne s'agit que d'une *table bien mise*, et qu'ici, où il est dit que l'esprit de l'Église est de tout abîmer, on le lisait tout entier. Desmarets et Pradon ne manquèrent pas d'accuser Boileau d'impiété. Desmarets est le plus modéré de tous, car il se fait répondre par un interlocuteur (p. 114) : « L'auteur est plutôt indiscret qu'impie en cet endroit. Il a voulu dire : c'est l'humeur des ecclésiastiques. Mais c'est manquer de jugement que de parler ainsi de l'esprit de l'Église, sans mieux expliquer ce qu'il veut dire. » Suivant d'Alembert, Boileau répondit (il ne dit pas où) qu'il entendait par l'Église, « non ce corps respectable de pasteurs éclairés et vertueux, qui conserve et

LE LUTRIN, CHANT I.

C'est par là qu'un prélat signale sa vigueur.
Ne borne pas ta gloire à prier dans un chœur :
Ces vertus dans Aleth peuvent être en usage [1] ;
Mais, dans Paris [2], plaidons : c'est là notre partage.
Tes bénédictions dans le trouble croissant,
Tu pourras les répandre et par vingt et par cent,
Et, pour braver le chantre en son orgueil extrême,
Les répandre à ses yeux, et le bénir lui-même [3].

VII

On passe à l'exécution du projet proposé par Sidrac.

Ce discours aussitôt frappe tous les esprits ;
Et le prélat charmé l'approuve par des cris.
Il veut que sur-le-champ dans la troupe on choisisse
Les trois que Dieu destine à ce pieux office :
Mais chacun prétend [4] part à cet illustre emploi.
Le sort, dit le prélat, vous servira de loi [5] :
Que l'on tire au billet ceux que l'on doit élire.
Il dit : on obéit, on se presse d'écrire.
Aussitôt trente noms, sur le papier tracés,
Sont au fond d'un bonnet [6] par billets entassés.
Pour tirer ces billets avec moins d'artifice,
Guillaume, enfant de chœur, prête sa main novice.
Son front nouveau tondu, symbole de candeur,
Rougit, en approchant, d'une honnête pudeur.

---

défend le précieux dépôt de la foi, mais cette troupe subalterne et malheureusement trop nombreuse de ministres ignorants et calomniateurs, qui ne sont pas plus l'Église que le parterre de la foire n'est le public. » (Note 39 sur l'*Éloge de Despréaux.*)

1. Nicolas Pavillon, alors évêque d'Aleth, était justement renommé pour sa piété. Il était né à Paris en 1597, et mourut à Aleth, le 8 décembre 1677, après trente-huit ans d'épiscopat et de résidence ; ce qui est à remarquer à une époque où les prélats fréquentaient beaucoup plus la cour que leur évêché. — Éloge très délicat de M. Pavillon, alors évêque d'Aleth, dans le bas Languedoc. (Bross.) C'est également un hommage rendu à Port-Royal. Ce saint évêque disait en effet : « Nous ne savions rien avant que de connaître les messieurs de Port-Royal, et nous ne pouvons assez louer Dieu de ce qu'il nous les a fait connaître. »

2. De 1674 à 1682, on lisait *Pourges. P....; P****. — L'Église alors ne fuyait pas les procès ; l'abondance de ses biens, la diversité de ses privilèges l'entraînaient souvent dans des discussions juridiques.

3. *Prétendre*, verbe actif, signifie réclamer, exiger comme un droit. — *Prétendre à*, signifie aspirer à, travailler à obtenir. « Comme le plus vaillant je *prétends la troisième* (part). » (LA FONT., *Fables*, I. VI.) — « Son frère... prétendit l'empire par droit de succession, comme le plus proche héritier. » (Boss., *Hist.*, I, 10.)

4. Homère, *Iliade*, liv. VII, v. 171. (BOILEAU, 1713.)

5. Imitation de VIRGILE, *Énéide*, liv. V, v. 490-491.

6. Amar trouve cette peinture charmante en son genre ; Le Brun dit que ces

Cependant le prélat, l'œil au ciel, la main nue,
Bénit trois fois les noms, et trois fois les remue.
Il tourne le bonnet : l'enfant tire, et Brontin [1]
Est le premier des noms qu'apporte le destin.
Le prélat en conçoit un favorable augure,
Et ce nom dans la troupe excite un doux murmure.
On se tait, et bientôt on voit paraître au jour
Le nom, le fameux nom du perruquier l'Amour [2].
Ce nouvel Adonis, à la blonde crinière,
Est l'unique souci d'Anne sa perruquière.
Ce perruquier superbe est l'effroi du quartier [3],
Et son courage est peint sur son visage altier.
Un des noms reste encore, et le prélat, par grâce,
Une dernière fois les brouille et les ressasse.
Chacun croit que son nom est le dernier des trois.
Mais que ne dis-tu point, ô puissant porte-croix,
Boirude [4], sacristain, cher appui de ton maître,
Lorsqu'aux yeux du prélat tu vis ton nom paraître !
On dit que ton front jaune, et ton teint sans couleur
Perdit en ce moment son antique pâleur ;
Et que ton corps goutteux, plein d'une ardeur guerrière,
Pour sauter au plancher fit deux pas en arrière [5].

vers pleins de charme respirent la naïveté de l'innocence. — Dans cette expression, *nouveau tondu*, nouveau est pris adverbalement,

... est *nouveau venu* des universités.
(CORNEILLE, *la Veuve*, III.)

1. Son vrai nom était Frontin ; il était prêtre du diocèse de Chartres et sous-marguillier de la Sainte-Chapelle. (BROSSETTE.)
2. Dans ses *Mémoires*, conservés à la Bibliothèque de la rue Richelieu, publiés par M. Laverdet (Correspondance entre Boileau, Despréaux et Brossette, Paris, Techener, 1858, in-12), Brossette dit à la date du samedi 21 octobre 1702 : « L'on me donna ces jours passés la date de la mort du sieur de Lamour, perruquier du *Lutrin*. Il est mort le mercredi premier jour de mai 1697, en la maison qui est dans la vieille cour du Palais, et a été enterré dans l'église de la basse Sainte-Chapelle du Palais, sa paroisse.
« Il s'appelait Didier de Lamour ;
Et sa femme Anne Dubuisson, décédée aux fêtes de Pâques de l'an 1698. »
3. Rien n'empêche d'accepter les détails que Brossette nous a transmis sur ce passage :
« C'était un gros et grand homme d'assez bon air, vigoureux et bien fait. Il avait été marié deux fois. — Quand il arrivait quelque tumulte dans la cour du Palais, il y mettait ordre sur-le-champ. Il se servait d'un bâton à deux bouts pour écarter les filous et les bretteurs qui faisaient du désordre et que le grand abord du monde attirait au Palais. Pendant les troubles de Paris, le peuple ayant mis le feu aux portes de l'hôtel de ville, le sieur Lamour se fit faire place, et tira de l'hôtel de ville deux ou trois de ses amis qui y étaient en danger. » (BROSSETTE.)
4. François Syreulde, sous-marguillier, ou sacristain de la Sainte-Chapelle, portait ordinairement la croix ou la bannière aux processions.
5. « Quelle verve, dit La Harpe, dans la peinture du vieux Boirude ! » (LA HARPE, *Lycée*, t. VII.)

Chacun bénit tout bas l'arbitre des humains,
Qui remet leur bon droit en de si bonnes mains.
Aussitôt on se lève, et l'assemblée en foule,
Avec un bruit confus, par les portes s'écoule[1].

Le prélat resté seul calme un peu son dépit,
Et jusques au souper se couche et s'assoupit.

CHANT II

I

Le perruquier l'Amour se remet d'un moment d'hésitation.

Cependant cet oiseau qui prône les merveilles[2],
Ce monstre composé de bouches et d'oreilles,
Qui sans cesse volant de climats en climats,
Dit partout ce qu'il sait et ce qu'il ne sait pas;
La Renommée enfin, cette prompte courrière,
Va d'un mortel effroi glacer la perruquière;
Lui dit que son époux, d'un faux zèle conduit,
Pour placer un lutrin doit veiller cette nuit.

....

Les ombres cependant, sur la ville épandues,

---

1. On a dit que ces vers étaient imités de Chapelain; c'est à peu près vrai. Voici le passage de la *Pucelle :*

> On quitte alors l'autel, et l'immortelle foule
> *Par tous les trois porteaux* avec peine s'écoule;
> Ils sortent tous enfin, et, d'aise transportés,
> Vont publier le sacre aux climats écartés.

2. Imitation de l'*Énéide,* liv. IV, v. 173. (BOILEAU, 1713.)
Ovide dans les *Métamorphoses,* liv. XII; Stace, dans la *Théb.,* liv. III; Valerius Flaccus, dans les *Argonaut.,* liv. II; Jean-Baptiste Rousseau, dans l'*Ode au prince Eugène,* str. 1 et 2; Voltaire, dans *la Henriade,* liv. VIII, v. 477 à 484, ont fait un portrait de la Renommée. Voici les vers de Voltaire :

> Du vrai comme du faux la prompte messagère,
> Qui s'accroît dans sa course, et d'une aile légère.
> Plus prompte que le temps, vole au-delà des mers,
> Passe d'un pôle à l'autre et remplit l'univers,
> Ce monstre composé d'yeux, de bouches, d'oreilles.
> Qui célèbre des rois la honte ou les merveilles,
> Qui rassemble sous lui la curiosité,
> L'espoir, l'effroi, le doute et la crédulité;
> De sa brillante voix, trompette de la gloire,
> Du héros de la France annonçait la victoire.

On remarquera que Voltaire, en empruntant un vers à Boileau, l'a enrichi d'un mot et d'une idée. — Desmarets disait : « On n'a jamais appelé la Renommée *un oiseau.* Cela n'est point de la fiction poétique. »

Du faîte des maisons descendent dans les rues[1] :
Le souper hors du chœur chasse les chapelains,
Et de chantres buvants les cabarets sont pleins.
Le redouté Brontin, que son devoir éveille,
Sort à l'instant, chargé d'une triple bouteille
D'un vin dont Gilotin, qui savait tout prévoir,
Au sortir du conseil eut soin de le pourvoir.
L'odeur d'un jus si doux lui rend le faix moins rude.
Il est bientôt suivi du sacristain Boirude ;
Et tous deux, de ce pas, s'en vont avec chaleur
Du trop lent perruquier réveiller la valeur.
Partons, lui dit Brontin : déjà le jour plus sombre,
Dans les eaux s'éteignant, va faire place à l'ombre.
D'où vient ce noir chagrin[2] que je vois dans tes yeux ?
Quoi ! le pardon sonnant[3] te retrouve en ces lieux !
Où donc est ce grand cœur dont tantôt l'allégresse
Semblait du jour trop long accuser la paresse ?
Marche, et suis-nous du moins où l'honneur nous attend.
　Le perruquier honteux rougit en l'écoutant.
Aussitôt de longs clous il prend une poignée :
Sur son épaule il charge une lourde coignée :
Et derrière son dos, qui tremble sous le poids,
Il attache une scie en forme de carquois[4];
Il sort au même instant, il se met à leur tête.
A suivre ce grand chef l'un et l'autre s'apprête :
Leur cœur semble allumé d'un zèle tout nouveau.
Brontin tient un maillet et Boirude un marteau.
La lune, qui du ciel voit leur démarche altière,
Retire en leur faveur sa paisible lumière.
La Discorde en sourit, et, les suivant des yeux,

1. Virgile, églogue I, v. 83. (BOILEAU, 1713.)
Racan avait déjà dit :

　　Ou que l'ombre du soir du faîte des montagnes
　　　Tombe dans les campagnes.
　　　　　　　　(Bolorana, LXXVI.)

Boileau aimait à citer ces vers de Racan.
2. Boileau a reproduit cet hémistiche dans le troisième vers de l'épigramme :

　　　Du célèbre Boileau tu vois ici l'image.
　　　　　　　　(M. CHÉRON.)

3. Ce sont les trois coups de cloche par lesquels on avertit le peuple de réciter l'Angelus. Cet avertissement se fait le matin, à midi et le soir. On l'appelle indifféremment Angelus, à cause de la prière qu'on dit, ou pardon, à cause des indulgences qui y sont attachées. (BROSSETTE.)
4. « On croirait presque voir Apollon descendant du ciel pour venger son prêtre Chrysès et lancer ses traits sur le camp des Grecs. » (ANDRIEUX.)

De joie, en les voyant[1], pousse un cri dans les cieux.
L'air, qui gémit du cri de l'horrible déesse,
Va jusque dans Cîteaux[2] réveiller la Mollesse.

II
La Mollesse se plaint à la Nuit du trouble qui la dérange.

C'est là qu'en un dortoir elle fait son séjour[3] :
Les Plaisirs nonchalants folâtrent alentour :
L'un pétrit dans un coin l'embonpoint des chanoines :
L'autre broie en riant le vermillon des moines[4].

1. *Et les suivant des yeux, et de joie en les voyant*, redondance dont Boileau ne s'est point aperçu et qu'il eût sans doute fait disparaître. (LE BRUN.)
2. De 1674 à 1682, il y avait : *Va jusque dans C****.
Fameuse abbaye de l'ordre de Saint-Bernard, située en Bourgogne. Les religieux de Cîteaux n'avaient pas embrassé la réforme établie dans quelques maisons de leur ordre. C'est pourquoi l'auteur feint que la Mollesse fait son séjour dans un dortoir de leur couvent (1772).
3. Brossette raconte l'anecdote suivante :
« Despréaux étant à la suite de Louis XIV, au voyage que ce monarque fit à Strasbourg (1681), passa à Cîteaux, où les moines le reçurent avec beaucoup de distinction. Quand ils lui eurent fait voir tout leur couvent, l'un d'eux lui demanda qu'il leur montrât le lieu où logeait la *Mollesse*, comme il l'avait dit dans son *Lutrin*. « Montrez-la-moi vous-même, mes pères, répondit-il en riant, car c'est vous qui la tenez cachée avec grand soin. »
4. Ces vers charmants, Carel de Sainte-Garde, l'auteur du *Childebrand*, en réclamait l'invention originale. Il est curieux de voir ce qu'il en dit lui-même sous le nom d'un ami : « Le sieur de Sainte-Garde décrit un fleuve délicieux très célèbre dans l'antiquité ; il prend de là occasion de représenter sous d'agréables images les principaux effets de l'amour. » Liv. Ier, ch. IV :

> Les amours enjoués folâtrent sur la rive.
> L'un regarde Amyntas de qui la voix plaintive
> Amollit les rochers par ses tristes accents,
> A fléchir son Olympe, hélas ! trop impuissants.
> Un autre dissimule, et son étude feinte
> Semble joindre deux cœurs d'une bien ferme étreinte :
> Mais le nœud s'est rompu quelques moments après.
> Les vents l'ont emporté dans un bois de cyprès.
> Un autre plus malin exerce sa malice
> A forger aux amants un bizarre supplice :
> Mopse fuyait Chloris dont il était aimé, etc.

« Quand le Satirique n'aurait pas tiré son premier vers du poëme du sieur de Sainte-Garde aussi visiblement qu'il le fait, les connaisseurs ne laisseraient pas de voir sur quoi il a formé son idée, car l'on n'imite pas seulement en empruntant les mêmes paroles, mais on imite le tour, l'harmonie, la manière, qui est ici toute semblable, sinon que celle du noble censeur est estropiée. Il ne l'a pas rempli assez d'images. Il en fallait du moins trois, au lieu qu'il n'en a formé que deux, et ces deux encore ne sont différentes que par la phrase, au fond c'est la même chose. L'un *pétrit de l'embonpoint* et l'autre *broie du vermillon* ; cela ne représente que des visages de bonne chère.

« Avec cela, il n'a pas pris garde que ce verbe *folâtrer*, qui lui a paru si plein de grâce dans le vers du sieur de Sainte-Garde, qu'il l'a transporté tout pur et sans déguisement dans le sien, ne produit pas tout le bel effet qu'il s'en est promis ; au contraire, il déshonore son vers, parce qu'il ne s'accommode pas avec son sujet. Des enfants paresseux et d'une humeur nonchalante ne folâtrent point, ce sont des enfants éveillés ou enjoués. En un mot, toute cette imitation est forcée et hors de son lieu, comme d'avoir figuré ces plaisirs nonchalants qui pétrissent

La Volupté la sert avec des yeux dévots,
Et toujours le Sommeil lui verse des pavots [1].
Ce soir, plus que jamais, en vain il les redouble,
La Mollesse à ce bruit se réveille, se trouble.
Quand la Nuit, qui déjà va tout envelopper,
D'un funeste récit vient encor la frapper ;
Lui conte du prélat l'entreprise nouvelle.
Aux pieds des murs sacrés d'une sainte chapelle,
Elle a vu trois guerriers, ennemis de la paix,
Marcher à la faveur de ses voiles épais ;
La Discorde en ce lieu menace de s'accroître ;
Demain avec l'aurore un lutrin va paraître [2],
Qui doit y soulever un peuple de mutins.
Ainsi le ciel l'écrit au livre des destins [3].
A ce triste discours, qu'un long soupir achève,
La Mollesse, en pleurant, sur un bras se relève,
Ouvre un œil languissant, et, d'une faible voix,
Laisse tomber ces mots qu'elle interrompt vingt fois [4] :

et qui broient, sur ce que le sieur de Sainte-Garde avait représenté un Amour noir qui détrempait les poisons :

> Un noir Amour à part détrempoit des poisons,
> Moitié faits de dédains et moitié de soupçons.

« Cela vient encore très mal. Un boulanger ne voudrait pas avoir un valet nonchalant pour pétrir ; un peintre en voudrait encore moins pour broyer ses couleurs : ce sont des actions pénibles. Cependant, bien ou mal, c'est une imitation. » (*La défense des beaux esprits de ce temps contre un satirique*, p. 38.) — Peut-on rien voir de plus ridicule et de plus fou ?
Il est plus vrai de dire que ce tableau avait inspiré à Voltaire, dans sa *Henriade*. ch. IX, les vers qui suivent :

> C'est alors que l'on vit dans les mains du repos
> Les folâtres Plaisirs désarmer le héros :
> L'un tenait sa cuirasse, encor de sang trempée ;
> L'autre avait détaché sa redoutable épée,
> Et rinit en voyant dans ses débiles mains
> Ce fer, l'appui du trône et l'effroi des humains.

Il les sacrifia plus tard.

1.   Et le sommeil trompeur lui versait ses pavots.
(VOLTAIRE, *Henriade*, ch. II, v. 180.)

2. Il ne faut pas s'étonner de ces deux rimes. On prononce *s'accraître*, dit Marmontel, pour la rime, et cela est assez usité. Mme Deshoulières dit :

> Puisse durer, puisse *croître*
> L'ardeur de mon jeune amant,
> Comme feront sur ce *hêtre*
> Les marques de mon tourment !

Dans l'épître III, Boileau fait rimer *paroître* avec *cloître*, nous avons dit pourquoi, v. 81.
3. « Le *livre des destins* et *un lutrin* ! c'est de cette opposition perpétuelle des grandes et des petites choses que naît le comique du poème. » (ANDRIEUX.) — C'est le *sic volvere Parcas* de Virgile, *Énéide*, liv. I.
4. Imitation de VIRGILE, *Énéide*, liv. VI, v. 686.

O Nuit! que m'as-tu dit? quel démon sur la terre
Souffle dans tous les cœurs la fatigue et la guerre [1]?

III

Éloge des temps passés.

Hélas! qu'est devenu ce temps, cet heureux temps [2],
Où les rois s'honoraient du nom de fainéants [3],
S'endormaient sur le trône, et me servant sans honte,
Laissaient leur sceptre aux mains ou d'un maire ou d'un comte [4]?
Aucun soin n'approchait de leur paisible cour :
On reposait la nuit, on dormait tout le jour.
Seulement au printemps, quand Flore dans les plaines
Faisait taire des vents les bruyantes haleines,
Quatre bœufs attelés, d'un pas tranquille et lent,
Promenaient dans Paris le monarque indolent [5].
Ce doux siècle n'est plus. Le ciel impitoyable
A placé sur leur trône [6] un prince infatigable.
Il brave mes douceurs, il est sourd à ma voix ;
Tous les jours il m'éveille au bruit de ses exploits.
Rien ne peut arrêter sa vigilante audace :
L'été n'a point de feux, l'hiver n'a point de glace [7].
J'entends à son seul nom tous mes sujets frémir.
En vain deux fois la paix a voulu l'endormir :

1. Dans la bouche de la *Mollesse*, « souffler la fatigue » est une expression d'un rare bonheur.
2. On retrouve le dessin de ce morceau dans le discours que Voltaire, au chant IV de la *Henriade*, met dans la bouche de la *Politique* :

> Je ne suis plus, dit-elle, en ces temps bienheureux,
> Où les peuples séduits me présentaient leurs vœux,
> Où la crédule Europe, à mon pouvoir soumise,
> Confondait dans mes lois les lois de son Église, etc., etc.

3. Ces rois fainéants ont été les derniers de la dynastie mérovingienne, leur série commence à Thierry III et comprend Clovis III, Childebert III, Dagobert III, Chilpéric II, Thierry IV et Childéric III (673-752).
4. Les maires du palais (*majores domus, palatii*) n'étaient d'abord chargés que de l'administration intérieure de la résidence royale. Peu à peu, sous les rois fainéants, ils usurpèrent le pouvoir politique qu'ils exercèrent à la place des rois. Les principaux maires du palais ont été : Ebroïn, saint Léger, Pépin d'Héristal, Charles Martel, Pépin le Bref. — Le *comte* était le second officier de la couronne (*comes, compagnon du roi*), il rendait la justice pour le prince.
5. Ces deux vers marchent aussi lentement que les bœufs qui traînent le char. C'est ainsi que ce poème est écrit d'un bout à l'autre ; partout le même rapport des sons avec les objets. » (LA HARPE.)
6. De 1674 à 1682, on disait *sur le trône*. — Cet éloge délicat de Louis XIV devait plaire au roi. Suivant Brossette, ce morceau lui fut présenté par Mme de Thianges : « Ce prince voulut voir l'auteur, qu'il ne connaissait encore que par ses satires, et Sa Majesté ordonna qu'on le fit venir à la cour. » Ce dut être vers l'année 1669.
7. Allusion à la première conquête de la Franche-Comté, dont le roi se rendit maître au commencement de février 1668.

Loin de moi son courage, entraîné par la gloire,
Ne se plaît qu'à courir de victoire en victoire.
Je me fatiguerais à te tracer le cours
Des outrages cruels qu'il me fait tous les jours.
Je croyais, loin des lieux d'où ce prince m'exile,
Que l'Église du moins m'assurait un asile ;
Mais en vain j'espérais y régner sans effroi :
Moines, abbés, prieurs, tout s'arme contre moi.
Par mon exil honteux la Trappe [1] est ennoblie ;
J'ai vu dans Saint-Denis la réforme établie ;
Le Carme, le Feuillant s'endurcit aux travaux,
Et la règle déjà se remet dans Clairvaux [2].
Cîteaux dormait encore, et la Sainte-Chapelle
Conservait du vieux temps l'oisiveté fidèle :
Et voici qu'un lutrin, prêt à tout renverser,
D'un séjour si chéri vient encor me chasser !
O toi ! de mon repos compagne aimable et sombre,
A de si noirs forfaits prêteras-tu ton ombre ?
Ah ! Nuit, si tant de fois, dans les bras de l'amour,
Je t'admis aux plaisirs que je cachais au jour,
Du moins ne permets pas... La Mollesse oppressée
Dans sa bouche à ce mot sent sa langue glacée,
Et, lasse de parler, succombant sous l'effort,
Soupire, étend les bras, ferme l'œil et s'endort [3].

1. Abbaye de Saint-Bernard dans laquelle l'abbé Armand Bouthillier de Rancé a mis la réforme. (BOILEAU, 1713.) — Armand-Jean Le Bouthillier de Rancé, né le 9 janvier 1626, mort le 26 d'octobre 1700, rétablit l'étroite observance de Cîteaux, en 1662, à l'abbaye de la Trappe, dans le Perche, dont il était abbé commandataire ; il prononça ses vœux deux ans après et continua de tenir cette abbaye dans la règle, jusqu'en 1695 qu'il s'en démit. Cf. Chateaubriand, *Vie de Rancé*. (M. CHÉRON.)
2. Les abbayes de Clairvaux, de Saint-Denis, de Sainte-Geneviève, etc., furent réformées en 1624 et 1633 par le cardinal de la Rochefoucauld, commissaire général pour la réformation des ordres religieux en France.
3. L'abbé d'Olivet a analysé ce morceau avec un soin minutieux : voici quelques-unes de ses observations : « *Oppressée* est moins un mot qu'une image. Deux syllabes traînantes, et la dernière qui n'est composée que de l'*e* muet, ne font-elles pas sentir de plus en plus le poids qui l'accable ? Tant de monosyllabes contribuent à me peindre l'état de la Mollesse, et je vois effectivement sa langue *glacée*. Je cours au dernier vers. Commençons par en marquer la quantité :

Soupire, étend les bras, ferme l'œil et s'endort.

« Assurément, si des syllabes peuvent figurer un soupir, c'est une longue précédée d'une brève et suivie d'une muette, *soupire*. Dans l'action d'étendre les bras, le commencement est prompt, mais le progrès demande une lenteur continuée. *étend les bras*. Voici qu'enfin la Mollesse parvient où elle voulait, *ferme l'œil*. Avec quelle vitesse ! trois brèves ! et de là par un monosyllabe bref, suivi de deux longues, *et s'endort*, elle se précipite dans un profond assoupissement. »
Brossette avait rapporté sur ce vers l'anecdote suivante :
« Madame la duchesse d'Orléans, Henriette-Anne d'Angleterre, avait été si tou-

CHANT III

I

Artifice de la Nuit pour déjouer les projets des partisans du trésorier.

Mais la Nuit aussitôt de ses ailes affreuses
Couvre des Bourguignons les campagnes vineuses [1],
Revole vers Paris, et, hâtant son retour,
Déjà de Montlhéry voit la fameuse tour [2].
Ses murs, dont le sommet se dérobe à la vue,
Sur la cime d'un roc s'allongent dans la nue [3],

chée de la beauté de ce vers, qu'ayant un jour aperçu de loin M. Despréaux dans la chapelle de Versailles, où elle était assise sur son carreau, en attendant que le roi vînt à la mese, elle lui fit signe d'approcher et lui dit à l'oreille : « Soupire, étend les bras, ferme l'œil et s'endort. »
On aimait à répéter ce trait d'une princesse dont Bossuet a pu dire : « Je pourrais vous faire remarquer qu'elle connaissait si bien la beauté des ouvrages de l'esprit, que l'on croyait avoir atteint la perfection quand on avait su plaire à Madame. » Daunou fut le premier à douter de l'authenticité du récit. On sait que la princesse mourut en 1670. On pouvait supposer qu'elle avait eu connaissance de ces vers en manuscrit de l'année 1669 à 1670, etc. Berriat-Saint-Prix réfute toutes ces suppositions. La plus grosse invraisemblance est qu'il y eût alors une chapelle à Versailles; elle n'y fut bâtie que trente ans après. — C'est égal, il en coûte de renoncer à cette anecdote.

1. Une ancienne traduction des *Géorgiques* faite par un poète obscur du nom de *Martin* avait employé cette expression pour rendre un passage de ce poème. Delille a dit ensuite :

> Et les derniers soleils sur les côtes vineuses
> Achèvent de mûrir les grappes paresseuses.

2. Tour très haute, à six lieues de Paris, sur le chemin d'Orléans. (BOILEAU, 1713.) — La tour de Montlhéry a été construite probablement dans la seconde moitié du XIIIe siècle. Elle est célèbre par la sanglante bataille qui s'y livra en 1465, entre Louis XI et le duc de Berry, son frère, secondé des ducs de Bourgogne et de Bretagne. — « On laisse, en sortant du Bourg-la-Reine, Sceaux à la droite, et à quelques lieues de là, Chilly à la gauche, puis Montlhéry du même côté. Est-ce *Montléry* qu'il faut dire, ou *Montlehéry*? C'est *Montlehéry* quand le vers est trop court, et *Montlhéry* quand il est trop long. Montlhéry donc, ou Montlehéry, comme vous voudrez, était jadis une forteresse que les Anglais, lorsqu'ils étaient maîtres de la France, avaient fait bâtir sur une colline assez élevée. (La Fontaine se trompe, Montlhéry a été bâtie par Thibault File-Etoupe, premier baron de Montmorency.) Au pied de cette colline est un bourg qui en a gardé le nom. Pour la forteresse, elle est démolie, non point par les ans : ce qui en reste, qui est une tour fort haute, ne se dément point, bien qu'on en ait ruiné un côté; il y a un escalier qui subsiste, et deux chambres où l'on voit des peintures anglaises... » (LA FONTAINE, *Relation d'un voyage de Paris en Limousin*, en 1662.)

3. Voiture avait dit dans une chanson :

> Nous vîmes dedans la nue
> La tour de Mont-le-Héris,
> Qui, pour regarder Paris,
> Allongeait son cou de grue.

Et, présentant de loin leur objet ennuyeux [1],
Du passant qui le fuit semblent suivre les yeux.
Mille oiseaux effrayants, mille corbeaux funèbres,
De ces murs désertés habitent les ténèbres [2].
Là, depuis trente hivers un hibou retiré
Trouvait contre le jour un refuge assuré.
Des désastres fameux ce messager fidèle
Sait toujours des malheurs la première nouvelle ;
Et, tout prêt [3] d'en semer le présage odieux [4],
Il attendait la Nuit dans ces sauvages lieux.
Aux cris qu'à son abord vers le ciel il envoie,
Il rend tous ses voisins attristés par sa joie.
La plaintive Progné de douleur en frémit,
Et, dans les bois prochains, Philomèle en gémit.
Suis-moi, lui dit la Nuit. L'oiseau plein d'allégresse
Reconnaît à ce ton la voix de sa maîtresse.
Il la suit, et tous deux, d'un cours précipité,
De Paris à l'instant abordent la cité :
Là, s'élançant d'un vol que le vent favorise [5],
Ils montent au sommet de la fatale église.
La Nuit baisse la vue, et, du haut du clocher,
Observe les guerriers, les regarde marcher.
Elle voit le barbier qui, d'une main légère,

1. *Objet* se disait alors pour l'*image d'un objet*. Il n'est plus usité dans ce sens :

>   Le cerf se mirant dans une fontaine
>   Ne pouvant qu'avec peine
>   Souffrir ses jambes de fuseaux,
>   Dont il voyait l'objet se perdre dans les eaux.
>   (*Fables*, VI, ix.)

2. Imitation de Virgile (*Énéide*, liv. VIII, v. 233).
3. *Prêt de* se disait au xviie siècle, dans le sens de *disposé à, sur le point de*.

>   Qu'il vienne me parler, je suis prêt de l'entendre.
>   (Racine, *Phèdre*, V, v.)

4. *Odieux* s'emploie, par exagération, avec le sens de *extrêmement déplaisant* :

>   Son visage odieux m'afflige et me poursuit.
>   (Id., *Esther*, II, 1.)

>   La mère de Valère est maussade, ennuyeuse,
>   Sans usage du monde, une femme odieuse.
>   (Gresset, *le Méchant*, 1, iv.)

5. Voici l'observation que Vigneul-Marville (dom Bonaventure d'Argonne, chartreux, mort en 1705) a faite sur ce passage : « Je demande pourquoi il a cru avoir besoin que le vent favorisât l'essor du hibou. Est-ce parce que cet oiseau vole lentement ? Mais puisqu'il le fait venir avec le secours de la déesse de la Nuit dans un instant, depuis Montlhéry jusqu'à Paris, il n'avait pas besoin d'un nouveau secours pour monter sur le toit d'une église. Cette critique, dira-t-on, est un vain raffinement ; j'en conviens, si l'on veut, mais on pardonne moins aux grands hommes qu'aux médiocres auteurs les plus petites négligences. »

Tient un verre de vin qui rit dans la fougère [1],
Et chacun, tour à tour s'inondant de ce jus,
Célébrer, en buvant, Gilotin et Bacchus.
Ils triomphent, dit-elle, et leur âme abusée
Se promet dans mon ombre une victoire aisée,
Mais allons; il est temps qu'ils connaissent la Nuit.
A ces mots, regardant le hibou qui la suit,
Elle perce les murs de la voûte sacrée;
Jusqu'en la sacristie elle s'ouvre une entrée;
Et, dans le ventre creux du pupitre fatal [2],
Va placer de ce pas le sinistre animal.

II

L'expédition, l'incident du hibou.

Mais les trois champions, pleins de vin et d'audace,
Du Palais cependant passent la grande place;
Et, suivant de Bacchus les auspices sacrés,
De l'auguste chapelle ils montent les degrés.
Ils atteignaient déjà le superbe portique
Où Ribou le libraire, au fond de sa boutique [3],
Sous vingt fidèles clefs garde et tient en dépôt [4]

---

1. *Fougère* se dit poétiquement pour un *verre à boire :* « Parce que avant qu'on eût, pour la fabrication du verre, reconnu la supériorité de la soude, on y employait la potasse extraite des cendres de la fougère ou de tout autre végétal.

> On sent la vapeur légère
> Déjà de maint vin nouveau,
> Qui, tout sortant du berceau,
> Pétille dans la fougère
> Et menace le cerveau.

« Boileau ne s'est pas rendu compte du sens propre en disant *tenir un verre de vin* qui rit dans la *fougère*, puisqu'en cet emploi *fougère* est synonyme de *verre à boire*, et que, si *verre de vin* est pour *verrée*, tenir va mal. » (E. LITTRÉ, *Dict. de la langue française.*)

Théophile de Viau a dit :

> Bacchus, tout dieu qu'il est, riant dans le cristal.

Et Scarron :

> Vray Dieu, que le vin est bon!
> Qu'il est frais! Dans mon verre il pétille!

2. L'auteur a dit, quatorze vers plus haut : la *fatale église.* Les répétitions de termes sont fréquentes dans ses ouvrages. Dans ce même endroit, il vient de dire *voûte sacrée,* et l'on va voir, dans le vers 43, *auspices sacrés.*

3. La boutique de Jean Ribou était sur le troisième perron de la Sainte-Chapelle, vis-à-vis la porte de cette église. (BROSSETTE.) — En 1669, Ribou avait imprimé la *Satire des satires* de Boursault contre l'auteur.

4. « Cette épithète de *fidèles*, qui est tout à fait neuve et belle dans cette circonstance, l'avait frappé (Boileau) en lisant ce vers du VIII° livre de la *Pucelle* :

> Sous vingt fidèles clefs le saint vase est serré. »
> (CLÉMENT, *Lettre à M. de Voltaire.*)

Fidèles est, en effet, ici plein d'une intention satirique. Horace a parlé aussi de *vins* conservés sous cent clés. (Odes, II, xiv.)

L'amas toujours entier des écrits de Haynaut [1] :
Quand Boirude, qui voit que le péril approche,
Les arrête ; et, tirant un fusil de sa poche [2],
Des veines d'un caillou, qu'il frappe au même instant,
Il fait jaillir un feu qui pétille en sortant [3] ;
Et bientôt, au brasier d'une mèche enflammée,
Montre, à l'aide du soufre, une cire allumée [4].
Cet astre tremblotant, dont le jour les conduit [5],
Est pour eux un soleil au milieu de la nuit.
Le temple à sa faveur est ouvert par Boirude :
Ils passent de la nef la vaste solitude [6],
Et dans la sacristie entrant, non sans terreur,
En percent jusqu'au fond la ténébreuse horreur.
　C'est là que du lutrin gît la machine énorme.
La troupe quelque temps en admire la forme,
Mais le barbier qui tient les moments précieux :
Ce spectacle n'est pas pour amuser nos yeux [7],
Dit-il, le temps est cher : portons-le dans le temple ;
C'est là qu'il faut demain qu'un prélat le contemple.
Et d'un bras, à ces mots, qui peut tout ébranler,

---

1. Dans les premières éditions de 1674 à 1685, on lit *Bursost*; mais Boursault s'étant réconcilié avec lui, il effaça son nom et mit celui de *Perost* dans l'édition de 1694, parce qu'alors il était brouillé avec cet académicien au sujet des anciens et des modernes. Cette brouillerie étant finie, l'auteur mit *Haynaut* dans l'édition de 1701. Voir la satire ix.
2. *Fusil*, petite pièce d'acier avec laquelle on bat la pierre à feu pour enflammer l'amadou. ETYMOLOGIE : italien, *focile, fucile* ; du latin *focus*, feu, foyer.
3. Virgile, *Géorgiques*, liv. I, v. 135 ; et *Énéide*, liv. I, v. 178-180. (BOILEAU, 1713.)
4. D'Alembert convient que ces vers ont le mérite d'exprimer élégamment et avec une sorte de noblesse une chose petite et presque basse, la construction des deux derniers lui paraît embarrassée. « On croirait, dit-il, qu'*au brasier* est le régime de *montre*, ce qui ne signifierait rien ; il est le régime d'*allumée* dont il est trop loin, et dont il est séparé d'ailleurs mal à propos par le verbe *montre*. » — Daunou a raison de faire remarquer que l'inversion de ces deux vers peut bien être un peu hardie, mais ils sont clairs et pittoresques. » (Édition de 1809.) — Andrieux blâme le mot de *brasier*, mais il aurait dû voir là une exagération cherchée à dessein et d'un effet heureusement comique.
5. On a également blâmé (Brienne, Chapat, Daunou) *cet astre tremblotant*. Il me semble qu'il y a là une gaieté charmante, celle qui convient à un poème de ce genre. C'est une heureuse alliance de termes qui se tempèrent et se font valoir l'un l'autre.
6. Boileau, selon Souchay (1740), vantait ce vers comme une image merveilleuse d'une église qui, durant la nuit, paraît une vraie solitude.
7. Imitation de VIRGILE, *Énéide*, liv. IV, v. 37.
L'emploi est fréquent de ce verbe *est* mis dans le sens : *n'est pas fait pour, n'est pas ici pour*.

　　　Votre beauté n'est point pour être méprisée
　　　　　　(RACAN, *Berg.*, II, III.)

　　Le sentiment d'autrui n'est jamais pour lui plaire.
　　　　　　(MOL., *Misanth.*, II, XIX.)

　　Morbleu ! vous n'êtes pas pour être de mes gens.
　　　　　　(*Ibid.*, I, I.)

LE LUTRIN, CHANT III.

Lui-même, se courbant, s'apprête à le rouler [1].
Mais à peine il y touche, ô prodige incroyable [2] !
Que du pupitre sort une voix effroyable !
Brontin en est ému, le sacristain pâlit ;
Le perruquier commence à regretter son lit.
Dans son hardi projet toutefois il s'obstine,
Lorsque des flancs poudreux de la vaste machine
L'oiseau sort en courroux, et, d'un cri menaçant,
Achève d'étonner le barbier frémissant.
De ses ailes dans l'air secouant la poussière,
Dans la main de Boirude il éteint la lumière.
Les guerriers à ce coup demeurent confondus ;
Ils regagnent la nef de terreur éperdus.
Sous leurs corps tremblotants [3] leurs genoux s'affaiblissent ;
D'une subite horreur leurs cheveux se hérissent [4]
Et bientôt, au travers des ombres de la nuit,
Le timide escadron [5] se dissipe et s'enfuit [6].

Ainsi lorsqu'en un coin, qui leur tient lieu d'asile,
D'écoliers libertins [7] une troupe indocile,
Loin des yeux d'un préfet [8] au travail assidu,

---

1. L'attitude du vers désigne parfaitement celle du personnage. (LE BRUN.)
2. *Énéide*, liv. III, v. 30-39. (BOILEAU, 1713.)
3. Notre auteur s'est déjà servi de ce *diminutif* dans le vers 55, en parlant de la bougie que Boirude vient d'allumer.

Cet astre tremblotant, dont le jour les conduit.

Dans ce vers-là, le mot *tremblotant* peint fort bien la lumière d'une bougie. Mais ici l'image est affaiblie par leurs corps tremblotants. (SAINT-MARC.)
4. Imitations de VIRGILE, *Énéide*, liv. III, v. 48.
Ibid., liv. XII. 867-868.
5. *Escadron* désigne une troupe de combattants généralement à cheval ; dans ce sens, ce mot serait impropre ici ; mais il signifie aussi par extension toute espèce de bande comparée à un escadron de guerre. Boileau l'a souvent répété avec cette signification : *Qu'il trouve de pédants un escadron fourré.* (Sat. VIII.) *Un escadron coiffé d'abord court à son aide.* (Sat. X.) *Et partout des plaideurs les escadrons épars.* — On appelait encore *escadron volant* le parti de cardinaux qui, dans un conclave, faisaient profession de n'embrasser les intérêts d'aucune cour. Le mot est plaisant appliqué ici à un marguillier, à un sacristain et à un perruquier.
6. En 1512, le pape Jean XXIII tenait un concile à Rome. Nicolas de Clémengis raconte que dès le premier jour, immédiatement après les messes, tous les Pères ayant pris place, un hibou s'élança du coin de l'église : l'animal regardait le pape en jetant des cris horribles. Le souverain pontife en fut si déconcerté qu'il s'enfuit, et tout le monde en fit autant. A la seconde séance, le hibou reparut et l'on décampa de même : à la fin pourtant les prélats le tuèrent à coups de bâton ou de crosse. (Voy. Nic. de Clemeng., *Tractat. de concil. gener.*; ad ann. 1412 ; l'*Histoire ecclésiastique* de Fleury, continuée par Fabre, liv. CII, n. LIX.) (DAUNOU.)
7. *Libertins* prend ici le sens qu'il a maintenant dans la langue : rebelle au joug de la discipline plutôt qu'à celui de la foi ; licencieux dans les mœurs.
8. *Préfet* se disait autrefois dans plusieurs collèges, surtout dans les maisons des jésuites et des barnabites, des maîtres qui avaient l'intendance du bon ordre et de la police : le préfet des études (*præfectus studiis*). Le Père préfet. « Il y a

Va tenir quelquefois un brelan[1] défendu ;
Si du veillant Argus la figure effrayante
Dans l'ardeur du plaisir à leurs yeux se présente,
Le jeu cesse à l'instant, l'asile est déserté,
Et tout fuit à grands pas le tyran redouté.

III

La Discorde intervient et ranime les champions.

La Discorde, qui voit leur honteuse disgrâce,
Dans les airs cependant tonne, éclate, menace,
Et, malgré la frayeur dont leurs cœurs sont glacés,
S'apprête à réunir ses soldats dispersés.
Aussitôt de Sidrac elle emprunte l'image :
Elle ride son front, allonge son visage,
Sur son bâton noueux laisse courber son corps,
Dont la chicane semble animer les ressorts ;
Prend un cierge à sa main et d'une voix cassée,
Vient ainsi gourmander la troupe terrassée :
  Lâches, où fuyez-vous ? quelle peur vous abat[2] ?
Aux cris d'un vil oiseau vous cédez sans combat !
Où sont ces beaux discours jadis si pleins d'audace ?
Craignez-vous d'un hibou l'impuissante grimace ?
Que feriez-vous, hélas ! si quelque exploit nouveau
Chaque jour, comme moi, vous traînait au barreau ?
S'il fallait, sans amis, briguant une audience,
D'un magistrat glacé soutenir la présence,
Ou, d'un nouveau procès hardi solliciteur,
Aborder sans argent un clerc de rapporteur[3] ?

---

encore un préfet des études au collège Rollin, au collège Sainte-Barbe et chez les jésuites. » (E. LITTRÉ, *Dict. de la langue française.*)

1. *Brelan*, jeu qui se joue avec trois cartes, à trois, ou à quatre, ou à cinq. — De 1674 à 1682, on lisait : un *berlan*. C'était une mauvaise prononciation qui, d'après Chifflet, était admise à côté de l'autre dans le courant du xviie siècle.

2. Parodie du discours de Nestor aux Grecs, *Iliade*, liv. VII, v. 124 et suivants.

3. *Rapporteur*, juge ou conseiller qui fait le rapport d'un procès. Pour entendre ce passage, il faut se souvenir de celui-ci de Molière : « Voyez... combien d'animaux ravissants par les griffes desquels il vous faudra passer, sergents, procureurs, avocats, greffiers, substituts, rapporteurs, juges et leurs clercs. Il n'y a pas un de tous ces gens-là qui, pour la moindre chose, ne soit capable de donner un soufflet au meilleur droit du monde. Le clerc du rapporteur soustraira des pièces, ou le rapporteur même ne dira pas ce qu'il a vu. » (*Fourberies de Scapin*, acte II, scène viii.) — Chicaneau dit, dans les *Plaideurs :*

Si son clerc celui du procureur) vient céans, fais-lui goûter mon vin.

Croyez-moi, mes enfants, je vous parle à bon titre ! :
J'ai moi seul autrefois plaidé tout un chapitre ;
Et le barreau n'a point de monstres si hagards,
Dont mon œil n'ait cent fois soutenu les regards.
Tous les jours sans trembler j'assiégeais leurs passages,
L'Église était alors fertile en grands courages :
Le moindre d'entre nous, sans argent, sans appui,
Eût plaidé le prélat et le chantre avec lui.
Le monde, de qui l'âge avance les ruines [2],
Ne peut plus enfanter de ces âmes divines [3] ;
Mais que vos cœurs, du moins, imitant leurs vertus,
De l'aspect d'un hibou ne soient pas abattus.
Songez quel déshonneur va souiller votre gloire,
Quand le chantre demain entendra sa victoire.
Vous verrez tous les jours le chanoine insolent,
Au seul mot de hibou, vous sourire en parlant.
Votre âme, à ce penser, de colère murmure ;
Allez donc de ce pas en prévenir l'injure ;
Méritez les lauriers qui vous sont réservés,
Et ressouvenez-vous quel prélat vous servez.
Mais déjà la fureur dans vos yeux étincelle :
Marchez, courez, volez où l'honneur vous appelle.
Que le prélat, surpris d'un changement si prompt,
Apprenne la vengeance aussitôt que l'affront.

En achevant ces mots, la déesse guerrière
De son pied trace en l'air un sillon de lumière [4],

---

1. *A bon titre*, cette locution de la langue judiciaire est mise ici plaisamment dans la bouche d'un vieux plaideur. Corneille, qui se sentait d'être venu de Normandie, l'a quelquefois employée :

> Elle agit de sa part en cœur indépendant,
> En amante à bon titre, en princesse avisée !
> (*Œdipe*, I, IV.)

2. De leur triste patrie avançant les ruines.
(VOLTAIRE, *Henriade*, ch. IV, v. 477.)

De qui serait aujourd'hui considéré comme une faute, appliqué à un nom de chose ; c'est *dont* que l'on emploie régulièrement dans une construction de ce genre. Au XVIIe siècle cette règle n'existait pas encore :

> Au mérite souvent *de qui* l'éclat vous blesse.
> (MOL., *Dép. am.*, I, IV.)

> Il court parmi le monde un livre abominable,
> Et *de qui* la lecture est même condamnable.
> (MOL., *Misanth.*, V, VI.)

3. *Iliade*, liv. I, Discours de Nestor (vers 262). (BOILEAU, 1713.)

4. Desmarets dit à ce sujet : « La Discorde devait plutôt remplir tout de ténèbres que de tracer en l'air un sillon de lumière. » Saint-Marc approuve cette réflexion. On a peine à comprendre pourquoi. Quand Voltaire fait voyager la Discorde en plein jour, il dit (*Henriade*, ch. IV) :

> Le ciel s'en obscurcit, les astres en pâlissent.

Rend aux trois champions leur intrépidité,
Et les laisse tous pleins de sa divinité [1].
C'est ainsi, grand Condé, qu'en ce combat célèbre [2],
Où ton bras fit trembler le Rhin, l'Escaut et l'Èbre
Lorsqu'aux plaines de Lens nos bataillons poussés
Furent presque à tes yeux ouverts et renversés :
Ta valeur arrêtant les troupes fugitives
Rallia d'un regard leurs cohortes craintives,
Répandit dans leurs rangs ton esprit belliqueux,
Et força la victoire à te suivre avec eux [3].

IV

L'œuvre est reprise et s'achève.

La colère à l'instant succédant à la crainte,
Ils rallument le feu de leur bougie éteinte :
Ils rentrent : l'oiseau sort ; l'escadron raffermi
Rit du honteux départ d'un si faible ennemi.
Aussitôt dans le chœur la machine emportée
Est sur le banc du chantre à grand bruit remontée.

Rien de mieux. Mais ailleurs le même poète ne croit rien dire de blâmable et de contraire à la poésie épique dans ces vers :

> La discorde, à l'instant entr'ouvrant une nue,
> Sur un char lumineux se présente à leur vue.

1. C'est le véritable texte de Boileau de 1674 à 1713 ; on l'a corrigé pour écrire *tout*, mais l'idée du poète ne peut-elle pas être que pas un seul des trois n'échappe à l'influence de la déesse ? *tous* est alors l'orthographe la plus en accord avec le sens. Boileau n'ignorait pas qu'il y a des cas où *tout* est adverbe ; c'est ainsi qu'il a dit en parlant de Juvénal, *Art poétique*, ch. II, 159 :

> Ses ouvrages tout pleins d'affreuses vérités.

2. En 1649. (BOILEAU, 1713.) — La bataille de Lens fut gagnée par le grand Condé contre les Espagnols et les Allemands le 20 d'août 1648. Despréaux se trompait donc sur la date.

3. Le poète Sarazin dit du prince de Condé dans cette bataille célèbre :

> Condé lance cette foudre,
> Qui, pour affermir son roi,
> Fit trébucher sur la poudre
> Les Espagnols à Rocroi :
> Avec lui vont la victoire,
> L'honneur, la valeur, la gloire :
> La fière Bellone et Mars
> Font passage à cet Alcide ;
> Et Pallas de son égide
> Le couvre dans les hasards.

Et Bossuet, avec moins d'appareil mythologique, mais avec plus d'éloquence et de vérité, peint le héros à Rocroy : « Le voyez-vous comme il vole à la victoire ou à la mort ! Aussitôt qu'il eut porté de rang en rang l'ardeur dont il était animé, on le vit presque en même temps pousser l'aile droite des ennemis, soutenir la nôtre ébranlée, rallier le Français à demi vaincu, mettre en fuite l'Espagnol victorieux, porter partout la terreur, et étonner de ses regards étincelants ceux qui échappaient à ses coups. » (*Oraison funèbre du prince de Condé*.)

Ses ais demi-pourris, que l'âge a relâchés,
Sont à coups de maillet unis et rapprochés.
Sous les coups redoublés tous les bancs retentissent ;
Les murs en sont émus ; les voûtes en mugissent[1],
Et l'orgue même en pousse un long gémissement[2].
Que fais-tu, chantre, hélas ! dans ce triste moment ?
Tu dors d'un profond somme, et ton cœur sans alarmes
Ne sait pas qu'on bâtit l'instrument de tes larmes !
Oh ! que si quelque bruit, par un heureux réveil,
T'annonçait du lutrin le funeste appareil !
Avant que de souffrir qu'on en posât la masse,
Tu viendrais en apôtre expirer dans ta place,
Et, martyr glorieux d'un point d'honneur nouveau,
Offrir ton corps aux clous, et ta tête au marteau.
  Mais déjà sur ton banc la machine enclavée
Est, durant ton sommeil, à ta honte élevée :
Le sacristain achève en deux coups de rabot :
Et le pupitre enfin tourne sur son pivot[3].

---

1. Imitation de Virgile, *Enéide*, liv. III, v. 53.
2. Les six vers précédents offrent chacun des beautés différentes d'harmonie imitative. « Le second exprime, dit Clément, par les *r*, le frottement de la machine sur le banc. Le second hémistiche du troisième montre, par une sorte de bâillement qu'occasionnent ces syllabes longues et uniformes *l'âge a relâchés*, le relâchement lui-même de la machine. Cette harmonie fait un heureux contraste avec les deux vers suivants, qui sont pressés, surtout :

Sous les coups redoublés tous les bancs retentissent, etc.

Cette cadence est exactement le bruit du marteau. Mais quel nouveau contraste dans les deux vers qui suivent ! les mots ont un son sourd, mais extrêmement prolongé, pour imiter celui des voûtes qui répètent longtemps le même son. Remarquez dans ce vers :

Les murs en sont émus, les voûtes en mugissent, etc.

que son harmonie vient de la répétition de cette syllabe *mu*, qui est le cri même de l'animal qui mugit. Le vers d'ensuite est au-dessus de tout éloge ; il n'est personne assez malheureusement organisé pour n'en sentir l'extrême beauté. » (Saint-Surin.)

« Quand on finit un sens, il le faut finir à la seconde rime, et non pas faire que, des deux rimes, l'une achève un sens et l'autre en commence un autre. » Telle est la règle posée par Malherbe, à laquelle Saint-Marc accuse Boileau d'avoir manqué dans ces deux vers. Amar justifie le poète en disant que, s'il s'est permis souvent cette liberté plutôt que cette licence, il n'en a jamais peut-être usé avec plus de grâce que dans le vers qui donne lieu à cette note. Le son de l'orgue paraît se prolonger durant tout l'espace qui sépare ce vers de celui qui suit.

3. Quelle admirable légèreté dans ce vers ! La chose reste pour jamais sous les yeux. (Le Brun.)

CHANT IV

I

Le chantre a un songe qui l'effraie.

Les cloches dans les airs, de leurs voix argentines [1],
Appelaient à grand bruit les chantres à matines,
Quand leur chef [2], agité d'un sommeil effrayant,
Encor tout en sueur, se réveille en criant.
Aux élans redoublés de sa voix douloureuse,
Tous ses valets tremblants quittent la plume oiseuse [3].
Le vigilant Girot [4] court à lui le premier.
C'est d'un maître si saint le plus digne officier ;
La porte dans le chœur à sa garde est commise [5] :

1. Un jour que Boileau lisait son poème chez Segrais, Chapelle, qui avait soupé en leur compagnie, critiqua cette épithète d'*argentines*. Voici l'anecdote qu'on trouve dans les *Mémoires* de Segrais : « Chapelle, qui se prenait aisément de vin, lui dit (à Despréaux) : Je ne te passerai pas *argentines*; *argentines* n'est pas français. Despréaux continuait de lire sans lui répondre, il reprit : Je te dis que je ne te passerai pas *argentines*, cela ne vaut rien. Despréaux repartit : Tais-toi, tu es ivre. Chapelle répliqua : Je ne suis pas si ivre de vin que tu es ivre de tes vers. » (OEuvres de Segrais, 1755, t. II, p. 1.)
2. Le chantre. (Boileau, 1713.)
3. Desmarets fait cette belle remarque sur la *plume oiseuse :* « Il eût été aussi bon de mettre la plume *oysonneuse :* car on la tire des oysons, et il a voulu marquer que ces valets couchaient sur la plume. » — Saint-Marc doute qu'on puisse dire *oiseux* en parlant des choses dans un sens à peu près parallèle à celui d'*oisif*, employé quand on parle des personnes. Boileau avait pour lui l'usage qui autorisait l'emploi de ce mot dans les deux sens que Saint-Marc trouvait hasardés. — *Roman de la Rose*, 18901 : « Onc ne vit plus oiseuse séjors. » — « La lecture des livres qui apportent seulement une vaine et oiseuse délectation aux lisants et à bon droit réprouvée. » (Amyot, *Préf.*, I, p. 25.) — « Une vie oiseuse. » (Id., *Pyrr.*, 42.) — « Une vie incertaine, inégale, oiseuse dans son agitation. » (Mass., *Profess. relig.*) — « Les professions oiseuses, futiles ou sujettes à la mode, telles, par exemple, que celle du perruquier. » (J.-J. Rousseau, *Emile*, III.)
4. Brossette prétend qu'il s'appelait Brunot et qu'il était désolé que Boileau ne l'eût pas désigné par son nom. Il remplissait les fonctions de bedeau et d'huissier t gardait la porte du chœur. (M. Chéron.)
5. *Commise*, c'est-à-dire *confiée*. Cette expression latine (*committere*) était fort usitée.

> Tu m'as commis ton sort, je t'en rendrai bon compte.
> (Corn., *Hor.*, II, v.)

> D'enlever le dépôt commis au soin du garde
> Un voleur se hasarde.
> (La Font., *Matr. d'Eph.*)

> Je vous rends le dépôt que vous m'avez commis.
> (Rac., *Ath.*, II.)

« Il commet à Josué ce qu'il lui reste à faire. » (Bossuet, *Hist. univ.*, II, 3.) — « Enfin ils étaient prêts d'en venir aux mains et de commettre leur réputation au sort d'une bataille. » (Voltaire, *Louis XIV*.)

Valet souple au logis, fier huissier à l'église [1].
  Quel chagrin, lui dit-il, trouble votre sommeil ?
Quoi ! voulez-vous au chœur prévenir le soleil ?
Ah ! dormez, et laissez à des chantres vulgaires
Le soin d'aller sitôt mériter leurs salaires [2].
  Ami, lui dit le chantre encor pâle d'horreur.
N'insulte point, de grâce, à ma juste terreur ;
Mêle plutôt ici tes soupirs à mes plaintes,
Et tremble en écoutant le sujet de mes craintes.
Pour la seconde fois un sommeil gracieux
Avait sous ses pavots appesanti mes yeux,
Quand l'esprit enivré d'une douce fumée,
J'ai cru remplir au chœur ma place accoutumée.
Là, triomphant aux yeux des chantres impuissants,
Je bénissais le peuple, et j'avalais l'encens [3],
Lorsque du fond caché de notre sacristie
Une épaisse nuée à longs flots est sortie [4],
Qui, s'ouvrant à mes yeux, dans son bleuâtre [5] éclat,
M'a fait voir un serpent conduit par le prélat.
Du corps de ce dragon, plein de soufre et de nitre,
Une tête sortait en forme de pupitre,
Dont le triangle affreux, tout hérissé de crins,
Surpassait en grosseur nos plus épais lutrins.
Animé par son guide, en sifflant il s'avance ;
Contre moi sur mon banc je le vois qui s'élance.
J'ai crié, mais en vain ; et, fuyant sa fureur,
Je me suis réveillé plein de trouble et d'horreur.

---

1. S'il faut en croire Brossette, ce vers revenait à la mémoire du président de Lamoignon toutes les fois que ce magistrat voyait Brunot en fonction dans l'église de la Sainte-Chapelle. Mais on sait combien il faut se méfier de tout ce qu'affirme Brossette. (M. Chéron.)

2. Ce sont à peu près les mêmes paroles que Gilotin adresse au trésorier dans le premier chant. Il était impossible d'éviter ce retour des mêmes idées, mais le poète en a su varier l'expression.

3. *J'avalais l'encens*, l'expression est plaisante et pittoresque dans sa trivialité. Voir les plaintes du trésorier au chant 1er, vers 130 et suivants.

4. Tel est le texte de 1674 à 1713. Quelques éditions ont mis à tort *à grands flots*.

5. Toutes les éditions, de 1674 à 1713, portent *bluastre*. Saint-Marc ne se lasse pas d'amasser sur ces vers des critiques vétilleuses ou injustes. Il trouve que *le fond caché* n'est susceptible d'aucun sens, que *bleuâtre éclat* n'est mis que pour rimer avec *prélat*; que, plus bas, *plein de soufre et de nitre* n'est encore qu'une pure cheville. D'où viendrait alors, s'il n'y avait ni soufre ni salpêtre, cette nuée *à longs flots* et son *bleuâtre éclat* ? Ces derniers mots en particulier sont d'une justesse parfaite, et ils offrent une peinture excellente qui chatoie à l'œil.

II

Le chantre voit à l'église le lutrin relevé.

Le chantre, s'arrêtant à cet endroit funeste,
A ses yeux effrayés laisse dire le reste.
Girot en vain l'assure [1], et, riant de sa peur,
Nomme sa vision l'effet d'une vapeur [2].
Le désolé vieillard, qui hait la raillerie,
Lui défend de parler, sort du lit en furie.
On apporte à l'instant ses somptueux habits,
Où sur l'ouate molle [3] éclate le tabis [4].
D'une longue soutane il endosse la moire [5],
Prend ses gants violets, les marques de sa gloire,
Et saisit, en pleurant, ce rochet qu'autrefois

---

1. *L'assure* pour *le rassure*, c'est une faute de langage, dit Saint-Marc. Voltaire fait la même remarque sur ce vers de Corneille :

Un oracle m'assure, un songe me travaille.
(*Hor.*, acte IV, scène IV.)

Au XVIII° siècle, la distinction entre *assurer* et *rassurer* était donc définitivement établie. Il n'en était pas de même au XVII° siècle, où l'un et l'autre s'employaient fort bien avec un même sens. En voici des exemples :

O bonté qui m'assure, autant qu'elle m'honore.
(RACINE, *Athalie*, acte II, scène VII.)

Princesse, assurez-vous, je le prends sous ma garde.
(RACINE, *Esther*, acte II, scène VII.)

Moins on mérite un bien qu'on nous fait espérer,
Plus notre âme a de peine à pouvoir s'assurer.
(MOLIÈRE, *Don Garcie*, acte II, scène VI.)

« Ce n'est pas pour m'assurer entièrement que ce qu'il vient de faire. » (MOLIÈRE, *Fourberies*, acte III, scène I.) — « On ne peut s'assurer, et l'on est toujours dans la défiance. » (PASCAL, *Pensées*.)

2. Racine dit de même :

Moi-même quelque temps, honteuse de ma peur,
Je l'ai pris pour l'effet d'une sombre vapeur.
(*Athalie*, II, v. 1691.)

3. On prononçait *ouète*; cette prononciation est tout à fait hors d'usage aujourd'hui. Selon le dictionnaire de Trévoux, l'*ouate* est une espèce de coton qui croît autour de quelque fruit d'Orient, auquel elle sert d'enveloppe, et qui vient d'Alexandrie par la voie de Marseille ; et, en France, la première soie qui se trouve sur le coton du ver à soie. Présentement, dit M. Littré, *ouate* ne se dit que de la laine, de la soie ou du coton préparé, et qui, placé entre deux étoffes, rend les vêtements plus chauds sans en augmenter le poids. Quant à l'étymologie de ce mot, l'opinion de Lamonnoye, qui le fait venir de l'ancien français, *oue*, *oie*, *ouette*, *ouate*, paraît assez plausible. — Les mots *poète*, *ouate*, dit Voltaire, étaient, du temps de Corneille, de deux syllabes en vers. Boileau, qui a beaucoup servi à fixer la langue, a mis trois syllabes à tous les mots de cette espèce. M. Littré fait observer que M. Th. Gautier a fait *ouate* de deux syllabes. C'était sans doute une malice qu'il faisait à Boileau.

4. *Tabis*, gros taffetas ondé.

5. *Moire*, étoffe de soie qui a pris sous la calandre une apparence ondée et chatoyante. Les étymologistes anglais font venir ce mot de leur terme *mohair*. *hair*, et *mo*, nom asiatique d'une espèce de chèvre. On trouve au XIII° siècle le mot *mire* : *Quar en son tref* (tente) *royal de mire Alexandrine.*

Le prélat trop jaloux lui rogna de trois doigts [1].
Aussitôt, d'un bonnet ornant sa tête grise,
Déjà l'aumusse en main il marche vers l'église [2];
Et, hâtant de ses ans l'importune langueur,
Court, vole, et le premier arrive dans le chœur.
O toi qui, sur ces bords qu'une eau dormante mouille,
Vis combattre autrefois le rat et la grenouille [3];
Qui, par les traits hardis d'un bizarre pinceau,
Mis l'Italie en feu pour la perte d'un seau [4];
Muse, prête à ma bouche une voix plus sauvage,
Pour chanter le dépit, la colère, la rage,

1. Quel choix d'expressions et de circonstances ! L'*ouate* ne semble pas faite pour figurer dans un vers ; mais le poète, en faisant tomber doucement le sien sur l'ouate molle, et le relevant pour y faire *éclater le tabis*, vient à bout d'en tirer de l'élégance et de l'harmonie. Il emploie le même art pour obtenir la soutane du chantre par une épithète bien placée, par une figure fort simple qui consiste à prendre la partie pour le tout, et il en résulte un vers élégant et pittoresque :

D'une longue soutane il endosse la moire.

Prendre ses gants est une expression triviale ; mais ses *gants violets, les marques de sa gloire*, sont relevés par une heureuse opposition. Enfin, il met de l'intérêt jusque dans ce rochet placé à une césure artificielle ; ce rochet

Qu'un prélat trop jaloux lui rogna de trois doigts.

Ce style montre la science de tout embellir, et le néologisme n'en montre que l'impuissance. (LA HARPE, *Lycée*, VII, 331 ; 1820.)
2. Avant l'impression de ce poème, l'auteur le lut à Sa Majesté ; il y avait ici :

Alors d'un domino couvrant sa tête grise,
Déjà l'aumusse en main, il marcha vers l'église.

Après la lecture de ce chant, le roi fit remarquer à M. Despréaux que le domino et l'aumusse sont deux choses qui ne vont pas ensemble : car le domino est un habillement d'hiver et l'aumusse est pour l'été. « D'ailleurs, continua le roi, vous venez de dire : *Déjeunons, messieurs, et buvons frais* (vers 204) ; cela marque que l'action de votre poème se passe en été. » Sur-le-champ M. Despréaux changea le vers dont il s'agit. Le roi ajouta en souriant : « Ne soyez pas étonné de me voir instruit de ces sortes d'usages ; je suis chanoine en plusieurs églises. » En effet, le roi de France est chanoine de Saint-Jean-de-Latran, de Saint-Jean de Lyon, des églises d'Angers, du Mans, de Saint-Martin de Tours et de quelques autres. (BROSSETTE.) — *Aumusse*, peau de martre ou de petit-gris que les chanoines et les chantres portent sur le bras quand ils vont à l'office. L'aumusse était anciennement un bonnet de peau d'agneau avec le poil, et la chape se portait par-dessus. Ensuite on fit descendre ce bonnet sur les épaules, et par degrés, jusque sur les reins. La commodité devint ensuite l'unique règle, et de là vient la variété qu'on voit dans cet habillement des chanoines qui n'est plus même qu'un ornement pour ceux qui le portent sur le bras gauche, suivant l'usage le plus commun. — Étymol. provinc., *almussa*; portug., *mursa*; ital., *mozzetta*; bas-latin, *aumucia, aumucella, almucium*. Quant au préfixe *al*, c'est l'arabe *al*, joint quelquefois dans les langues romanes à des mots qui ne sont pas d'origine arabe. (E. LITTRÉ, *Dict. de la langue française*.)
3. Homère a fait la Guerre des rats et des grenouilles. (BOILEAU, 1713.)
4. La *Secchia rapita*, poème italien (BOILEAU, 1713) d'Alessandro Tassoni, poète modenais, né en 1565, mort en 1635. La première édition de son poème a paru à Paris, en 1622. Il a été traduit en français, à Paris, en 1678, par Pierre Perrault. Le sujet est la guerre qu'entreprirent les Bolonais afin de recouvrer un seau de sapin que les Modenais avaient fait enlever du puits public de la ville de Bologne. (M. CHÉRON.)

Que le chantre sentit allumer dans son sang [1],
A l'aspect du pupitre élevé sur son banc.
D'abord pâle et muet, de colère immobile,
A force de douleur il demeura tranquille ;
Mais sa voix s'échappant au travers des sanglots,
Dans sa bouche à la fin fit passage à ces mots :
La voilà donc, Girot, cette hydre épouvantable
Que m'a fait voir un songe, hélas ! trop véritable !
Je le vois ce dragon tout prêt à m'égorger,
Ce pupitre fatal qui me doit ombrager [2] !
Prélat, que t'ai-je fait ? quelle rage envieuse
Rend pour me tourmenter ton âme ingénieuse ?
Quoi ! même dans ton lit, cruel, entre deux draps [3],
Ta profane fureur ne se repose pas !
O Ciel ! quoi ! sur mon banc une honteuse masse
Désormais va me faire un cachot de ma place !
Inconnu dans l'église, ignoré dans ce lieu,
Je ne pourrai donc plus être vu que de Dieu !
Ah ! plutôt qu'un moment cet affront m'obscurcisse [4],
Renonçons à l'autel, abandonnons l'office ;
Et, sans lasser le ciel par des chants superflus,
Ne voyons plus un chœur où l'on ne nous voit plus.
Sortons... Mais cependant mon ennemi tranquille
Jouira sur son banc de ma rage inutile,
Et verra dans le chœur le pupitre exhaussé
Tourner sur le pivot où sa main l'a placé !

---

1. On s'attendait à trouver *s'allumer*, mais au xviie siècle on supprimait ordinairement le pronom après les verbes *faire, laisser, voir, sentir, entendre, écouter*, quand ils étaient suivis d'un autre verbe à l'infinitif, ce qui achève le sens. Boileau a dit lui-même, *Art poétique*, chant I :

> Chaque vers qu'il entend le fait extasier.
> Et cette vaine peur le fait ainsi cacher.
> (Corn., *la Suiv.*, III, vi.)

> La peur ne me fera ni taire ni dédire.
> (Racan, *Berg.*, IV, v.)

2. *Ombrager*, quoi qu'en dise Saint-Marc, peut très bien être pris dans le sens de *cacher*, de *couvrir*, comme fait un ombrage.

> Ombrageant la chanson du voile d'une fable.
> (Régnier, sat. iv.)

> Accourez tous, venez m'ombrager de vos ailes ;
> Balancez sur mon front vos palmes immortelles.
> (Millevoye, *la Religieuse*.)

3. Hémistiche d'une malignité charmante. (Le Brun.) — Le chantre ne conçoit pas, en effet, qu'on puisse chercher autre chose entre deux draps que les douceurs du repos. (Amar.)

4. Hardiesse d'expression blâmée par Desmarets ; l'affront mis pour le lutrin, suivi du verbe *obscurcisse*, rend à merveille la préoccupation vaniteuse du chantre.

Non, s'il n'est abattu, je ne saurais plus vivre.
A moi, Girot, je veux que mon bras m'en délivre.
Périssons, s'il le faut: mais de ses ais brisés
Entraînons, en mourant, les restes divisés.

III

Jean le choriste et le sonneur Girard conseillent d'assembler le chapitre.

A ces mots, d'une main par la rage affermie,
Il saisissait déjà la machine ennemie.
Lorsqu'en ce sacré lieu, par un heureux hasard[1],
Entrent Jean le choriste, et le sonneur Girard[2],
Deux Manceaux renommés, en qui l'expérience
Pour les procès est jointe à la vaste science.
L'un et l'autre aussitôt prend part à son affront.
Toutefois condamnant un mouvement trop prompt :
Du lutrin, disent-ils, abattons la machine,
Mais ne nous chargeons pas tous[3] seuls de sa ruine ;
Et que tantôt, aux yeux du chapitre assemblé,
Il soit sous trente mains en plein jour accablé.
Ces mots des mains du chantre arrachent le pupitre.
J'y consens, leur dit-il, assemblons le chapitre.
Allez donc de ce pas, par de saints hurlements[4],

---

1. Au XVIIe siècle, les poëtes mettaient de préférence l'adjectif *sacré* devant le substantif.

De vos *sacrés attraits* les âmes possédées.
(CORN., *Pol.*, IV, III.)

Non, vous n'espérez pas de nous revoir encor,
Sacrés murs que n'a pu conserver mon Hector,
(RACINE, *Andr.*, I, IV.)

O rives du Jourdain ! O champs aimés des cieux !
Sacrés monts, fertiles vallées.
(*Esther*, I, III.)

2. Jean le choriste est un personnage supposé. Girard, sonneur de la Sainte-Chapelle, était mort longtemps avant la composition de ce poëme. Il se noya dans la Seine, ayant gagé qu'il la passerait neuf fois à la nage. Il eut un jour la témérité de monter sur les rebords du toit de la Sainte-Chapelle, une bouteille à la main, et là, en présence d'une infinité de gens qui le regardaient d'en bas avec frayeur, il vida d'un trait cette bouteille et s'en retourna. M. Despréaux, alors écolier, fut l'un des spectateurs. (BROSSETTE.)

3. Texte de 1674 à 1713. Il faudrait *tout*, dit M. Daunou. V. le ch. III, v. 140.

4. Hémistiche plein de verve et de plaisanterie ; il fallait, en effet, hurler pour réveiller de pareils chanoines. Avant Boileau, on osait rarement faire fraterniser des mots aussi opposés que ceux de *saints* et de *hurlements* ; mais tout était possible à un poëte de sa trempe, qui recréait, pour ainsi dire, son art et sa langue. (LE BRUN.)

Des enfants de Lévy la troupe consternée
En poussa vers le ciel des *hurlements* affreux.
(*Athalie*, II, III.)

Vous-mêmes appeler les chanoines dormants [1].
Partez. Mais ce discours les surprend et les glace.
Nous! qu'en ce vain projet, pleins d'une folle audace,
Nous allions, dit Girard, la nuit nous engager!
De notre complaisance osez-vous l'exiger [2]?
Hé! Seigneur, quand nos cris pourraient, du fond des rues,
De leurs appartements percer les avenues,
Réveiller ces valets autour d'eux étendus,
De leur sacré repos ministres assidus,
Et pénétrer des lits [3] au bruit inaccessibles;
Pensez-vous, au moment que les ombres paisibles
A ces lits enchanteurs ont su les attacher,
Que la voix d'un mortel les en puisse arracher?
Deux chantres feront-ils, dans l'ardeur de vous plaire,
Ce que depuis trente ans six cloches n'ont pu faire?

IV

Le Prélat se charge de réveiller les chanoines.

Ah! je vois bien où tend tout ce discours trompeur,
Reprend le chaud vieillard: le prélat vous fait peur.
Je vous ai vu [4] cent fois, sous sa main bénissante,
Courber servilement une épaule tremblante [5].
Eh bien! allez; sous lui fléchissez les genoux:
Je saurai réveiller les chanoines sans vous.
Viens, Girot, seul ami qui me reste fidèle:
Prenons du saint jeudi la bruyante crécelle [6].

---

1. On sait quel était l'usage du xviie siècle à l'égard du participe présent, on conservait l'accord par analogie avec le latin.
2. De 1674 à 1698, au lieu des quatre vers qui précèdent, on lit :

> Partez. Mais à ce mot les champions pâlissent;
> De l'horreur du péril leurs courages frémissent;
> Ah! seigneur, dit Girard, que nous demandez-vous?
> De grâce, modérez un aveugle courroux.
> Nous pourrions réveiller des chantres et des moines,
> Mais, même avant l'aurore, éveiller des chanoines!
> Qui jamais l'entreprit? qui l'oserait tenter?
> Est-ce un projet, ô ciel! qu'on puisse exécuter?
> Eh! seigneur.....

3. De 1674 à 1698, les trois vers qui précèdent se lisent ainsi :

> Pensez-vous, au moment que ces dormeurs paisibles
> De la tête une fois pressent un oreiller,
> Que la voix d'un mortel puisse les réveiller?

4. Texte de 1674 à 1698. Il faudrait aujourd'hui *vus*.
5. Image parfaitement rendue. (LE BRUN.)
6. Instrument dont on se sert le jeudi saint (et le vendredi saint) au lieu des cloches. (BOILEAU, 1713.) — Boileau écrit *cresselle*, ainsi que Richelet; le *Dictionnaire de l'Académie* de 1694 dit : *Crécerelle*. (M. CHÉRON.)

Crécerelle est le nom d'un oiseau de proie du genre *faucon*. Furetière n'a que *crécelle* pour le nom de l'instrument et celui de l'oiseau (*Crécelle*). Au

LE LUTRIN, CHANT IV.

Suis-moi. Qu'à son lever le soleil aujourd'hui
Trouve tout le chapitre éveillé devant lui[1].
Il dit. Du fond poudreux d'une armoire sacrée,
Par les mains de Girot la crécelle est tirée.
Ils sortent à l'instant, et, par d'heureux efforts,
Du lugubre instrument font crier les ressorts[2].
Pour augmenter l'effroi, la discorde infernale
Monte dans le palais, entre dans la grand'salle[3],
Et du fond de cet antre, au travers de la nuit,
Fait sortir le démon du tumulte et du bruit.
Le quartier alarmé n'a plus d'yeux qui sommeillent.
Déjà de toutes parts les chanoines s'éveillent :
L'un croit que le tonnerre est tombé sur les toits,
Et que l'église brûle une seconde fois[4] ;
L'autre, encore agité de vapeurs plus funèbres,
Pense être au jeudi saint, croit que l'on dit ténèbres[5],

xve siècle *crécelle* se dit de l'oiseau de proie. — « La cresceuelle de sun mutuel espouvante les esperviers, de sorte qu'ils fuient sa veue et sa voix. » (Franc. *Animaux*, 21.) — « Et ce moulinet dont nous usons le jeudy et vendredy de la sepmaine sainte au lieu de cloches, que nous appelons *cresceuelle*, a emprunté ce nom du bruit qu'il produit. » (Pasquier, *Recherches*, liv. VIII.) (E. Littré, *Dict. de la langue fr.*)

1. Il faudrait aujourd'hui *avant*; l'usage permettait alors *devant* dans le sens de *avant*. « Devant ce temps, on est enfant. » (Pascal, *sur l'Amour*.) — « Devant toutes choses, je lui lus quatre de vos lettres. » (Sévigné, 166.)

De ce qu'on le faisait lever devant l'aurore.
    (La Font., *Fables*, VI, xvii.)

« Si les Égyptiens n'ont pas inventé l'agriculture ni les autres arts que nous voyons devant le déluge. » (Bossuet, *Hist. univ.* III, iii.) — « On voit par là que *devant* mis pour *avant* peut souvent causer de grandes ambiguïtés dans le discours, on les évitera en ne le faisant servir que pour signifier la proximité de. » (Vaugelas, *Remarques sur la langue française*, avec des notes de T. Corneille, 1697, p. 488.)

2. Exemple excellent d'harmonie imitative.

3. *Grand*, devant un certain nombre de mots féminins, ne prend pas l'*e* du féminin. (Grand'bande, grand'chambre, grand'croix, grand'prière, grand'messe, etc., etc.) Ménage dit qu'on n'a point trouvé d'autre raison pour l'élision de l'*e*, dans ce cas, que l'usage qui l'a établie. Mais d'une part il n'y a point d'élidé, et d'autre part la raison de cette forme est fournie de la façon la plus simple par l'ancienne langue ; *grand*, venant du latin *grandis*, qui a la même terminaison pour le masculin et le féminin, n'avait non plus qu'une seule terminaison pour les deux genres dans l'ancien français : *une grant chose*, etc. Cet usage, parfaitement régulier, comme on voit, se trouva en contradiction avec celui qui survint et qui donna à ces adjectifs une terminaison féminine. Dans cette contradiction, il résulta que *grand* fut maintenu par le parler habituel en accord avec quelques mots féminins. Ainsi, il n'y a point d'élide, et, partant, point d'apostrophe à mettre. Il serait meilleur de supprimer cette apostrophe que de présenter à l'esprit la fausse idée d'une suppression qui serait une anomalie sans raison. (E. Littré, *Dict. de la langue française*.)

4. Le toit de la Sainte-Chapelle fut brûlé en 1618. (Bouhier, 1745.) — C'est la grande salle du palais qui fut brûlée en 1618, le toit de la Sainte-Chapelle brûla le 26 juillet 1630.

5. Comme il ne s'agit en ce moment que de propos vulgaires, Boileau se garde bien d'employer l'expression poétique du *saint jeudi* comme plus haut. Il n'y a

Et déjà tout confus, tenant midi sonné,
En soi-même frémit de n'avoir point dîné[1].
Ainsi, lorsque, tout prêt à briser cent murailles,
Louis, la foudre en main, abandonnant Versailles,
Au retour du soleil et des zéphirs nouveaux,
Fait dans les champs de Mars déployer ses drapeaux ;
Au seul bruit répandu de sa marche étonnante,
Le Danube s'émeut, le Tage s'épouvante[2],
Bruxelle attend le coup qui la doit foudroyer,
Et le Batave encore est prêt à se noyer[3].

V

Les chanoines courent au chapitre. On délibère.

Mais en vain dans leurs lits un juste effroi les presse.
Aucun ne laisse encor la plume enchanteresse.
Pour les en arracher Girot s'inquiétant
Va crier qu'au chapitre un repas les attend.
Ce mot dans tous les cœurs répand la vigilance :
Tout s'ébranle, tout sort, tout marche en diligence.
Ils courent au chapitre, et chacun se pressant
Flatte d'un doux espoir son appétit naissant.
Mais, ô d'un déjeuner vaine et frivole attente !
A peine ils sont assis, que, d'une voix dolente[4],
Le chantre désolé, lamentant son malheur[5],
Fait mourir l'appétit et naître la douleur.
Le seul chanoine Évrard[6], d'abstinence incapable,

ici que le terme familier qui convienne : mais dans le discours homérique de l'un des héros du poème, le *jeudi saint* eût été d'un langage trop commun : l'inversion y produit un excellent effet. (DAUNOU.)

1. Idée malicieuse très finement exprimée.
2. Desmarets et Pradon trouvaient indécente cette comparaison qui rapproche Girot, le valet du chantre, de Louis XIV. — Le Brun et Andrieux sont loin de partager cet avis. — Amar trouve que « ces beaux vers, cette magnifique comparaison » rappellent la fin des *Géorgiques*.
3. Allusion au vers 208 au chant IV de l'*Art poétique*.
4. Encore un exemple du talent de Boileau à peindre par les mots.
5. *Lamenter* veut dire *plaindre avec lamentations*. « Pendant que tout le reste de la Syrie pleurait et lamentait la perte de l'armée, où il y avait peu de familles qui n'eussent quelque proche parent. » (ROLLIN, *Hist. anc.*, t. IX, p. 366.) « Lamenter ses douleurs. » (Ducis, *Oscar*, I, II.)
6. Brossette prétend que le personnage ici désigné est Louis-Roger Danse ou d'Ense. M. Berriat-Saint-Prix démontre que Danse était un ami particulier de Boileau et de sa famille et que cette assertion de Brossette n'est pas plus fondée que tant d'autres du même commentateur. (M. CHÉRON.) — Nous ne sommes pas du tout convaincus par l'argumentation de Berriat-Saint-Prix. Il n'y aurait aucune noirceur de la part de Boileau s'il avait esquissé ici la propre figure d'un chanoine ami de sa famille. Berriat-Saint-Prix conçoit lui-même que le poète ait profité « de quelques traits particuliers, des caractères de quelques chanoines ou chantres pour en composer ceux de plusieurs de ces personnages. » Brossette

Ose encor proposer qu'on apporte la table.
Mais il a beau presser, aucun ne lui répond :
Quand, le premier rompant ce silence profond,
Alain tousse et se lève : Alain, ce savant homme[1],
Qui de Bauny vingt fois a lu toute la Somme[2],
Qui possède Abély[3], qui sait tout Raconis[4],
Et même entend, dit-on, le latin d'A-Kempis[5].

N'en doutez point, leur dit ce savant canoniste,
Ce coup part, j'en suis sûr, d'une main janséniste.
Mes yeux en sont témoins : j'ai vu moi-même hier
Entrer chez le prélat le chapelain Garnier[6].
Arnauld, cet hérétique ardent à nous détruire,
Par ce ministre adroit tente de le séduire :

allait peut-être trop loin en disant : ceci convient à l'abbé *Danse seul*, mais il devait avoir ses raisons pour affirmer que les traits principaux de cette peinture s'appliquaient à lui.

1. Son nom était Auberi que l'on prononçait Aubri. Il ne parlait jamais sans tousser une ou deux fois auparavant. M. le président de Lamoignon l'avait choisi depuis longtemps pour son confesseur, et lui avait procuré un canonicat à la Sainte-Chapelle. Ce chanoine était d'un esprit médiocre, mais fort opposé aux sentiments des jansénistes. Cela est bien marqué par les discours qu'on lui fait tenir ici, et par la qualité des livres sur lesquels on fait rouler sa science et ses lectures. Quoiqu'il fût si bien désigné, on dit qu'il lut plusieurs fois le *Lutrin* sans s'y reconnaître. (BROSSETTE.)
Il est heureux que d'autres traits constatent l'identité du personnage, car la toux n'y suffirait pas. — Saint-Évremond introduit de la même manière un de ses personnages : « Tel était l'état de la dispute, quand un prélat charitable voulut accommoder le différend : ravi de trouver une si belle occasion de faire paraître son savoir et son esprit, il toussa trois fois, avec méthode, se tournant vers le docteur, trois fois il sourit, en homme du monde, à notre agréable ignorant. » (*Lettre à M. le comte d'Olonne*, p. 144.—Voir notre édition chez MM. Garnier frères.)
2. Le père Étienne Bauny, de la compagnie de Jésus, né à Mouzon (Ardennes), en 1564, mort à Saint-Pol-de-Léon (Bretagne), le 4 décembre 1649. Il est l'auteur de très nombreux ouvrages de théologie, et entre autres de : *Somme des péchés qui se commettent en tous états; de leurs conditions et qualités; en quelles occurrences ils sont mortels ou véniels et en quelle façon le confesseur doit interroger son pénitent*. Paris, 1630, in-8°, très souvent réimprimée.
3. Théologien français, 1630-1691; ennemi des jansénistes, il a écrit la *Moelle Théologique*.
4. Charles-François d'Abra de Raconis, docteur en théologie, aumônier du roi, évêque de Lavaur en 1637; né au château de Raconis, près de Montfort-l'Amaury, en 1588, mort le 16 de juillet 1646. Il publia, en 1644 et 1645, 3 volumes in-4° contre le livre d'Arnauld, *De la fréquente communion*. On lui doit, en outre, beaucoup d'autres ouvrages de théologie et de controverse.
5. Thomas A-Kempis, religieux allemand, né à Kempis, près de Cologne, en 1380, mort en 1471. C'est l'un de ceux auxquels on a attribué le livre *De imitatione Christi*. Cf. l'édition de l'*Internelle consolacion*, première traduction française de l'*Imitation de Jésus-Christ*, publiée par MM. Ch. d'Héricault et Louis Moland. Paris, P. Jannet, 1857; in-16. D'après J.-V. Le Clerc, Thomas de Kempis (à Kempis) ne serait que le plus illustre des copistes qui ont répandu les exemplaires de l'*Imitation de Jésus-Christ*. (*Discours sur l'état des lettres au* XIVe *siècle*, t. I, p. 93-94.)
6. Louis Le Fournier, chapelain perpétuel de la Sainte-Chapelle, natif de Villeneuve, au Perche. Il était ennemi des brigues et des cabales qui sont si communes dans les chapitres; ainsi il n'avait jamais pris de part dans les démêlés du trésorier et du chantre. M. Arnauld l'allait voir souvent, et le chanoine Aubéri regardait le chapelain comme un janséniste. (BROSSETTE.)

Sans doute il aura lu dans son saint Augustin [1]
Qu'autrefois saint Louis érigea ce lutrin [2].
Il va nous inonder des torrents de sa plume :
Il faut, pour lui répondre, ouvrir plus d'un volume.
Consultons sur ce point quelque auteur signalé ;
Voyons si des lutrins Bauny n'a point parlé [3] ;
Étudions enfin, il en est temps encore ;
Et pour ce grand projet, tantôt dès que l'Aurore
Rallumera le jour dans l'onde enseveli,
Que chacun prenne en main le moelleux Abély [4].

Ce conseil imprévu de nouveau les étonne :
Surtout le gras Évrard d'épouvante en frissonne.

Moi! dit-il, qu'à mon âge, écolier tout nouveau,
J'aille pour un lutrin me troubler le cerveau?
O le plaisant conseil! Non, non, songeons à vivre :
Va maigrir, si tu veux, et sécher sur un livre.
Pour moi, je lis la Bible autant que l'Alcoran [5],

1. Arnauld avait fait une étude particulière des écrits de saint Augustin, dont il a traduit en français plusieurs traités. — Tout Port-Royal ne vivait que de la lecture de saint Augustin. Racine dit dans sa première lettre à l'auteur des *Hérésies imaginaires :* « Saint Augustin cite Virgile aussi souvent que vous citez saint Augustin. »
2. Alain, *ce savant homme,* fait un anachronisme de huit siècles. (M. Chéron.)
3. Rappelons-nous que de *Bauny* vingt fois il a lu toute la *Somme.*
4. Fameux auteur qui a fait la *Moelle théologique, Medulla theologica.* Voir plus haut pourquoi Boileau l'appelle le *moelleux.*

« L'auteur a mis en marge une note qui explique la raison de l'épithète, et il a bien fait. Quand je songe aux conjectures que formeraient les critiques, si la langue française avait un jour le destin qu'a eu la latine, et que les œuvres de M. Despréaux se conservassent, je me représente bien des chimères. » (Bayle.)
— Abély naquit à Paris en 1603, reçu docteur en théologie à la Faculté de Paris, il fut fait curé de Saint-Josse dans la même ville. Sacré évêque de Rhodez en 1662, il succéda à de Péréfixe. Il quitta cet évêché deux ans après en 1664 et revint à Paris où il mourut en 1691 à l'âge de quatre-vingt-huit ans. — Voici le titre du livre dont il s'agit : *Medulla theologica ex sacris scripturis, conciliorum, pontificumque decretis et sanctorum patrum ac doctorum expressa. La moelle théologique tirée des écritures saintes, des décrets des conciles, des papes, des Saints-Pères et des docteurs.* Paris, 1650, in-12, deux tomes.
Cet ouvrage a été cause que Boileau Despréaux a nommé l'auteur dans le IVe chant de son *Lutrin* le Moelleux Abély. Il déplut à plusieurs personnes; ce qui a produit ce bon mot de M. Le Camus, depuis cardinal, rapporté dans le Ménagiana. Comme on parlait de la Moelle d'Abélly, il dit : La lune était en décours, quand il fit cela. (Le P. Nicéron, *Mém. pour servir l'hist. des hommes illustres,* t. XLI, p. 184.)
5. *Alcoran,* le livre qui contient la loi de Mahomet. On dit aussi le *Coran,* et sans doute mieux, puisque *al* est l'article arabe et signifie *le,* ce qui fait avec notre article une sorte de double emploi ; mais *Alcoran* est consacré par l'usage et *Coran,* bien que recommandé par les orientalistes, ne peut pas le bannir. (E. Littré, *Dict. de la langue française.*) — Voltaire dit tantôt *Alcoran,* et tantôt *le Coran :*

> Le glaive et l'Alcoran dans mes sanglantes mains
> Imposeraient silence au reste des humains.
> (Voltaire, *Fanat.*, II, v.)

« Cette réponse se trouve dans l'antépénultième chapitre du *Coran.* » (Voltaire. *Mœurs,* VII.)

Je sais ce qu'un fermier nous doit rendre par an,
Sur quelle vigne à Reims nous avons hypothèque [1].
Vingt muids rangés chez moi font ma bibliothèque [2].
En plaçant un pupitre on croit nous rabaisser ;
Mon bras seul, sans latin, saura le renverser.
Que m'importe qu'Arnauld me condamne ou m'approuve ?
J'abats ce qui me nuit partout où je le trouve :
C'est là mon sentiment. A quoi bon tant d'apprêts ?
Du reste, déjeunons, messieurs, et buvons frais [3].

VI

Le chanoine Evrard fait prévaloir le parti de la force.

Ce discours, que soutient l'embonpoint du visage,
Rétablit l'appétit, réchauffe le courage ;
Mais le chantre surtout en paraît rassuré.
Oui, dit-il, le pupitre a déjà trop duré :
Allons sur sa ruine assurer ma vengeance,
Donnons à ce grand œuvre [4] une heure d'abstinence,
Et qu'au retour tantôt un ample déjeuner
Longtemps nous tienne à table et s'unisse au dîner.
Aussitôt il se lève, et la troupe fidèle
Par ces mots attirants sent redoubler son zèle.
Ils marchent droit au chœur d'un pas audacieux,

---

1. Le chapitre de la Sainte-Chapelle possédait à Reims l'abbaye de Saint-Nicaise, dont les principaux revenus consistaient en vins. On le sait par Morand et par une lettre de l'abbé Jacques Boileau à Brossette du 12 de février 1703. « L'abbaye de Saint-Nicaise de Reims vaut 16,000 livres à la Sainte-Chapelle ; elle lui fut unie par Louis XIII pour suppléer au revenu qu'on lui ôta des régales des évêchés, où les vendanges en sont un des principaux produits. »

2. Le muid de Paris était de 300 litres.

3. Il y a dans la peinture de ce personnage plus d'un trait de ressemblance avec le frère Jean des Entommeures, de Rabelais. « Je n'estudie point de ma part ; en notre abbaye nous n'estudions jamais de peur des auripeaux (mal d'oreilles). Nostre feu abbé disait que c'est chose monstrueuse veoir ung moyne sçavant. « (M. Ch. Aubertin. Éd. classiq. E. Belin.)

4. « Autrefois œuvre était masculin au singulier quand il signifiait livre ; il était encore masculin dans le style soutenu, pour des œuvres dont on voulait rehausser le mérite, et l'Académie dans son Dictionnaire donne encore : *un si grand œuvre, ce saint œuvre, un œuvre de génie.* Des exemples abondent.

Il faut faire de même un œuvre entreprenant.
(Régnier, sat. 1.)

Voyez en sa mort un œuvre de sa main.
(Rotrou, *Ant.*, III, iv.)

Quelle morale puis-je inférer de ce fait ?
Sans cela toute fable est un œuvre imparfait.
(La Fontaine, *Fables*, XII, ii.)

Cet emploi est tombé en désuétude ; tout au plus pourrait-on essayer de s'en servir dans la poésie en quelques cas choisis. » (E. Littré, *Dict. de la langue française.*)

Et bientôt le lutrin se fait voir à leurs yeux.
A ce terrible objet aucun d'eux ne consulte :
Sur l'ennemi commun ils fondent en tumulte.
Ils sapent le pivot, qui se défend en vain ;
Chacun sur lui d'un coup veut honorer sa main.
Enfin sous tant d'efforts la machine succombe,
Et son corps entr'ouvert chancelle, éclate et tombe [1].
Tel sur les monts glacés des farouches Gélons [2]
Tombe un chêne battu des voisins aquilons ;
Ou tel, abandonné de ses poutres usées,
Fond enfin un vieux toit sous ses tuiles brisées.
  La masse est emportée, et ses ais arrachés
Sont aux yeux des mortels chez le chantre cachés.

CHANT V [3]

I

Le trésorier apprend le crime de la nuit. Il va consulter la Chicane.

L'Aurore, cependant, d'un juste effroi troublée,
Des chanoines levés voit la troupe assemblée,
Et contemple longtemps, avec des yeux confus,
Ces visages fleuris qu'elle n'a jamais vus [4].
Chez Sidrac aussitôt Brontin d'un pied fidèle
Du pupitre abattu va porter la nouvelle.
Le vieillard de ses soins bénit l'heureux succès,
Et sur un bois détruit bâtit mille procès [5].

---

1. Imitation de VIRGILE, Énéide, liv. II, v. 628-631.
2. Peuples de Sarmatie, voisins du Borysthène. (BOILEAU, 1713.)
3. Publié avec le chant VI, en 1683, non vers le mois de septembre, comme le disent Brossette et d'autres éditeurs, mais au mois de janvier. (B.-S.-P.)
4. Qu'elle n'a jamais vus est de la grâce la plus riante et un des hémistiches les plus heureux de Boileau. (LE BRUN.) — Cette grâce en excuse la maligne exagération. (AMAR.) — Ceux qui liront le Voyage littéraire de deux religieux bénédictins de la congrégation de Saint-Maur, publié en 1717, sauront que ce n'était ni chez les chanoines ni chez les chanoinesses qu'il fallait aller chercher ces exemples de vigilance et d'austérité qu'on trouvait dans d'autres ordres religieux.
5. N'oublions pas qu'au chant Ier, vers 190, Sidrac a dit : « ... Plaidons : c'est là notre partage. » Son humeur querelleuse est donc ici peinte à merveille. C'est ainsi que Chicaneau s'écrie dans les Plaideurs (scène dernière) :

    Je vois qu'on m'a surpris ; mais j'en aurai raison :
    De plus de vingt procès ceci sera la source.

L'espoir d'un doux tumulte échauffant son courage,
Il ne sent plus le poids ni les glaces de l'âge ;
Et chez le trésorier, de ce pas, à grand bruit,
Vient étaler au jour les crimes de la nuit[1].
Au récit imprévu de l'horrible insolence,
Le prélat hors du lit impétueux s'élance,
Vainement d'un breuvage à deux mains apporté,
Gilotin, avant tout, veut le voir humecté[2],
Il veut partir à jeun. Il se peigne, il s'apprête ;
L'ivoire trop hâté deux fois rompt sur sa tête,
Et deux fois de sa main le buis[3] tombe en morceaux :
Tel Hercule filant rompait tous les fuseaux.
Il sort demi-paré ; mais déjà sur sa porte
Il voit de saints guerriers une ardente cohorte,
Qui tous, remplis pour lui d'une égale vigueur,
Sont prêts, pour le servir, à déserter le chœur.
Mais le vieillard condamne un projet inutile.
Nos destins sont, dit-il, écrits chez la Sibylle :
Son antre n'est pas loin ; allons la consulter ;
Et subissons la loi qu'elle nous va dicter.
Il dit : à ce conseil, où la raison domine,
Sur ses pas au barreau la troupe s'achemine,
Et bientôt, dans le temple, entend, non sans frémir,
De l'antre redouté les soupiraux gémir[4].

II

Le temple de la Chicane.

Entre ces vieux appuis dont l'affreuse grand'salle
Soutient l'énorme poids de sa voûte infernale,
Est un pilier fameux[5], des plaideurs respecté,
Et toujours de Normands à midi fréquenté.

---

1. Vers bien fait où chaque mot a sa valeur.
2. Terme précieux et habilement employé ici. « Je mouille, je humecte, je boy, et tout, de paour de mourir. » (RABELAIS, *Gargantua*, I, 5.)
3. Dans les éditions de 1683 à 1698 il y a *bouis*. — Voici ce que dit Ménage dans ses *Observations sur la langue françoise* (1671) : « On dit *buis* dans les provinces et Ronsard parle toujours de la sorte. Mais à Paris et à la cour on dit *bouis*. C'est donc comme il faut parler. » — M. Littré fait remarquer que c'est aujourd'hui tout le contraire. (*Dict. de la langue française*, au mot *Buis*.)
4. Imitation de VIRGILE, *Énéide*, v. 257-259.
5. Le pilier des consultations. (BOILEAU, 1713.) — C'est le premier de la grand'salle du côté de la chapelle du Palais. Les anciens avocats s'assemblent près de ce pilier où l'on vient les consulter. Il y a aussi une chambre des consultations vis-à-vis du pilier, à côté de la même chapelle. (BROSSETTE.) — Cet usage a cessé vers le milieu du XVIIIe siècle.

Là, sur des tas poudreux de sacs et de pratique,
Hurle tous les matins une Sibylle étique [1] ;
On l'appelle Chicane ; et ce monstre odieux
Jamais pour l'équité n'eut d'oreilles ni d'yeux.
La Disette au teint blême et la triste Famine,
Les Chagrins dévorants et l'infâme Ruine,
Enfants infortunés de ses raffinements,
Troublent l'air d'alentour de longs gémissements.
Sans cesse feuilletant les lois et la coutume,
Pour consumer autrui, le monstre se consume ;
Et, dévorant maisons, palais, châteaux entiers,
Rend pour des monceaux d'or de vains tas de papiers [2].
Sous le coupable effort de sa noire insolence,
Thémis a vu cent fois chanceler sa balance ;
Incessamment il va de détour en détour ;
Comme un hibou, souvent il se dérobe au jour :
Tantôt, les yeux en feu, c'est un lion superbe [3] ;

---

1. On lit dans Rabelais, *Pantagruel*, XI : « Nous fûmes présentés... devant un monstre le plus hideux que jamais fut descript. On le nommait Grippeminaud. Je ne vous le sçaurai mieux comparer qu'à Chimère, ou à Sphinx, ou à Cerberus, ou bien au simulachre d'Orisis, ainsi que le figuraient les Égyptiens, par trois têtes ensemble jointes ; sçavoir est d'un lion rugissant, d'un chien flattant et d'un loup baislant entortillés d'un dragon, soi mordant la queue, et de rayons scintillants à l'entour. Les mains avait pleines de sang, les gryphes comme de Harpye, le museau à bec de corbin, les dents d'un sanglier quadrannier, les yeulx flamboyants comme yeulx d'une gueule d'enfer, tout couvert de mortiers entre lassés de pilons : seulement apparaissaient les gryphes. Le siége d'icellui et de tous ses collatéraux chats-garenniers, était d'un long ratelier tout neuf au-dessus duquel, par forme de revers, instablées étaient mangeoires fort amples et belles... À l'endroit du siége principal était l'image d'une vieille femme tenant en main dextre un ferreau de faucille, et senestre une balance, et portant besicles au nez. Les coupes de la balance étaient de deux gibbesières veloutées, l'une pleine de billon et pendante, l'autre vide et long eslevée au-dessus du tresbuchet. Et suis d'opinion que c'était le portraict de Justice grippeminaudiere bien abhorrente de l'institution des antiques Thébains, qui érigeaient les statues de leurs dicastes et juges après leur mort, en or et argent ou en marbre, selon leur mérite, toutes sans mains. »

2. On trouve dans Furetière cette épigramme que voici :

Palais de la reine Chicane et du roy des Fesses Cahiers.

Archives des vieux plaidoyers,
Porche où piaffe la soutane !
Que de pancartes et de sacs,
Que d'étiquettes, d'almanachs,
Que de grimoires sur ces tables !
Je crois que c'est sur ces placets
Qu'on sacrifie à tous les diables
Pour l'éternité des procès.

Il n'est peut-être pas sans intérêt d'indiquer ici l'origine du mot *chicane* : « Bas-grec, τζυκάνιον, jeu du mail ; τζυκανίζειν, jouer au mail ; ce mot vient du persan *tchougan*, raquette de jeu de mail, mot qui rend raison de l'affixe *ane*. Dès lors la série des sens est : jeu de mail, puis action de disputer la partie, et enfin manœuvres processives. » (E. Littré, *Dict. de la langue française*.)

3. Imitation de Virgile, *Géorg.*, liv. IV, v. 406-411.

Tantôt, humble serpent, il se glisse sous l'herbe.
En vain, pour le dompter, le plus juste des rois
Fit régler le chaos des ténébreuses lois :
Ses griffes, vainement par Pussort [1] accourcies,
Se rallongent déjà, toujours d'encre noircies,
Et ses ruses, perçant et digues et remparts,
Par cent brèches déjà rentrent de toutes parts.

III

Le Prélat et la Chicane. Elle rend son oracle.

Le vieillard [2] humblement l'aborde et la salue,
En faisant, avant tout, briller l'or à sa vue :
Reine des longs procès, dit-il, dont le savoir
Rend la force inutile et les lois sans pouvoir ;
Toi, pour qui dans le Mans le laboureur moissonne,
Pour qui naissent à Caen tous les fruits de l'automne,
Si, dès mes premiers ans, heurtant tous les mortels,
L'encre a toujours pour moi coulé sur tes autels,
Daigne encor me connaître en ma saison dernière.
D'un prélat qui t'implore exauce la prière.
Un rival orgueilleux, de sa gloire offensé,
A détruit le lutrin par nos mains redressé.
Épuise en sa faveur ta science fatale :
Du Digeste et du Code ouvre-nous le dédale [3],
Et montre-nous cet art, connu de tes amis,
Qui, dans ses propres lois, embarrasse Thémis.
 La Sibylle, à ces mots, déjà hors d'elle-même,
Fait lire sa fureur sur son visage blême,
Et, pleine du démon qui la vient oppresser,
Par ces mots étonnants tâche à le repousser [4] :
« Chantres, ne craignez plus une audace insensée ;
« Je vois, je vois au chœur la masse replacée ;
« Mais il faut des combats. Tel est l'arrêt du sort ;
« Et surtout évitez un dangereux accord [5]. »

---

1. M. Pussort, conseiller d'État, est celui qui a le plus contribué à faire le Code. (BOILEAU, 1713.) — Henri Pussort, oncle de Colbert, mort en 1697, âgé de quatre-vingt-deux ans, fut le rédacteur des ordonnances de 1667 et 1670 sur la procédure civile et la procédure criminelle. (M. CHÉRON.)
2. C'est toujours Sidrac.
3. Recueils, l'un (le Digeste) de décisions des jurisconsultes, et l'autre, des constitutions des empereurs romains, faits par ordre de Justinien, et suivis jadis comme lois dans une partie de la France. (B.-S.-P.)
4. Imitation de VIRGILE, Énéide, liv. VI, v. 77-80.
5. Imitation de VIRGILE, Énéide, liv. VI, v. 81-87.

Là bornant son discours, encor toute [1] écumante,
Elle souffle aux guerriers l'esprit qui la tourmente ;
Et dans leurs cœurs brûlants de la soif de plaider
Verse l'amour de nuire, et la peur de céder.
Pour tracer à loisir une longue requête,
A retourner chez soi leur brigade s'apprête.
Sous leurs pas diligents le chemin disparaît,
Et le pilier, loin d'eux, déjà baisse et décroît [2].

IV

Les chanoines à table apprennent l'oracle rendu.

Loin du bruit cependant les chanoines à table
Immolent trente mets à leur faim indomptable.
Leur appétit fougueux, par l'objet excité,
Parcourt tous les recoins d'un monstrueux pâté.
Par le sel irritant la soif est allumée [3] ;
Lorsque d'un pied léger la prompte Renommée,
Semant partout l'effroi, vient au chantre éperdu
Conter l'affreux détail de l'oracle rendu.
Il se lève, enflammé de muscat et de bile [4],
Et prétend à son tour consulter la Sibylle.
Évrard a beau gémir du repas déserté,
Lui-même est au barreau par le nombre emporté.
Par les détours étroits d'une barrière oblique [5].
Ils gagnent les degrés et le perron antique,

---

1. Texte de 1683 à 1713.
2. . . . . . Chinon baisse, décroît.
S'éloigne, se blanchit, s'efface et disparaît,
(CHAPELAIN, *la Pucelle*, ch. V.)

Disparaît et *décroît* se prononçaient autrefois à peu près de même et formaient une rime exacte qu'on a maintenue par licence.

3. Il y a dans ces vers une suite d'épithètes dont le choix habile relève très vivement la description d'un repas de chanoines.

4. *Muscat*, espèce de raisin ; substantivement, vin qu'on tire de ces raisins. Étym., *musc*.

J'ai commandé... que l'on portât chez vous
Certain quartaut de vin. — Eh ! je n'en ai que faire.
— C'est de très bon muscat. — Redites votre affaire.
(RACINE, *Plaideurs*, II, II.)

5. La maison du chantre a son entrée au bas de l'escalier de la chambre des comptes, vis-à-vis la porte de la Sainte-Chapelle basse. Ainsi pour aller de là au Palais il faut passer

Par les détours étroits d'une barrière oblique,

qui est plantée le long des murs de la Sainte-Chapelle, et qui sert à ménager un passage libre derrière les carrosses dont la cour du Palais est ordinairement remplie. L'espace vide qui est entre la barrière et le mur conduit aux degrés par où l'on monte à la Sainte-Chapelle. (BROSSETTE.)

Où sans cesse, étalant bons et méchants écrits,
Barbin vend aux passants des auteurs à tout prix[1].

V

Le chantre et le prélat se rencontrent sur l'escalier du Palais, une bataille s'engage.

Là le chantre à grand bruit arrive et se fait place[2]
Dans le fatal instant que, d'une égale audace,
Le prélat et sa troupe à pas tumultueux
Descendaient du Palais l'escalier tortueux.
L'un et l'autre rival, s'arrêtant au passage,
Se mesure des yeux, s'observe, s'envisage;
Une égale fureur anime leurs esprits.
Tels deux fougueux taureaux, de jalousie épris,
Auprès d'une génisse au front large et superbe,
Oubliant tous les jours le pâturage et l'herbe,
A l'aspect l'un de l'autre, embrasés, furieux,
Déjà, le front baissé, se menacent des yeux.
Mais Évrard, en passant, coudoyé par Boirude,
Ne sait point contenir son aigre inquiétude :
Il entre chez Barbin, et, d'un bras irrité,
Saisissant du Cyrus un volume écarté,
Il lance au sacristain le tome épouvantable.
Boirude fuit le coup : le volume effroyable
Lui rase le visage, et, droit dans l'estomac,
Va frapper en sifflant l'infortuné Sidrac.
Le vieillard, accablé de l'horrible Artamène[3],
Tombe aux pieds du prélat, sans pouls et sans haleine.
Sa troupe le croit mort, et chacun empressé
Se croit frappé du coup dont il le voit blessé.
Aussitôt contre Evrard vingt champions s'élancent;
Pour soutenir leur choc les chanoines s'avancent.
La discorde triomphe, et du combat fatal
Par un cri donne en l'air l'effroyable signal.

1. Barbin se piquait de savoir vendre des livres, quoique méchants. (BOILEAU, 1713.)
2. Virgile, *Géorgiques*, liv. III v. 21 (lisez 215). (BOILEAU, 1713.)
3. *Artamène* ou le *Grand Cyrus*, roman de Mlle de Scudéry. Voyez Satire x. — Pradon, p. 105, se récrie beaucoup sur cette critique. « Cet horrible *Artamène*, dit-il, a été traduit dans toutes les langues, même en arabe ; sa lecture fait les délices de la cour ; il a fait gagner cent mille écus à Courbé ; quand les œuvres de Boileau en auront fait autant à Barbin, on souffrira sa critique un peu plus tranquillement; mais il y a encore du chemin à faire jusque-là. » Pradon écrivait ceci en 1685.

VI

Combat chez Barbin.

Chez le libraire absent, tout entre, tout se mêle.
Les livres sur Évrard fondent comme la grêle [1]
Qui, dans un grand jardin, à coups impétueux,
Abat l'honneur naissant des rameaux fructueux.
Chacun s'arme au hasard du livre qu'il rencontre.
L'un tient le Nœud d'Amour [2], l'autre en saisit la Montre [3].
L'un prend le seul Jonas [4] qu'on ait vu relié ;
L'autre, un Tasse français [5] en naissant oublié.
L'élève de Barbin, commis à la boutique [6],
Veut en vain s'opposer à leur fureur gothique :
Les volumes, sans choix à la tête jetés,
Sur le perron poudreux volent de tous côtés.
Là, près d'un Guarini [7], Térence [8] tombe à terre.
Là, Xénophon dans l'air heurte contre un La Serre [9].
Oh ! que d'écrits obscurs, de livres ignorés
Furent en ce grand jour de la poudre tirés !
Vous en fûtes tirés, Almerinde et Simandre [10] ;

---

1. Imitation de VIRGILE, *Géorgiques*, liv. 1, v. 449.
2. Texte de 1685 à 1713. Dans la première édition (1683) il y a l'*Edit d'Amour*. C'est un poème de Régnier Desmarais, secrétaire de l'Académie, mort en 1713 ; il tient à peine une demi-feuille (Saint-Marc) et est par conséquent trop petit pour servir d'arme. Nous avons dû préférer une leçon dans laquelle l'auteur a persisté jusqu'à sa mort (pendant plus de vingt-cinq ans). (BERRIAT-SAINT-PRIX.)
3. De Bonnecorse. (BOILEAU. 1713.) — Voyez satire VII.
4. Par Coras. Voyez satire IX.
5. Traduction de Leclerc. (BOILEAU, 1713.) — Michel Leclerc, de l'Académie française, né à Alby en 1622, mort en 1691. Il fit paraître en 1663 la traduction en vers des cinq premiers chants de la *Jérusalem délivrée*. Le peu de succès de cet ouvrage l'empêcha de continuer. On lui doit en outre quelques tragédies.
6. *Commis à la boutique*, c'est ainsi qu'on disait : « Commis aux aides, commis à la douane, etc. » Ce substantif n'est, en effet, que le participe du verbe *commettre*.

Allons *commettre* un autre au soin que l'on me donne.
(*Femmes sav.*, I, v.)

Le Dieu qui vous *commet* à gouverner les cieux.
(CORN., *Ps.* XVII.)

Je vous *commets* au soin de nettoyer partout. (MOLIÈRE, *l'Avare*, III, 1.)

7. Jean-Baptiste Guarini, né à Ferrare le 10 de décembre 1537, mort à Venise le 4 octobre 1612. Il a composé des œuvres latines, mais il est surtout connu comme auteur du *Pastor fido*, tragi-comédie pastorale.
8. Voyez l'*Art poétique*, chant III.
9. Voyez satire III.
10. Almerinde et Simandre : ces deux noms forment le titre d'un roman imprimé en 1646, in-8°, à Paris, chez Courbé. L'auteur n'en est pas bien connu : Brossette le désigne par les initiales D. S. C'est une traduction d'un roman italien de *Luca Assarino*. Mazzuchelli l'indique, ainsi que la version française, mais sans nommer le traducteur (*Scrittori d'Italia*, vol. I, part. II, p. 1170). (DAUNOU.)

Et toi, rebut du peuple, inconnu Caloandre[1],
Dans ton repos, dit-on, saisi par Gaillerbois[2],
Tu vis le jour alors pour la première fois.
Chaque coup sur la chair laisse une meurtrissure :
Déjà plus d'un guerrier se plaint d'une blessure.
D'un Le Vayer[3] épais Giraut est renversé :
Marineau, d'un Brébœuf à l'épaule blessé,
En sent par tout le bras une douleur amère,
Et maudit la Pharsale[4] aux provinces si chère.
D'un Pinchène[5] « in-quarto » Dodillon étourdi
A longtemps le teint pâle et le cœur affadi.
Au plus fort du combat le chapelain Garagne,
Vers le sommet du front atteint d'un Charlemagne[6],
(Des vers de ce poème effet prodigieux !)
Tout prêt à s'endormir, bâille et ferme les yeux.
A plus d'un combattant la Clélie est fatale :
Girou dix fois par elle éclate et se signale[7].
Mais tout cède aux efforts du chanoine Fabri[8] :
Ce guerrier, dans l'Église aux querelles nourri,
Est robuste de corps, terrible de visage,
Et de l'eau dans son vin n'a jamais su l'usage[9].
Il terrasse lui seul et Guibert et Grasset,
Et Gorillon la basse, et Grandin le fausset,
Et Gerbais l'agréable, et Guérin l'insipide[10].

---

1. Roman italien traduit par Scudéry. (BOILEAU, 1713.) — *Il Coloandro fedele* est de J. Ambr. Marini, né à Gênes, mort en 1650.

2. Pierre Tardieu, sieur de Gaillerbois, frère du lieutenant criminel Tardieu, dont il est question dans la satire x, avait été chanoine de la Sainte-Chapelle ; il était mort dans l'année 1656.

3. François de La Mothe Le Vayer, de l'Académie française, né à Paris en 1588, mort en 1672. La meilleure édition de ses œuvres est de Dresde, 1756-1789, 14 vol. in-8°. C'est à son fils qu'est adressée la satire iv. (M. CHÉRON.)

4. Voyez épître viii.

5. Voyez épître v.

6. Poème de Louis Le Laboureur. — Voyez épître viii.

7. La *Clélie* de Mlle de Scudéry a dix volumes. — Voyez satire ix.

8. Il était conseiller-clerc au parlement et se nommait Le Febvre. C'était un homme extrêmement violent et emporté. (BROSSETTE.)

9.   E non bevea giammai vino inacquato.
(TASSONI, *Secchia rapita*, ch. VI, str. 60.)

10. Ce qu'il y a de remarquable surtout dans cette description, animée d'un bout à l'autre d'une verve si originale, c'est l'attention du poète à caractériser si plaisamment, par l'effet physique qu'ils produisent, le vice moral des ouvrages qu'il passe en revue. Ici, l'épais Le Vayer renverse Giraut ; là, Pinchesne affadit le cœur de Dodillon ; ailleurs, le *Charlemagne* asphyxie le chapelain Garagne, et nous verrons plus loin le *tendre et doux* Quinault *mollir sans vigueur* contre la tête du redoutable Fabri. Il paraît difficile de soutenir, avec Saint-Marc, que toute cette fiction soit une invention *d'un mérite assez mince*. (AMAR.)

VII

Les partisans du chantre plient; exploits du chanoine.

Des chantres désormais la brigade timide
S'écarte, et du Palais regagne les chemins.
Telle, à l'aspect d'un loup, terreur des champs voisins,
Fuit d'agneaux effrayés une troupe bêlante ;
Ou tels devant Achille, aux campagnes du Xante,
Les Troyens se sauvaient à l'abri de leurs tours [1] ;
Quand Brontin à Boirude adresse ce discours :
Illustre porte-croix, par qui notre bannière [2]
N'a jamais en marchant fait un pas en arrière,
Un chanoine lui seul triomphant du prélat
Du rochet à nos yeux ternira-t-il l'éclat ?
Non, non : pour te couvrir de sa main redoutable,
Accepte de mon corps l'épaisseur favorable [3].
Viens, et, sous ce rempart, à ce guerrier hautain
Fais voler ce Quinault qui me reste à la main.
A ces mots, il lui tend le doux et tendre ouvrage [4] :
Le sacristain, bouillant de zèle et de courage,
Le prend, se cache, approche, et, droit entre les yeux,
Frappe du noble écrit l'athlète audacieux ;

---

1. Homère, *Iliade*, liv. XXI, v. 250-611. (Boileau, 1713.)
2. Voici comment Brossette expliquait ce passage :
« Quelques années avant la composition de ce poëme, la procession de Notre-Dame et celle de la Sainte-Chapelle s'étaient rencontrées au Marché-Neuf, le jour de la Fête-Dieu, et aucune des deux n'avait voulu céder le pas. La procession de la Sainte-Chapelle était soutenue par les huissiers du parlement, qui accompagnaient M. le premier président : aussi celle de Notre-Dame fut-elle contrainte de céder à la force. Un semblable démêlé avait eu lieu dans d'autres occasions, et le porte-bannière de la Sainte-Chapelle avait toujours soutenu vigoureusement son honneur et celui de son église. » (Brossette.) Le commentateur se trompe, il s'agit de démêlés entre la procession de la Sainte-Chapelle et celle de la paroisse de Saint-Barthélemy où était située la Sainte-Chapelle.
« Assemblée (chapitre de la Sainte-Chapelle) du 16 avril 1672. On rapporte que quelques jours auparavant la procession de Saint-Barthélemy, ayant été surprise par la pluie sur la place, s'était réfugiée dans le Palais, et qu'à raison de ce, l'on n'avait fait aucune réclamation. Cette tolérance paraît avoir enhardi le curé, qui, le 16 avril, sans aucun motif, est revenu passer dans le Palais et même devant l'église de la Sainte-Chapelle pendant l'office, et alors l'on arrêta ces réclames. » — Nicole rapporte cet usage du pays chartrain : « Les petits enfants de nos villages ont une assez plaisante coutume, quand ils vont en procession après Pâques : celui qui porte la clochette s'éloigne avec quelques camarades d'un quart de lieue du gros de la procession, et s'il se rencontre quelque autre clochette, on en vient au combat ; on donne de grands coups d'une clochette contre l'autre, et l'on ne termine point ce combat que l'une des clochettes ne soit cassée. » (Voy. le *Port-Royal* de Sainte-Beuve, t. IV, p. 383.)
3. *Iliade*, liv. VIII, v. 267. (Boileau, 1713.) — Dans ce passage d'Homère il s'agit de Teucer qui se cache sous le bouclier d'Ajax.
4. 1683 à 1698 : *le doucereux ouvrage*.

Mais c'est pour l'ébranler une faible tempête;
Le livre sans vigueur mollit contre sa tête.
Le chanoine les voit, de colère embrasé :
Attendez, leur dit-il, couple lâche et rusé,
Et jugez si ma main, aux grands exploits novice,
Lance à mes ennemis un livre qui mollisse [1].
A ces mots il saisit un vieil « Inforliat [2] »,
Grossi des visions d'Accurse et d'Alciat [3],
Inutile ramas de gothique écriture,
Dont quatre ais mal unis formaient la couverture,
Entourée à demi d'un vieux parchemin noir,
Où pendait à trois clous un reste de fermoir.
Sur l'ais qui le soutient auprès d'un Avicenne [4],
Deux des plus forts mortels l'ébranleraient à peine :
Le chanoine pourtant l'enlève sans effort,
Et, sur le couple pâle et déjà demi-mort,
Fait tomber à deux mains l'effroyable tonnerre [5].
Les guerriers, de ce coup, vont mesurer la terre,
Et, du bois et des clous meurtris et déchirés,
Longtemps, loin du perron, roulent sur les degrés.

1. Turnus dit à Pallas : « Juge si mon javelot pénétrera mieux que le tien. » (VIRGILE, *Énéide*, liv. X, v. 481.)

2. Livre de droit d'une grosseur énorme. (BOILEAU.) — Second volume du Digeste dans les éditions anciennes. (B.-S.-P.)

3.
    Si vous avez besoin de lois et de rubriques,
    Je sais le Code entier avec les Authentiques,
    Le Digeste, etc., etc.
    Le Digeste nouveau, le vieux, l'Inforciat ;
    Ce qu'en a dit Jason, Balde, Accurse, Alciat.
    (CORNEILLE, *le Menteur*, acte 1, scène VI.)

Francesco Accorso, professeur de droit, puis assesseur du podestat de Bologne, né à Florence en 1151, mort à Bologne en 1229. Sa *Grande Glose* sur le droit (*Glosa ordinaria*) a été imprimée dans le tome VI du *Corpus juris*, Genève, 1625, in-folio. Andrea Alciati, avocat à Milan, professeur de droit civil à l'université d'Avignon en 1518, à l'Académie de Bourges en 1522, et dans plusieurs villes d'Italie, à partir de 1532, né à Alzano le 8 de mai 1492, mort à Paris le 12 de juin 1550. Ses ouvrages de droit ont été réunis et publiés avec quelques opuscules de philologie et d'archéologie, à Lyon, 1560, 6 vol. in-folio. (M. CHÉRON.)

4. Auteur arabe. (BOILEAU, 1713.) — Avicenne ou Avisena, corruption du nom d'Ibn-Sina, célèbre médecin arabe, né au mois de safar 370 de l'hégire (août 980), mort au mois de ramadan 428 (juin 1037). Le livre du canon de la médecine, *Canon medicinæ*, fut imprimé en arabe, à Rome, 1593, 4 vol. in-folio. Il en existe des traductions en différentes langues et de divers formats. (M. CHÉRON.)

5. Imitation de VIRGILE, *Énéide*, liv. XII, v. 894-901.

VIII
Stratagème du Prélat pour finir la lutte et s'assurer la victoire.

Au spectacle étonnant de leur chute imprévue,
Le prélat pousse un cri qui pénètre la nue.
Il maudit dans son cœur le démon des combats,
Et de l'horreur du coup il recule six pas.
Mais bientôt rappelant son antique prouesse,
Il tire du manteau sa dextre vengeresse [1] ;
Il part, et, de ses doigts saintement allongés,
Bénit tous les passants, en deux files rangés [2].
Il sait que l'ennemi, que ce coup va surprendre,
Désormais sur ses pieds ne l'oserait attendre,
Et déjà voit pour lui tout le peuple en courroux
Crier aux combattants : Profanes, à genoux !
Le chantre, qui de loin voit approcher l'orage,
Dans son cœur éperdu cherche en vain du courage [3].
Sa fierté l'abandonne, il tremble, il cède, il fuit ;
Le long des sacrés murs sa brigade le suit :
Tout s'écarte à l'instant ; mais aucun n'en réchappe ;
Partout le doigt vainqueur les suit et les rattrape.
Évrard seul, en un coin prudemment retiré,
Se croyait à couvert de l'insulte sacré [4] ;

1. *Dextre* et *prouesse* sont deux mots surannés qui s'appelaient ici l'un l'autre pour renforcer l'effet comique de la bénédiction du prélat.
2.   Ed egli con la man sovra i campioni
     De l'amica assemblea, tutto cortese
     Trinciava certe benedizioni,
     Che pigliavano un miglio di paese :
     Quando la gente vide quei crocioni,
     Subito le ginocchia in terra stese.
     Gridando : Viva il Papa, e Bonsignore,
     E muora Frederico Imperadore !
             (Tassoni, *Secchia rapita*, ch. V, str. 29-30.)
3. Ces vers sont empruntés à Chapelain, mais avec une heureuse correction :
     L'infortuné guerrier, contre ce double orage,
     Vainement dans son sein recherche du courage.
             (*La Pucelle*, ch. II.)
     Dans son cœur étonné cherche en vain sa vertu.
             (Voltaire, *Henriade*, ch. VIII, v. 120.)
4. *Insulte* est masculin dans le *Dictionnaire de l'Académie* de 1694. — On lit dans Corneille :
     Mais je veux qu'Attila pressé d'un autre amour
     Endure un tel *insulte* au milieu de sa cour.
             (*Attila*, II, 1.)
Boileau dira encore au chant VI :
     Deux puissants ennemis.....
     A mes sacrés autels font un profane *insulte*.
Insulte et *insulter* étaient des termes assez nouveaux au temps de Vaugelas.

Mais le prélat vers lui fait une marche adroite :
Il l'observe de l'œil ; et tirant vers la droite,
Tout d'un coup tourne à gauche, et d'un bras fortuné
Bénit subitement le guerrier consterné[1].
Le chanoine, surpris de la foudre mortelle,
Se dresse, et lève en vain une tête rebelle ;
Sur ses genoux tremblants il tombe à cet aspect,
Et donne à la frayeur ce qu'il doit au respect.
   Dans le temps aussitôt le prélat plein de gloire
Va goûter les doux fruits de sa sainte victoire :
Et de leur vain projet les chanoines punis
S'en retournent chez eux éperdus et bénis[2].

CHANT VI [3]

I

La Piété vient se plaindre à Thémis.

Tandis que tout conspire à la guerre sacrée,
La Piété sincère, aux Alpes retirée[4],
Du fond de son désert entend les tristes cris
De ses sujets cachés dans les murs de Paris.
Elle quitte à l'instant sa retraite divine :
La Foi, d'un pas certain, devant elle chemine ;
L'Espérance au front gai l'appuie et la conduit ;

« Ce premier mot, dit-il, est fort nouveau, mais excellent pour exprimer ce qu'il signifie. M. Coëffeteau l'a vu naître un peu devant sa mort, et il me souvient qu'il le trouvait si fort à son gré, qu'il était tenté de s'en servir, mais il ne l'osa jamais faire, à cause de sa trop grande nouveauté... Il augura bien néanmoins de celui-ci et prédit ce qui est arrivé, qu'il serait reçu dans quelque temps aussi bien qu'*insulte*. » (*Remarques sur la langue française*, 97, 8.) — Thomas Corneille ajoute ceci aux remarques de Vaugelas : « Quant au nom substantif *insulte*, que quelques-uns font masculin, je suis du sentiment de M. Ménage, qui dit qu'il est constamment féminin. Il avoue que nos anciens disaient *un insult* : il était alors masculin et ne se terminait pas par un *e*. »

1. On sait que le cardinal de Retz, faisant une procession, affecta de donner la bénédiction au grand Condé, alors son ennemi. Cf. *Mémoires du cardinal de Retz*, 2ᵉ édition, Aimé-Champollion-Figeac, t. III, p. 231-232. C'est, selon Cizeron-Rival (*Lettres familières*, t. III, *Bolœana*, p. 206), ce qui a fourni à Boileau l'idée de ce trait.

Dans la *Secchia rapita*, ch. V, str. 39, le nonce évite de bénir Salinguerra, qui avait été contraire aux intérêts du pape.

2. Il était impossible de terminer le chant d'une manière plus fine et plus gaiement satirique. » (AMAR.)

3. Ce chant parut avec le Vᵉ au mois de janvier 1683. (LA HARPE.)

4. La Grande-Chartreuse est dans les Alpes. (BOILEAU, 1701.)

Et, la bourse à la main, la Charité la suit.
Vers Paris elle vole, et, d'une audace sainte,
Vient aux pieds de Thémis proférer cette plainte[1] :
  Vierge, effroi des méchants[2], appui de mes autels,
Qui, la balance en main, règles tous les mortels,
Ne viendrai-je jamais en tes bras salutaires
Que pousser des soupirs, et pleurer mes misères?
Ce n'est donc pas assez qu'au mépris de tes lois
L'Hypocrisie ait pris et mon nom et ma voix ;
Que, sous ce nom sacré, partout ses mains avares
Cherchent à me ravir crosses, mitres, tiares!
Faudra-t-il voir encor cent monstres furieux
Ravager mes États usurpés à tes yeux?
Dans les temps orageux de mon naissant empire,
Au sortir du baptême on courait au martyre.
Chacun, plein de mon nom, ne respirait que moi :
Le fidèle, attentif aux règles de sa loi,
Fuyant des vanités la dangereuse amorce,
Aux honneurs appelé, n'y montait que par force.
Ces cœurs, que les bourreaux ne faisaient point frémir,
A l'offre d'une mitre étaient prêts à gémir ;
Et, sans peur des travaux, sur mes traces divines
Couraient chercher le ciel au travers des épines[3].
Mais, depuis que l'Eglise eut, aux yeux des mortels,
De son sang en tous lieux cimenté ses autels,
Le calme dangereux succédant aux orages,
Une lâche tiédeur s'empara des courages[4].
De leur zèle brûlant l'ardeur se ralentit ;
Sous le joug des péchés leur foi s'appesantit,
Le moine secoua le cilice et la haire ;
Le chanoine indolent apprit à ne rien faire ;
Le prélat, par la brigue aux honneurs parvenu,

---

1. Il y aura toujours quelque chose d'étrange à voir la Foi, l'Espérance et la Charité aux pieds de Thémis.

2. Boileau, avant l'impression, avait mis : *Déesse aux yeux couverts.* Il a bien fait de corriger ce début.

3. Voici comment Louis Racine peint le trône de l'Église naissante :

> Sur les degrés sanglants je ne vois que des morts ;
> C'était pour en tomber qu'on y montait alors.
> Dans ces temps où la foi conduisait aux supplices,
> D'un troupeau condamné glorieuses prémices,
> Les pasteurs espéraient des supplices plus grands.

4. Nous avons déjà vu que ce mot, employé au pluriel dans le sens de *cœurs*, était d'un usage constant au xvii° siècle. Bossuet, dans l'*Oraison funèbre du prince de Condé*, nous montre ce héros calmant sur le champ de bataille « les courages émus. »

Ne sut plus qu'abuser d'un ample revenu,
Et, pour toutes vertus, fit, au dos d'un carrosse,
A côté d'une mitre armorier sa crosse.
L'Ambition partout chassa l'Humilité ;
Dans la crasse du froc logea la Vanité.
Alors de tous les cœurs l'union fut détruite.
Dans mes cloîtres sacrés la Discorde introduite
Y bâtit de mon bien ses plus sûrs arsenaux;
Traîna tous mes sujets au pied[1] des tribunaux.
En vain à ses fureurs j'opposai mes prières ;
L'insolente, à mes yeux, marcha sous mes bannières.
Pour comble de misère, un tas de faux docteurs
Vint flatter les péchés de discours imposteurs[2] ;
Infectant les esprits d'exécrables maximes,
Voulut faire à Dieu même approuver tous les crimes,
Une servile peur tint lieu de charité ;
Le besoin d'aimer Dieu passa pour nouveauté !
Et chacun à mes pieds, conservant sa malice,
N'apporta de vertu que l'aveu de son vice.

Pour éviter l'affront de ces noirs attentats,
Je vins chercher le calme au séjour des frimats[3],
Sur ces monts entourés d'une éternelle glace,
Où jamais au printemps les hivers n'ont fait place;
Mais, jusque dans la nuit de mes sacrés déserts,
Le bruit de mes malheurs fait retentir les airs.
Aujourd'hui même encore une voix trop fidèle
M'a d'un triste désastre apporté la nouvelle :
J'apprends que, dans ce temple où le plus saint des rois[4]
Consacra tout le fruit de ses pieux exploits,
Et signala pour moi sa pompeuse largesse,
L'implacable Discorde et l'infâme Mollesse,
Foulant aux pieds les lois, l'honneur et le devoir,
Usurpent en mon nom le souverain pouvoir.
Souffriras-tu, ma sœur, une action si noire?
Quoi! ce temple, à ta porte, élevé pour ma gloire

---

1. C'est là le texte de Boileau, d'autres éditions ont donné à tort *aux pieds*.
2. Allusion à la morale des casuistes que Boileau a attaqués dans l'épître XIIe.
3. La Grande-Chartreuse est dans les Alpes dauphinoises à une hauteur où les neiges durent les trois quarts de l'année. — C'est là le texte de Boileau. Brossette avait cru devoir remplacer *je vins* par *j'allai*. — Boileau, de 1683 à 1713, avait écrit ainsi *frimats*. — « M. Didot, sans en avertir, a mis, en 1788, selon l'orthographe actuelle, *frimas*, ce qui a été imité aussi par presque tous les éditeurs modernes. Mais avec ce changement, le vers ne rime plus, ni pour les yeux ni pour l'oreille. » (BERRIAT-SAINT-PRIX.)
4. Saint Louis, fondateur de la Sainte-Chapelle. (BOILEAU, 1683-1713.)

Où jadis des humains j'attirais tous les vœux,
Sera de leurs combats le théâtre honteux!
Non, non, il faut enfin que ma vengeance éclate :
Assez et trop longtemps l'impunité les flatte.
Prends ton glaive, et, fondant sur ces audacieux,
Viens aux yeux des mortels justifier les cieux [1].

Ainsi parle à sa sœur cette vierge enflammée :
La grâce est dans ses yeux d'un feu pur allumée.
Thémis sans différer lui promet son secours,
La flatte, la rassure, et lui tient ce discours :

II

Réponse de Thémis. Éloge de Lamoignon, sous le nom d'Ariste.

Chère et divine sœur, dont les mains secourables
Ont tant de fois séché les pleurs des misérables,
Pourquoi toi-même, en proie à tes vives douleurs,
Cherches-tu sans raison à grossir tes malheurs?
En vain de tes sujets l'ardeur est ralentie :
D'un ciment éternel ton Église est bâtie,
Et jamais de l'enfer les noirs frémissements
N'en sauraient ébranler les fermes fondements [2].
Au milieu des combats, des troubles, des querelles,
Ton nom encor chéri vit au sein des fidèles.
Crois-moi, dans ce lieu même où l'on veut t'opprimer,
Le trouble qui t'étonne est facile à calmer :
Et, pour y rappeler la paix tant désirée,
Je vais t'ouvrir, ma sœur, une route assurée.
Prête-moi donc l'oreille, et retiens tes soupirs.
Vers ce temple fameux [3], si cher à tes désirs,

---

1. CLAUDIEN, contre Rufin, liv. I, v. 21.
  Le trépas de Rufin vient d'absoudre les dieux.
        (FRANÇOIS DE NEUFCHATEAU.)
2. « Tu es Pierre et sur cette pierre je bâtirai mon église, et les portes de l'enfer ne prévaudront pas contre elle. » Tu es Petrus et super hanc petram ædificabo Ecclesiam meam, et portæ inferi non prævalebunt adversus eam. » (MATTH., xvi, 16.)
3. La Sainte-Chapelle. Voir dans la Correspondance une lettre à Brossette du 2 d'août 1703. « Où étaient vos lumières quand vous avez douté si ce temple fameux dont parle Thémis dans le Lutrin est Notre-Dame ou la Sainte-Chapelle? Est-il possible que vous n'ayez pas vu que ce temple qu'elle désigne à la Piété est ce même temple dont la Piété vient de lui parler quelques vers auparavant?... Comment voulez-vous que le lecteur aille songer à Notre-Dame, qui n'a point été bâtie par saint Louis, et qui est si éloignée du Palais, y ayant entre elle et le Palais plus de douze fameuses églises, et principalement la célèbre paroisse de Saint-Barthélemy, qui en est beaucoup plus proche? »

Où le ciel fut pour toi si prodigue en miracles,
Non loin de ce palais où je rends mes oracles,
Est un vaste séjour des mortels révéré,
Et de clients soumis à toute heure entouré [1].
Là, sous le faix pompeux de ma pourpre honorable,
Veille au sein de ma gloire un homme [2] incomparable,
Ariste, dont le ciel et Louis ont fait choix
Pour régler ma balance et dispenser mes lois.
Par lui dans le barreau sur mon trône affermie,
Je vois hurler en vain la chicane ennemie :
Par lui la vérité ne craint plus l'imposteur,
Et l'orphelin n'est plus dévoré du tuteur.
Mais pourquoi vainement t'en retracer l'image ?
Tu le connais assez : Ariste est ton ouvrage ;
C'est toi qui le formas dès ses plus jeunes ans ;
Son mérite sans tache est un de tes présents.
Tes divines leçons, avec le lait sucées,
Allumèrent l'ardeur de ses nobles pensées.
Aussi son cœur, pour toi brûlant d'un si beau feu,
N'en fit point dans le monde un lâche désaveu ;
Et son zèle hardi, toujours prêt à paraître,
N'alla point se cacher dans les ombres d'un cloître [3].
Va le trouver, ma sœur : à ton auguste nom,
Tout s'ouvrira d'abord en sa sainte maison.
Ton visage est connu de sa noble famille ;
Tout y garde tes lois, enfants, sœur, femme, fille.
Tes yeux d'un seul regard sauront le pénétrer ;
Et, pour obtenir tout, tu n'as qu'à te montrer.

III

La Piété se rend auprès d'Ariste. Le chantre et le Prélat sont réconciliés.

Là s'arrête Thémis. La Piété charmée
Sent renaître la joie en son âme calmée.
Elle court chez Ariste ; et s'offrant à ses yeux :
    Que me sert, lui dit-elle, Ariste, qu'en tous lieux
Tu signales pour moi ton zèle et ton courage,

---

1. L'hôtel du premier président, où fut depuis la préfecture de police et qui a été démoli au commencement de 1859 pour faire place à un nouvel hôtel. (M. Chéron.)
2. M. de Lamoignon, premier président. (Boileau, 1713.)
3. *Paraître* et *cloître* rimaient ensemble à cause de la prononciation alors en usage.

Si la Discorde impie à ta porte m'outrage?
Deux puissants ennemis, par elle envenimés,
Dans ces murs, autrefois si saints, si renommés,
A mes sacrés autels font un profane insulte[1],
Remplissent tout d'effroi, de trouble et de tumulte.
De leur crime à leurs yeux va-t'en peindre l'horreur :
Sauve-moi, sauve-les de leur propre fureur.
  Elle sort à ces mots. Le héros[2] en prière
Demeure tout couvert de feux et de lumière.
De la céleste fille il reconnaît l'éclat,
Et mande au même instant le chantre et le prélat.
  Muse, c'est à ce coup que mon esprit timide
Dans sa course élevée a besoin qu'on le guide,
Pour chanter par quels soins, par quels nobles travaux,
Un mortel sut fléchir ces superbes rivaux.
  Mais plutôt, toi qui fis ce merveilleux ouvrage,
Ariste, c'est à toi d'en instruire notre âge.
Seul tu peux révéler par quel art tout-puissant
Tu rendis tout à coup le chantre obéissant.
Tu sais par quel conseil rassemblant le chapitre,
Lui-même, de sa main, reporta le pupitre ;
Et comment le prélat, de ses respects content,
Le fit du banc fatal enlever à l'instant.
Parle donc : c'est à toi d'éclaircir ces merveilles.
Il me suffit, pour moi[3], d'avoir su, par mes veilles,
Jusqu'au sixième chant pousser ma fiction,
Et fait d'un vain pupitre un second Ilion.
Finissons. Aussi bien, quelque ardeur qui m'inspire,
Quand je songe au héros qu'il me reste[4] à décrire,
Qu'il faut parler de toi, mon esprit éperdu
Demeure sans parole, interdit, confondu.
  Ariste, c'est ainsi qu'en ce sénat illustre
Où Thémis, par tes soins, reprend son premier lustre,
Quand, la première fois, un athlète nouveau
Vient combattre en champ clos aux joutes du barreau,
Souvent, sans y penser, ton auguste présence

---

1. *Insulte*, masculin. Voir chant V, p, 497.
2. Le mot *héros* s'employait alors « quelquefois pour un homme qui excelle en quelque vertu, » dit le *Dictionnaire de l'Académie* de 1694. (DE SAINT-SURIN.)
3. Tour prosaïque, dit Daunou.
   J'aime bien mieux *pour moi*, qu'en épluchant ses herbes...
         (MOLIÈRE, *Femmes sav.*, acte II, scène VII, v. 15.)
4. Version originale, et édition 1701, in-4°, et 1713 ; *qui me reste* est une leçon adoptée par Brossette et tous les autres éditeurs.

Troublant par trop d'éclat sa timide éloquence,
Le nouveau Cicéron[1], tremblant, décoloré,
Cherche en vain son discours sur sa langue égaré ;
En vain pour gagner temps, dans ses transes affreuses,
Traîne d'un dernier mot les syllabes honteuses ;
Il hésite, il bégaye ; et le triste orateur
Demeure enfin muet aux yeux du spectateur[2].

1. Brossette prétend que Boileau veut désigner l'avocat Barbier d'Aucour, qui perdit la mémoire au milieu de son premier plaidoyer et quitta dès lors le barreau pour les lettres.

2. L'orateur demeurant muet, il n'y a plus d'auditeurs : il reste seulement des spectateurs. (BOILEAU, 1713.)

En général, les critiques ont blâmé ce chant VI. — « Le seul défaut de ce chef-d'œuvre, dit La Harpe en terminant l'examen du *Lutrin*, c'est que le dernier chant ne répond pas aux autres : il est tout entier sur le ton sérieux, et la fiction y change de nature... »

FIN.

TABLE DES MATIÈRES

Préface...	v
Notice sur Boileau......................................	1
Discours au Roi...	13
I. Hommage au Roi..................................	13
II. Atteinte aux mauvais poètes.....................	14
III. Boileau fait connaître son caractère...........	16
IV. Éloge du Roi...................................	18
Satires..	20
Discours sur la satire.............................	20
Satire I. — Le Départ du Poète...................	25
I. Un poète misérable.........................	25
II. Invectives de Damon contre Paris...........	26
III. Triste sort de Saint-Amant................	29
IV. Désespoir de Damon.........................	30
Satire II. — La Rime et la Raison................	32
I. Éloge de Molière............................	32
II. Difficulté de la rime......................	32
III. Sévérité de Boileau pour lui-même.........	34
Satire III. — Le Repas ridicule..................	36
I. La rencontre................................	36
II. La compagnie, le repas, les différents services..	37
III. La conversation...........................	42
Satire IV. — Les Folies humaines.................	46
I. Portraits divers............................	46
II. L'avare, le joueur.........................	48
III. Folie de Chapelain........................	49
Satire V. — La Noblesse..........................	50
I. Définition de la noblesse...................	50
II. Apostrophe au faux noble...................	51
III. L'antiquité de la race est-elle une garantie de la noblesse?.............................	53
IV. Comment naquit la noblesse.................	53

TABLE DES MATIÈRES.

Satire VI. — *Les Embarras de Paris*...........................	55
Satire VII. — *Le genre satirique*.............................	61
I. La satire est dangereuse à manier..................	61
II. Boileau, gêné dans l'éloge, se joue dans la satire.....	61
III. Boileau brave tout pour satisfaire son goût satirique..	63
Satire VIII. — *A M. M*** (Morel)*............................	64
I. L'homme est le plus sot des animaux.................	64
II. Définition de la sagesse, l'homme ne l'a pas..........	65
III. Sotte vanité de l'homme...........................	66
IV. L'homme se targue d'une vaine supériorité...........	68
V. Il est difficile d'accorder quelques éloges à l'homme..	69
VI. L'instinct des animaux semble plus sûr que la raison de l'homme..	73
VII. L'âne, dont nous nous moquons, aurait bien à dire sur nos ridicules......................................	74
Satire IX. — *A son Esprit*....................................	75
I. Boileau se fait à lui-même son procès...............	76
II. Boileau ne peut pas prétendre à l'immortalité........	78
III. Boileau n'est pas à l'abri des critiques...............	80
IV. Boileau cherche à s'excuser........................	82
V. Boileau n'a de goût que pour la satire...............	85
VI. Nouvelles malices du satirique.....................	87
Satire X. — *Les Femmes*.....................................	89
I. La joueuse.......................................	89
II. La femme avare..................................	90
III. La femme revêche................................	94
IV. Portrait de la femme savante......................	95
V. La précieuse.....................................	96
VI. La femme de condition............................	97
Satire XI. — *A Monsieur de Valincour*........................	98
I. L'honneur est chéri dans le monde..................	98
II. Il n'est rien de beau que l'équité...................	100
III. Le dévot..	101
IV. Apologue. — Le faux honneur.....................	102
Satire XII. — *Sur l'équivoque*................................	105
I. Invective contre l'équivoque et les embarras qui la suivent...	108
II. L'équivoque dans les écrits a produit les pointes.....	109
III. Tristes effets de l'équivoque : les oracles, les obscurités des lois......................................	110
IV. L'effet de l'équivoque en morale...................	111
ÉPÎTRES..	112
Avis au lecteur.....................................	112
Épitre I. — *Au Roi*..	113
I. Boileau voudrait louer dignement le Roi.............	113
II. La gloire du roi force la modestie du Poète..........	114

TABLE DES MATIÈRES.

III. Cinéas et Pyrrhus...................................	115
IV. La gloire des conquérants n'est pas la seule pour un roi.	116
V. Bienfaits du roi pendant la paix.....................	117
VI. Le soin de sa gloire invite le roi à protéger la poésie.	119
Épître II. — *A monsieur l'abbé des Roches*...............	120
I. Conseils à un ami..................................	120
II. L'Huître et les Plaideurs...........................	122
Épître III. — *A monsieur Arnauld*.......................	123
I. La fausse honte.....................................	123
II. Funestes effets de la fausse honte...................	124
Épître IV. — *Au Roi*.....................................	126
Au lecteur..	126
I. Difficulté de suivre le roi dans ses conquêtes........	127
II. Le poète s'enhardit à chanter le passage du Rhin.....	128
III. Intervention du Rhin..............................	130
IV. La Bataille.......................................	132
V. Gloire du roi......................................	135
Épître V. — *A monsieur de Guilleragues*.................	136
I. Boileau renonce à la satire.........................	136
II. Le poète s'attache à combattre ses défauts.........	138
III. Estime déréglée du peuple pour l'argent. Boileau ne partage pas cette erreur...........................	140
Épître VI. — *A monsieur de Lamoignon*..................	143
I. Description de la campagne où Boileau fuit les chagrins de la ville.......................................	143
II. Les tracas de la ville..............................	145
III. Le public ne veut pas que Boileau reste insensible à la gloire du roi......................................	147
IV. Le vrai bonheur...................................	148
V. Boileau explique son absence de Paris. Éloge de Lamoignon..	149
Épître VII. — *A monsieur Racine*........................	151
I. Éloge du talent de Racine..........................	151
II. Hommage à Molière. Les effets de l'envie..........	152
III. Boileau s'applique à profiter de ses utiles ennemis. Il brigue les suffrages des lecteurs éclairés..........	154
Épître VIII. — *Au Roi*..................................	157
I. Éloge du roi et de ses exploits guerriers............	157
II. Les bienfaits du roi dans la paix...................	158
III. Le satirique oublie son humeur pour louer le roi...	159
Épître IX. — *A monsieur le marquis de Seignelay*.......	162
I. Rien n'est beau que le vrai........................	162
II. Boileau explique le mérite de ses vers.............	164
III. Chacun pris en son air est agréable en soi........	165
IV. L'âge d'innocence et de vérité....................	167
V. Le poète ne refuse pas ses louanges au mérite......	168

TABLE DES MATIÈRES.

Épître X. — A mes vers... 170
  I. Le poète craint bien d'avoir perdu la faveur du public. 171
  II. Il croit entendre les reproches qu'on lui adresse...... 173
  III. Le poète fait son portrait et son apologie............ 175

Épître XI. — A mon Jardinier..................................... 177
  I. Que peut bien penser de Boileau Antoine, son jardinier. 177
  II. Le travail du poète n'est pas un badinage............ 180
  III. Le travail a ses avantages........................... 181

Épître XII. — A monsieur l'abbé Renaudot.......................... 184
  I. Absurdité de la doctrine qui ne croit pas nécessaire l'amour de Dieu pour aller au ciel.................. 184
  II. Effets de la foi dans une âme......................... 185
  III. Scène plaisante...................................... 186

L'ART POÉTIQUE.. 188
  Avant-Propos.. 188
  Chant I... 189
  Chant II.. 206
  Chant III... 221
  Chant IV.. 248

LE LUTRIN.. 262
  Au lecteur.. 262
  Avis au lecteur... 265
  Argument.. 267
  Notes sur la Sainte-Chapelle...................................... 267

Chant I.. 269
  I. Début; invocations.................................... 269
  II. La Discorde s'indigne de la paix qui règne dans la Sainte-Chapelle..................................... 270
  III. La Discorde pénètre chez le Trésorier............... 272
  IV. Effets sur le Trésorier des paroles de la Discorde.... 274
  V. Les amis du Prélat se rassemblent chez lui............ 275
  VI. Sidrac ouvre un avis................................. 276
  VII. On passe à l'exécution du projet proposé par Sidrac.. 279

Chant II... 281
  I. Le perruquier l'Amour se remet d'un moment d'hésitation.. 281
  II. La Mollesse se plaint à la Nuit du trouble qui la dérange. 283
  III. Éloge des temps passés.............................. 285

Chant III.. 287
  I. Artifice de la Nuit pour déjouer les projets des partisans du Trésorier.................................... 287
  II. L'expédition, l'incident du hibou..................... 289
  III. La Discorde intervient et ranime les champions....... 292
  IV. L'œuvre est reprise et s'achève....................... 294

Chant IV... 296
  I. Le Chantre a un songe qui l'effraie.................... 296

II.	Le Chantre voit à l'église le lutrin relevé....................	298
III.	Jean le choriste et le sonneur Girard conseillent d'assembler le chapitre..	301
IV.	Le Prélat se charge de réveiller les chanoines........	302
V.	Les chanoines courent au chapitre. On délibère......	304
VI.	Le chanoine Évrard fait prévaloir le parti de la force..	307

Chant V.. 308

I.	Le Trésorier apprend le crime de la Nuit. Il va consulter la Chicane...............................	308
II.	Le temple de la Chicane............................	309
III.	Le Prélat et la Chicane. Elle rend son oracle........	311
IV.	Les chanoines à table apprennent l'oracle rendu.....	312
V.	Le Chantre et le Prélat se rencontrent sur l'escalier du Palais, une bataille s'engage....................	313
VI.	Combat chez Barbin..............................	314
VII.	Les partisans du Chantre plient; exploits du Chantre.	316
VIII.	Stratagème du Prélat pour finir la lutte et s'assurer la victoire	318

Chant VI... 319

I.	La Piété vient se plaindre à Thémis.................	319
II.	Réponse de Thémis. Éloge de Lamoignon, sous le nom d'Ariste.................	322
III.	La Piété se rend auprès d'Ariste. Le Chantre et le Prélat sont réconciliés....................................	323

6928-87. — Corbeil. Imprimerie Crété.

www.ingramcontent.com/pod-product-compliance
Lightning Source LLC
Chambersburg PA
CBHW060451170426
43199CB00011B/1164